KB037609

1일 1페이지

그날, 우리가 몰랐던

중남미 세계사

1일 1페이지

그날, 우리가 몰랐던
중남미 세계사

초판 1쇄 인쇄 2023년 7월 25일
초판 1쇄 발행 2023년 7월 31일

지은이 윤장훈

펴낸이 박세현
펴낸곳 팬덤북스

기획 편집 김상희 곽병완
디자인 김민주
마케팅 전창열
SNS 홍보 신현아

주소 (우)14557 경기도 부천시 조마루로 385번길 92 부천테크노밸리유1센터 1110호

전화 070-8821-4312 | **팩스** 02-6008-4318
이메일 fandombooks@naver.com
블로그 http://blog.naver.com/fandombooks

출판등록 2009년 7월 9일(제386-251002009000081호)

ISBN 979-11-6169-258-6 03950

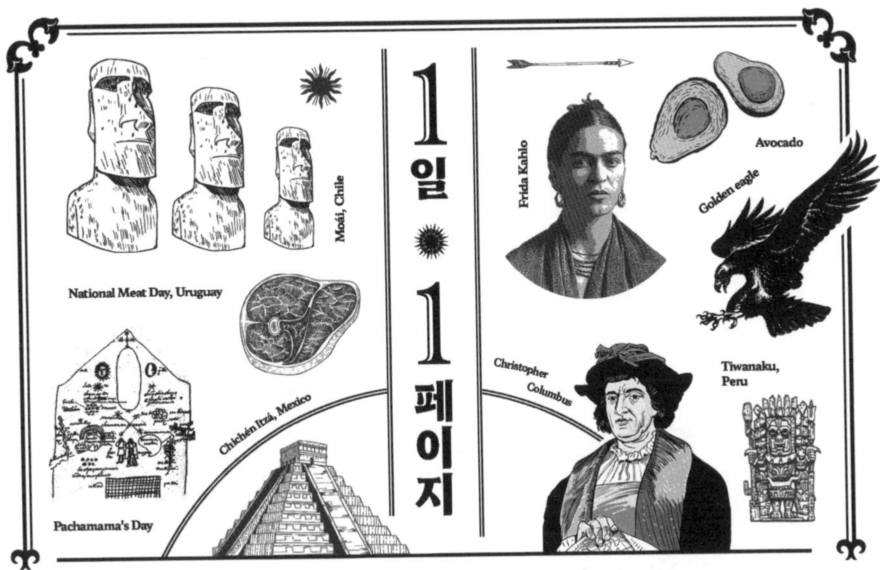

그날, 우리가 몰랐던 중남미 세계사

팬덤북스

프롤로그

역사를 좋아하는 '역사 덕후' 중 한 명으로, 대학시절에 히스토리 채널에서 판매하는 'This Day in History'를 구입한 적이 있다. 매일 그날 있었던 중요한 사건을 짧게 다루어 '아, 오늘은 이런 일이 벌어졌구나'를 알 수 있게 해주는 조그만 달력이었다.

평소 중남미 지역을 공부하면서 '중남미 역사를 어떻게 하면 쉽게 풀어낼 수 있을까?'에 대해 고민했다. 그리고 문득 히스토리 채널 달력처럼 '하루 한 페이지씩 중남미 역사를 다루면 어떨까?'라는 생각이 들었다. 한 페이지라면 독자가 부담스럽지 않게 중남미 역사를 접하기에 적절한 분량이기 때문이다. 그래서 '브런치스토리'에 그날 있었던 중요한 사건이나 기념일에 대해 매일 짧게 글을 쓰기 시작했고, 그 글들을 모아 이렇게 한 권의 책을 출판하게 되었다.

평소 우리가 접하는 중남미에 대한 이야기는 굉장히 제한적이다. 세계사에서 다루는 중남미 역사는 유럽이나 미국 같은 나라에 비해 비중이 낮다. 또 미디어에서 비춰지는 중남미는 축구나 마약 같은 특정 이미지에 국한되어 있다. 이렇게 어떤 특정 프레임으로 비춰진 중남미는 시간이 지나며 우리의 의식 속에 더 굳게 자리 잡았고, 우리가 중남미를 더 자세히 이해할 수 있는 기회를 빼앗았다.

총 30개가 넘는 나라가 있는 만큼, 중남미 지역엔 우리가 모르는 무수히 많은 이야기가 존재한다. 이 이야기들은 중남미 국가들의 문화나 특징을 알아가고, 전체적인 역사적 흐름을 이해하는 데 도움을 주기도 한다. '아는 만큼 보인다'라는 말처럼, 만약 열린 마음으로 이야기를 접한다면 더욱 입체적으로 중남미를 알아갈 수 있을 것이다.

이 책은 중남미 역사를 파헤치는 일종의 '가이드' 역할을 한다. 중남미 역사 전체를 시간의 순서대로 다루는 전문 서적이기보다, 매일 벌어졌던 중요한 일을 단편적으로 이야기하고 있다. 따라서 중남미 역사를 완벽히 설명하는 데 중점을 두기보단, 특정 주제에 대해 이야기하며 '이 날 중남미엔 이런 일이 벌어졌었구나' '이런 날을 기념하는 구나' '이런 사람들이 살았구나' 등을 이해할 수 있도록 도움을 준다. 이 책이 평소 중남미 지역에 대해 관심을 가진 분들, 혹은 역사를 좋아하시는 분들께 조금이라도 도움이 되길 바란다.

* 일반적으로 중남미, 라틴아메리카가 지리나 문화적 구분에 따라 혼용되나 이 책에서는 중남미로 통일하였음

차례

2월

5월

7월

8월

중남미 대륙지도

멕시코
베네수엘라
프랑스령
가이아나
가이아나
수리남
콜롬비아
에콰도르
브라질
페루
볼리비아
파라과이
칠레
우루과이
아르헨티나

멕시코, 중미, 카리브국가

멕시코
바하마
쿠바
푸에르토리코
벨리즈
자메이카
아이티
도미니카공화국
과테말라
온두라스
니카라과
엘살바도르
파나마
코스타리카

남미국가

프랑스령
가이아나
베네수엘라
가이아나
수리남
콜롬비아
에콰도르
브라질
페루
볼리비아
파라과이
칠레
우루과이
아르헨티나

카리브국가

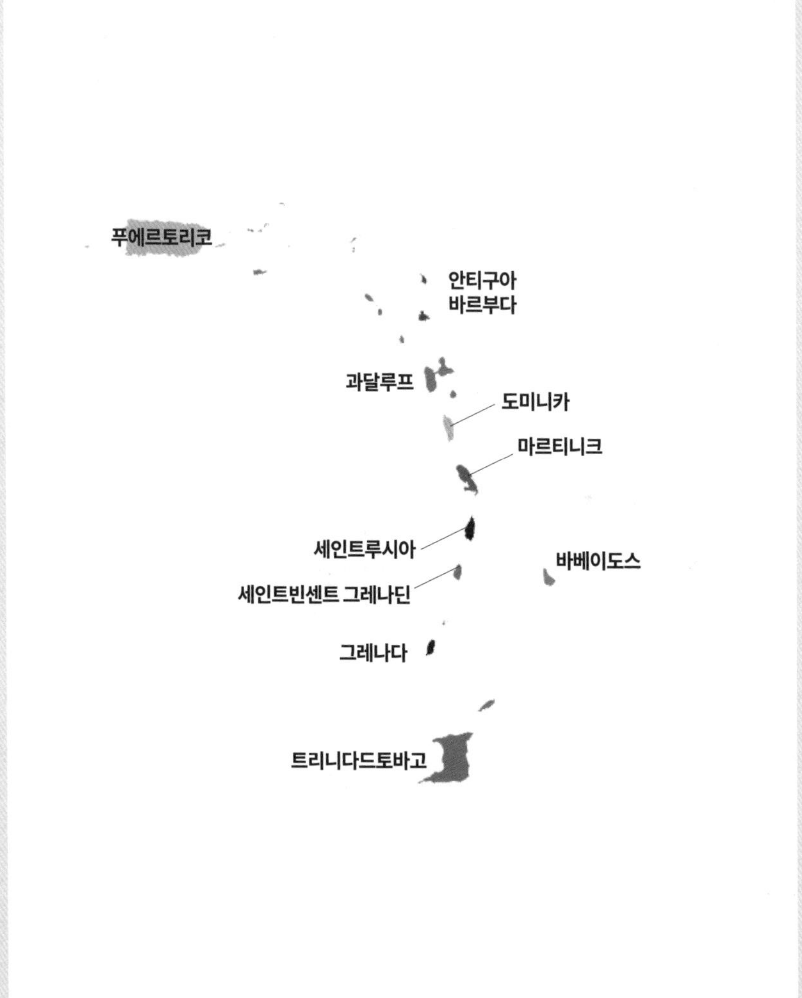

푸에르토리코
안티구아
바르부다
과달루프
도미니카
마르티니크
세인트루시아
바베이도스
세인트빈센트 그레나딘
그레나다
트리니다드토바고

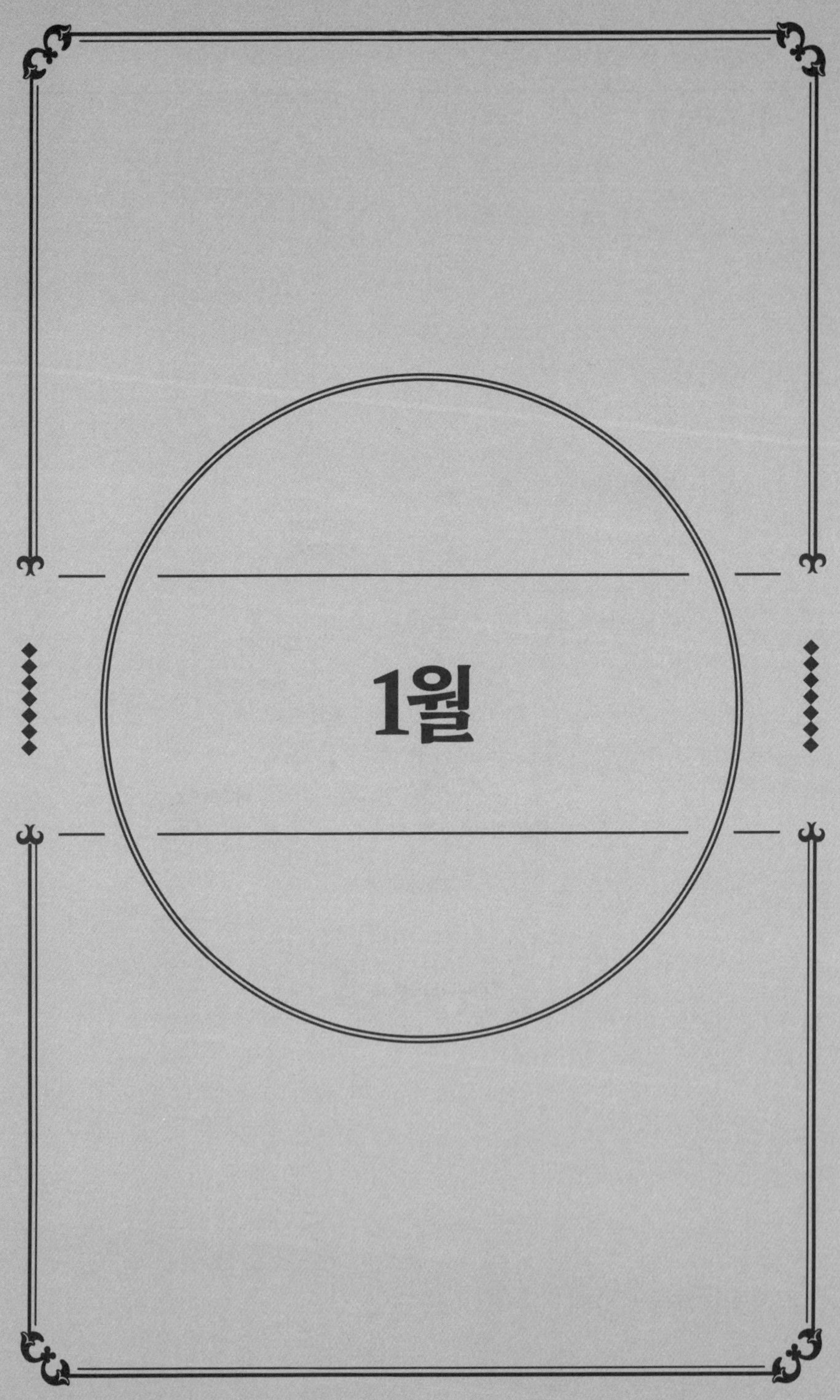

1월

1 January

멕시코, 북미자유무역협정을 맺다

1994년 1월 1일, 캐나다, 미국, 멕시코는 나프타NAFTA라 불리는 북미자유무역협정을 공식적으로 발효했다. 이제 북미 지역에도 유럽연합EU처럼 거대한 경제무역 블록이 탄생했음을 알린 순간이었다.

나프타는 미국과 캐나다가 맺었던 이전 무역협정에 멕시코가 합류하며 이뤄졌다. 특히 멕시코의 카를로스 살리나스 대통령은 나프타를 멕시코가 성장할 새로운 기회로 여겼다. 미국, 캐나다와 가까워져 국가 경쟁력을 한 층 더 끌어올리고, 글로벌 기업의 기술이전을 통해 멕시코 기업들이 혜택을 볼 수 있기 때문이었다.

멕시코가 협정을 통해 특히 더 기대한 건 외국인 투자확대와 수출량 증가였다. 실제로 협정 이후 멕시코에는 세금혜택과 값싼 노동력을 찾는 많은 해외 기업들이 진출했다. 스페인어로 마킬라Maquila라 불리는 이 기업들은 멕시코에 공장을 만들어 자동차나 가전제품 같은 상품들을 수출했고, 동시에 많은 일자리를 창출해 멕시코의 경제발전에 기여했다.

하지만 협정 이후 멕시코에선 부정적인 현상도 함께 발생했다. 많은 멕시코 노동자가 열악한 환경에서 일하며 부당한 대우를 받았고, 한꺼번에 공장들이 생겨나며 환경 문제가 심각해졌다. 또 관세철폐로 미국 농기업과의 가격경쟁에 밀린 멕시코 농민들이 일자리를 잃게 되면서 멕시코에서는 "나프타 협정이 과연 멕시코에 많은 혜택을 가져왔는가?"라는 비판 여론이 형성되기도 했다.

2 January

콜롬비아 파스토에서 열리는 카니발 축제

매년 1월 2일 콜롬비아 남부도시 파스토에선 대규모 축제가 열린다. 블랙 앤 화이트 카니발Blacks and Whites' Carnival이라 불리는 이 축제는 바랑키야 카니발Barranquilla's Carnival과 함께 콜롬비아를 대표하는 축제로 꼽힌다. 공식적으론 1월 2일부터 축제가 시작되지만 '순결한 성자들의 날'인 12월 28일부터 이미 마을엔 각종 행사가 진행되며 시끌벅적한 분위기가 연출된다. 파스토 카니발의 기원은 콜롬비아가 가진 문화적 다양성과 관련이 있는데, 이전 안데스 원주민들이 한 해 수확에 감사하기 위해 행하던 전통의식에 스페인, 아프리카 문화가 더해져 탄생한 것으로 알려져 있다.

카니발 축제의 가장 큰 특징은 날마다 다른 이벤트가 열린다는 점이다. 예를 들면, 1월 4일에는 거리에서 화려한 복장을 한 사람들이 즐거운 음악에 맞춰 퍼레이드를 펼친다. 다음날 5일엔 사람들이 검은색 가루를 얼굴에 칠한 채 축제에 참여하는데, 이는 아프리카 노예들이 스페인 왕이 허락한 안식일에 대한 기쁨을 표현한 데서 유래됐다. 반대로 6일에는 검은색 대신 하얀색 가루를 얼굴에 묻히고 나와 축제를 즐기는 모습을 볼 수 있다.

현재 카니발은 유네스코가 지정한 세계인류무형유산에 등록되어 있다. 파스토는 보고타나 메데인만큼 알려진 도시는 아니지만 이 시기만 되면 전 세계 사람들이 파스토에 모여 축제를 즐기고 있다. 콜롬비아 문화부는 축제를 두고 '다양한 사람들이 모여 예술을 표현하고 관용과 존중 정신을 강조하는 축제'라고 밝히며 카니발이 가진 중요한 문화 가치를 강조하기도 했다.

3 January

쿠바에서 열린 첫 트라이컨티넨탈 회의

쿠바는 사회주의혁명에 성공한 나라로 잘 알려져 있다. 1959년 피델 카스트로가 세운 혁명정부는 쿠바의 사회구조를 송두리째 바꿨고, 냉전을 겪던 전 세계 정치질서에도 큰 영향을 끼쳤다. 1966년 1월 3일, 쿠바는 제1차 트라이컨티넨탈 회의Conferencia Tricontinental를 수도 아바나에서 개최했다. 여기서 트라이컨티넨탈은 아시아, 아프리카, 중남미 세 대륙을 가리키는 단어로 제국주의 시대 동안 아픔과 상처를 겪은 역사적 공통점이 있는 지역이었다. 혁명에 성공해 반제국주의의 아이콘이 된 쿠바는 이제 자신이 스스로 직접 리더로 나서 세 대륙의 단합을 이끌었다.

쿠바의 노력으로 주최된 이 회의엔 무려 80여 개의 나라가 참여했다. 각국 대표들은 한 목소리로 제국주의를 비난했고 당시 미국과 전쟁을 치르던 베트남을 공개적으로 지지하기도 했다. 또 경제적 측면에선 서구가 지배하는 자본주의 시스템에서 탈피하길 바라면서 동시에 대안이 될 수 있는 경제발전 모델을 찾았다.

결과적으로 쿠바는 회의를 통해 과거 식민지배의 아픔을 겪은 나라 간의 공감대를 형성했다. 또 이미 존재했던 아프로-아시아 인민연대기구AAPSO에 중남미를 포함해 국제 정치무대 내에서의 중남미 지역의 중요성을 각인시켰다. 회의 이후엔 아시아, 아프리카 및 라틴 아메리카 민족연대조직OSPAAAL이 새로 탄생했는데, 이후 이 조직은 개발도상국의 경제발전, 소수 인종의 문화적 다양성 존중을 주제로 목소리를 내며 활발히 활동하게 된다.

4 January

의사 체 게바라를 혁명가로 만든 오토바이 여행

혁명의 아이콘으로 유명한 아르헨티나의 체 게바라. 하지만 20대 초반까지의 그의 삶은 혁명과는 거리가 멀었다. 중산층 출신인 그는 경제적으로 부족함 없는 유년 시절을 보냈고, 의사였던 아버지처럼 의대에 진학해 안정적인 삶을 꿈꾸는 평범한 청년이었다. 이런 그가 혁명가가 된 건 우연히 떠난 여행 때문이었다. 1952년 1월 4일, 당시 23세의 체 게바라는 그의 친구 알베르토와 함께 남미대륙을 여행하기로 결심했다. 여행을 통해 더 넓은 세상을 이해하길 원했던 젊은 청년은 그렇게 오토바이에 몸을 실은 채 중남미 대륙을 횡단하는 긴 여정을 떠났다.

아르헨티나를 떠난 이 둘은 9개월 동안 칠레, 페루, 콜롬비아, 베네수엘라 등 여러 나라를 여행했다. 그리고 체 게바라는 여행을 통해 자신이 우물 안에 갇힌 사람이었음을 깨달았다. 그는 칠레 칼라마에서 고통 받으며 일하는 광부들, 페루 쿠스코에서 차별받으며 살아가는 원주민들의 모습을 직접 마주했고, 남미대륙이 겪었던 아픔의 역사와 대중들이 겪는 부조리한 사회현실을 조금씩 이해하기 시작했다.

긴 여행을 마친 후 체 게바라는 더 이상 여행을 떠나기 전의 체 게바라가 아니었다. 그는 의사의 길을 가는 대신 고통 받는 사람들을 위해 싸우는 길을 선택했다. 이른바 《모터사이클 다이어리》라는 책으로 기록된 체 게바라의 여행은 훗날 그를 역사에 남을 혁명가로 활동하게 만든 결정적인 계기가 됐다.

베네수엘라 의회의 과반수를 차지한 반反차베스 야당

2010년대부터 베네수엘라는 상당히 혼란스러운 시기를 겪었다. '21세기 사회주의'를 외쳤던 우고 차베스 대통령의 지지자들, 그리고 그의 정권에 반대하는 세력들이 서로 충돌하며 갈등을 빚었다. 그러던 중 2016년 1월 5일 새로 출범한 의회에서 반차베스 정당이 과반수가 넘는 자리를 차지하며 베네수엘라의 정치판도를 크게 뒤흔들었다.

베네수엘라엔 여러 정당이 존재하지만, 차베스의 연합사회당과 차베스에 반대하는 민주통일원탁이 대표 정당으로 꼽힌다. 원래 베네수엘라 의회는 차베스의 베네수엘라 연합사회당이 지배해왔고, 2000년도 이후부턴 단 한 번도 과반 의석을 내주지 않았다. 이 기간 동안 연합사회당은 의회에서 차베스가 추진했던 각종 법안을 통과시키는 데 협조했고, 그의 정치적 권력이 강력해지도록 많은 힘을 보탰다.

하지만 2012년 차베스가 세상을 떠나면서 차베스-연합사회당의 시대도 조금씩 저물었다. 차베스의 후계자로 대통령이 된 니콜라스 마두로는 카리스마가 부족했고, 심지어 경제위기를 제대로 헤쳐 나가지 못하며 인기가 하락했다. 이런 상황에서 민주통일원탁은 2015년 12월 국회의원 선거에서 164석 중 105석을 차지했고, 새로운 의회는 마두로를 위협할 것으로 예상됐다.

그러나 마두로는 곧바로 정치적 반격을 가했다. 그는 곧바로 "민주통일원탁이 지배하는 의회가 헌법을 모독한다"고 비난했고, 친親마두로 성향을 가진 대법원을 동원해 법적으로 의회를 해산시키려 했다. 결국 의회와 마두로 정권과의 싸움은 장기화됐고, 양측을 지지하는 국민들이 서로 충돌하며 베네수엘라 사회는 또 다른 혼란에 휩싸이게 됐다.

대통령제 대신 의원내각제를 도입할 뻔했던 브라질

브라질은 대통령제도가 채택된 나라다. 1889년 군주제가 끝나고 시작된 대통령제도는 지금까지 100년 넘게 이어져 오고 있다. 그런데 브라질에선 역사적으로 딱 한 번 의원 내각제를 도입할 뻔한 적이 있었는데, 바로 경제와 정치적으로 혼란스러웠던 1963년이었다. 1960년대 초 브라질은 높은 인플레이션과 좌우로 나뉜 정치적 분열로 어려운 상황에 직면해 있었다. 1961년부터 대통령을 맡은 주앙 굴라르Joao Goulart는 토지분배, 노동자권리강화, 핵심산업 국유화를 외치며 개혁의지를 밝혔고, 야당이 지배하던 의회는 그의 정책이 더 큰 혼란을 불러일으킬 것이라며 우려감을 표했다. 그를 막을 방법을 고심하던 의회는 의원내각제를 생각해냈고, 1963년 1월 6일 국민투표를 통해 의원내각제 도입 여부를 결정하려 했다.

당시 브라질에서 논의된 의원내각제는 독일 모델을 기반으로 했다. 하지만 내각제는 충분한 시간을 두고 논의되지 않아 부족한 점이 많았고, 도입된다고 해도 당장 사회적 혼란을 끝낼 수 있을지 의문이었다. 투표에선 80퍼센트가 넘는 국민들이 의원내각제에 반대한다는 표를 던졌고, 브라질에선 대통령제도가 이전처럼 그대로 유지됐다.

국민투표 이후 굴라르 대통령은 자신의 개혁정책을 더욱 강하게 밀고 나갔다. 하지만 비즈니스 엘리트를 비롯한 보수세력의 저항이 더욱 거세지며 브라질 사회는 더 큰 혼란에 빠졌다. 결국 이를 참지 못한 군부가 1964년 쿠데타를 일으켰고, 이후 군사정권이 들어서며 1985년까지 나라를 통치하게 된다.

7 January

브라질에서 첫 창설된 의용군 부대 이야기

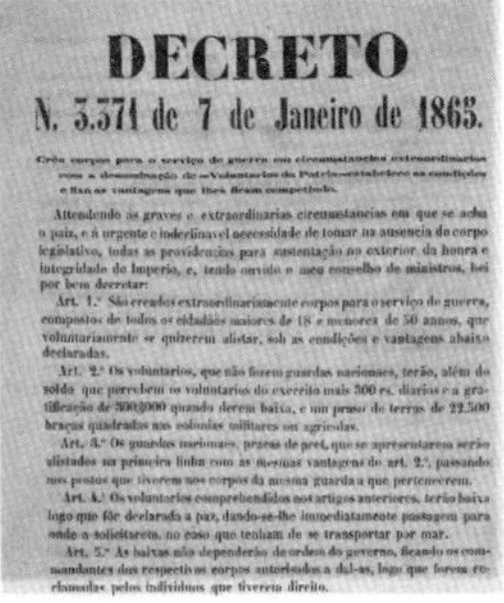

DECRETO

N. 3.371 de 7 de Janeiro de 1865.

Attendendo as graves e extraordinarias circumstancias em que se acha o paiz, e á urgente e indeclinavel necessidade de tomar na ausencia do corpo legislativo, todas as providencias para sustentação no exterior da honra e integridade do Imperio, e, tendo ouvido o meu conselho de ministros, hei por bem decretar:

Art. 1.° São creados extraordinariamente corpos para o serviço de guerra, compostos de todos os cidadãos maiores de 18 e menores de 50 annos, que voluntariamente se quizerem alistar, sob as condições e vantagens abaixo declaradas.

Art. 2.° Os voluntarios, que não forem guardas nacionaes, terão, além do soldo que percebem os voluntarios do exercito mais 300 rs. diarios e a gratificação de 300$000 quando derem baixa, e um prazo de terras de 22.500 braças quadradas nas colonias militares ou agricolas.

Art. 3.° Os guardas nacionaes, praças de pret, que se apresentarem serão alistados na primeira linha com as mesmas vantagens do art. 2.°, passando nos postos que tiverem nos corpos da mesma guarda a que pertencerem.

Art. 4.° Os voluntarios comprehendidos nos artigos anteriores, terão baixa logo que fôr declarada a paz, dando-se-lhe immediatamente passagem para onde a solicitarem, no caso que tenham de se transportar por mar.

Art. 5.° As baixas não dependerão de ordem do governo, ficando os commandantes dos respectivos corpos autorisados a dal-as, logo que forem reclamadas pelos individuos que tiverem direito.

1864년 남미에서 삼국동맹전쟁이 벌어졌다. 5년 넘게 이어진 이 전쟁은 파라과이와 브라질, 아르헨티나, 우루과이 삼국연합이 충돌한 사건이었는데, 영토분쟁과 관세문제가 전쟁이 일어나게 된 주요 원인이었다.

전쟁이 시작되자 브라질이 마주한 가장 큰 문제는 군인이 부족하다는 점이었다. 지금이야 남미에서 가장 강력한 군대를 보유하고 있는 브라질이지만, 19세기 중반에는 군대 시스템이 체계적으로 잡혀 있지 않았다. 심지어 당시 브라질 사람들은 군입대를 형벌로 여겨 입대를 기피했기 때문에, 전쟁에서 싸울 군인수가 모자란 건 어찌 보면 당연한 일이었다.

발등에 불이 떨어진 브라질 정부는 서둘러 군대에 입대할 지원자를 모집했다. 1865년 1월 7일, 브라질 황제 페드루 2세는 의용군Voluntários da Pátria을 구한다는 법령을 공식발표했다. 대상은 18세에서 50세 사이에 있는 모든 남성이었으며 브라질 국민들에게 나라를 지키기 위해 전쟁에 참여해 달라는 내용을 담았다.

소식을 들은 몇몇 브라질 사람들은 순수한 애국심으로 부대에 지원했다. 하지만 브라질 정부는 단순히 애국심에 호소하는 방법으론 충분한 지원자를 모집할 수 없단 사실을 잘 알고 있었다. 그래서 부대에 자원하는 이들이 혹할 만한 추가혜택을 함께 보장했는데, 대표적인 것이 금전적 보상과 토지제공이었으며 심지어 노예신분 참전자에겐 자유를 조건으로 내걸었다. 이에 따라 많은 사람들이 각자 다른 이유와 동기부여를 갖고 부대에 입대하게 됐고, 삼국연합이 전쟁에서 승리를 거두는 데 큰 기여를 하게 된다.

8
January

멕시코 마약왕 엘 차포가 체포되다

엘 차포는 1980년대 활동했던 마약왕 펠릭스 가야르도의 부하로 처음 세상에 이름을 알렸다. 그후 엘 차포는 조직 내에서 자신의 세력을 조금씩 키워나갔고 결국 멕시코에서 가장 영향력 있는 마약왕 자리에까지 올랐다. 그는 막대한 부를 이용해 멕시코 정치인들을 자신의 편으로 만들었고, 멕시코 정부의 마약 카르텔 소탕작전에 끈질기게 대항했다.

마약왕 엘 차포의 일대기는 다큐멘터리와 영화로 만들어질 정도로 파란만장했다. 특히 그의 감옥 탈출과정은 가장 드라마틱한 이야기로 회자되고 있다. 멕시코에서 경비가 가장 삼엄한 알티 플라노 감옥에서 생활했던 엘 차포는 몰래 2킬로미터나 되는 땅굴을 팠고, 땅굴 밑에서 기다리던 부하들의 도움을 받아 탈출에 성공하며 멕시코 당국을 당황하게 만들었다.

이후 멕시코는 현상금을 무려 110억 달러까지 올려 엘 차포를 체포하는 데 온 힘을 쏟았다. 끈질긴 추적 끝에 멕시코 경찰은 엘 차포의 은신처를 파악했고, 곧바로 수백 명의 특수부대가 출동해 그를 체포하는 데 성공했다. 2015년 7월 감옥에서 탈출한 바 있는 엘 차포는 이로써 약 6개월만인 1월 8일에 다시 감옥으로 들어가게 됐다. 한편 이 소식을 들은 페냐 니에토 대통령은 자신의 트위터에 '미션 완료, 멕시코 국민들에게 엘 차포가 체포됐다'는 글을 올리며 오랜 시간 공들였던 엘 차포 체포작전 성공을 자축했다.

브라질 독립의 시작을 알린 페드루 1세

브라질에서 매년 1월 9일은 역사적으로 상당히 중요한 날이다. 브라질에선 이날을 지아 디 피쿠Dia de Fico라고 부르는데, 포르투갈어로 '날'이라는 뜻의 'Día'와 '머물다'의 'Fico'가 합쳐져 '머문 날'을 의미한다. 브라질에서 1월 9일에 이런 이름이 붙은 이유는 페드루 1세 때문이었다. 브라질이 포르투갈에서 독립하기 전 페드루 1세는 나폴레옹의 포르투갈 침략을 피해 브라질로 도망친 상황이었다. 혼란스러웠던 정세가 어느 정도 안정되자, 1822년 1월 9일 그의 아버지 주앙 6세는 그에게 다시 포르투갈로 돌아올 것을 명령했다. 하지만 페드루 1세는 이에 불복하고 브라질에 머물러 독립운동을 이끌기로 결심했는데, 바로 이날이 브라질이 독립하게 되는 중요한 전환점이 되었다.

페드루 1세의 삶을 살펴봤을 때, 그가 브라질에 남기로 한 건 어찌 보면 당연한 일이었다. 그는 브라질에서 13년이라는 시간을 보내며 브라질 문화에 동화됐고 브라질 사람들이 본국 포르투갈에 가지고 있던 불만을 충분히 이해했다. 그는 포르투갈이 브라질 사람들의 독립열망을 막을 수 없다고 판단했고, 본인 스스로 브라질 초대 황제 자리에 올라 브라질을 포르투갈 식민지배에서 벗어나도록 도왔다.

한편 이런 브라질의 독립과정은 다른 남미 국가들과 비교했을 때 확연히 다른 모습이었다. 브라질은 페드루 1세 체제의 군주국가로 남았지만 다른 남미 국가들은 대통령을 선출하는 공화국 체제로 바뀌었기 때문이다. 또 과거 거대한 스페인 식민지가 콜롬비아, 아르헨티나, 페루, 칠레 같은 여러 나라들로 분열된 것과 달리 브라질은 하나의 제국으로 남으며 남미에서 가장 큰 영토를 보유한 나라로 성장했다.

10 January

중남미 최초의 노벨문학상 수상자가 나오다

노벨문학상은 전 세계가 인정하는 권위 있는 상이다. 하지만 몇몇 비판자들은 노벨상이 지나치게 서구 중심적이라는 지적을 해왔다. 실제로 노벨문학상을 받은 상위 국가들을 살펴보면, 미국, 영국, 독일, 프랑스 출신 작가들이 수상의 영광을 훨씬 더 많이 누렸단 사실을 알 수 있다. 그런데 중남미에서 이런 서구 중심의 관점을 깨고 노벨문학상을 수상한 작가가 등장했다. 바로 칠레 출신의 가브리엘라 미스트랄Gabriela Mistral로, 1945년 상을 받으며 중남미 출신 최초로 노벨문학상을 받은 작가로 기록됐다.

1889년 칠레 비쿠냐에서 태어난 그녀는 15살이란 어린 나이에 교직을 맡았다. 또 책을 읽고 글쓰기를 좋아했던 그녀는 어린 나이에 〈죽음의 소네트〉라는 작품을 발표하며 유명세를 탔다. 이후엔 본격적으로 작가의 길로 들어섰고 주로 어린이와 여성, 모성애와 관련된 시를 발표하며 활동을 이어 나갔다. 가브리엘라의 뛰어난 작품은 급기야 중남미 대륙을 넘어 유럽 사람들의 관심을 받기 시작했다. 두 번의 끔찍한 전쟁을 치른 유럽 사람들이 그녀가 이야기하는 사랑, 애정, 죽음과 같은 주제에 공감했기 때문이었다. 그녀의 노벨상 수상을 발표한 걸베르그는 "가브리엘라의 시는 간결하지만, 서정적이고 사람들의 마음을 울린다"라고 말하며 극찬을 아끼지 않았다.

가브리엘라는 "나의 작품이 사랑받은 건 여성들과 어린이들을 대표했기 때문이다"라고 말하며 노벨문학상 수상을 담담히 받아들였다. 이후에도 그녀는 〈메시지〉 〈칠레의 시〉 같은 작품을 발표해 시인의 길을 묵묵히 걸어 나갔고, 1957년 1월 10일 미국 뉴욕에서 세상을 떠났다.

11 January

1858년 벌어진 멕시코의 개혁전쟁

1858년 1월 11일, 멕시코는 전쟁의 소용돌이 속에 빠지게 된다. 이 전쟁은 1861년 1월 11일까지 정확히 3년 동안 벌어졌기 때문에 '3년 전쟁', 혹은 '개혁전쟁'이라 불리며, 국가를 어떻게 다스릴지를 두고 싸우던 보수당과 자유당이 서로 충돌했던 내전이었다.

개혁전쟁이 일어나게 된 직접적인 원인은 1857년 9월 개정된 새 헌법 때문이었다. 베니토 후아레즈를 중심으로 한 자유당은 당시 멕시코 사회구조를 바꿀 만한 급진적인 내용을 담은 헌법을 발표했다. 헌법엔 노예제도 폐지 같은 내용이 담겨 있었고, 교회 성직자들이 누려오던 푸에로Fuero라 불리는 법적특권을 더 이상 인정하지 않으며 대대적인 사회변화를 예고했다.

이에 보수당은 1857년 12월 헌법 자체를 무효화시키는 타쿠바야 계획Plan de Tacubaya을 발표해 맞대응했다. 자유당의 급진적인 헌법을 절대 받아들일 수 없다는 입장을 분명히 한 것이었다. 팽팽하게 맞서던 두 정당은 결국 보수당이 멕시코시티를 중심으로, 자유당이 베라크루스에 자신들만의 정부를 세우면서 멕시코를 사실상 둘로 분열시켰다.

3년 동안 이어진 치열했던 개혁전쟁은 결국 자유당의 승리로 끝났다. 1861년 1월 11일, 베니토 후아레즈 대통령은 멕시코시티로 입성해 자유당 세력을 기반으로 한 정부를 설립했다. 하지만 보수당은 펠릭스 술로아가를 중심으로 저항을 이어 나갔고, 심지어 1862년 프랑스와 동맹을 맺고 전쟁을 일으켜 멕시코를 또 다른 혼란에 빠트렸다.

12 January

약 30만 명의 목숨을 앗아간 아이티 대지진

2010년 1월 12일, 히스파니올라 섬 국가 아이티에서 사상 최악의 지진이 발생했다. 규모 7.0의 강력한 지진으로 약 30만 명의 사람들이 목숨을 잃었고, 전체 인구 삼분의 일인 300만 명의 이재민이 발생했다.

환태평양 고리에 위치한 몇몇 중남미 국가와는 달리 아이티는 평소 지진이 자주 발생하지 않는 안전지대에 속해 있었다. 역사 기록을 봤을 때 규모 7 이상의 지진이 일어난 건 1842년이 마지막이었다. 그 때문에 상당수의 건물이 내진설계가 되어 있지 않았고, 설상가상으로 인구밀도가 높은 수도 포르토프랭스 인근에서 지진이 발생해 피해규모를 더욱 키웠다.

대지진이란 악몽을 겪은 아이티는 최악의 국가 위기를 맞았다. 대통령궁이 붕괴되며 정부기능이 마비됐고, 병원, 공항, 도로 같은 주요 인프라 시설도 형태를 알아볼 수 없을 정도로 처참히 주저앉았다. 더군다나 먹을 것이 없어 굶주리는 사람들, 위생이 안 좋은 곳에서 생활하던 질병 환자가 급격히 늘어나 희생자는 더욱 늘어났다.

이런 상황에서 아이티가 기댈 곳은 해외원조뿐이었다. 지진 소식이 알려지자 여러 국가들이 구호물품을 아이티로 보내 복구를 도왔다. 하지만 피해가 워낙 컸을 뿐더러 여진이 끊임없이 발생하며 복구작업에 난항을 겪었다. 지진이 발생한 지 10년이 넘었음에도 아이티의 상황은 여전히 불안정한 상태로 남아 있으며, 도시 곳곳에선 여전히 지진의 상처가 남아 있는 걸 볼 수 있다.

13 January 스페인과 포르투갈의 마드리드 조약 체결

1494년 6월, 스페인과 포르투갈은 토르시데야스 조약을 맺었다. 이 조약은 지구를 반으로 나눠 한 쪽은 스페인이, 다른 한 쪽은 포르투갈이 다스린다는 내용을 담았다. 새로운 땅이 발견되며 분쟁이 심해질 것이 우려되자 조약을 맺고 이를 미리 해결한 것이었다. 조약이 체결된 뒤 중남미 대륙 대부분은 스페인 영토에 속했다. 반면 바이아, 페르남부쿠 같은 일부 브라질 영토는 포르투갈의 차지가 됐다. 현재 대부분의 중남미 국가가 스페인어를 사용하고 브라질은 예외적으로 포르투갈어를 사용하는데, 모두 토르시데야스 조약이 맺어지며 구분된 것이었다.

이후 두 나라는 경계선을 넘어 서로를 자극하지 않았다. 하지만 17세기 말, 스페인 영토에 속해 있던 마투그로수 지역에서 황금이 발견되면서 상황은 180도 바뀌게 되었다. 이전까지 마투그로수는 아마존 정글 지역에 속해 사람들이 살지 않았지만, 황금이 발견되며 반데이란치스Bandeirantes라 불리는 포르투갈계 사람들이 국경을 넘어 정착했기 때문이었다.

포르투갈계 사람들이 국경을 넘자 스페인은 즉각 포르투갈에 항의했다. 양측은 토르시데야스 조약을 대신할 새로운 조약이 필요하다는 데 동의했고, 1750년 1월 13일 마드리드 조약을 맺어 새롭게 국경선을 조절했다. 스페인은 이미 많은 포르투갈계 사람들이 넘어온 지역들을 포기하기로 했는데, 여기엔 마토그로수, 그라오-파라 등이 포함됐다. 이때 맺어진 마드리드 조약 덕분에 두 나라는 더 큰 분쟁을 피할 수 있었고, 지금의 브라질, 파라과이, 볼리비아 국경을 형성하는 계기가 됐다.

14 January

스위스 등산가, 아콩카과산을 가장 처음 정복하다

칠레와 아르헨티나 국경 사이에는 아콩카과라 불리는 높은 산이 솟아 있다. 조금 더 정확히 말하면 이 산은 아르헨티나 멘도사 주에 자리 잡고 있는데, 높이는 약 6,960미터로 중남미 대륙에서 가장 높은 산이기도 하다. 1897년 1월 14일, 이 높은 산정상에 처음 오른 건 마티아스 추브리겐이었다. 스위스 출신인 그는 이미 유럽과 뉴질랜드에서 험한 산을 정복한 경험을 쌓았고, 아르헨티나에 도착해서도 아콩카과산을 정복할 수 있을 거란 확신에 차 있던 전문 산악인이었다. 그는 영국인 핏츠제랄드가 꾸린 팀에 참여해 산을 올랐고, 팀원 중 가장 먼저 꼭대기에 도달해 역사에 이름을 남겼다.

역사적 기록을 살펴보면, 마티아스 이전에도 아콩카과 정상에 오르려는 시도를 한 인물이 여럿 있었다. 대표적인 인물이 바로 독일 출신의 지질학자이자 산악인 파울 귀스펠트였다. 1883년 그는 현지인의 도움을 받아 6,500미터 부근까지 도달했지만, 산정상에까지 오르는 데는 아쉽게 실패하고 만다. 마티아스가 산을 정복한 이후엔 폴란드, 프랑스 출신 산악인들이 차례로 아콩카과 정상에 오르는 데 성공했다. 하지만 백 명이 넘는 사람들이 등반 도중 목숨을 잃으면서, 아콩카과는 '죽음의 산'이라는 별명을 얻기도 했다.

몇몇 사람들은 마티아스 이전에 이미 잉카인들이 아콩카과산 정상에 올랐을 거라 믿고 있다. 애초의 아콩카과라는 이름 자체가 케추아어에서 유래됐고, 산의 존재를 이미 알고 있던 잉카인들이 산정상에 올랐을 거란 추측이다. 하지만 이 주장은 아쉽게도 확인할 수 있는 문서가 남아 있지 않기 때문에, 아콩카과산을 최초로 정복한 인물은 여전히 마티아스로 기록되어 있다.

15 January

태평양전쟁의 판도를 바꾼 미라플로레스 전투

1881년 1월 15일 벌어진 미라플로레스 전투는 칠레가 태평양전쟁의 주도권을 갖게 되는 결정적인 전투였다. 페루 미라플로레스 지역에서 벌어졌던 이 전투는 페루 병력 13,000명과 칠레 병력 12,000명이 맞붙은 해상전투였다. 페루군에게 익숙한 지형에서 벌어진 전투였지만, 칠레 마누엘 바케아도Manuel Baqueado 장군이 유리하게 전투를 이끌어 나가며 승기를 잡았다. 게다가 당시 칠레 해군은 비교적 더 우수한 전투력을 갖고 있었기에, 페루 병사 삼분의 일을 전멸시키며 승리를 차지했다.

미라플로레스 전투에서의 승리 이틀 뒤 칠레는 기세를 몰아 페루의 수도 리마까지 함락시켰다. 수도 리마에 입성한 칠레군은 페루 정부청사와 국립도서관 같은 주요 시설을 불태웠고, 귀중한 문화재와 보물들을 전리품으로 가져갔다. 이후에도 태평양전쟁은 약 3년 동안 더 지속됐고, 1884년 칠레와 페루 양측이 앙콘 조약Treaty of Ancon을 맺으며 마무리됐다. 조약 내용에는 당연히 전쟁에서 승리한 칠레에 유리한 조항들이 많이 포함되었다. 칠레는 원래 페루 영토에 속해 있던 아리카Arica와 이키케Iquique 지역을 차지하겠다고 선언했고, 이 지역은 구리와 질산나트륨이 많았기 때문에 훗날 칠레에 큰 경제적 이익을 가져다주게 되었다.

16 January 평화 조약을 통해 내전을 끝낸 엘살바도르

1992년 1월 16일, 멕시코시티 차풀테펙에서 중요한 평화협정이 맺어졌다. 이날 파라분도 마르티민족해방전선FMLN 대표를 만난 엘살바도르 정부는 내전을 종료하기로 합의했는데, 총 7만 5천 명이 넘는 사람들의 목숨을 앗아간 엘살바도르 내전이 종료됐음을 선언한 순간이었다.

1979년부터 엘살바도르에서 내전이 일어나게 된 건 사회적 불평등과 정치적 억압 때문이었다. 엘살바도르는 1930년대부터 40년 넘게 군부독재가 권력을 잡았는데, 그동안 소수 엘리트만 정치적 자유와 부를 독차지하는 상황이 발생했다. 결국 이를 참지 못한 파라분도 마르티 민족해방전선이 반란을 일으켰고, 정부가 이를 막기 위해 군을 동원하며 양측의 끔찍한 내전이 시작됐다.

10년이 지나도 끝날 기미가 보이지 않던 엘살바도르 내전은 국제사회의 개입으로 서서히 해결점을 찾았다. 유엔과 가톨릭 교회는 적극적으로 중재자 역할을 자처했고 1984년 처음 엘살바도르 찰레타낭고에서 평화협상을 시작했다. 이후 협상은 산살바도르, 멕시코시티, 제네바에서 차례로 열리며 양측의 입장 차이를 조금씩 좁혀나갔다.

오랜 시간 끝에 맺어진 평화협정은 총 5개 항목으로 구성됐다. 주요 내용으로는 양측의 군사충돌 금지, 분열된 사회통합, 인명피해 보상을 위한 진실규명위원회 창설 등이 포함되어 있었다. 이렇게 찾아온 평화는 어두웠던 엘살바도르의 정치역사를 끝내는 전환점이 됐고, 2022년 평화협정 30주년을 맞은 엘살바도르는 현재 매년 1월 16일을 '내전 희생자의 날'로 기념하고 있다.

17 January

'시몬 볼리바르의 검'을 훔친 콜롬비아 게릴라 조직

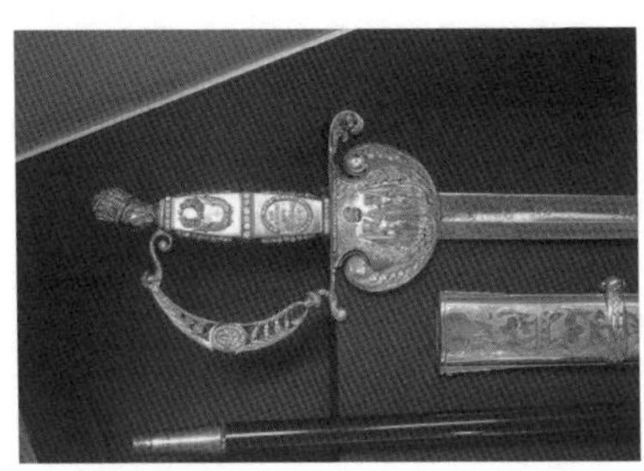

무장혁명군FARC과 민족해방군ELN은 1960년대 콜롬비아 사회를 혼란스럽게 만든 대표적인 게릴라 조직이었다. 그러던 와중 콜롬비아에선 새로운 게릴라 단체가 등장하게 되는데, 바로 '4월 19일 운동El movimiento 19 de abril, 줄여서 M-19'이라 불리는 조직이었다. M-19가 탄생한 건 1970년 4월 19일 벌어진 대통령선거와 관련이 있었다. 당시 M-19 조직원들은 1970년 선거를 부정선거로 규정하며 선거위원회에 공정한 방식의 재선거를 요구했다. 하지만 그들의 요구는 받아들여지지 않았고, 이에 4월 19일 선거를 잊지 말자는 의미로 '4월 19일 운동M-19' 조직을 만들었다.

M-19가 콜롬비아 전체를 충격에 빠뜨린 건 남미의 독립 영웅 시몬 볼리바르의 검을 훔친 때였다. 1974년 1월 17일, M-19 조직원들은 보고타에 있는 시몬 볼리바르의 저택을 급습해 국가의 보물이나 다름없는 그의 검을 훔쳐 달아났다. 이 과정에서 게릴라 조직원은 '볼리바르여, 당신의 검은 다시 투쟁을 위해 사용될 것입니다'라는 메시지를 남기기도 했다.

그렇게 사라진 볼리바르의 검은 오랜 시간 M-19 조직원들에 의해 보관됐다. 심지어 조직원들의 행적에 따라 쿠바, 파나마까지 비밀스럽게 옮겨지기도 했다. 이 검은 1991년 M-19와 콜롬비아 정부가 맺은 평화협정 기념식에서 모습을 드러낸 뒤 반환됐는데, 현재는 콜롬비아 대통령궁인 까사 데 나리뇨Casa de Nariño에 전시되어 있다.

18
January

약 60년 동안 멕시코를 지배한 정당

멕시코의 현대 정치를 공부하다 보면 가장 많이 마주치게 되는 단어가 있다. 바로 멕시코 정당 중 하나인 제도혁명당PRI, Partido Revolucionario Institucional이다. 1946년 1월 18일은 이 제도혁명당이 세워진 날로, 멕시코 정치를 대표하는 정당으로 잘 알려져 있다. 제도혁명당은 1946년부터 자그마치 60년에 가까운 긴 세월 동안 멕시코 정치계를 지배했다. 정당의 뿌리라 볼 수 있는 이전 멕시코혁명당PRM과 국민혁명당PNR 기간까지 합치면 그 역사는 약 80년 가까이 된다. 물론 멕시코에는 다른 정당들이 존재하긴 했지만 사실상 멕시코 정치를 지배한 건 제도혁명당이었다.

제도혁명당은 겉으로 민주주의를 표방했지만 사실상 일당 체제를 기반으로 한 과두정치를 실행했다. 6년마다 벌어지는 선거 때마다 제도혁명당 출신 후보자가 항상 이변 없이 대통령에 당선됐고, 거의 모든 고위관료의 자리는 제도혁명당 당원들로 구성됐다. 이런 멕시코에서 제도혁명당 도움 없이 정치를 한다는 건 사실상 불가능한 일이었다. 페루의 대표 작가 마리오 바르가스 요사는 이런 제도혁명당을 두고 '절대적 권력자' '정치 카르텔 세력'으로 묘사하기도 했다.

오랜 시간 멕시코 정치를 지배해 온 제도혁명당은 1990년대 부정부패로 점차 국민들의 신뢰를 잃었다. 지지도가 하락하던 2000년 대선에선 결국 국민행동당PAN 후보 비센테 폭스가 대통령에 당선됐고, 오랜 시간 지속된 제도혁명당의 독주체제는 끝을 맺게 되었다.

19 January

볼리비아에서 체포된 나치 출신 클라우스 바르비

클라우스 바르비 Klaus Barbie 는 나치의 비밀경찰 게슈타포 출신이다. 그는 제2차 세계대전 동안 프랑스 리옹에서 활동하며 반反나치운동을 진압했고 수천 명 이상의 프랑스인들을 체포해 고문하거나 살해했다. 이때 그가 저지른 끔찍한 범죄 때문에 프랑스에선 그를 '리옹의 도살자'라 불렀다.

제2차 세계대전이 끝난 후 바르비는 높은 형벌을 받을 것으로 예상됐다. 하지만 놀랍게도 그는 미국으로 건너가 제2의 삶을 시작할 수 있었다. 그를 체포했던 미국이 나치정권 동안 쌓아온 비밀경찰 경력을 높이 여겨 공작원 역할을 맡겼기 때문이다. 이 사실을 알고 분노한 프랑스는 그의 즉각 송환을 요구했지만, 미국은 이를 거절했다. 냉전시대 동안 미국은 그의 경험을 이용했고 바르비는 그렇게 자유로운 생활을 할 수 있게 되었다.

하지만 이후에도 프랑스의 송환요구는 계속됐다. 압박을 버티지 못한 미국은 결국 그를 제3국인 볼리비아로 보냈고, 볼리비아로 가게 된 바르비는 이번엔 볼리비아군 당국의 요청을 받아 활동을 이어 나갔다. 그는 1980년 루이스 메사의 쿠데타를 도왔는데, 이보다 앞선 1960년대 후반에는 게릴라 활동을 하던 체 게바라를 체포하는 데 기여하기도 했다.

한편 프랑스는 포기하지 않고 볼리비아에 있는 바르비를 끈질기게 추적했다. 1983년 1월 19일, 결국 프랑스는 바르비를 체포한 뒤 본국으로 송환하는 데 성공했다. 프랑스 법원은 그에게 종신형을 선고했고 바르비는 1991년 77세의 나이로 감옥에서 생을 마감하게 된다.

20 January

우루과이에서 맞붙은 스페인과 영국

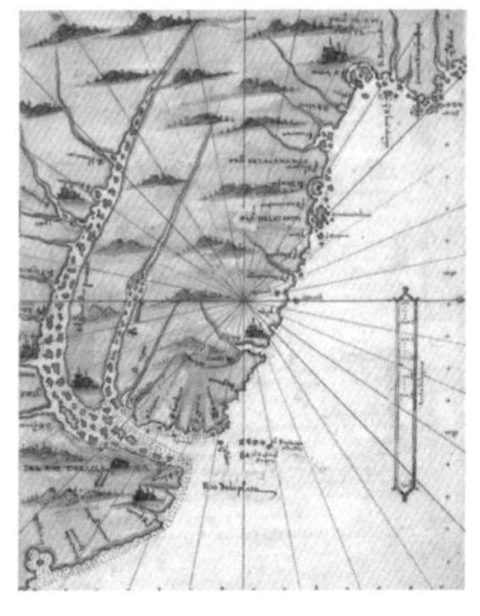

1807년 1월 20일, 몬테비데오에서 얼마 떨어지지 않은 코르돈에서 영국군과 스페인이 전투를 벌였다. 이른바 코르돈 전투Combate del Cordón에서 영국군은 스페인군을 물리치고 승리를 거뒀다. 이를 계기로 약 2주 뒤엔 주요 항구 도시인 몬테비데오까지 손에 넣게 된다.

19세기 초 우루과이 지역은 하나의 독립국이기보다 스페인 식민지배에 놓인 지역이었다. 당시 스페인은 부에노스아이레스와 몬테비데오가 위치한 지역을 라 플라타La Plata 강이라 불렀고, 그곳을 주요 교역지로 만들어 많은 경제적 이득을 취하고 있었다. 하지만 나폴레옹이 스페인 본토를 침략한 것을 계기로 그곳을 호시탐탐 노리던 영국에게 기회를 제공하게 됐고, 영국은 1800년 메잇랜드 계획Maitland Plan까지 세워 라 플라타 지역을 손에 넣은 뒤 칠레, 페루, 에콰도르까지 영국의 교역지로 삼으려는 야심찬 계획을 세웠다.

영국은 1806년 우루과이 몬테비데오에 상륙해 공격을 감행했다. 이때 벌어진 전투가 바로 코르돈 전투로, 사무엘 아쿠무티 장군이 이끄는 5천여 명의 영국군은 베르나르도 르코크가 이끄는 2천여 명의 스페인 군대와 맞닥뜨리게 되었다. 이른 아침부터 벌어진 전투에서 스페인군은 코르돈 지역을 방어하려 했으나 역부족이었고, 결국 영국군의 10배가 넘는 200명의 사망자를 내며 후퇴했다. 전투에서 승리한 영국은 이후 몬테비데오까지 차지하며 목표를 달성했다. 하지만 곧이어 벌인 부에노스아이레스 원정에서 크게 패하면서 후퇴했고, 결국 영국의 라 플라타 점령계획은 모두 실패로 끝나게 되었다.

21 January 보르헤스, '세르반테스 문학상'을 수상하다

스페인어 문학계에는 세르반테스 문학상이 있다. 이것은 기사문학 《돈키호테》를 쓴 작가 미겔 데 세르반테스의 이름을 따온 것으로 매년 스페인어 문학발전을 위해 기여한 작가에게 수여되는 영예로운 상이다. 1979년 1월 21일, 스페인 문화부는 아르헨티나의 작가이자 시인인 호르헤 루이스 보르헤스를 세르반테스 문학상 수상자로 발표했다. 1976년부터 이 상이 수여되기 시작했는데, 보르헤스는 호르헤 길리엔, 알레호 카르펜티에르, 다마소 알론소에 이어 네 번째 수상자로 이름을 올리게 된다.

1899년 부에노스아이레스에서 태어난 보르헤스는 어렸을 때부터 스페인어뿐만 아니라 영어와 프랑스어를 터득하며 언어에 타고난 감각을 보였다. 또 당시 유행하던 초현실주의 학파의 영향을 받아 대학 시절엔 에세이와 시를 발표했다. 부에노스아이레스 국립도서관에서 사서로 일하기도 했던 그는 작가 시절엔 〈픽션들〉 〈바벨의 도서관〉 〈미로〉 같은 수많은 걸작을 탄생시키며 20세기 중반 중남미 문학의 대가로 알려졌다.

후기구조주의, 포스트모더니즘 장르에 속하는 그의 작품들은 국내에서도 번역되며 많은 사랑을 받았다. 추리소설과 같은 매력적인 스토리는 독자들을 빠져들게 하는 매력을 갖고 있고, 특히 긴 소설보다 짧지만 완성도 높은 단편소설은 보르헤스 작품이 가진 가장 큰 특징으로 꼽히고 있다.

22 January 칠로에섬에서 스페인 군대를 몰아낸 칠레

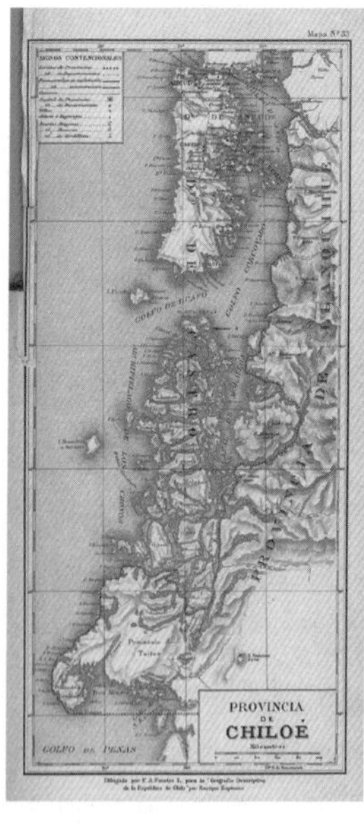

1826년은 남미대륙의 독립운동이 마무리 되던 시기였다. 하지만 스페인은 칠레 남부 칠로에섬에서 끝까지 저항했다. 이때문에 산티아고를 비롯한 대부분 칠레 지역은 독립군 차지가 됐지만, 칠로에섬은 여전히 스페인 지배 하에 놓이게 된다.

당시 독립군이 칠로에 지역을 쉽게 차지하지 못한 이유는 물리적 거리 때문이었다. 칠로에섬은 산티아고에서 1,200km나 떨어져 있어 군사보급이 원활히 이뤄지기 어려웠다. 또 스페인 제국은 이전부터 칠로에섬의 풍부한 목재재료를 얻기 위해 많은 투자를 했고, 군사까지 집중되어 있어 독립군들이 승리하기 쉽지 않은 곳이었다.

그럼에도 불구하고 독립군은 칠로에섬 정복을 시도했다. 가장 먼저 시작된 칠로에 정복은 1820년에 이뤄졌는데, 결정적으로 아게이 Agüi 전투에서 패배해 실패로 끝났다. 4년 후 칠레는 다시 한 번 함대를 이끌고 정복을 떠났지만 이번에는 모코풀리 Mocopulli 전투에서 패하며 또 한 번 실패를 맛보게 된다.

1826년이 되자 칠레는 또 다른 침공을 감행했다. 이때 프레이리가 이끈 함대는 칠로에 지역에 성공적으로 상륙해 스페인군을 공격했고 스페인 총지휘관 킨타니야의 항복을 받아내는 데 성공했다. 이후 스페인은 탄타우코 조약을 맺어 칠로에섬에서 완전히 물러날 것에 동의했다. 조약내용에 따라 1월 22일 칠로에 지역이 칠레 영토에 공식합병되면서 남미의 독립전쟁은 사실상 마무리 절차를 밟게 된다.

23 January

1958년 베네수엘라에서 벌어진 쿠데타 사건

1930년부터 마라카이보 지역에서 발견된 석유로 경제적 이익을 얻게 된 베네수엘라. 특히 1950년대부터 베네수엘라는 많은 석유수출의 기회를 얻었고, 막대한 이익을 얻으며 중남미 국가 중 가장 부유한 나라로 성장했다. 당시 베네수엘라 대통령이었던 마르코스 히메네스Marcos Jiminez는 엄청난 석유수익을 바탕으로 인프라 향상과 경제개발을 주도했다. 하지만 신중하지 못한 정책들은 오히려 역효과를 내기도 했다. 이에 히메네스는 상황 역전을 위해 1957년 돌연 헌법을 개정한다고 발표했고, 대통령 임기제한을 없애 '자신이 앞장서 나라 발전을 이끌겠다'며 장기집권 계획을 세웠다.

이 소식을 들은 베네수엘라 시민들은 대규모 시위를 벌여 그의 헌법개정에 반대했다. 1958년 1월 23일, 국민의 편에 섰던 군부가 나서 직접 히메네스 대통령을 끌어내는 데 성공했으며, 공식적인 선거를 통해 로물로 베탕쿠르트Romulo Betancourt가 대통령에 당선됐다. 이 역사적인 사건 이후 베네수엘라는 매년 1월 23일을 국민들이 직접 민주주의를 회복한 날로 기억하게 된다.

60년이 지난 2019년 1월 23일, 베네수엘라에선 데자뷰 같은 일이 반복됐다. 마두로 대통령의 독재정권에 불만을 품은 사람들이 그의 퇴진을 요구하는 대규모 시위를 벌인 것이었다. 하지만 60년 전과 다르게 퇴진요구는 실패로 끝났고, 마두로는 대통령 자리를 가까스로 유지할 수 있게 되었다.

볼리비아의 항구 사용을 허락한 페루

1879년 벌어진 태평양전쟁의 패배는 볼리비아에게 뼈아픈 결과였다. 자신의 태평양 해안 영토를 칠레에 빼앗기며 내륙국Landlock Country이 됐기 때문이다. 특히 미네랄과 가스를 주로 수출하던 볼리비아의 입장에서 바다를 잃은 것은 사실상 모든 걸 잃은 것이나 마찬가지였다. 대안을 찾던 볼리비아는 페루를 설득해 바다로의 특별접근 권한을 요청했다. 그리고 1992년 1월 24일, 볼리비아 배들은 페루 일로Ilo 항구를 통해 무역을 할 수 있다는 허가를 얻었다. 해안 영토를 잃은 지 약 100년 만에 항구를 통한 직접적인 무역이 가능해진 사건이었다.

페루 정부의 허락으로 해상통로를 얻었음에도 볼리비아는 여전히 태평양전쟁의 결과가 불공평하다며 국제사법재판소에 판결을 요구했다. 재판에 승리해 잃어버린 영토를 손에 넣을 계획이었지만, 2018년 최종 판결에서 재판소는 칠레의 손을 들어줬다. 15명의 사법관 가운데 무려 12명이 칠레가 볼리비아와 영토문제에 대해 '협상할 이유가 충분하지 않다'는 결과를 내린 것이었다.

판결은 칠레의 승리로 끝났지만 에보 모랄레스 대통령은 "볼리비아는 태평양에 대한 접근권을 절대 포기하지 않을 것이다"라고 밝혔다. 현재 볼리비아는 티티카카 호수에 볼리비아 해군과 군선적을 보유하고 있으며, 옛 해안 영토를 회복하기 위한 외교적 노력을 계속 이어 나가는 중이다.

25 January 남미 최대도시 상파울루의 역사 이야기

브라질의 도시 상파울루는 인구 2천만 명이 거주하는 거대 도시이다. 상파울루는 사실상 브라질 경제의 중심지 역할을 하고 있으며 중남미 대륙에서 멕시코시티, 부에노스아이레스와 함께 가장 중요한 도시로 꼽히고 있다. 이런 상파울루의 역사는 1554년 1월 25일 처음 시작됐다. 12명의 예수회성직자가 지금의 상파울루 지역에 피라치닌가라 불리는 학교를 세워 조그만 마을이 형성되었다. 가톨릭 종교를 퍼트리기 위해 브라질 내륙 깊숙한 곳까지 진출한 예수회가 상파울루 마을을 처음 세운 것이었다.

지금의 거대 도시 모습과는 달리 17세기 상파울루는 사람들이 잘 알지 못하는 조그만 마을이었다. 주된 경제활동은 원주민 노동에 기반한 작물재배로 사실상 자급자족을 위한 생산에 불과했다. 또 접근성이 떨어진 내륙에 자리 잡고 있어 상파울루는 교류가 거의 없는 고립된 마을이나 다름없었다.

이런 상파울루의 역사를 바꾼 건 '황금'이었다. 주변 지역에 황금이 발견되자 많은 사람들이 브라질 내륙으로 유입됐고, 상파울루도 덩달아 인구가 늘며 빠르게 발전했다. 당시 황금을 찾아 미지의 땅으로 행진한 사람들을 반데이란치스Bandeirantes라 불렀는데, 상파울루는 이 반데이란치스들이 거주하는 중심 도시가 됐다. 황금이 고갈되며 도시 발전이 잠시 주춤했지만, 이후 상파울루는 사탕수수 재배산업이 성행하며 제2의 전성기를 맞았다. 또 독립 이후에는 사탕수수 대신 커피재배가 확대되면서 사실상 브라질 경제와 정치 중심지로 자리 잡게 됐다.

페루에서 발생한 우추라카이 살인사건

Otra pista para
entender lo que
pasó en
UCHURACCAY
Por Rodrigo Montoya

1983년 1월 26일, 페루 우추라카이에서 여덟 명의 기자가 마을주민들에 의해 살해되는 사건이 발생했다. 겉으론 단순한 살인사건으로 볼 수 있지만, 당시 테러가 난무했던 페루의 혼란스러운 역사와 연관이 있는 사건이었다. 1980년대 페루의 역사를 논할 때 빠지지 않고 등장하는 이름이 바로 '빛나는 길Sendero Lunimoso'이다. 아비마엘 구즈만에 의해 창설된 이 조직은 1980년 사회주의 게릴라 활동을 선언하며 페루를 공포에 떨게 했고 1990년대 말까지 페루에서 활발한 활동을 벌였다.

우추라카이에서 벌어졌던 비극적인 사건도 바로 이 빛나는 길 조직과 관련이 있었다. 우추라카이는 지리적으로 빛나는 길 조직이 활동하던 정글과 가까워 갈등을 피할 수 없는 운명에 있었다. 조직원들은 세력을 넓히기 위해 우추라이를 차지하려 했지만 주민들의 격렬한 저항에 부딪혔고, 결국 조직원 5명이 살해당하는 사건까지 일어났다.

이 소식을 들은 여덟 명의 기자는 사건을 자세히 파악하고자 우추라카이를 방문했다. 하지만 외부인에게 극도로 적대적이었던 지역 주민들은 이들을 가짜 기자들로 위장한 빛나는 길 조직원으로 오해했다. 그들은 기자들의 설명을 믿지 않았고, 결국 기자들을 모두 살해했다. 계속된 테러로 만들어진 마을 사람들의 극도의 불안감과 분노가 참사를 불러온 셈이었다. 범행을 주도한 주민 세 명은 재판에서 징역을 선고받으며 사건은 마무리됐지만, 이는 1980년대 페루에서 벌어진 비극의 역사로 남게 됐다.

앙숙 칠레와 페루의 해상영토분쟁

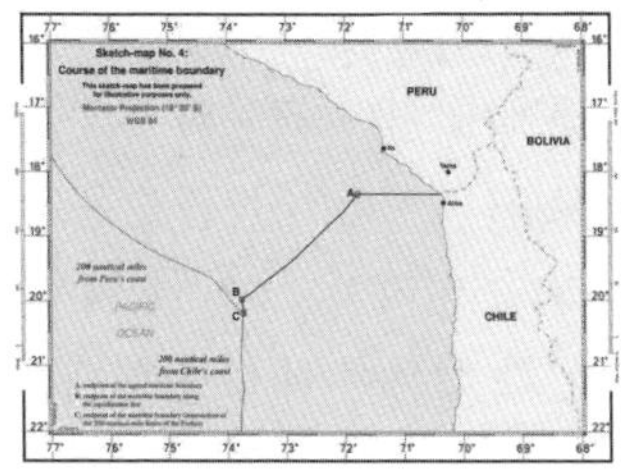

페루와 칠레는 1980년대부터 '해상영토 경계선을 어디로 할 것인가?'를 두고 양보 없는 설전을 벌였다. 페루는 칠레와의 해상경계선이 제대로 확정되지 않았다고 주장했지만, 칠레는 별문제가 없다는 입장을 보이며 이를 문제 삼지 않았다. 입장차를 좁히지 못한 두 나라는 결국 2008년 국제사법재판소에 문제를 해결해줄 것을 요청했고, 재판소는 공정하고 객관적인 결정을 내리기 위해 조사를 시작했다.

2014년 1월 27일, 긴 조사 끝에 재판소는 영토분쟁을 종결시킬 최종 판결문을 발표했다. 판결문에서 재판소는 '칠레는 남한의 삼분의 일 정도의 해상영토를 페루에 넘겨줘야 한다'며 페루 측의 주장을 지지하는 판결을 내렸다. 이에 따라 칠레는 해상영유권을 포기해야 했고, 칠레 정부는 '해당 소송에서 이기기 위해 철저히 준비하지 못했다'라는 비판에 직면하게 됐다.

역사적으로 봤을 때 칠레와 페루의 영토분쟁은 이번이 처음이 아니었다. 타크나 지역은 전쟁에서 승리한 칠레가 차지하게 됐으나 1929년 리마 조약을 통해 다시 페루에 반환됐고, 콩코르디아라 불리는 지역은 아직도 양측이 서로 자기네 땅임을 주장하고 있는 상황이다.

두 나라가 영토분쟁으로 충돌하는 이유는 국가의 자존심과 관련이 있다. 과거 태평양전쟁을 치른 이후 원수지간이 된 두 나라는 영토경계선을 절대 양보할 수 없다는 태도를 보여왔다. 심지어 과거 몇몇 조약으로 합의가 이뤄졌음에도 분쟁은 계속되고 있는 상황이며, 두 나라의 경제적 이익도 함께 걸려 있기 때문에 영토분쟁 문제는 앞으로도 쉽게 끝나지 않을 것으로 예상된다.

대서양과 태평양을 이은 최초의 기관차

파나마는 운하가 생기기 이전에도 이미 교통의 요충지로 전 세계의 주목을 받은 나라다. 지리적으로 지협에 속했기 때문에 대서양과 태평양을 잇기가 수월하단 장점이 있었기 때문이다. 미국은 이런 파나마의 특징을 파악하고 파나마에 진출해 대서양과 태평양을 잇는 철도사업에 착수했다. 그들은 철도연결을 선점하는 것이 미래에 많은 경제적 이익을 가져다줄 것이라 확신했다.

철도개통을 실현하기 위해 미국은 콜롬비아 정부와 협상을 시작했다. 당시 파나마는 독립국이 아닌 콜롬비아에 속한 하나의 주였기 때문이었다. 1846년 맺어진 비드랙-멀라리노Bidlack-Mallarino 조약을 통해 미국은 콜롬비아의 철도건설을 허락받았고, 1850년 본격적인 공사에 착수했다. 하지만 파나마 정글의 높은 기온, 말라리아 같은 질병은 철도건설에 큰 걸림돌이 됐다. 미국은 당초 예상한 것보다 훨씬 더 많은 노동력과 자금이 필요했지만 공사를 밀어붙였고, 결국 5년이란 시간이 걸려 총 74.5킬로미터에 이르는 철도를 완성했다.

역사상 최초로 대서양과 태평양을 횡단하는 기차는 1855년 1월 28일 개통됐다. 이날 기차는 차그레스와 파나마 시티 사이를 여행했고, 왕복 1인당 가격은 50페소로 당시로서는 매우 비싼 편에 속했다. 예상대로 미국은 철도를 운영하며 상당한 경제적 이익을 얻었고, 철도는 파나마 운하가 건설되기 전까지 태평양과 대서양을 잇는 주요 교통수단 역할을 했다.

그란 콜롬비아에서 분리를 결심한 베네수엘라

독립전쟁 이후 남미에는 그란 콜롬비아Gran Colombia라 불리는 나라가 세워졌다. 지금의 에콰도르, 콜롬비아, 베네수엘라 지역을 포함한 그란 콜롬비아는 쿠쿠타 의회에서 발의된 헌법을 통해 국가가 됐는데, 영예로운 초대 대통령 자리는 남미의 독립 영웅 시몬 볼리바르가 맡았다. 대통령이 된 시몬 볼리바르가 마주한 과제는 '어떻게 나라를 통치할 것인가?'였다. 당시 그는 강력한 중앙집권제가 통치에 가장 효율적이라 믿었기에 수도 보고타를 중심으로 그란 콜롬비아를 다스리기로 했다.

하지만 내부에선 중앙집권제도에 반대하는 세력이 존재했다. 에콰도르 키토나 베네수엘라 카라카스 지방세력은 '볼리바르가 너무 많은 권력을 가졌다'고 비판했고, 중앙집권제 대신 연방제를 시행해줄 것을 제안했다. 중앙집권제 시스템에선 자신들의 세력이 약해지는 게 뻔했기 때문에 각 주의 자치성을 인정하는 연방제를 선호했던 것이다.

볼리바르는 당연히 이 제안을 거절했다. 평소 중앙정부를 기반으로 통일된 하나의 남미를 꿈꿨기에 세력이 분열될 수밖에 없는 연방제를 받아들일 수 없었다. 그가 더욱 강하게 중앙집권제를 고집하자 연방주의자들과의 갈등 역시 깊어져갔고, 결국 1828년엔 괴한의 살해위협까지 받게 되었다.

한편 이런 상황에서 줄곧 연방제를 외치던 베네수엘라의 분열은 불보듯 뻔했다. 1830년 1월 29일, 호세 안토니오 파에즈는 '베네수엘라 국민들에게'라는 선언문을 통해 베네수엘라의 분리독립을 알렸다. 그란 콜롬비아가 분열되자 볼리바르는 사임했고, 에콰도르마저 독립을 선언하면서 그란 콜롬비아는 완전히 역사 속으로 사라지게 되었다.

30 January 빈곤층을 위한 브라질 복지정책의 탄생

2002년 당선된 브라질 룰라 대통령의 최대 관심사는 복지제도의 확대였다. 같은 해 1월 30일, 룰라는 포미 제루 Fome Zero 정책, 즉 굶주림을 근절시키겠다는 취지의 지원정책을 발표했다. 브라질 사회 내 가난을 없애고자 했던 룰라의 목표를 명확히 보여주는 프로젝트였다. 먼저 룰라가 복지 제도를 우선으로 여긴 건 그가 살아온 삶의 배경과 연관이 있었다. 브라질 북부 페르남부쿠주 출신이었던 룰라는 굉장히 가난한 시절을 보냈고, 어린 나이에 금속공장에서 일을 하다 왼쪽 새끼손가락을 잃기까지 했다. 비록 초등학교밖에 다니지 못했지만 청년 시절엔 특유의 리더십으로 노동조합 대표가 됐으며, 무려 네 번의 도전 끝에 대통령에 당선되는 기쁨을 누렸다.

대통령이 된 그는 빈곤근절 정책을 발표하며 "가난한 사람들에게 희망을 주는 것이 모든 정책의 최우선이다"라고 밝혔다. 또 "왜 부자들을 돕는 것은 '투자'고, 가난한 이들을 돕는 것은 '비용'이 되는가?"라고 되물으며 자신을 향한 비판에 맞섰다. 프로그램은 극빈곤 계층에 무료로 식량을 제공하는 것을 핵심으로, 여러 기관과 협력해 일회성 포퓰리즘이 아닌 지속가능한 정책으로 발전했다.

결과적으로 포미 제루 정책은 브라질 사회에 어느 정도 긍정적인 영향을 끼쳤다. 정책실행 10년 뒤 브라질에선 약 2천만 명이 가난에서 벗어났고, 배고픔에 굶주리는 인구는 30퍼센트 넘게 감소했다. 이후 포미 제로 정책은 볼사 파밀리아란 프로그램으로 발전하게 되면서 빈곤층에 있던 많은 사람들이 교육과 보건 혜택을 받게 됐다.

31 January

이과수 폭포와 관련된 역사 이야기

이과수 폭포는 세계 3대 폭포로, 매년 백만 명이 넘는 사람들이 방문하는 관광명소다. 브라질, 아르헨티나, 파라과이 세 나라가 모인 국경지역에 위치해 있으며, 총 275개의 거대한 물줄기가 흐르고 있다. 특히 하이라이트로 꼽히는 악마의 목구멍 폭포는 말로 표현할 수 없을 만큼 경이롭고 압도적인 모습을 자랑한다. '이과수 Iguazu'라는 단어는 오랜 시간부터 폭포 주변에 살던 과라니 주민들의 말에서 나온 것으로 알려져 있다. 이과수는 '거대한 물줄기 Big Water'를 뜻하는데, 말 그대로 웅장한 이과수 폭포를 묘사하는 과라니어인 것이다.

이과수 폭포는 과라니족에게는 오래전부터 알려져 있었지만, 유럽인들에게 최초로 발견된 것은 1541년이 되어서였다. 1541년 1월 31일, 스페인 출신 탐험가 알바르 누녜즈 카베사 데 바카는 아르헨티나와 파라과이 지역을 탐사하던 중이었다. 미국 플로리다, 미시시피, 루지애이나, 텍사스 지역을 탐험한 베테랑 모험가였던 그는 우연히 듣게 된 물줄기 소리에 이끌려 지금의 이과수 폭포를 발견했는데, 유럽인으로서는 최초로 이과수 폭포를 발견한 것이었다.

그는 이 폭포를 발견한 뒤, 스페인어로 '산타 마리아 폭포'라는 이름을 붙였다. 하지만 이후 폭포는 '산타 마리아'라는 명칭보다, 원래 과라니어인 '이과수 폭포'로 더 많이 알려지게 된다. 이과수 공원은 20세기가 돼서야 본격적인 관광사업이 시작됐고, 1934년 국립공원으로 지정되며 전 세계 사람들이 찾는 관광명소로 자리 잡게 되었다.

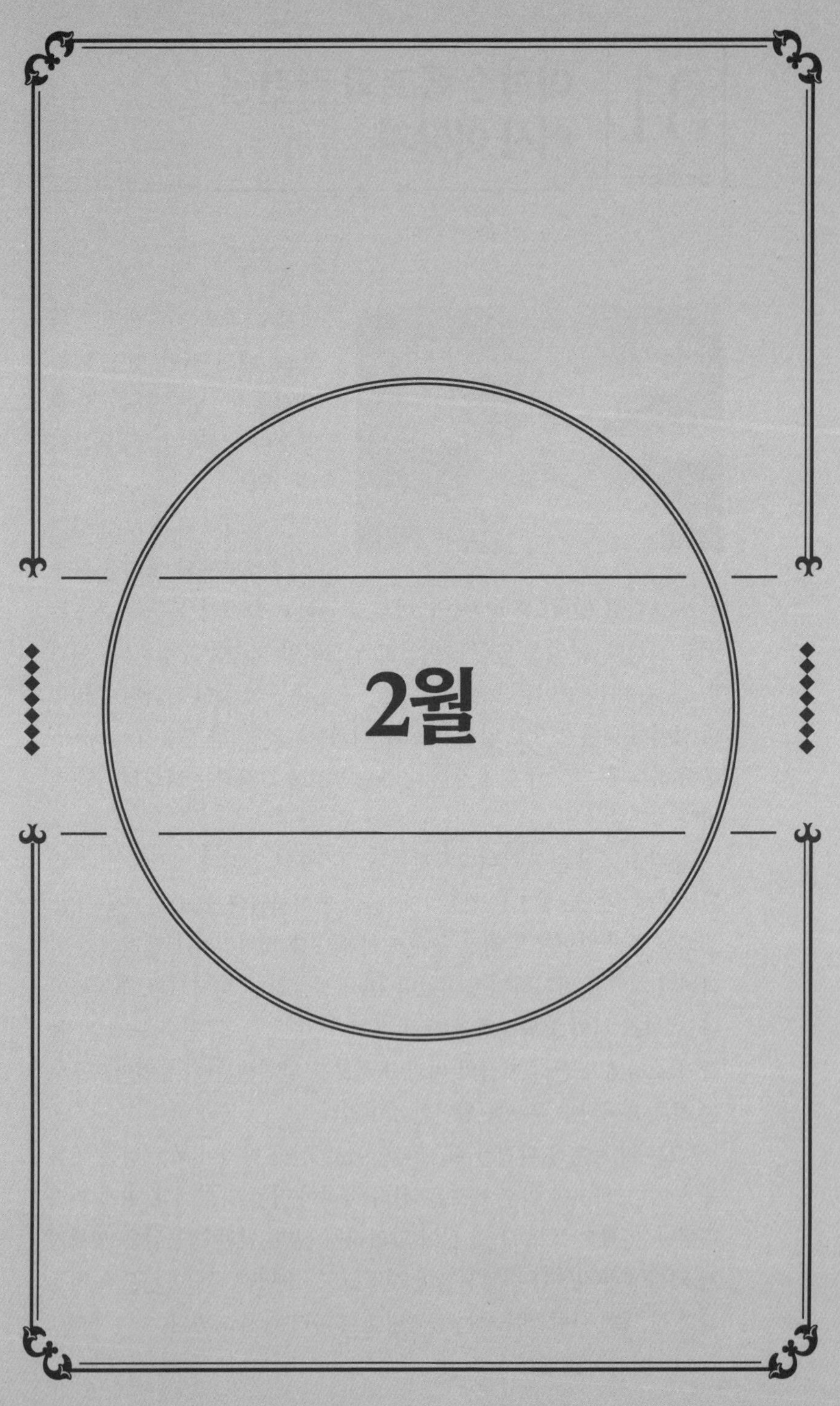

2월

1 February 멕시코 희귀동물 아홀로테의 날

2017년 멕시코에선 멸종위기에 처해 있는 한 동물을 위한 기념일이 만들어졌다. 파충류종에 속하는 이 동물의 이름은 아홀로테 Ajolote , 혹은 Axolote 로, 멕시코 정부가 매년 2월 1일을 아홀로테의 날로 발표하며 대중들의 관심을 받는 계기가 됐다.

멕시코 소치밀코 지역에 주로 서식하는 아홀로테는 나와틀어로 '물 속의 괴물'이란 뜻을 갖고 있다. 과거 아스텍 사람들은 아홀로테를 성스러운 동물로 여겼고 제물이 되는 걸 피해 도망친 솔로틀 신이 변신한 동물로 믿었다고 전해진다. 19세기엔 중남미 대륙을 여행한 탐험가 알렉산더 훔볼트가 처음 본 아홀로테 모습에 매료됐고, 프랑스 파리식물원으로 데려가 연구해 개량종이 탄생하기도 했다.

최대 30cm 길이에 이르는 아홀로테는 도마뱀과 비슷한 특성이 있다. 근육, 뼈, 심지어 신경까지 재생하는 능력이 있어 재생의학 분야에서 유용한 실험동물로 이용됐다. 또 아홀로테의 피부색은 옅은 분홍색으로 알려져 있지만 남색과 검은색을 가진 아홀로테도 종종 발견되고 있다. 현재 멕시코에서 아홀로테 개체수가 줄어드는 이유는 수질 오염이 대표적이다. 멕시코시티 인구가 폭발적으로 증가하며 환경문제가 심각해졌고, 더불어 인근 소치밀코 지역이 오염됐기 때문이다. 이에 대응하기 위해 멕시코는 국가 차원에서 '아홀로테 보호 프로젝트'를 시작했고, 소치밀코 생태공원 내에서 아홀로테 멸종을 막기 위한 노력을 기울이는 중이다.

2
February

아르헨티나 수도 부에노스아이레스는 어떻게 세워졌을까?

아르헨티나의 수도 부에노스아이레스는 천만 명이 넘는 사람들이 살고 있는 거대한 도시이다. 하지만 불과 500여 년 전까지만 해도 부에노스아이레스는 스페인 제국의 영향이 닿지 않는 불모지나 다름없었다. 대항해시대가 한창이던 16세기 초, 탐험가였던 페드로 데 멘도사는 부에노스아이레스가 지리적으로 중요한 곳이 될 것으로 판단했다. 라 플라타강 입구에 위치해 있었기 때문에 남미 내륙에서 생산되는 은이나 구리를 유럽으로 보내기에 알맞은 요충지라 생각했기 때문이다.

1536년 2월 2일, 멘도사는 최초로 항구도시를 건설하고 이곳을 '우리의 부엔 아이레 마리아 성모Nuestra Señora Maria de Buen Ayre'라 이름 지었다. 여기서 '부엔 아이레'는 우리말로 '순풍'을 뜻한다. 당시 뱃사람이나 선원들은 자신들의 모험이 아무 사고 없이 진행될 수 있도록 마리아에게 기도하곤 했는데, 멘도사는 이곳에서 정착한 선원들이 마리아의 보호를 받길 바라는 마음에 이런 이름을 붙인 것이었다.

하지만 멘도사의 바람과는 달리 사람들은 정착에 실패했다. 그들이 도시에서 살 수 없었던 가장 큰 이유는 근처에 살고 있던 원주민들의 공격 때문이었다. 부에노스아이레스는 1580년이 돼서야 대규모 병력을 동원한 후안 데 가라이에 의해 도시로 성장했다. 이후 이곳은 멘도사의 예상대로 유럽과 남미를 잇는 중심 항구가 됐고, 내륙 지역에서 생산되는 자원들을 유럽으로 보내는 일종의 허브 역할을 하며 남미대륙의 주요 도시로 자리 잡게 된다.

남미에서 가장 오랜 시간 대통령을 한 독재자의 최후

중남미 역사에서 가장 오랫동안 대통령 자리를 차지한 독재자는 파라과이의 알프레도 스트로에스네르Alfredo Stroessner 다. 독일계 이민자 출신이자 군인 출신인 스트로에스네르는 1954년 쿠데타를 일으키며 스스로 대통령이 됐고, 이후 1989년까지 총 35년 동안 독재자 자리를 지켰다. 집권 초반 스트로에스네르는 파라과이 국민들 사이에서 어느 정도 인기를 얻었다. 안정적인 경제성장을 이끌고 브라질과 함께 진행한 이타이푸 댐 프로젝트를 성공적으로 끝냈기 때문이었다. 그동안 줄곧 하락세를 걷던 파라과이의 경제를 회복시키자, 대다수의 파라과이 국민들은 그의 리더십을 따르고 지지했다.

하지만 스트로에스네르는 파라과이 국민들의 인권을 탄압하는 과오를 저질렀다. 그는 비밀경찰을 조직해 파라과이 내의 정치인들을 감시했고, 자신의 기호에 맞게 헌법까지 바꿔 대통령 임기제한을 없앴다. 매번 열리는 선거는 사실상 형식적인 절차나 다름없었고, 그의 당선은 확정된 것이나 다름없었다.

그러던 1989년 2월 3일, 영원할 것 같았던 스트로에스네르의 독재 정권은 그의 오른팔이었던 안드레스 로드리게스가 쿠데타를 일으키며 끝을 맺었다. 쿠데타가 일어난 가장 큰 이유는 스트로에스네르가 자신의 권력을 아들에게 세습시키려 했기 때문이었다. 그렇게 그의 정권은 최후를 맞았고, 브라질에서 망명생활을 이어오던 스트로에스네르는 2006년 브라질리아에서 생을 마감하게 된다.

4 February

1992년 쿠데타에 실패한 우고 차베스

1992년 당시 베네수엘라는 페레스 대통령 정권의 무능함으로 국민들의 불만이 가득한 상황이었다. 1989년 일어났던 '카라카스 봉기'는 국민들의 불만을 보여주는 대표적인 예시였다. 하지만 페레스는 군사를 동원해 국민들의 시위를 억압했고, 국민과 소통하지 않는 독재자가 되어 버렸다.

1992년 2월 4일 새벽, 군인 출신이었던 우고 차베스는 쿠데타를 일으켜 페레스 대통령을 몰아낼 계획을 실행에 옮겼다. 차베스가 만든 MBR-200 조직은 스위스에서 돌아오는 페레스 대통령을 공항에서 납치하려 했고, 동시에 대통령궁을 급습해 페레스를 따르는 군세력을 무력화하려는 계획을 세웠다. 그러나 차베스의 쿠데타 시도는 실패로 끝났다. 그의 계획을 알아챈 페레스측 군대가 오히려 역공을 펼치며 차베스의 군사조직을 공격했기 때문이었다. 맥없이 무너진 차베스는 결국 체포되어 감옥에 갇히게 되었다.

비록 쿠데타는 실패했지만 차베스는 당당한 모습을 잃지 않았다. 그런 그의 모습은 그대로 텔레비전에 송출됐고, 국민들은 차베스의 용기에 깊은 인상을 받았다. 무능한 페레스 정권에 불만이 가득했던 찰나 혁명을 외치던 차베스에게서 새로운 희망을 본 것이었다. 국민들의 높은 지지를 얻은 차베스는 6년 후 벌어진 선거에서 대통령으로 당선됐고, 자신이 꿈꿔오던 사회주의정권을 세우게 된다.

세계 최초로 국민들의 사회적 권리를 명시한 멕시코 헌법

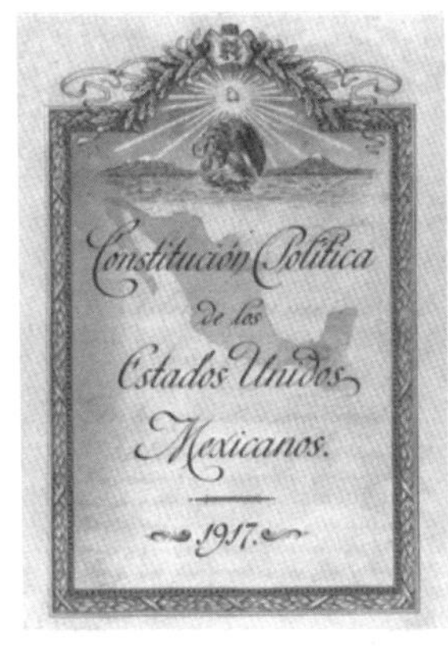

1910년 혁명을 겪은 멕시코는 새로운 헌법을 발표했다. 1917년 2월 5일 발표된 이 헌법은 민주주의를 강화하기 위해 대통령의 권력을 제한함과 동시에 국회의 역할을 확대해 멕시코의 정치적인 변화를 시도했다. 사회적인 측면에서도 멕시코 헌법은 사회구조를 송두리째 뒤바꿀 만한 내용을 포함했다. 특히 국민이 누려야 할 교육과 의료 같은 기본적인 복지제도, 최소임금제 도입 같은 상당히 진보적인 내용을 담았다. 이때문에 멕시코 헌법은 '국민의 사회적 권리를 명시한 세계 최초의 헌법'으로 알려지게 된다.

멕시코 헌법에 명시된 또 다른 중요한 내용은 '토지개혁'이었다. 애초에 혁명이 일어난 것도 소수가 대다수의 땅을 차지하던 멕시코의 상황이 결정적인 원인으로 작용했다. 판초 비야나 에밀리아노 사파타 같은 혁명 리더들은 "혁명이 성공적으로 완성되려면 토지개혁은 필수다"라고 주장했고, 결국 1917년 헌법은 개인의 토지재분배를 통해 소작농들의 수익을 보장할 것을 법적으로 명시하게 되었다.

여러 진보적인 조항을 포함한 멕시코 헌법은 1918년에 탄생한 독일 바이마르 헌법과 1919년 러시아 헌법의 모델이 됐다. 하지만 한 가지 안타까운 건 헌법개정 이후에도 멕시코 사회엔 큰 변화가 찾아오지 않았다는 점이었다. 법이 바뀌었음에도 멕시코에 존재하던 뿌리 깊은 불평등은 쉽게 사라지지 않았고, 결국 혁명을 통해 이루고자 했던 변화를 완벽히 이루지 못하는 결과를 가져왔다.

6 February

브라질 노예들이 만들었던 팔메라 킬롬보 마을

17세기 초 브라질 북부 팔마레스엔 킬롬보Quilombo 라는 커뮤니티가 형성되었다. 여기서 킬롬보는 아프리카 킴분두어에서 유래된 포르투갈어로 '흑인노예들이 거주하던 마을'을 의미한다. 한 마디로 킬롬보는 고된 노동환경을 견디지 못해 탈출한 아프리카 노예들이 모여 형성된 마을이었다. 식민지시대 당시 포르투갈 사람들은 많은 아프리카 노예를 브라질로 데려왔다. 브라질로 온 아프리카 사람들은 주로 플랜테이션 대농장과 광산에서 일을 시작했는데 열악한 노동환경을 견디지 못한 수많은 사람들이 목숨을 잃었다. 이에 몇몇 사람들은 '일을 하다 죽나 탈출하다 걸리나 어차피 죽는 건 똑같다'며 목숨 건 탈출을 시도하기도 했다.

브라질에는 탈출에 성공한 사람들이 많아지자 앞서 언급한 킬롬보라는 커뮤니티가 형성됐다. 커뮤니티는 마카코라 불리는 마을을 중심으로 규모가 점차 커졌는데, 17세기 말엔 거의 만 명이 넘는 사람들이 킬롬보에 거주하게 됐다. 이들은 주로 농사를 지으며 생계를 유지했고, 여러 마을이 모여 하나의 자치적인 커뮤니티로 발전했다. 한편 킬롬보 세력이 점점 커지자 신경이 쓰인 포르투갈 당국은 군대를 보내 이를 완전히 제거할 계획을 세웠다. 1694년 1월 본격적으로 킬롬보를 공격한 포르투갈 군대는 2월 6일엔 수도인 마카코까지 함락시켰다. 마을들이 완전히 불태워지며 갈 곳을 잃은 아프리카 사람들은 여기저기 흩어지게 되었고, 노예들의 안식처였던 킬림보는 그렇게 역사 속으로 사라졌다.

7 February

하루에 대통령이 세 명이었던 나라, 에콰도르

1997년 2월 7일, 에콰도르에서는 다소 황당한 일이 벌어졌다. 바로 세 명의 정치인이 서로 자기가 에콰도르 대통령임을 주장해 혼란을 일으킨 사건이었다. 사건의 발단은 1997년 에콰도르에서 일어났던 시위에서 시작됐다. 에콰도르 국민들은 당시 압달라 부카람 대통령이 저지른 부정부패 스캔들에 크게 분노하며 그의 즉각적인 사임을 요구했다. 국민들의 분노는 곧 의회 탄핵투표로 이어졌고, 과반수가 탄핵에 찬성하며 부카람 대통령의 사임을 승인했다.

하지만 문제는 그 이후부터였다. 대통령 탄핵 후 대법원의 판결이 나올 때까지 임시 대통령직은 누가 맡아야 하는지에 대한 내용이 헌법에 정확히 명시되지 않았기 때문이다. 그러자 당시 부통령이었던 아르테아가와 국회의장이었던 알라르콘이 서로 임시 대통령직을 맡겠다 발표했고, 결국 에콰도르에선 두 명의 대통령이 동시에 존재하는 해프닝이 벌어졌다.

한편 탄핵으로 인해 발생한 혼란은 여기서 끝나지 않았다. 탄핵을 당한 부카람 대통령이 국회의 결정이 부당하다고 주장하며 스스로를 여전히 에콰도르의 대통령이라고 선언했기 때문이었다. 그가 계속해서 대통령직을 맡을 것임을 발표함에 따라 에콰도르는 이날 총 세 명이 대통령직을 수행하게 됐다. 어수선한 상황은 아르테아 부통령이 임시 대통령직을 맡기로 의견이 모이며 마무리됐고, 이 해프닝은 에콰도르에서 '세 대통령의 밤'이란 이름으로 기억되고 있다.

원수였던 칠레와 볼리비아, 서로 화해하다?

Banzer y Pinochet se darán hoy "abrazo de la amistad"

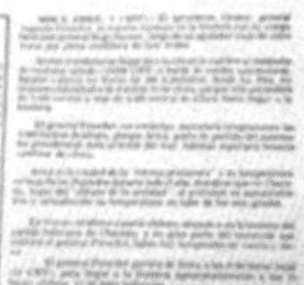

역사적으로 볼리비아는 칠레와 많은 갈등을 겪었다. 특히 태평양전쟁으로 볼리비아가 해안지역 영토를 빼앗기며 양국 사이는 더욱 나빠졌다. 페루와 칠레 사이에 영토 분쟁이 끊이지 않았던 것처럼, 볼리비아도 칠레와 국경선 문제로 많은 다툼을 벌인 것이었다. 볼리비아와 칠레와의 영토문제가 본격화된 건 1960년대부터였다. 볼리비아는 영토반환 요구를 더욱 강하게 밀어붙이며 칠레가 자신들의 해안지역 영토를 돌려줘야만 한다고 주장했다. 이에 묵묵부답이던 칠레는 결국 1975년 2월 7일 피노체트가 직접 볼리비아 반세르 대통령과 만나 담판을 짓게 된다.

두 정상이 만난 곳은 차라냐Charaña 기차역으로 양국의 영토분쟁이 일어나던 핵심 지역이었다. 이른바 '차라냐 협정'에서 칠레의 피노체트는 북쪽 지역의 조그마한 땅을 양보해 볼리비아가 바다로 접근하는 걸 허용하는 파격적인 제안을 했다. 이를 통해 볼리비아와의 오랜 영토분쟁을 끝내고, 동시에 자신이 일으킨 쿠데타를 비판하는 국제여론을 잠재우고자 한 것이었다.

하지만 그의 이런 제안에는 한 가지 속임수가 있었다. 칠레가 볼리비아에 돌려주기로 한 영토 일부분이 페루에 포함되어 있었기 때문이다. 칠레 마음대로 페루 영토를 돌려줄 수 없었기에 페루의 동의가 필요했는데, 페루 정부는 볼리비아에 자신의 땅을 돌려주자는 칠레의 일방적인 결정을 거절했다. 결국 성사될 것만 같았던 차라냐 조약은 무산됐고, 두 나라의 영토분쟁은 다시 원점으로 돌아가게 되었다.

9 February 멕시코 사파티스타 혁명군 리더의 정체가 밝혀지다

1994년 1월 1일, 멕시코 남부 치아파스주에서 3천여 명의 군인들이 주 청사를 점령하는 일이 벌어졌다. 이들은 멕시코 정부를 상대로 전쟁을 선포하며 치아파스를 자신들의 자치구역으로 만들 것임을 밝혔다. 일명 사파티스타 민족해방조직Ejército Zapatista de Liberación Nacional, EZLN이라 불리는 이 조직은 농민을 위해 멕시코 혁명을 이끌었던 에밀리오 사파티스타의 정신을 이어받았으며, 1994년 맺어진 나프타NAFTA로 불이익을 받게 된 멕시코 소농민의 권리보호를 위해 싸우는 것을 최우선 목표로 삼았다.

사파티스타 민족해방조직을 이끈 리더는 마르코스Subcomandante Marcos 부사령관이었다. 그는 항상 군용모자와 스키 복면을 썼고, 뛰어난 연설력으로 많은 사람들의 마음을 사로잡았다. 그러자 멕시코에선 지적이고 카리스마 있는 마르코스가 누구인지 궁금해하는 사람이 많아졌으며, 그의 정체를 두고 온갖 루머가 돌기 시작했다. 1995년 2월 9일, 멕시코 대통령 에르네스토 제디요는 마르코스 부사령관의 정체를 밝혀냈다. 공식 석상에서 그는 마르코스 부사관의 정체가 라파엘 비센테라고 발표했고, 대학에서 철학을 공부한 뒤 치아파스 원주민 마을에 살고 있다는 사실까지 모두 공개했다.

자신의 신상이 모두 알려졌지만 마르코스는 크게 개의치 않았다. 그는 계속해서 멕시코 원주민과 농민들을 위해 싸웠는데, 이러한 태도는 오히려 멕시코 사람들의 많은 지지를 받는 계기가 됐다. 2014년부터 그는 혁명군이었던 갈레아노의 이름을 빌려 '마르코스'라는 이름 대신 '갈레아노 부사령관'으로 자신의 이름을 바꿨고, 멕시코 남부 원주민들의 권리를 보호하기 위한 활동을 이어오고 있다.

10 February 아르헨티나 민주주의를 발전시킨 사엔스 페냐 법

1912년 2월 10일, 아르헨티나 국회는 사엔스 페냐 법을 통과시켰다. 사엔스 페냐 대통령의 이름을 딴 이 법은 아르헨티나 남성 국민에게 보통선거권을 부여하고 동시에 투표권을 의무화하는 중요한 법이었다. 과거 아르헨티나는 부정선거로 많은 정치적 혼란을 겪었다. 스페인에서 독립한 뒤 민주주의 체제가 들어섰지만 대통령선거 과정 때마다 부정부패 문제가 생겨 골머리를 앓았던 것이다. 그러나 사엔스 페냐 법이 통과되자 더 많은 사람에게 투표권이 부여됐고, 동시에 비밀투표가 보장돼 투명성을 강화하는 결과를 가져왔다. 1910년대 보통선거를 시행한 국가는 손에 꼽을 정도였으므로, 아르헨티나는 전 세계적으로 상당히 선진화된 법을 도입했다는 평가를 받았다.

하지만 사엔스 페냐 법에는 분명한 한계점도 존재했다. 특히 당시 선거권을 18세 이상의 남성에게만 부여하면서 여성들이 누릴 수 있는 투표권리를 제외했다. 아르헨티나 여성들은 1947년이 돼서야 투표권을 얻게 됐는데, 이는 사엔스 페냐 법이 실행된 뒤 30년이 지난 시점이었다.

한편 사엔스 페냐 법이 통과된 이후 아르헨티나에선 지배계층이던 보수세력이 힘을 잃었다. 사회적 지위에 상관없이 투표권을 보장하면서 많은 사람들이 자신들을 대변해줄 정치세력에 투표했기 때문이다. 대다수의 노동자들은 사회주의 이념을 가진 급진시민연합당UCR을 지지했는데, 1916년에는 급진시민연합당 출신의 이리고옌 대통령이 당선되며 아르헨티나 정치계에 새로운 변화를 가져왔다.

11 February

스페인과 영국이 맞붙었던 카르타헤나스 전투

카르타헤나는 콜롬비아에 위치한 주요 항구도시다. 도시에 있는 오래된 항구와 요새들은 역사적 가치를 인정받아 유네스코 세계문화유산으로 등록되어 있다. 16세기부터 중요한 교역의 중심지였던 만큼 프랑스, 영국, 그리고 정체를 알 수 없는 해적들의 셀 수 없이 많은 공격을 받기도 했다. 1586년 2월 9일, 카르타헤나스는 영국이 이끄는 함대의 공격을 받았다. 2월 11일까지 총3일 동안 벌어진 이 전투를 이끈 영국의 수장은 프랜시스 드레이크Francis Drake로, 원래 해적으로 금은보화를 실은 스페인 배들을 약탈하던 인물이었다. 그는 엘리자베스 1세에게서 스페인의 아메리카 식민지를 약탈하라는 명령을 받았고, 카르타헤나를 공격해 재물을 차지할 계획을 세웠다.

당시 페드로 데 부스토가 지키고 있던 카르타헤나는 각종 대포로 무장한 요새들이 많아 공격이 쉽지 않은 곳이었다. 이전부터 워낙 많은 침략을 받아왔던지라 스페인도 견고한 요새를 쌓아 침략에 미리 대비를 했던 것이다. 하지만 산전수전 다 겪은 드레이크는 군대가 밀집한 곳을 피해 약한 곳부터 차례대로 공격하기 시작했고, 결국 카르타헤나 상륙에 성공하며 스페인군을 무찌르게 된다.

전쟁에서 승리한 드레이크는 카르타헤나에 머무는 동안 한 가지 고민에 빠졌다. 이미 재물과 금전적 이득을 얻어 목적을 달성했지만, 카르타헤나에 계속 머물며 남미대륙 내 영국의 영향력을 넓혀야 할지에 대한 고민에 빠진 것이었다. 그는 부하들과의 논의 끝에 금전적 부담감과 당시 유행하던 열병을 이유로 두 달만에 도시를 떠나기로 했고, 버려진 카르타헤나는 다시 이전처럼 스페인의 지배를 받게 된다.

12 February 갈라파고스 제도를 합병해버린 에콰도르

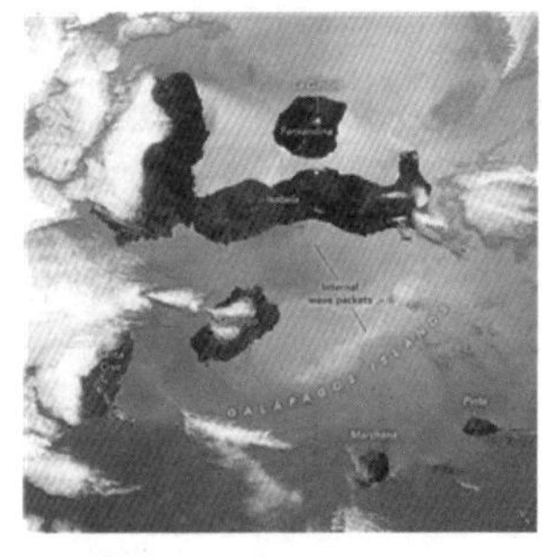

1832년 2월 12일, 에콰도르는 갈라파고스 제도를 합병하기로 결정했다. 식민지시대 동안 스페인 제국의 영토였던 갈라파고스는 남미 국가들이 독립한 이후 주인 없는 섬으로 남아 있었다. 그러자 당시 에콰도르 대통령이었던 후안 플로레스가 발 빠르게 나서 갈라파고스를 차지하며 태평양에서 에콰도르의 영향력을 확대하려는 전략을 세웠다.

갈라파고스 제도가 유명해진 계기는 영국의 생물학자 찰스 다윈 때문이었다. 1835년 다윈은 비글호를 타고 섬에 도착했고 그곳에 살고 있는 동물들을 연구한 것을 바탕으로 《진화론》을 집필했다. 그는 책에서 갈라파고스의 새, 이구아나, 땅거북과 같은 동물들의 진화과정을 상세히 기록해 무인도나 다름없던 갈라파고스섬을 전 세계에 알렸다. 하지만 이후에도 갈라파고스섬은 사람들이 많이 거주하지 않는 섬으로 남았다. 에콰도르 영토로 편입되긴 했지만 남미대륙에서 1,400km나 떨어져 있는 지리적 특성상 이민을 선택하는 사람이 드물었기 때문이었다. 제2차 세계대전 당시 갈라파고스는 에콰도르의 정치적 포로를 수용하는 일종의 귀양지로 쓰였으며, 그곳에 사는 사람들은 약 천 명도 채 되지 않았다.

1959년에 이르러 에콰도르는 갈라파고스 제도를 국립공원으로 지정됐다. 더불어 아름다운 생태 환경과 관련된 관광산업이 발달하며 이민정책도 함께 장려되기 시작했다. 현재 갈라파고스에는 약 3만 명 정도가 거주하고 있으며, 매년 수많은 전 세계 관광객들이 갈라파고스 제도를 방문하고 있다.

13 February

멕시코에 검독수리의 날이 있는 이유는?

멕시코를 대표하는 동물은 검독수리다. 빨간색, 하얀색, 초록색으로 디자인된 멕시코 국기 가운데 선인장 위에서 뱀을 물고 있는 검독수리가 그려져 있다. 멕시코에서 이 검독수리가 가진 상징성을 보여주는 부분이다.

검독수리가 멕시코에서 신성시된 건 한 전설과 관련이 있다. 유목생활을 하던 멕시카Mexica 사람들은 어느 날 '뱀을 물고 선인장 위에 앉아 있는 독수리가 있는 자리에 새로운 도시를 건설하라'는 우이칠로포치틀리 Huitzilopochtli 신의 계시를 받게 되었다. 이에 따라 멕시카 사람들은 독수리를 찾아 한동안 이곳저곳을 떠돌아다녔고, 그러던 중 텍스코코 호수 Lago de Texcoco 에서 선인장 위에 있는 독수리를 발견해 테노치티틀란 지금의 멕시코시티 을 세우게 되었다.

검독수리가 가진 역사적 의미와는 달리 멕시코에선 안타깝게도 그 수가 계속 줄어들고 있는 상황이다. 가장 큰 이유는 도시가 확장되면서부터였는데, 도시화로 독수리의 서식지가 파괴되고 먹이가 급속도로 감소했기 때문이다. 멕시코 정부의 발표에 따르면, 고전압 전깃줄에서 독수리들이 감전사한 사례가 상당히 많았다고 한다. 또 도시화뿐만 아니라 사람들의 무분별한 사냥과 불법밀매도 개체수를 줄이는 역할을 했다. 검독수리의 부리나 깃털 등이 장식용품으로 값어치가 높고 일부 부위는 귀한 약재로 쓰였기 때문이다. 결국 멕시코 정부는 경각심을 갖기 위해 매년 2월 13일을 검독수리의 날Día del Aguila Real 로 지정했고, 남아 있는 서식지를 보호해 독수리 개체수를 유지하는 캠페인을 진행하고 있다.

14 February

중남미 대륙의 평화를 이끈 틀랄텔롤코 비핵화 조약

1967년 2월 14일, 중남미 국가들은 멕시코시티에 모여 이른바 틀랄텔롤코 조약Treaty of Tlaltelolco에 서명하는 데 합의했다. 이 조약은 모든 중남미 지역에서 핵무기 사용이나 실험을 모두 금지하는 내용을 담았으며, 모든 나라가 이에 합의하며 지역 내 비핵화를 추구하는 계기가 됐다. 1967년에 이 조약이 맺어진 계기는 시대적 상황과 연관이 있었다. 당시는 냉전이 절정을 이루던 시기로 미국과 소련의 핵대결이 다른 지역으로 확산될 수 있는 가능성이 높을 때였다. 특히 이념갈등이 활발했던 중남미 대륙은 1962년엔 직접 쿠바 미사일 위기를 겪으면서 곧 핵무기가 사용되는 게 아니냐는 우려가 점점 더 커졌다.

이런 상황에서 멕시코의 아돌포 마테오스Adolfo Mateos 대통령은 중남미 국가에게 비핵화 논의를 제안했다. 핵무기 사용경쟁에 뛰어들기보다 서로 협력을 통해 미리 위험을 차단하자는 메시지를 전달한 것이었다. 다행히 33개국 모든 나라들이 그의 제안에 찬성하면서 중남미 지역은 그 어떤 핵무기의 시험, 제조, 사용 또는 소지를 금지하는 역사적인 조약을 만들게 되었다.

틀랄텔롤코 조약은 전 세계 핵무기 축소에 중요한 기여를 했다. 특히 중남미 국가들은 조약을 통해 군비경쟁에 들어가는 부담과 함께 지역 내 군사적 위험도를 줄일 수 있었다. 참고로 당시 회의를 이끈 건 멕시코의 외교관 알폰소 로블레스Alfonso Robles였는데, 평화에 기여를 공로를 인정받아 1982년 노벨평화상을 수상하는 영예를 누리게 된다.

15 February 미국 메인호의 침몰과 황색언론

1898년 2월 15일, 쿠바 수도 아바나 항구에 정박 중이던 미 해군함 메인호가 침몰하는 사건이 발생했다. 폭발과 함께 침몰한 메인호는 단순한 사고를 넘어 미국과 스페인의 전쟁으로까지 번진 사건이었다. 당시 미국 정부는 쿠바에 머물던 자국민 보호명목으로 쿠바에 메인호를 정박시키고 있었다. 표면적 이유는 자국민 보호였지만 사실은 스페인에 대항해 싸우는 쿠바 독립군들에게 물품을 지원하려는 목적이 더 컸다. 당시 미국은 쿠바에서 스페인을 쫓아낸 뒤 자신들의 영향력을 확장하려는 야심을 품고 있었기 때문이었다.

메인호 침몰은 260여 명의 인명피해가 날 정도로 심각했다. 미국은 스페인의 어뢰공격으로 메인호가 폭발했다고 발표했고, 반대로 스페인은 군함저장고에서 불이나 폭발한 사고라 밝혀 서로 엇갈린 의견을 냈다. 미국 정부는 언론을 동원해 끈질기게 스페인을 비난했고, 결국 두 나라는 사건 발생 2개월 뒤 미국-스페인 전쟁을 치르게 됐다.

메인호 사건은 전쟁이 벌어진 결정적 원인이었지만 사실 황색언론 Yellow Journalism이 동원된 전쟁으로도 유명하다. 여기서 황색언론이란 원색적인 비난과 자극적인 기사를 미디어에 퍼뜨려 여론을 조작하는 방식을 의미한다. 당시 미국 신문사는 불확실한 메인호 폭파사고의 원인을 스페인 탓으로 돌려 자국민의 애국심을 끌어올렸는데, 이렇게 전쟁을 일으킬 수 있는 명분을 만든 것이 황색언론의 대표적인 역사적 사례로 남게 되었다.

16
February

남미연합 설립을 제안했던 아르헨티나의 후안 페론

1953년 2월 16일, 아르헨티나 대통령 후안 페론은 칠레에 한 가지 흥미로운 제안을 했다. 바로 두 나라 간의 경제적 교류를 강화할 수 있는 경제연합을 만들 것을 제안한 것이다. 이는 영토분쟁으로 갈등을 겪은 두 나라의 과거는 뒤로하고 협력을 통한 두 나라의 발전을 꾀했다. 단순히 외교적 레토릭으로 해석할 수 있지만, 후안 페론이 꿈꿨던 그림은 생각보다 더 컸다. 그는 아르헨티나와 칠레를 시작으로 남미대륙 국가를 통합해 국제 경쟁력을 키우길 원했다. 최종 목표는 히스패닉 아메리카 합중국Estados Unidos de Hispanoamérica를 설립하는 것이었는데, 영국이 전 세계에 걸쳐 영연방을 만들었던 것처럼 히스패닉 국가들도 하나의 연합체가 만들어지길 원했던 것이다.

경제연합을 꿈꾼 후안 페론의 또 다른 목적은 강대국인 미국을 견제하는 데 있었다. 그는 미국의 영향력이 남미대륙까지 확장하는 것을 우려했고, 이를 막기 위한 해결책으로 지역경제연합을 구상한 것이었다. 그는 먼저 아르헨티나, 브라질, 칠레를 중심으로 남미연합을 구성한 다음 파라과이, 우루과이, 베네수엘라를 차례로 초대해 자신의 꿈을 완성시키려 했다. 물론 후안 페론의 계획은 현실로 실현되지 못했다. 하지만 이는 남미대륙에서 지역 경제 블록화를 진지하게 논의했던 최초의 역사적 사례가 됐으며, 훗날 경제연합체인 메르코수르MERCOSUR가 탄생하는 첫 신호탄이 됐다는 점에서 상당히 의미 있는 일로 역사에 남았다.

17 February

컬러 텔레비전을 발명한 멕시코 과학자, 기예르모 카마레나

흔히 컬러 텔레비전을 발명한 나라로 미국을 떠올릴 것이다. 미국 출신 필로 판즈워스가 텔레비전을 발명했으니 컬러 텔레비전도 미국에서 발명됐을 것이라고 생각하기 쉽다. 하지만 컬러 텔레비전을 최초로 발명한 사람은 의외로 멕시코의 과학자 기예르모 카라메나Guillermo Camarena였다. 1917년 2월 17일 멕시코 할리스코주에서 태어난 카라메나는 어렸을 때부터 과학 분야에 관심이 많았다. 불과 여덟 살 때 첫 라디오 송신기를 만들었고 열두 살 때는 직접 라디오를 만드는 엄청난 재능을 보였다. 이렇게 전기가 작동하는 방법을 스스로 터득한 그는 대학에 진학한 뒤엔 전기공학자의 꿈을 키워나갔다.

성인이 된 이후에도 카마레나는 전기를 만지는 일에 몰두했고, 그 결과 1938년 전 세계 최초의 컬러 텔레비전을 발명했다. 그의 발명 소식은 곧바로 미국을 비롯한 많은 나라로 퍼져나갔고, 훗날 전 세계적으로 다양한 컬러 텔레비전이 나오게 되는 계기를 마련했다. 카마레나의 노력 덕분에 당시 멕시코의 컬러 텔레비전 관련 기술력은 전 세계적으로 상당한 수준에 도달했다. 1960년대 미국 NASA의 아폴로 및 보이저 임무에서는 곤잘레스 카마레나가 만든 기술력을 도입한 텔레비전 장비가 우주로 보내져 이미지를 수신하기도 했다. 하지만 1965년 그가 세상을 떠난 후 멕시코의 기술력은 독일, 프랑스, 미국, 영국에게 조금씩 밀리게 됐고, 자국에서 열린 1968년 올림픽도 결국 미국의 NTSC 표준 시스템으로 송출하게 되었다.

베네수엘라 경제를 휘청하게 만든 1983년 검은 금요일

El reto de alfabetizar es de todos.

Acude

Acude, te estamos esperando.

Ultimas Noticias

USTED FIJA LA INICIAL

A CREDITO!

CENTRO OESTE C.A.

Control de Cambio

Decretó el Gobierno

Masivo y Entusiasta Recibimiento Tributado al Cardenal Alí Lebrún

La Medida Fue Adoptada en Consejo de Ministros que Duró Hasta la Madrugada

Sigue Prohibición de Venta de Dólares

Durante el Resto de la Semana Anunció Min-Hacienda

Gabinete Económico Estuvo Reunido en La Casona 6 Horas

1970년대 일어난 석유파동은 베네수엘라에 많은 경제적 이득을 안겼다. 이로 인해 베네수엘라는 남미대륙에서 가장 경제가 발전한 나라가 됐다. 하지만 베네수엘라의 경제위기는 예기치 못한 상황에 찾아왔다. 미국 경제대공황을 알린 사건이 '검은 화요일'이었듯이, 베네수엘라에선 1983년 2월 18일 경제가 한순간에 붕괴되는 '검은 금요일 Viernes Negro' 사건이 터졌던 것이다.

사건의 원인은 여러 요소가 복합적으로 작용했다. 먼저 베네수엘라는 석유를 국유화하여 수입을 늘렸는데 정부가 지출을 과도하게 늘리면서 공공 부문 적자가 늘어났다. 이런 상황은 유가 하락과 중남미 국가들의 부채위기로 더욱 악화됐고, 설상가상으로 약 수십억 달러의 자본유출이 발생하며 베네수엘라의 화폐가치를 휴지 조각으로 만들었다.

사건이 터지자 베네수엘라 정부는 즉각 달러 판매 중단을 선언했다. 검은 금요일 당일 베네수엘라의 은행들은 문을 닫았고, 심지어 정부가 직접 나서 볼리바르 화폐가치를 100퍼센트 평가절하하기도 했다. 1910년부터 큰 변동성 없이 안정적이던 볼리바르의 가치는 이 사건을 계기로 등락을 반복하게 됐고, 취약해진 베네수엘라 경제는 불확실성이 큰 모습을 보일 수밖에 없게 되었다.

19 February 쿠바 혁명의 주인공 피델 카스트로의 은퇴

1959년 쿠바의 지도자가 된 피델 카스트로는 이후 무려 50년 동안 쿠바를 통치했다. 미국에서 무려 12명의 대통령이 바뀌는 동안 그는 변함없이 쿠바의 최고 자리를 지켰던 것이다. 영원히 쿠바를 다스릴 것 같았던 그였지만, 세월이 흘러 결국 권력을 내려놓을 시기가 왔다. 2008년 2월 19일 카스트로는 연설을 통해 자신이 쿠바의 국가원수 자리에서 은퇴할 것이라 발표했다. 그는 "절대 인정하고 싶지 않지만, 건강문제로 인해 더 이상 자리를 이어 나갈 수 없다"라고 고백했다. 이때 그의 나이는 81세였다.

은퇴를 앞둔 카스트로를 두고 사람들의 평가는 극과 극으로 나뉘었다. 우선 교육 및 보건 기반 시설을 크게 개선시킨 점에서 긍정적인 평가를 받았지만, 반대로 경제를 망치고 국민들의 자유를 억압한 독재자란 비판도 많았다. 이런 다양한 평가들을 뒤로 한 채, 쿠바 역사에 한 획을 그었던 피델 카스트로의 시대는 막을 내렸다.

한편 카스트로의 은퇴 발표 이후 전 세계 사람들은 "과연 누가 피델을 이은 최고 권력자가 될 것인가?"란 물음을 가졌다. 여기에 피델 카스트로는 자신의 동생 라울 카스트로에게 모든 정치권력을 이양할 것이라 답했다. 참고로 라울은 1959년 쿠바 혁명에 참여했던 인물로 피델보다는 실용을 중요시한다는 평가를 받았다. 실제로 국가원수직을 맡게 된 라울은 이후 미국과의 관계개선을 위한 노력을 보였고, 닫혀있던 쿠바의 문을 조금씩 열어가는 모습을 보였다.

스페인에 맞서 저항했던 과테말라의 테쿤 우만

과테말라는 키체어 K'iche 를 사용하는 마야 원주민이 많은 나라다. 이들은 오래 전부터 지금의 과테말라 지역에 거주하며 자신들만의 터전을 만들었다. 하지만 16세기 초 키체족은 스페인 정복자들의 공격을 받으며 위기에 놓였다. 아스텍 제국을 차지한 코르테스는 곧바로 페드로 데 알바로에게 명령해 과테말라를 정복할 것을 명령했고, 알바로는 그곳에 살던 키체족과 마주해 운명의 엘 피나르 전투를 치르게 됐다.

당시 키체족을 지도자는 테쿤 우만 Tecun Uman 이었다. 귀족 집안 출신이었던 그는 코르테스의 항복권유를 거절하고 끝까지 싸울 것을 다짐한 인물이었다. 엘 피나르 전투에서 테쿤 우만은 말과 알바로가 한 몸이라 생각하고 말을 찔렀고, 운이 좋았던 알바로가 반격해 그의 심장에 창을 꽂으며 죽음을 맞았다. 전설에 따르면, 테쿤 우만이 죽음을 앞둔 순간 과테말라의 상징적인 새 케찰 Quetzal 이 그의 가슴에 내려앉았는데, 케찰의 가슴이 붉은 건 테쿤 우만의 피가 물들었기 때문으로 전해진다.

비록 스페인의 침략을 막진 못했지만 과테말라 사람들은 테쿤 우만을 국민의 영웅으로 기억하고 있다. 과테말라에선 그의 이름을 딴 거리나 동상을 도시 곳곳에서 쉽게 확인할 수 있으며, 1960년 과테말라 정부는 테쿤 우만이 세상을 떠난 2월 20일을 '국가 영웅의 날'로 선포해 그가 보여준 용기를 기리고 있다.

21 February 브라질 군대의 용맹함을 보여준 몬테 카스티요 전투

유럽에서 제2차 세계대전이 일어나자 중남미 국가들은 한동안 중립적인 입장을 취했다. 이는 일본이 진주만을 공격하기 전까지 중립을 지킨 미국과 같은 선택을 한 것이라 해석할 수 있다. 한 마디로 "아메리카 대륙은 유럽에서 일어나는 일에 일절 관여하지 않겠다"라는 입장을 취한 것이었다. 하지만 1942년 8월, 브라질은 돌연 입장을 바꿔 참전을 결정했다. 독일의 계속된 잠수함 공격과 더불어 미국과의 가까운 경제관계가 브라질이 연합군편에 서서 싸운 결정적 이유였다. 브라질은 다양한 방식으로 연합군을 도왔는데, 미국이 브라질에 군사기지를 건설하는 걸 허락하고 직접 함대와 전투기를 띄어 대서양 전투에 참여하기도 했다.

또 브라질은 유럽대륙에 군사를 보내 직접 연합군을 지원했다. 1940년대 초 브라질에서는 '브라질 군대가 참전하는 것보다 뱀이 담배를 피울 가능성이 더 높다'라는 농담이 있을 정도로 참전 가능성이 굉장히 낮았다. 하지만 브라질 정부가 과감히 파병을 결정하면서 남미 국가 중에선 유일하게 제2차 세계대전에 지상군을 참전시킨 나라가 됐다.

이렇게 유럽으로 보내진 약 2만 5천여 명의 브라질 참전군은 다양한 지역에서 연합군을 위해 싸웠다. 이중 이탈리아에서 벌어졌던 몬테 카스테요 전투Battle of Monte Castello의 승리는 브라질 역사에서 가장 자랑스러운 전투로 남았다. 1944년 11월에 시작해 다음 해 2월 21일에 종료된 이 전투에서 브라질군은 연합군의 승리를 이끌었고, 자신들의 존재를 확실히 알리게 되는 계기를 만들었다.

세계 최초로 남극기지를 만든 나라는 어디일까?

남극에는 미국, 독일, 러시아, 칠레 같은 다양한 나라들이 연구소를 설치해 남극연구를 진행하고 있다. 우리나라도 1988년 세종과학기지를 세우고 다양한 연구에 참여하는 중이다. 드넓은 남극대륙에 최초로 남극기지를 세운 나라는 아르헨티나였다. 아르헨티나는 남극 라우리섬에 최초의 과학기지 오르카다스 베이스를 설치했는데, 기지를 설립한 연도는 무려 1904년 2월 22일로 상당히 이른 시기에 이미 남극에 진출한 것을 알 수 있다.

아르헨티나가 남극기지를 세우기로 결정한 건 과학자 윌리엄 브루스 때문이었다. 스코틀랜드 출신인 그는 남극 주변부를 여행하던 중 그곳에 과학기지를 세워 연구를 진행할 계획을 세웠다. 하지만 본국과의 거리, 물품운반 문제에 부딪히게 됐고, 자신의 꿈을 포기할 수 없었던 그는 대신 아르헨티나 정부에 남극연구를 위한 지원을 부탁했다.

당시 아르헨티나 대통령이었던 훌리오 로카는 윌리엄의 제안을 받아들였다. 그는 곧바로 아르헨티나 국립기상연구소에 연락해 남극에 과학연구소를 세울 것을 명령했다. 윌리엄이 아르헨티나를 찾은 이유는 지리적인 이유에서였는데, 아르헨티나가 남극에서 가장 가까웠으므로 연구소 운영면에서 훨씬 수월하다고 판단한 것이었다. 남극 최초의 기지를 세운 아르헨티나는 오르카다스 베이스에서 기상 관련 연구를 수행하기 시작했고, 현재는 빙하와 지질 등을 함께 연구하고 있는 것으로 알려져 있다.

23

February

미국이 차지해버린 쿠바의 관타나모

1898년 쿠바는 스페인에게서 꿈에 그리던 독립을 이뤘다. 1800년대 중반부터 시작된 독립운동이 결실을 본 것이었다. 하지만 기쁨도 잠시, 쿠바는 곧바로 미국의 영향권 아래 놓이게 된다. 쿠바가 미국에게서 자유로울 수 없었던 건 미국-스페인 전쟁을 통해 독립을 이뤘기 때문이었다. 한 마디로 미국이 쿠바 독립을 도왔기 때문에 미국의 개입에서 자유로울 수 없었던 것이었다. 미국은 다양한 방식으로 쿠바를 자신의 지배 하에 놓으려 했는데, 쿠바-미국 관계조약Cuban-American Treaty of Relations 도 그중 하나였다.

1903년 2월 23일 미국 루스벨트 대통령이 서명하며 공식화된 이 조약에는 '쿠바는 관타나모만Guantanamo Bay 지역을 미국에 영구적으로 임대하는 걸 허락한다'는 내용이 들어 있었다. 당시 미국은 해군기지를 관타나모에 배치해 미국 남부해안을 방어하는 전략적 요충지로 사용하길 원하던 상황이었다. 힘이 부족했던 쿠바는 이 요청을 들어줄 수밖에 없었고, 미국은 관타나모만에 대한 관할권과 통제권을 차지하게 된다.

1960년대 후반에 이르러 쿠바는 관타나모만을 돌려줄 것을 미국에 요구했다. 피델 카스트로가 직접 나서 "미국이 자신들의 땅을 차지한 건 국제법에 어긋난다"는 주장을 한 것이었다. 하지만 미국은 1903년에 맺어진 조약에 서명한 것을 근거로 이를 거절했고, 지금까지도 관타나모만을 자신들의 주요 군사기지로 활용하고 있다.

24 February 남미 포퓰리즘의 상징, 후안 페론

1946년 2월 24일, 아르헨티나에서는 새로운 대통령을 선출하기 위한 선거가 열렸다. 이 선거에는 후안 페론과 호세 탐보리니가 각각 후보로 나서 대통령 자리를 두고 맞붙었다. 당시 페론의 주요 지지자들은 노동자계급과 서민층이었다. 페론은 자신의 지지자들이 기존 엘리트 정치에 반감을 가진 사실을 파악하고 있었으며, 그들의 요구를 충족하기 위해 복지개선을 최우선 공약으로 내세웠다. 반면 탐보리니는 기존의 정치 엘리트, 사회주의자, 공산주의자로 이루어진 민주연합당의 후보자로 사실상 뚜렷한 정체성 없이 페론에 반대하는 연합의 대표였다.

페론과 탐보리니가 맞붙은 1946년 선거는 후안 페론의 승리로 끝났다. 총 53퍼센트의 표를 얻은 페론은 약 8퍼센트 차이로 탐보리니를 따돌리고 새로운 아르헨티나 대통령으로 선출되었다. 이는 20세기 포퓰리즘의 아이콘이 대통령에 당선된 순간이기도 했다.

임기를 시작한 페론은 선거 공약대로 복지제도를 개선하는 데 집중했다. 그는 대학을 세우고 노동자들의 임금을 올리는 등의 복지정책으로 서민들의 삶을 개선했다. 이로 인해 아르헨티나에서는 이른바 페론주의 **좌파 우파 개념에 기반을 둔 것이 아닌 페론의 정책을 지지했던 아르헨티나의 정치적 현상**가 큰 지지를 받기 시작했다. 아르헨티나의 정치역사에 한 획을 그은 페론주의는 시간이 지난 지금까지도 상당한 영향력을 가지고 있으며, 아르헨티나의 가장 지배적인 정치이념으로 남아 있다.

25 February

최초의 판아메리칸 게임은 언제 열렸을까?

대륙별 종합 스포츠 대회에는 우리에게 익숙한 아시안게임을 비롯해 유러피안, 아프리칸, 퍼시픽, 그리고 판아메리칸게임이 있다. 이중 판아메리칸게임의 역사는 다른 대륙보다 꽤 오래된 편으로, 아메리카 대륙의 화합을 도모하기 위해 1942년 처음으로 판아메리칸 대회를 열기로 결정됐다. 개최 위원회는 아르헨티나의 수도 부에노스아이레스를 최종 후보지로 선정했지만, 유럽에서 발생한 제2차 세계대전 여파로 대회는 잠정 연기되고 만다.

전쟁으로 미뤄졌던 첫 판아메리칸 게임은 결국 1951년 2월 25일에 개최됐다. 예정대로 부에노스아이레스에서 열린 대회에는 총 21개 국가, 2천 명이 넘는 선수들이 참가하며 꽤 큰 규모로 진행됐다. 개막식에는 당시 아르헨티나 대통령인 후안 페론과 그의 아내 에바 페론이 직접 참여해 눈길을 끌기도 했다.

총 2주 동안 18개 종목에서 경쟁한 이 대회에서 가장 많은 메달을 획득한 나라는 개최국 아르헨티나였다. 아르헨티나는 금은동메달을 합해 총 154개의 메달을 땄는데, 이는 98개의 메달로 2위를 차지한 미국보다 훨씬 더 많은 수치였다. 참고로 이후 열린 판아메리칸 게임에서는 1991년 쿠바 대회를 제외한 모든 대회에서 미국이 1위를 차지하면서 사실상 미국이 여러 스포츠 분야의 강자임을 보여주는 대회가 됐다.

26 February

스페인과 칠레 마푸체족이 충돌한 마리우에뉴 전투

스페인의 식민지건설이 한창이던 때, 칠레 남부지방에는 마푸체족이 살고 있었다. 오랜 시간 자신들의 문화와 전통을 지켜온 마푸체족은 세력을 넓히던 스페인 정복자들과 마주하게 됐다. 비록 전투경험이나 화력면에선 스페인이 앞섰지만, 호전적이고 전쟁을 즐겨한 마푸체족도 결코 만만한 상대가 아니었다. 역사에선 스페인과 마푸체족이 벌인 전쟁을 아라우코 전쟁 Arauco War 이라 부른다. 당시 잉카 제국을 무너뜨리며 의기양양해진 스페인 군대는 곧이어 마주한 마푸체족도 손쉽게 정복할 수 있을 것이라 생각했다. 하지만 1546년 벌어진 전투에서 패배하며 그들이 결코 쉬운 상대가 아님을 깨달았고, 칠레 영토를 정복하는 데 상당한 어려움을 겪게 된다.

1554년 2월 23일부터 26일까지 벌어진 마리우에뉴 전투는 스페인과 마푸체족이 벌인 수많은 전투 가운데 하나였다. 당시 라우타로가 이끄는 마푸체족은 프란시스코 데 비야그라가 이끄는 군대와 마주해 싸움을 벌이게 됐다. 압도적인 군사수와 함께 주변에 있던 언덕을 미리 선점했던 라우타로는 유리하게 싸움을 이끌어 나갈 수 있었고, 결국 스페인이 후퇴하며 전투에서 승리하게 된다.

마리우에뉴 전투에서의 승리로 마푸체족은 스페인의 사기를 완전히 꺾었다. 영웅이 된 라우타로는 스페인 사람들이 세운 도시 콘셉시온을 불태웠고, 이참에 산티아고까지 진격해 스페인 군대를 모조리 쫓아낼 계획을 세웠다. 하지만 당시 퍼지던 전염병과 좋지 않은 농사수확으로 아쉽게 실행으로 옮기지는 못했다. 반면 운 좋게 시간을 벌게 된 스페인은 2년 뒤 전열을 가다듬어 또 다른 마푸체 원정길에 오르게 된다.

1844년 독립을 이룬 도미니카공화국

도미니카공화국은 스페인이 물러난 뒤 곧바로 이웃나라 아이티에 의해 통치됐다. 하지만 독립을 열망했던 도미니카공화국은 독립운동을 시작했고, 1844년 2월 27일 독립을 선언해 새로운 국가로 탄생하게 된다.

당시 도미니카공화국이 독립을 결심한 건 크게 두 가지 이유였다. 먼저 아이티는 오랫동안 프랑스의 지배를 받아 프랑스 문화권에 속했는데, 이는 스페인 문화에 익숙한 도미니카공화국에게 이질감이 느껴지는 요소로 작용했다. 또 도미니카공화국 사람들은 아이티를 중심으로 돌아가는 불공평한 정치상황에 불만을 가졌고, 차별에서 벗어나 자신들만의 자치성을 원했던 것이 결국 독립운동으로 번졌다.

도미니카공화국의 독립운동을 이끈 건 후안 파블로 두아르테 Juan Pablo Duarte 였다. 사실 두아르테는 이미 한 차례 독립운동을 하다 베네수엘라로 추방된 적이 있는 인물이었다. 하지만 두아르테는 베네수엘라에 머무는 동안에도 조국의 독립을 포기하지 않았고 자신의 재산을 털어가면서까지 독립운동을 이끌었다.

도미니카공화국은 두아르테의 노력으로 어렵게 독립을 이뤘지만, 곧 내부갈등이 벌어지며 또 다른 위기를 맞았다. 두아르테가 초대 대통령 자리에 오른 지 얼마 안 된 시점에서 스페인 지지자들의 반란이 일어났던 것이다. 반란을 성공시킨 스페인 지지자들은 두아르테를 추방한 뒤 나라를 스페인에 재합병시키기로 했고, 도미니카공화국은 식민지로 남느냐, 독립국이 되느냐를 놓고 또다시 혼란에 빠지게 된다.

아스텍 제국의 마지막 왕 쿠아우테목의 죽음

쿠아우테목Cuauhtémoc은 아스텍 제국 열한 번째 왕의 자리에 오른 위대한 인물이다. 하지만 1525년 2월 28일, 그는 스페인의 침략을 막지 못하며 정복자 에르난 코르테스에 의해 목숨을 잃게 된다. 그런데 역사 기록을 살펴보면, 코르테스는 쿠아우테목 왕을 사로잡은 뒤 곧바로 사형을 명령하지 않은 것으로 알려져 있다. 전투에서 패배한 쿠아우테목 왕은 명예롭게 "너의 칼로 나를 죽여달라!"라고 말했지만 코르테스는 오히려 "용맹함에 감동하였다"라고 말하며 그를 살려줬다.

코르테스의 이런 결정엔 사실 황금을 얻기 위한 속셈이 숨어 있었다. 그는 부하를 시켜 왕을 고문했고, 이 사실을 아스텍 사람들에게 알렸다. 그리고 "만약 왕이 고통받는 것을 막고자 한다면 자신에게 황금을 바치라"라고 말하며 왕의 목숨을 빌미로 자신의 이익을 챙겼다. 하지만 쿠아우테목 왕은 코르테스의 이익을 챙겨줄 생각이 없었다. 마침 그는 코르테스와 함께 온두라스 정복을 떠나게 됐는데, 그 틈을 노려 부하들에게 수도 테노치티틀란을 탈환할 것을 명했다. 그러나 이 사실은 코르테스에 의해 발각되고 말았고, 결국 쿠아우테목 왕은 교수형에 처해졌다.

비록 아스텍 제국의 몰락을 막진 못했지만 멕시코 사람들은 쿠아우테목 왕을 자랑스러운 위인으로 기억하고 있다. 특히 죽음 앞에서도 굴하지 않는 의연함을 보여준 쿠아우테목 왕은 멕시코의 자존심을 상징하게 됐으며, 그의 동상은 멕시코의 심장이라 할 수 있는 소칼로 광장에 세워져 있다.

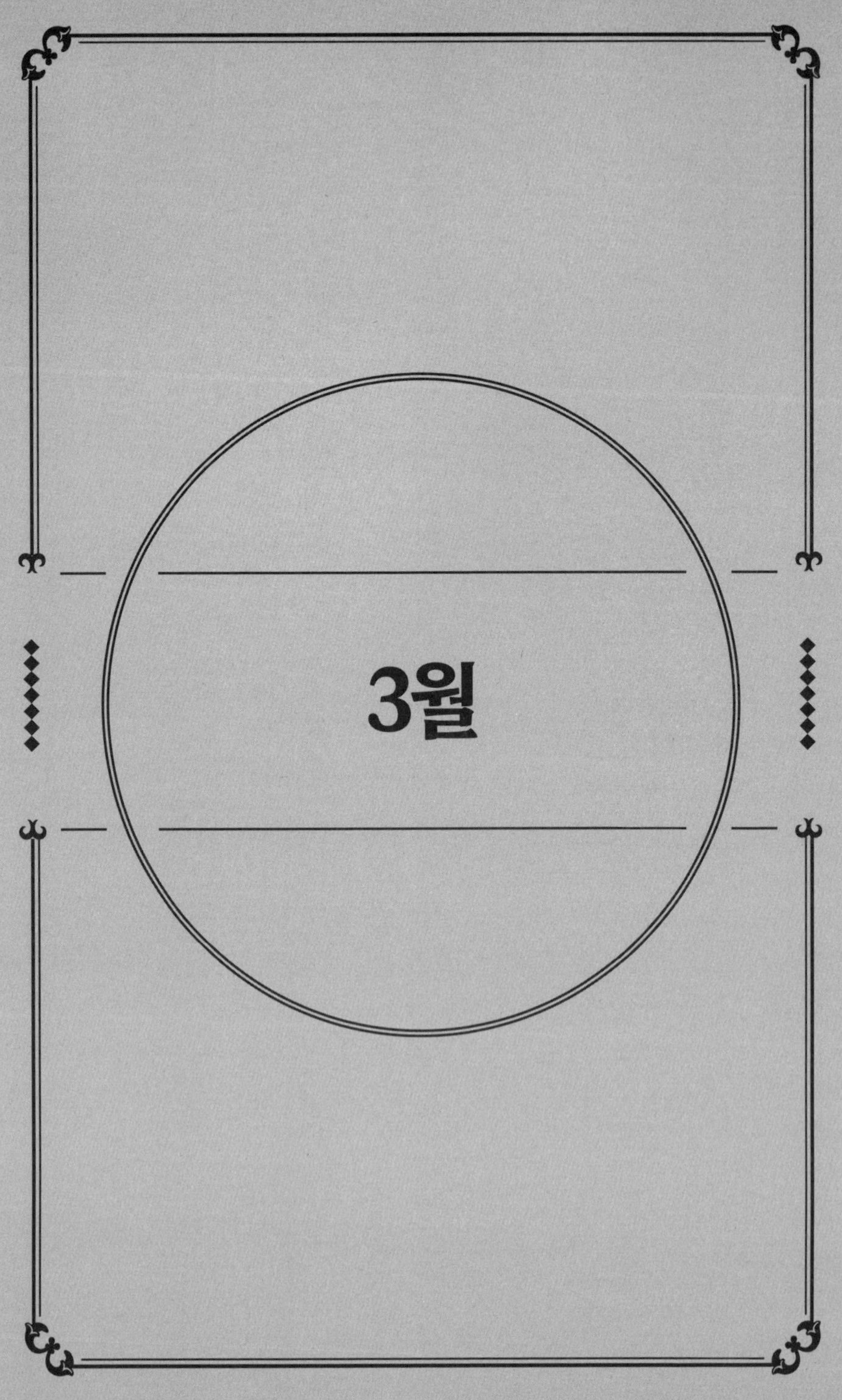

3월

1

March

세상에서 가장 가난한 대통령, 호세 무히카

2005년 3월 1일, 우루과이에서는 호세 무히카가 새 대통령으로 취임했다. 호세 무히카는 국내에서《호세 무히카 조용한 혁명》,《세상에서 가장 가난한 대통령》이란 책으로도 잘 알려진 인물이다.

무히카는 한때 전 세계 사람들의 존경을 한 몸에 받았던 인물로, 그 이유는 그가 보인 검소함 덕분이었다. 특히 그의 언행과 행동이 일치했는데, 임기 동안 자신의 재산을 늘리거나 권력을 남용하는 일이 단 한 번도 없었다. 오히려 자신이 받는 대통령 월급의 90퍼센트를 사회에 기부했고, 호화로운 대통령 관저가 아닌 자신의 농가에서 출퇴근하며 검소한 모습을 보였다.

또 무히카는 이념에 빠진 정책보다 국가에 필요한 실용적인 정책을 펼쳤다. 일부 사람들은 혁명 게릴라로 활동했던 그의 과거 이력 때문에 과도한 복지정책을 펼치지 않을까라는 걱정을 했다. 하지만 그는 포퓰리즘 정치를 펼친 다른 남미 지도자들과는 조금 달랐다. 무히카는 이념을 뛰어넘은 정책을 골고루 섞어가며 우루과이의 성장을 이끌었고, 동시에 극빈층 비율과 문맹률을 감소시켰다.

그가 대통령으로서 보여준 높은 도덕성과 검소함, 그리고 시대 흐름에 맞는 실용적인 정책은 우루과이 국민들의 지지를 받기에 충분했다. 그는 대통령직에서 내려온 뒤에도 호화로운 생활보다는 자신의 시골집에서 소소한 생활을 즐겼다. 한 마디로 무히카는 정치인이 국민들에게 존경받기 위해 갖추어야 할 덕목과 역량이 무엇인가를 명확히 보여준 인물이었다.

2
March

파나마의 '구나 얄라' 원주민이 일으킨 혁명

중남미 대륙 원주민들은 식민지배와 착취로 많은 고통을 겪었다. 이런 역사 때문에 중남미 지역에선 유독 원주민들의 저항운동이 빈번하게 일어나곤 했다. 파나마에서 벌어졌던 구나 혁명 Guna Revolution 도 파나마 구나 얄라 원주민들이 벌였던 저항운동 중 하나였다. 1925년 3월 2일 구나 얄라 원주민들이 혁명을 일으킨 이유는 갑작스런 서구화가 주요 원인이었다. 20세기 초, 파나마에선 파나마 운하건설과 함께 본격적인 산업화가 시작됐고 정부가 앞장서서 국가의 현대화를 이끌었다. 이런 변화 속에서 구나족은 그들의 오랜 전통과 문화를 잃을 위기에 놓였고, 심지어 그들의 자치영토까지 위협 받았다.

정부의 압박이 점점 심해지자 45개 마을로 구성된 구나족은 연합을 맺어 파나마로에서의 독립을 선언했다. 거센 저항운동을 이어나갔던 구나족은 결국 파나마 정부와 협약을 맺는 데 성공했고, '원주민으로서 차별받지 않을 권리' '자치제도와 관습을 보호받을 권리' '파나마 정부가 강제하는 교육을 받지 않을 권리'를 보장받았다. 또 구나족들의 권리가 1938년 파나마 헌법에까지 명시되면서, 자칫 역사로 사라질 뻔한 그들만의 문화를 법적으로 보호받게 됐다.

3
March

칠레의 독재자 피노체트가 처벌받지 않은 이유

2000년 3월 3일, 런던 감금생활을 마친 칠레의 독재자 피노체트가 칠레로 귀국했다. 영국을 방문 중이었던 그는 과거 한 스페인 시민을 살해한 혐의로 기소됐고, 재판받는 동안 무려 503일 동안 출국금지조치를 당했다. 하지만 그의 병세가 약화되고 인도주의에 기반한 귀국 요청이 받아들여지면서 결국 자신의 고국 칠레땅을 밟을 수 있게 되었다.

피노체트의 귀국은 그가 처벌받길 원했던 많은 칠레 사람들의 분노를 샀다. 18년 동안 독재생활을 해오며 수만 명의 시민들을 고문하고 살해했던 독재자 피노체트가 '인도주의'라는 이유로 칠레로 돌아왔기 때문이었다. 심지어 피노체트는 "나는 당시 사건에 아무런 책임이 없고, 오히려 칠레의 경제성장을 이끈 영웅이다"라고 주장하며 많은 칠레 국민들의 분노를 샀다.

여기서 드는 한 가지 의문점은 "왜 칠레에서 직접 피노체트를 처벌하지 못했을까?" 이다. 칠레에서 수많은 사람들을 납치, 감금, 고문하는 죄를 지었다면 칠레 법의 심판을 받는 게 당연한 절차였다. 하지만 그는 처벌은커녕 오히려 자유로운 생활을 했는데, 그가 면죄부를 받을 수 있었던 건 1978년 제정된 사면법 때문이었다. 사면법은 여러 내용을 포함했지만 결국 핵심은 군부가 저지른 인권침해에 면죄부를 주는 내용이었다. 이러한 이유로 피노체트를 포함한 그의 측근들은 임기를 마친 뒤에도 처벌을 피해 일상적인 생활을 지속할 수 있었다. 칠레에선 1990년대 진실위원회가 창설되며 인권침해에 대한 조사가 진행됐지만, 결과적으로 군부의 처벌이나 책임은 강조하지 않으며 당시 피해자들에게 많은 아쉬움을 남겼다.

4 March

멕시코에서 독립을 선언한 유카탄반도

멕시코 남부에는 유카탄주가 자리 잡고 있다. 칸쿤, 플라야 델 카르멘, 바칼라르가 유카탄주의 대표적인 도시들이며, 마야 원주민들이 많이 거주하는 곳이기도 하다. 19세기 초까지만 해도 유카탄은 지금의 캄페체, 킨타나루를 포함하는 거대한 주였다. 스페인에서 독립한 유카탄반도는 자연스럽게 멕시코의 일부가 됐다. 당시 정치지도자들은 중앙제도보다는 연방주의를 택하며 멕시코 각 주마다 자치성을 인정했고, 덕분에 유카탄주도 자신만의 자치성을 유지할 수 있었다.

하지만 문제는 보수파가 정권을 잡으면서 벌어졌다. 1830년대 멕시코에는 진보파 대신 보수파 대통령이 당선되며 변화가 일어났다. 아나스타시오 부스타만테, 산타 아나 같은 지도자들은 중앙정부가 국가 운영에 더 효율적이라 주장하며 각 주가 가진 권력을 크게 약화시켰다. 이에 각 주를 대표하는 지도자들은 크게 반발했다. 북부 텍사스에선 "중앙 정부가 힘이 커지는 걸 지켜보느니 차라리 독립하겠다"며 분리 운동을 시작했고, 남부 유카탄주도 이에 동참했다. 1840년 3월 4일 유카탄은 멕시코에서의 독립을 선언했고, 유카탄주가 아닌 공화국으로 이름을 바꾸기까지 했다.

사건이 커지자 산타 아나 대통령은 유카탄 공화국에 경제제제 압박을 가하며 재합병을 권했다. 심지어 1843년에는 직접 군대를 이끌고 유카탄 지역을 공격했는데, 결국 전쟁까지 벌어졌던 양측의 갈등은 1848년 유카탄주를 멕시코에 최종 합병하는 데 동의하며 마무리됐다.

5
March

1945년에 맺어진 미국과 중남미의 평화선언

1945년 3월 5일, 중남미 국가들은 미주 지역의 연합과 평화를 위한 미주국가연맹 설립에 동의했다. 당시 각 국가의 주요 인사와 외교관들은 멕시코 차풀테펙 궁전에 모여 회의를 열었는데, 이것이 UN설립을 위해 1945년 4월에 열린 샌프란시스코 회담보다 한 발 앞서 평화를 논의한 차풀테펙 회담이었다.

한 가지 흥미로운 사실이 있다면 회담에 참여한 국가들이 서로의 협력에 적극적인 태도를 취했다는 점이었다. 각국 대표들은 '모든 국가가 경제력이나 국방력에 상관없이 서로 평등한 위치에 있으며, 외부의 침략을 당할 경우 모두가 주권보호를 위해 도와 줄 것'이란 내용에 동의했다. 과거 강대국은 이익이 없다면 약소국을 돕는 걸 외면하는 경우가 있었는데, 협정에선 각 국가의 이익보다 협력을 훨씬 더 중요시한 것이었다. 이러한 특징 때문에 당시 미국 국무장관 에드워드 스테티니어스는 "이번 회담은 대륙의 평화와 안보를 보장하는 국제협력발전의 역사적 전환점이다"라고 평가하기도 했다.

미주연합의 역사를 연구한 마누엘은 달라진 미국의 태도에 주목했다. 미국은 과거 제국주의 기조를 버리고 미대륙 국가 모두의 평화와 발전을 위해 노력하겠다는 입장을 밝혔기 때문이다. 회담은 현재 운영되고 있는 미주기구OAS이 만들어지는 데 초석을 다졌다는 점에서, 나아가 미대륙의 평화와 번영을 위한 협력을 약속했다는 점에서 큰 의미가 있는 사건이었다.

6 March

미국과 멕시코 전쟁의 서막을 알린 알라모 전투

알라모 전투Battle of Alamo는 미국과 멕시코 사이에서 벌어졌던 전투다. 1830년대 초 많은 미국인이 국경을 넘어 텍사스로 이주해온 것이 전쟁의 원인이었는데, 전쟁 직전 텍사스주 인구의 무려 90퍼센트가 미국인이었다고 한다.

처음 멕시코는 미국 이주민들에게 별다른 적개심이 없었다. 멕시코 정부는 오히려 그들이 지역경제 발전에 도움이 된다며 미국인들의 이주를 환영했다. 하지만 그 수가 워낙 커지자 뒤늦게 위험성을 감지했고, 멕시코 산타 아나 대통령이 문제 해결을 위해 직접 군대를 이끌고 텍사스로 향했다. 1836년 2월, 멕시코 군대는 알라모에 머물던 미국인들을 순식간에 포위하며 항복을 요구했다. 1836년 3월 6일, 186명의 미국인과 3,000명의 멕시코군은 최후의 전투를 벌였고, 두 시간 동안 벌어진 전투는 수적으로 훨씬 우세했던 멕시코의 승리로 끝났다.

비록 전투는 멕시코의 승리로 끝났지만, 미국은 알라모 전투를 자유를 위한 항쟁의 상징으로 여기고 있다. 특히 10년 뒤 본격적으로 벌어진 미국-멕시코 전쟁에서 미국 병사들은 '알라모를 기억하라Remember the Alamo'는 문구를 외치며 승리를 맹세하기도 했다. 또 200명 남짓한 병사들이 수천 명이 넘는 적에 저항했던 알라모의 스토리는 미국인들의 애국심을 자극하기 위한 영화로 여러 번 제작되기도 했다.

7 March

브라질과 아르헨티나가 맞붙었던 전투

1827년 3월 7일, 아르헨티나와 브라질은 카르멘 데 파타고네스 전투를 벌였다. 1825년부터 1828년까지 일어났던 아르헨티나-브라질 전쟁에서 벌어진 수많은 전투 중 하나로, 아르헨티나와 브라질이 전쟁을 벌이게 된 건 우루과이의 독립과정과 연관이 있었다. 두 강대국 사이에서 1825년 독립국가가 됐음을 선포한 우루과이는 중립입장을 선포하기보다 아르헨티나와 더 가까운 친분관계를 유지했고, 심지어 몇몇 독립 지도자들은 아르헨티나에 합병되어야 한다고 주장했다. 그러자 평소 라 플라타강 유역을 호시탐탐 노리던 브라질은 초조했고, 곧바로 우루과이와 아르헨티나에 전쟁을 선포해 함대를 보냈다.

전투가 벌어졌던 카르멘 데 파타고네스는 전쟁의 향방을 결정 지을 수 있는 중요한 곳이었다. 아르헨티나에게 카르멘 데 파타고네스는 손상된 함선을 수리하고 식량을 보충하는 곳이었고, 또 자신들과 동맹을 맺은 해적들이 브라질 함대를 공격한 뒤 전리품을 챙겨오는 전략적 요충지였기 때문이다. 이에 브라질 함대를 이끌던 핀투 게데스 제독은 카르멘 데 파타고네스를 공격해 해적들의 공격을 멈추고, 나아가 강 남쪽 유역에서 아르헨티나를 압박할 계획을 세웠다.

전투가 벌어질 당시 카르멘 데 파타고네스엔 아르헨티나 병사가 적게 배치되어 브라질의 승리가 점쳐졌다. 하지만 마르틴 라카라는 그곳에 있던 가우초와 해적들과 힘을 합쳐 브라질의 공격을 막아냈고, 오히려 500명이 넘는 브라질 군사를 포로로 잡고 세 척의 배를 빼앗는 등 큰 승리를 거뒀다. 이 승리로 아르헨티나는 전쟁을 유리한 방향으로 끌고 갈 수 있는 원동력을 마련했으며, 남쪽에서 진격하려 했던 브라질 함대의 계획을 완전히 차단하게 되었다.

8
March

코판 마야 유적지를 처음 발견한 스페인 탐험가

16세기 초, 스페인 펠리페 2세는 아메리카 신대륙이 스페인에 엄청난 부를 가져다줄 것이라 믿었다. 그는 계속해서 많은 사람을 보내 신대륙을 탐험하도록 했는데, 디에고 가르시아 데 팔라시오스도 그중 한 명이었다. 디에고는 과테말라 사법재판소에서 일하던 판사였다. 또 그는 일을 하면서 취미로 이곳저곳 돌아다니는 걸 좋아한 탐험가이기도 했다. 중미 지역의 지리와 원주민 문화를 자세히 관찰하는 걸 즐기면서, 나중엔 자신의 기록을 담은 답사기까지 출판했을 정도였다.

1576년 3월 8일, 디에고는 유럽인 최초로 마야 유적지 코판을 발견했다. 온두라스와 과테말라 국경 지역 근처에 위치한 코판은 현재 '제3대 마야 유적지'로 꼽힐 만큼 아름다운 곳이다. 우연히 코판에 도착한 디에고는 그 아름다운 광경에 넋이 나갔고, 곧바로 스페인 황제 펠리페 2세에게 코판의 존재를 알리는 편지를 썼다.

편지를 보내면서 디에고는 내심 스페인 본토의 탐사지원을 기대했다. 규모가 큰 고대 유적지였던 만큼 보물이 묻혀 있을 가능성이 있었기 때문이었다. 하지만 코판은 당시 스페인 국왕 펠리페 2세의 큰 관심을 끌지 못했다. 당시 "아메리카 대륙에서 금이 넘치는 엘도라도를 찾았다." "지상낙원을 발견했다." 같은 과장된 소문이 많았기 때문에, 디에고의 소식도 하나의 허풍으로 받아들여졌다.

결국 코판은 유럽인들의 관심을 받지 못하고 잊혔다. 유적지에 대한 본격적인 조사는 시간이 한참 흐른 1940년에서야 시작됐는데, 그 결과 1,800개가 넘는 상형문자, 달력이 새겨진 석상 등이 세상에 알려졌다. 그러나 왜 마야인들이 정글 깊숙한 곳에 피라미드와 신전을 건설했는지, 왜 하필 코판 지역에 정착했는지는 여전히 완벽히 풀리지 않은 채 수수께끼로 남아 있다.

9

March

멕시코에서 일어난 '여성 없는 날'

멕시코에서 남녀 차별 문제는 반드시 해결해야 할 사회적 이슈이다. OECD에 따르면, 멕시코 여성들은 가정폭력, 성폭력, 페미사이드 같은 심각한 문제에 직면해 있으며 노동시장에서도 남성보다 교육수준과 고용률이 낮은 수준이다. 멕시코 여성들은 차별받는 상황을 개선하기 위해 2020년 3월 9일 '여성이 없는 하루' 캠페인을 진행했다. 전 세계적으로 퍼진 미투운동에서 영감을 얻은 이 캠페인은 처음 온라인을 통해 퍼지게 됐고, 특히 #UNDÍASINNOSOTRAS #우리가 없는 하루 를 슬로건으로 사용하며 많은 사람들의 공감과 지지를 받았다.

'여성이 없는 하루'는 말 그대로 사회에서 여성들이 활동하지 않는 날이었다. 회사엔 여성들이 출근하지 않았고, 학교엔 학생들이 수업에 참여하지 않았다. 이날 하루 동안 여성들이 멕시코 경제와 사회에서 기여하는 바가 얼마나 큰지, 여성들이 없다면 얼마나 많은 불편함이 따르는지를 몸소 깨닫게 하는 메시지를 전한 것이었다.

한편 이 캠페인은 1975년 아이슬란드에서 처음 시작된 것으로 알려져 있다. 이후 아이슬란드 의회에선 '남녀임금차별금지법'이 통과됐고, 세계 최초의 여성 대통령이 탄생했다. 멕시코의 사회적 상황을 미뤄볼 때 당장 아이슬란드처럼 큰 변화를 기대하기 힘들지만, 멕시코 여성들은 매년 다양한 프로젝트를 기획하며 점진적인 변화를 이뤄내기 위해 노력하고 있다.

10 March

한국전쟁에 참전한 콜롬비아 군인들

한국과 콜롬비아의 공식 외교관계는 1962년 3월 10일 시작됐다. 다른 중남미 국가와 비교했을 때 콜롬비아는 우리에게 좀 더 특별한 나라로 여겨지는데, 가장 큰 이유는 바로 콜롬비아의 한국전쟁 참전 역사 때문이다. 한국전쟁이 벌어졌단 소식을 들은 콜롬비아 고메스 대통령은 곧장 파병을 약속했고, 해군 전함과 보병 대대 1,060명을 부산항에 보내 한국과 UN군을 지원했다.

당시 전쟁에 참전했던 많은 콜롬비아 병사들은 어떤 이유로 전쟁에 참전해야 되는지 잘 알지 못했다. 하지만 시간이 지나며 그들은 중남미 국가 중에선 유일하게 전쟁에 참여했다는 점, UN의 구성원으로 싸운다는 점에 자긍심을 느꼈다. 콜롬비아 대대는 금성 전투, 불모고지 전투 같은 치열한 전투에 참여했고, 1953년 전쟁이 끝날 때까지 한국을 지키기 위해 싸웠다.

전쟁 기간 동안 콜롬비아 병사 374명이 부상당했고, 131명이 안타깝게 목숨을 잃었다. 하지만 그들의 희생은 헛되지 않았고, 오히려 양국관계를 더욱 가깝게 만드는 밑거름이 됐다. 현재 한국 정부는 참전용사 및 가족들에게 지원을 아끼지 않고 있으며, 전쟁으로 맺어진 우정을 강조하며 콜롬비아와의 각별한 관계를 이어오고 있다.

11 March

과라니족과 반데이란치스가 맞붙은 음보로레 전투

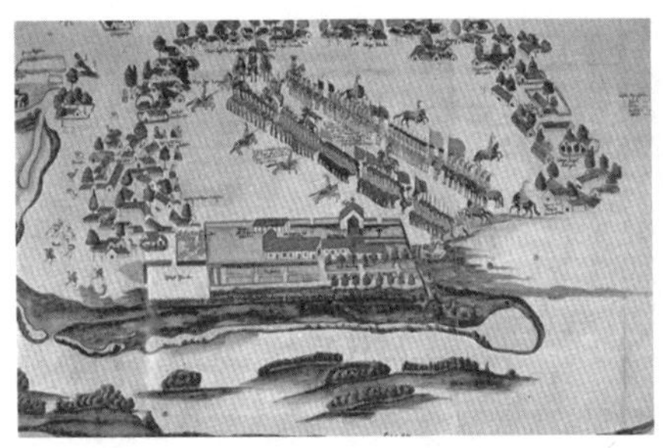

과라니족은 파라과이와 브라질 남부지방에 주로 거주하고 있다. 과라니 문화가 발달한 파라과이에선 과라니어가 스페인어와 함께 공용어로 쓰일 정도이다. 과거 남미내륙에 거주했던 과라니족들은 유럽인들의 지배에서 비교적 자유로웠다. 포르투갈이 브라질 해변 지역에 대농장을 건설하는 반면, 내륙 지역 상황엔 크게 신경 쓰지 않았기 때문이었다. 대신 내륙에는 예수회 사람들이 오게 되면서 원주민들을 가톨릭교로 개종시키고 유럽식 교육을 제공했다.

과라니족이 누렸던 평화는 네덜란드와 포르투갈의 전쟁이 일어나면서 위협받았다. 네덜란드 사람들은 포르투갈의 노예무역 루트를 차단해 대농장 운영에 필요한 노동력 공급을 끊었고, 이에 포르투갈 사람들은 해안지역을 버리고 내륙지역으로 이동해야만 했다. 이들은 새로운 터전을 만들기 위해 그곳에 거주하던 과라니족 원주민들을 공격했는데, 1628년에서 1632년까지 총 만 명이 넘는 과라니족들이 피해를 본 것으로 전해지고 있다.

포르투갈의 공격이 점점 더 거세지자 예수회의 리더였던 안토니오 루이즈 데 몬토야는 직접 나서 과라니족이 저항할 수 있도록 도왔다. 1641년 3월 11일, 예수회의 지원을 받은 과라니족은 포르투갈과 음보로레 전투를 벌였고, 전투에서 승리를 거두며 자신들의 지역을 지켜낼 수 있었다. 결과적으로 음보로레 전투는 포르투갈의 진격을 저지했다는 점에서 의미가 있었고, 지금의 파라나와 리우그란데 데 수르 지역에서 과라니와 예수회문화가 확대되는 결과를 가져왔다.

12 March

선거 결과 불복 이후 벌어진 코스타리카 내전

녹색 정글과 아름다운 해변이 잘 보존된 코스타리카는 군대 없는 나라로 유명하다. 하지만 코스타리카가 처음부터 군대가 없었던 건 아니었다. 코스타리카는 역사상 최악의 내전을 경험한 뒤에야 군대 폐지라는 과감한 결정을 내리게 된다.

코스타리카 내전이 벌어진 결정적인 계기는 1948년 선거결과에 대한 불복종 때문이었다. 1948년 2월 벌어진 선거에선 국가공화당 후보 라파엘 칼데론과 국가연합당과 오틸리오 울라테가 치열한 경쟁을 펼쳤다. 칼데론은 보수정권의 연장을 노리던 후보였고, 울라테는 민주당, 사회민주당, 국가 연합당이 정권교체를 위해 선출한 단일화 후보였다.

팽팽했던 선거는 55.3 퍼센트의 표를 얻은 울라테의 승리로 끝났다. 하지만 칼데론과 국가공화당은 '야당이 선거에 개입한 부정선거'라 밝히며 정권교체를 거부했다. 칼데론이 선거결과에 승복하지 않자 양측의 갈등은 더 깊어졌고, 결국 1948년 3월 12일 코스타리카에선 피할 수 없는 내전이 벌어졌다. 내전 동안 코스타리카에선 약 2천 명이 목숨을 잃었다. 전쟁이 끝난 뒤 페레르 대통령은 다시는 전쟁을 일으키지 않을 방법을 고민했고, 고심 끝에 군대를 폐지하는 파격적인 정책을 펼치며 코스타리카를 '군대 없는 나라'로 만들게 되었다.

13 March

해발 3,800미터 위에 예수상이 생긴 이유

남미대륙 지도를 살펴보면 칠레-아르헨티나 국경 길이가 상당히 긴 걸 알 수 있다. 전 세계에서 가장 긴 국경은 미국-캐나다, 러시아-카자흐스탄, 그리고 세 번째가 칠레-아르헨티나 국경으로 알려져 있다. 국경이 긴 만큼 두 나라 사이에선 '명확한 국경선을 어디다 그을 것인가?' 라는 문제로 다툼이 자주 일어났다. 특히 1900년대 초 칠레와 아르헨티나는 안데스산맥의 국경문제를 두고 해결점을 찾지 못하며 무력충돌 직전까지 갔다. 하지만 1902년 극적으로 합의를 이끌어낸 양국은 평화적으로 갈등을 풀었고, 이를 기념하기 위해 1904년 3월 13일 '안데스의 그리스도' 석상을 세웠다.

두 나라는 해발 3,800미터나 되는 국경에 예수석상을 세우기로 합의했다. 워낙 높고 황량한 지역에 있었음에도 칠레와 아르헨티나는 그곳을 고집했는데, "평화를 상징하는 그리스도가 가장 높은 곳에서 칠레와 아르헨티나를 지켜보고 있다"라는 메시지를 담길 원했기 때문이었다. 라몬 하라 주교는 연설을 통해 "아르헨티나와 칠레 사람들이 그리스도 앞에서 맹세한 평화를 깨기 전에 이 안데스산이 먼저 무너질 것이다."라고 말하며 두 나라의 평화가 영원하길 기원했다.

높이 6미터의 이 석상은 현재 칠레 수도 산티아고와 아르헨티나 멘도사를 잇는 국경검문소에 위치해 있다. 따라서 국경을 넘어 칠레-아르헨티나를 여행할 때 이 예수석상을 볼 수 있다. 또 이 예수석상은 국제사법재판이 열리는 네덜란드 헤이그 평화궁에 복제품이 전시되면서 전 세계의 평화를 상징하는 석상으로 널리 알려지게 되었다.

14 March

칠레에서 벌어졌던 로스 로로스 전투

스페인에서 독립한 칠레는 이후 보수당이 권력을 잡아 나라를 통치했다. 보수당은 교회의 사회적 영향력을 인정하는 특징이 있었고 각 지방 정부의 힘보다는 강력한 중앙정부를 기반으로 나라를 다스렸다. 또 경제적으로는 자유무역화에 반대했으며, 대신 토지 엘리트가 이익을 얻는 보호주의적인 경제 모델을 유지했다. 하지만 자유당은 이런 보수당의 정책을 마음에 들어하지 않았다. 특히 반대 목소리는 아타카마, 코피아포, 라 세레나 같은 북쪽 지역에서 더욱 거세게 나왔다. 당시 이 지역은 구리와 은 생산이 늘어나며 남부 농업세력의 라이벌로 부상했고, 중앙정부가 자신들이 직접 얻은 이익을 산티아고 같은 주요 도시 발전에만 집중한다는 사실에 불만을 가졌다. 이들은 개혁을 통해 각 지방의 자치성을 인정해주길 바랐지만 보수당이 이를 계속 거절했고, 결국 1859년 1월 피할 수 없는 혁명이 일어나게 되었다.

자유당과 보수당이 충돌한 1859년 혁명에선 총 3번의 중요한 전투가 벌어졌다. 로스 로로스 전투Los Loros Battle는 3월 14일 라 세레나에서 일어났던 첫 번째 싸움으로, 군사수와 무기 모두 대등한 조건에서 펼쳐졌다. 이른 아침부터 시작된 전투는 결국 페드로 가요가 이끈 자유당이 근소한 차이로 승리를 차지했고, 보수당은 남부 코킴보까지 후퇴하게 되었다.

전열을 가다듬은 보수당은 이후 벌어진 마이폰과 세로 그란데 전투에서 승리하며 혁명군을 진압했다. 1851년 벌어졌던 혁명에 이어, 1859년 혁명도 보수당의 승리로 끝난 것이었다. 하지만 이번 혁명의 여파로 보수세력의 힘은 상당히 약해졌고, 결국 1860년대부터 진보당이 정권을 세워 칠레를 통치하게 되었다.

15
March

다시 투표권을 얻기까지 21년이 걸린 브라질

1960년대 중반 브라질 군부정권은 경제와 사회질서를 바로잡는다는 명목으로 나라를 통치했다. 하지만 시간이 갈수록 경제위기와 군 내부 갈등이 심화되며 권력이 흔들렸다. 군부에서는 정권을 유지하기 위해선 국민의 불만을 최소화해야 한다고 판단했고, 1970년대 중후반 노동조합과 야권정당의 정치적 자유를 허용했다.

1980년대 초부터 부여된 정치적 기회는 군부독재를 반대하는 세력에게 긍정적인 요소로 작용했다. 시간이 지나 브라질은 민주선거를 진행하게 됐고, 1985년 1월 민간 대통령이 당선되며 새로운 민주주의 시대를 열었다. 선거에선 탕크레두 네베스와 파울루 말루프가 맞붙었는데, 네베스가 72퍼센트가 넘는 득표율을 얻으며 당선에 성공했다. 하지만 취임식 하루 전 예기치 못한 일이 벌어졌다. 당선인 네베스가 지병으로 쓰러지며 한 달 뒤 세상을 떠난 것이었다. 예상치 못한 대통령의 빈자리는 당시 부통령이었던 사르네이Sarney가 이어받았고, 3월 15일 대통령으로 공식 취임하며 21년만에 브라질 민주정권의 탄생을 알렸다.

몇몇 사람들은 이때 탄생한 사르네이 정권을 '불완전한' 민주주의라 평가했다. 가장 큰 이유는 모든 국민이 투표하는 직선제가 아닌 간접제로 선거가 진행됐기 때문이었다. 당시 브라질 국민들은 백만 명 넘게 모인 '대선직선제 시위Diretas Já'를 통해 1985년 선거가 직접선거로 이뤄지길 바랐다. 하지만 친군부파가 장악하던 의회는 이를 거절한 채 간접선거를 진행했고, 브라질에선 직접선거가 시작된 1989년을 브라질의 진짜 민주주의의 시작점이란 주장이 많은 공감을 얻었다.

16 March

베네수엘라와 콜롬비아 국경에서 벌어진 콘서트

'시몬 볼리바르 국제다리'는 콜롬비아와 베네수엘라가 공유하는 국경지역이다. 이곳의 분위기는 정치적 상황에 따라 국경 주변 분위기가 심각해지기도 하는데, 가장 대표적인 예시 중 하나가 2008년에 벌어졌던 콜롬비아, 베네수엘라, 에콰도르 3개국의 외교갈등이었다. 2008년 콜롬비아는 게릴라 조직들을 소탕하기 위한 대대적인 군사 작전을 펼쳤다. 주로 에콰도르 국경 근처에서 활동하던 게릴라 단체를 제압했는데, 국경을 넘어 작전을 펼친 것이 갈등의 원인이 됐다. 콜롬비아 군대가 국경을 넘은 것에 대해 에콰도르는 거세게 항의했고, 베네수엘라 차베스 대통령도 에콰도르 편을 들어 콜롬비아를 비판했다. 특히 콜롬비아와 사이가 좋지 않던 차베스는 콜롬비아를 압박하고자 국경으로 군대를 보내 갈등을 고조시키기도 했다.

'안데스 외교위기'라 불린 이 사건은 다행히 세 나라의 정상들이 만나 평화롭게 해결됐다. 그리고 국가들 사이의 우정을 재확인하기 위해 나선 인물이 있었는데, 바로 콜롬비아 국민가수 후아네스Juanes였다. 그는 "에콰도르, 콜롬비아, 베네수엘라는 형제의 나라다"라고 말하며 시몬 볼리바르 다리가 있는 국경지역에서 평화 콘서트를 기획했다. 2008년 3월 16일, 후아네스의 뜻에 공감한 카를로스 비베스, 후안 루이스 게라 같은 중남미 대표 아티스트들이 모여 역사적인 공연을 펼쳤다. '국경 없는 평화'라는 이름의 이 콘서트에는 약 30만 명이 모여 축제를 즐겼고, '전쟁 대신 평화를 추구하자'라는 메시지를 전하며 성공적으로 마무리됐다.

17
March

브라질 최대 반부패 수사, 세차 작전

2014년 3월 17일, 브라질에서 전 세계를 떠들썩하게 한 세차 작전이 시작됐다. 포르투갈어로 이 작전은 라바 자투Lava Jato라 불린다. 이 작전은 브라질 최대 공기업 석유회사 페트로브라스Petrobras의 부패혐의를 조사하고, 나아가 룰라 대통령의 뇌물 수수혐의까지 파헤친 엄청난 사건이었다. 세차 작전은 세르지우 모루Sergio Moru란 이름의 한 젊은 검사에 의해 광범위하게 진행됐다. 그가 조사를 진행하는 동안 수십 명의 국회의원들과 시장, 페트로브라스 임원들이 뇌물혐의로 줄줄이 기소됐으며, 심지어 지우마 호세프 대통령마저 뇌물혐의에 엮이며 줄줄이 사퇴하게 되었다.

브라질 국민들이 가장 큰 충격을 받은 건 룰라 대통령의 뇌물혐의였다. 모루 검사는 조사를 통해 룰라 전 대통령이 오데브레시 건설회사에서 받은 돈이 뇌물혐의 가능성이 있다는 사실을 밝혀냈다. 그는 룰라 대통령을 구속했고, 1심 재판에서 룰라에게 9년 6개월 징역형을 선고받게 했다.

부정부패를 모조리 밝혀냈다는 점에서 브라질의 모루 검사는 단번에 브라질 스타로 거듭났다. 하지만 여기서 누구도 예상치 못한 반전이 전개됐다. 모루 검사가 사법권력을 남용해 억지로 룰라 대통령의 혐의를 만들어낸 내용이 들통난 것이었다. 이에 따라 한때 차기 대통령 후보로까지 언급되던 모루의 인기는 한순간에 폭락했고, 국민들의 엄청난 지지를 받았던 세차 작전은 '사법 쿠데타'라는 비판받으며 종료됐다.

18 March 나라의 공식 명칭이 바뀌어 버린 볼리비아

볼리비아는 다양한 문화와 역사를 가진 원주민이 사는 나라다. 볼리비아 인구 중 약 62퍼센트가 스스로 원주민 정체성을 가지고 있다고 답했는데, 이는 중남미에서 가장 높은 수치이기도 하다. 2000년대에 이르러 볼리비아는 국가의 정식 명칭을 '볼리비아 공화국'에서 '볼리비아 다민족국'으로 바꾸는 법안을 추진했다. 억압과 차별을 받은 볼리비아 원주민들의 권리를 국가가 인정해주고 개선시켜 주겠다는 의미에서였다. 볼리비아 정부는 이 헌법 개정안에 대한 국민투표를 진행했고, 더 많은 찬성표를 얻어 2009년 3월 18일 볼리비아의 공식 명칭을 '볼리비아 다민족 국가'로 바꾸게 된다.

볼리비아가 공식 국가명칭을 바꾼 건 볼리비아 첫 원주민 출신 대통령 에보 모랄레스 때문에 가능했다. 에보 모랄레스는 집권하자마자 원주민들에게 혜택을 주는 다양한 사회문화정책을 펼쳤는데, 결과적으로 원주민의 권리를 크게 향상했다는 측면에서 국민들의 높은 지지를 받았다. 하지만 일부에선 에보 모랄레스의 이런 행보를 부정적으로 평가했다. 원주민들의 권리를 향상함으로써 긍정적 결과를 가져온 건 맞지만, 다른 한편으로는 원주민들의 상황을 너무 정치적으로 활용했다는 비판이었다. 실제로 에보 모랄레스 임기가 끝나갈 땐 '그의 정책은 역차별이다', '화합이 아닌 또 다른 분열을 가져왔다'라는 주장이 나오기도 했다.

프랑스의 해외 데파르트망이 된 카리브해 나라들

1946년 3월 19일 카리브섬 국가인 마르티니크와 과달루프는 독립 대신 프랑스령에 속하는 결정을 내렸다. 제2차 세계대전이 끝난 직후 프랑스가 자신의 식민지들을 해외 데파르트망Overseas departments and regions of France으로 만들 것을 선언하며 식민지 국민들이 프랑스 시민권을 부여했기 때문이다. 당시 프랑스가 해외 데파르트망을 만든 가장 큰 이유는 식민지 제도를 개혁해 독립운동에 미리 대응하고, 동시에 프랑스를 다문화, 다민족 국가로 홍보하고자 함에 있었다. 이로써 마르티니크와 과달루프는 자연스럽게 프랑스의 한 주가 됐고, 프랑스 본토 주와 동등한 권리를 누리게 됐다.

마르티니크와 과달루프가 독립 대신 프랑스 일부로 남은 건 나름의 현실적인 이유가 있었다. 우선 가장 중요한 것은 경제적인 요소였다. 바나나와 사탕수수가 주요 상품인 두 섬나라는 프랑스와의 무역에 매우 의존적이었으며, 무리한 독립은 경제적 불안과 고립을 초래할 수 있다는 우려가 있었다. 게다가 많은 주민들은 프랑스 문화에 대해 적대감보단 강한 애정을 가지고 있었으며, 프랑스라는 나라의 일원으로 자신을 인식하고 있었기에 오히려 해외 데파르트망 정책을 환영했다.

현재 프랑스 해외 데파르트망은 두 카리브해 나라를 포함해 총 다섯 곳이 있다. 먼저 하나는 남미대륙에 위치한 프랑스 기아나로, 수리남, 브라질과 국경을 맞대고 있는 나라다. 이외에도 아프리카 인도양에 있는 레위니옹과 마요트가 있으며, 마요트의 경우엔 국민투표를 통해 2011년부터 해외 데파르트망에 속하게 되었다.

무려 88년만에 쿠바를 방문한 미국 대통령

1989년 소련이 붕괴한 뒤 '미국과 쿠바와의 관계에도 변화가 있지 않을까?'라는 조심스러운 관측이 나왔다. 하지만 30년 넘게 적대 관계를 유지한 두 나라의 관계가 급격히 변화하는 데엔 한계가 있었다. 소련 붕괴 이후 클린턴 대통령은 더 강도 높은 금수조치를 실행하는 햄스-버튼 법을 통과시켰고, 반대로 쿠바는 1996년 쿠바 영공을 침범했다는 이유로 미국 민간기 두 대를 격추해 관계를 더욱 얼어붙게 했다.

두 나라의 외교적 갈등은 오바마 정부가 들어서며 조금씩 전환점을 맞았다. 2014년 12월 미국의 오바마 대통령은 라울 카스트로 의장을 만나 1962년 이후 단절됐던 양국의 외교관계 정상화를 약속했다. 일년 뒤 미국 행정부는 쿠바를 테러 국가 리스트에서 제외했고, 여행과 무역금지 조치에 대한 수위도 대폭 낮췄다.

미국과 쿠바의 관계개선에 있어 상징적인 사건은 단연 오바마 대통령의 쿠바 방문이었다. 2016년 3월 20일 오바마는 직접 쿠바를 찾았는데, 이는 1928년 캘빈 쿨리지 대통령 이후 88년만에 쿠바를 방문한 미국 대통령으로 기록됐다. 미국 언론은 이 같은 미국과 쿠바의 관계개선을 '쿠바 해빙기 Cuba Thaw'라 묘사했고, 쿠바 사회에도 새로운 바람이 불 것이라 전망했다. 하지만 모든 건 트럼프가 대통령이 되며 급변했다. 트럼프 대통령이 임기를 시작하자 쿠바는 다시 테러 국가 리스트에 이름을 올리게 됐고, 복잡하게 얽힌 미국과 쿠바의 관계는 다시 끝을 알 수 없는 미궁 속에 빠지게 됐다.

21 March 페루의 정치 스캔들과 탄핵당한 쿠친스키 대통령

2010년대 후반, 중남미에서 역대급 정치 스캔들인 '오데브레시 스캔들'이 터졌다. 이 사건은 브라질 건설회사 오데브레시에게서 뇌물을 받은 정치인들이 공개되며 큰 파장을 낳았다. 이때 페루는 브라질만큼 많은 정치인이 스캔들에 휘말리며 국민들에게 큰 실망감을 안겼다. 페루가 브라질 오데브레시와 긴밀한 관계를 가진 이유는 페루 정부가 추진한 사업과 관련이 있었다. 페루는 국가적으로 교통, 상하수도 등 인프라 향상을 위해 많은 투자를 해왔는데, 이때 오데브레시가 계약을 따내기 위해 페루 정치인들에게 뇌물을 제공한 것이었다. 페루는 대통령 파블로 쿠친스키마저 뇌물혐의로 의심받으며 탄핵 직전까지 갔다. 하지만 의회에서 탄핵 찬성표가 부족해 가까스로 탄핵을 모면할 수 있었다.

그런데 얼마 후, 영화에서나 나올 법한 반전 스캔들이 터졌다. 파블로 쿠친스키 대통령이 "자신의 탄핵을 막아준다면 후지모리 전 대통령을 사면시켜주겠다"며 친親 케이코 후지모리의 딸 국회의원들에게 은밀한 거래를 하는 영상이 페루 언론을 통해 폭로된 것이었다. 페루 국민들은 큰 충격에 빠졌고, 대통령과 정치인들에 대한 신뢰를 완전히 잃게 되었다. 2018년 3월, 쿠친스키 대통령은 피할 수 없는 두 번째 탄핵절차를 밟게 됐다. 자신의 탄핵을 막을 카드가 없었던 그는 표결을 하루 남긴 시점인 3월 21일 TV에 나와 스스로 사임을 발표했고, 빈 대통령 자리는 부통령이었던 마르틴 비스카라가 이어받게 되었다.

칠레에서 귀족신분 제도를 폐지한 오이긴스

스페인 출신 관료를 뜻하는 페닌술라레스Peninsulares는 엄청난 권력을 즐겼지만 칠레가 독립을 이루며 서서히 힘을 잃었다. 특히 칠레의 독립운동을 이끌었던 베르나르도 오이긴스Bernardo O'Higgins는 계몽철학을 바탕으로 왕과 귀족이 누리는 특권을 없애려 했다. 그는 보수적인 교회와 귀족 세력을 청산해야만 칠레에 제대로 된 민주공화국이 세워질 수 있다고 믿었다.

1817년 3월 22일, 오이긴스는 칠레에 존재하던 귀족신분 제도를 완전히 폐지하기로 했다. 이날 그는 "나는 귀족신분이 중세시대의 초라한 전유물이라 생각하며 칠레 정부가 추구하는 가치와 동떨어져 있다고 생각한다. 후작, 백작, 남작과 같은 세습적인 귀족 호칭은 앞으로 폐지될 것이고, 모든 사람들은 단순한 시민으로 간주될 것이다"라고 밝혔다.

오이긴스가 추진한 사회개혁은 3세기 넘게 이어졌던 식민지 사회구조의 종말을 선언한 것이었다. 하지만 워낙 급진적인 개혁이었던 만큼, 특권을 누리던 상류층의 반발도 거셌다. 결국 상류층 세력의 지지를 잃은 그는 1823년 칠레에서 추방당했고, 페루로 망명을 떠나 남은 생을 살게 되었다.

23 March

한 멕시코 대통령 후보의 목숨을 앗아간 암살사건

1994년 3월 23일, 멕시코 제도혁명당PRI의 대통령 후보 콜로시오는 티후아나의 조그마한 동네를 방문해 선거유세를 했다. 그는 정치개혁을 공약으로 내세우며 국민들의 많은 지지를 얻던 후보로, 이날 그를 보기 위해 모인 지지자들에게 감사 인사를 표하는 연설을 진행했다. 그러던 오후 5시 5분경, 불미스러운 사건이 혼란스러운 유세현장을 틈타 벌어졌다. 마리오 마르티네스라는 괴한이 콜로시오의 곁으로 다가가 갑자기 방아쇠를 당겨 그에게 치명상을 입힌 것이었다. 콜로시오는 곧바로 근처 병원으로 옮겨졌으나 결국 숨을 거뒀고, 이날 멕시코는 재능 있는 대통령 후보를 잃게 되었다.

멕시코에선 그의 암살사건을 두고 음모론이 제기됐다. 특히 마리오 단독범행이 아닌 그의 정치행보에 반대하는 배후가 있었다는 주장이 설득력을 얻었다. 콜로시오의 곁에서 선거 캠페인을 담당한 아구스틴 베니테스는 넷플릭스 다큐멘터리 〈1994〉에서 "콜로시오가 주장하는 개혁 때문에 그를 못마땅하게 여기는 제도혁명당PRI 내부당원들이 있었다"고 밝히기도 했다.

콜로시오는 아무런 혜택 없이 오직 자신만의 노력으로 대통령 후보가 된 아웃사이더였다. 특히 그는 자신이 속한 제도혁명당PRI이 부패했다고 생각했기 때문에 모든 걸 뒤엎고 정당의 혁신을 일으키길 원했다. 다르게 말하면, 콜로시오는 기성 정당세력에게는 불편한 존재였다는 뜻이었다. 콜로시오의 암살사건이 개인 범행인지 배후가 있었는지는 끝내 세상에 밝혀지지 않았지만, 많은 멕시코 사람들은 여전히 그가 대통령으로 당선됐다면 나라를 바꿀 수 있었을 것이라 믿고 있다.

24 March 아르헨티나 희생자 추모의 날

1976년 3월 24일, 아르헨티나 육군 총사령관 라파엘 비델라는 군대를 이끌고 쿠데타를 일으켰다. 그는 당시 대통령이었던 이사벨 페론을 몰아냈고, 군사평의회 Junta Militar를 구성해 임시로 아르헨티나를 통치할 것을 선언했다. 비델라는 쿠데타를 일으킨 이유를 '경제위기를 종식시키고 사회 질서를 바로잡기 위함이다'라고 설명했다. 1976년 당시 아르헨티나는 인플레이션이 450퍼센트에 달했고, 도심 곳곳에서는 게릴라들이 활동하며 극심한 혼란에 빠진 상황이었다. 비델라는 '국가의 미래를 생각했을 때 군대의 정치개입은 피할 수 없었던 결정이었다'고 설명했고, 중산층과 보수파 지지에 힘입어 쿠데타를 정당화했다.

하지만 1983년까지 이어진 아르헨티나 군부정권은 많은 사람의 자유를 억압했다. '더러운 전쟁 Dirty War'으로 알려진 이 시기 동안 약 3만 명의 아르헨티나 사람들이 죽거나 납치당했는데, 희생자는 주로 지식인, 노동자, 학생이었다. 이런 끔찍한 일이 벌어졌음에도 비델라 정권은 사회질서유지를 명목삼아 정권을 유지할 수 있었다.

군부정권 동안 벌어진 인권탄압은 아르헨티나 역사에서 가장 어두운 부분으로 남았다. 이 때문에 아르헨티나에서는 쿠데타가 일어났던 3월 24일을 '진실과 정의를 기억하는 날'로 지정해 희생자들을 기리고 있다. 매년 이날이 되면 많은 사람들이 평화행진에 참여하고, 자식들을 잃은 '5월 광장의 어머니 Madres de Plaza de Mayo'들도 아르헨티나의 중심 5월의 광장에 나타나 연설을 진행하고 있다.

25 March

스페인 국왕에게 사과를 요구한 멕시코 대통령

2018년 당선된 암로AMLO 멕시코 대통령은 줄곧 원주민의 인권을 중요시하는 정책을 펼쳐왔다. 예를 들어 2021년에는 유카탄 반도에 찾아가 과거 멕시코 정부가 벌인 만행을 사과했고, 원주민들의 언어를 보존할 수 있는 교육정책을 마련하기도 했다. 이런 암로 대통령은 2019년엔 스페인에 직접적인 사과를 요구하는 편지를 보내 세상을 깜짝 놀라게 했다.

과거 멕시코는 아스텍 제국이 몰락한 이후 약 300년 동안 스페인의 식민지배를 받았다. 워낙 오랜 시간이 지나면서 멕시코는 사실상 스페인 문화권에 동화됐지만, 암로 대통령은 스페인의 식민지배가 많은 학살과 억압을 기반으로 했다는 점을 지적했다. 그는 편지에 "스페인 정복자들에게 희생당한 원주민들의 고통을 이해해주길 바란다"는 내용을 편지에 담았고, 양국관계의 발전에 있어 스페인의 사과가 필요하다는 내용을 국왕에게 보냈다.

이 편지를 받은 스페인측은 총리가 나서 공식입장을 표명했다. 우선 페드로 산체스 총리는 과거 일어난 사건에 대해선 분명한 유감의 뜻을 표했고, 대신 국왕이 직접 사과하는 건 민감하고 복잡한 사항이라 말했다. 한편 스페인은 양국의 역사를 상호존중의 바탕으로 이해하고 미래를 위해 양국의 친밀한 관계를 해치지 않길 바란다는 입장을 분명히 했다.

이 답변에 대해 암로 대통령도 긍정의 화답을 보냈다. 그는 사과 요구 편지를 보낸 목적이 스페인의 금전적 보상을 원했던 것은 절대 아니며, 단지 양국에 있었던 역사적 이슈에 대해 화해와 치유의 장을 만들고자 했음을 분명히 했다. 그는 스페인의 사과가 충분했고, 자신 또한 양국의 우호관계가 더욱 돈독해지길 바란다고 밝혀 논란의 편지사건을 마무리지었다.

26 March 대만 대신 중국을 선택한 코스타리카

2011년 3월 26일, 코스타리카 수도 산호세에서 중국과 코스타리카의 친선 축구경기가 열렸다. 새로 지어진 축구 스타디움을 기념하기 위한 경기였지만 뒷배경에는 중남미 지역에 진출하기 위한 중국의 야심이 숨어 있었다. 2000년대 초부터 중국은 전 세계를 상대로 조금씩 경제적 영향력을 넓혀 나갔는데, 그중 하나가 바로 '해외 스포츠 원조'였다. 중국은 동남아시아, 아프리카, 중남미 개발도상국에 스포츠 인프라를 선물해주며 협력관계를 맺었고, 코스타리카는 중국이 처음으로 협력한 중미 국가였다.

당시 코스타리카 입장에선 중국을 마다할 이유가 없었다. 코스타리카는 미국에 지나치게 의존하는 무역을 벗어나길 원했기 때문에 이를 좋은 기회로 여겼다. 또 중국 자본을 활용해 도로나 항구 같은 공공 인프라를 늘릴 수 있다고 판단했는데, 코스타리카 국립경기장 건설도 중국의 원조를 받은 프로젝트 중 하나였다.

'축구 스타디움 원조' 이후 중국은 코스타리카와 자유무역FTA을 맺는 데 성공했다. 중국은 코스타리카에 자본투자에 대한 조건으로 '하나의 중국'을 지지해주길 요구했고, 코스타리카는 대만과 60년 동안 이어진 수교를 끊는 결정을 내렸다. 다만 이 결정으로 미국의 심기를 건드릴 것을 우려한 코스타리카 정부는 '이데올로기적 전환이 아닌 지극히 현실주의에 기반한 결정'임을 밝히며, 순전히 코스타리카의 경제적 국익을 위한 결정임을 밝혔다.

수리남, 기아나, 트리니다드 토바고의 탄생 배경

19세기 초 유럽은 나폴레옹이 일으킨 전쟁으로 혼란에 빠져 있었다. 전쟁이 길어지자 유럽 국가 모두 큰 피해를 입었는데, 잠시 숨 고르기를 위해 맺은 협정이 바로 1802년 3월 27일 체결된 '아미앵 조약Treaty of Amiens'이었다. 아미앵 조약은 유럽이 지배하던 카리브 지역에까지 영향을 끼쳤다. 당시 카리브 지역엔 영국, 프랑스, 네덜란드, 스페인이 식민지를 차지하며 대치하던 상황이었다. 영국은 자메이카, 바하마제도, 스페인은 쿠바, 도미니카 공화국, 프랑스는 마르티니크, 과달루페섬, 네덜란드는 아루바, 수리남을 기반으로 각각 자신들의 식민지 세력을 형성하고 있었다.

하지만 유럽 국가들은 식민지 영토확장에 대한 욕심을 버리지 않았다. 이들은 기회가 될 때마다 서로를 공격해 식민지를 뺏었다. 트리니다드 토바고는 스페인, 프랑스, 영국이, 수리남은 영국과 네덜란드가 번갈아 가며 다스렸다. 이렇게 유럽 국가들은 빈틈이 보일 때마다 서로를 공격해 식민지를 빼앗기고, 다시 빼앗는 전쟁을 반복했다.

이런 상황에서 맺어진 아미앵 조약은 카리브 지역 내 갈등을 줄이는 내용을 포함했다. 즉 각자의 구역을 명확히 하는 내용을 담은 것인데, 먼저 스페인은 영국의 트리니다드 토바고 통치를 인정했고 영국은 네덜란드에게 수리남을 되돌려줄 것을 약속했다. 유럽의 평화를 위한 목적으로 체결된 아미앵 조약은 결국 카리브 지역의 식민지 분쟁을 해결하는 데까지 기여하게 되었다.

28 March

페루의 유일한 노벨상 수상자는 누구일까?

페루의 작가 바르가스 요사는 1936년 3월 28일 페루 제2의 도시 아레키파에서 태어났다. 그는 대학에서 문학을 공부하고 프랑스로 넘어가 신문기자, 교사, 편집자 등 다양한 활동을 했다. 유럽 생활 중에도 자신의 고향인 페루에 대한 애정은 식지 않았고, 이런 점은 그의 대표 소설로 꼽히는 〈녹색의 집〉이나 〈판탈레온과 특별봉사대〉에 드러나기도 했다. 바르가스 요사는 문학작가로서 훌륭한 이력을 가졌지만 정치에도 관심이 많은 인물이었다. 특히 1960년대 중남미 문학을 대표하는 작가로 정치제도를 비판하는 작품을 많이 썼는데, 그가 노벨문학상을 수상했던 이유도 권력구조에 대한 저항을 작품 속에 잘 녹여냈기 때문이었다.

1980년대 말, 바르가스 요사는 실제로 현실 정치에 참여해 큰 주목을 받았다. 1990년 페루 대통령 선거 당시 그는 중도 우파 후보로 출마해 국민들의 높은 지지율을 얻었다. 출마 결심을 한 이유를 묻는 질문에 "알베르토 후지모리의 포퓰리즘을 막고, 페루의 자유민주주의를 지키기 위해 나왔다"고 대답하기도 했다.

하지만 바르가스 요사는 후지모리와의 선거 레이스에서 패배했다. 1차 선거에선 손쉽게 승리했지만, 2차 결선에서 고작 37.6퍼센트를 얻어 패배를 맛본 것이었다. 선거에서 패배한 뒤 바르가스는 정치계를 떠났고, 다시 문학세계로 돌아가 명성을 쌓아나가며 1994년에는 미겔 데 세르반테스상, 2010년에는 노벨문학상을 받는 영예를 누리게 되었다.

아프리카 문화가 매력적인 브라질의 도시, 살바도르

스페인이 신대륙에서 도시를 건설할 때 가장 중요하게 고려한 요소는 '교통'이었다. 대륙에서 캐낸 금은을 비롯한 각종 자원들을 신속하게 유럽으로 보내야 했기 때문이었다. 이러한 이유로 일찍부터 산토도밍고, 리마, 베라쿠르즈 같은 항구도시가 주요 도시로 발전했다. 포르투갈이 식민지로 차지한 브라질도 상황은 마찬가지였다. 포르투갈 항해자들은 처음 포르투 세구루에 도착한 뒤 북쪽 해안으로 점차 자신들의 세력을 넓혔다. 그들이 브라질 남부가 아닌 북부로 발길을 옮긴 이유는 북쪽 지역에 목재자원이 많았고, 사탕수수와 면화 같은 자원을 생산할 여건이 충분했기 때문이었다.

1549년 3월 29일, 포르투갈 사람들은 브라질 북부지역에 자신들의 첫 번째 식민지 항구도시인 살바도르를 건설했다. 본격적으로 브라질 북부 내륙지역으로 확대하기 위한 기반을 다지기 위함이었다. 이후 살바도르는 약 200년이 가까운 시간 동안 브라질과 유럽이 교류하는 항구도시가 됐고, 식민지 시대의 정치, 문화 중심지로 자리 잡게 되었다.

살바도르가 가진 가장 큰 매력은 아프로 문화였다. 과거 잉카와 아스텍 제국을 무너뜨렸던 스페인 제국은 원주민들을 노동력으로 착취할 수 있었던 반면, 포르투갈은 자신들의 이익을 위해 일할 마땅한 노동력을 찾을 수 없었다. 따라서 아프리카에서 흑인노예를 브라질로 데려왔는데, 이때 브라질로 넘어온 흑인 중 25퍼센트가 살바도르 항구에 도착한 것으로 알려져 있다. 그만큼 살바도르엔 아프리카 문화가 강하게 자리 잡게 됐고, 이후 유럽 문화와 섞이게 되며 살바도르만의 독특한 문화가 생겨나게 되었다.

중남미에서 처음 상영된 유성 영화는?

1920년대 후반 영화계는 무성영화에서 유성영화로 넘어가는 중요한 전환점을 맞았다. 1927년 〈재즈 싱어〉가 첫 유성영화 영화로 미국에서 개봉한 걸 기점으로 관객들은 생동감이 넘치는 유성 영화를 찾게 됐다. 유럽, 미국에서 처음 선보여진 유성영화는 곧이어 중남미 영화시장에도 소개되며 큰 인기를 끌었다. 중남미에서 상영된 첫 번째 유성영화는 1932년 3월 30일 멕시코시티에서 처음 개봉된 영화 〈산타Santa〉였다. 히스패닉 국가 중 처음 소개된 유성영화였기 때문에, 첫 스페인어 유성영화로도 볼 수 있다. 〈산타〉는 총 81분 동안 여주인공 산타와 마르셀리노, 이폴리토의 사랑을 다룬 영화로, 주인공 산타 역을 맡은 루피타 토바르가 좋은 연기를 펼쳐 대중들의 호응을 얻기도 했다.

영화 〈산타〉 이후 멕시코 영화산업은 꾸준한 발전을 이어가며 '황금기'를 맞이했다. 특히 제2차 세계대전으로 유럽과 미국 영화산업이 주춤한 사이, 멕시코 영화계는 반사이익을 누리며 빠르게 발전했다. 이때 많은 영화가 큰 인기를 얻었는데, 대표적으로 〈Ahí está el detalle〉1940 〈Los tres García〉1946가 있다. 또 당시 영화에 주연 배우로 연기했던 호르헤 네그레테, 돌로레스 델 리오, 마리아 펠릭스 같은 배우들이 훌륭한 연기로 세계적인 인기를 얻으며 멕시코 영화의 황금기를 이끌게 되었다.

31 March

멕시코 타코의 날

멕시코 음식엔 다양한 종류가 있지만, 멕시코를 가장 잘 대표하는 음식은 아무래도 타코다. 타코의 종류는 수백 가지에 달하며, 멕시코의 주마다 사용하는 재료가 다 다른 걸로 알려져 있다. 타코란 음식을 가장 간단히 묘사하자면 '얇은 토르띠야에 식재료를 싸 먹는 쌈 종류'로 설명할 수 있다. 멕시코는 타코의 문화적 가치를 기리기 위해 2007년부터 매년 3월 31일을 타코의 날로 정했는데, 멕시코 방송국에서 진행한 '타코의 날' 이벤트가 큰 인기를 끌며 자연스레 3월 31일이 타코 기념일로 되어버린 것이었다. 비록 의도된 바는 아니었지만 타코는 멕시코 사람들에게 요리 그 이상이자 멕시코 정체성의 일부라는 걸 세계에 알리는 계기가 됐다.

한 가지 흥미로운 건 미국에도 타코의 날이 있다는 점이다. 예전엔 텍사스 지역을 중심으로 5월 3일을 타코의 날로 제정한 적이 있었는데, 지금은 10월 4일이 공식적인 미국 타코의 날National Taco Day로 되었다. 미국에서도 타코의 날이 존재한다는 건 그만큼 미국 내에서 멕시코 음식문화가 큰 영향력을 끼치는 걸 의미하기도 한다. 한편 세계화가 진행되면서 타코는 다양한 음식재료와 섞인 퓨전 타코로 탄생했다. 타코는 토르티야에 재료만 바꾸면 쉽게 변하므로 김치 타코, 핫도그 타코, 세비체 타코가 퓨전 타코로 만들어졌다. 옛날 마야인들이 토르티야에 재료를 싸먹던 것에서 역사가 시작된 타코는 현재 전 세계인들이 다양한 형태로 즐겨 먹는 글로벌 음식으로 자리 잡고 있다.

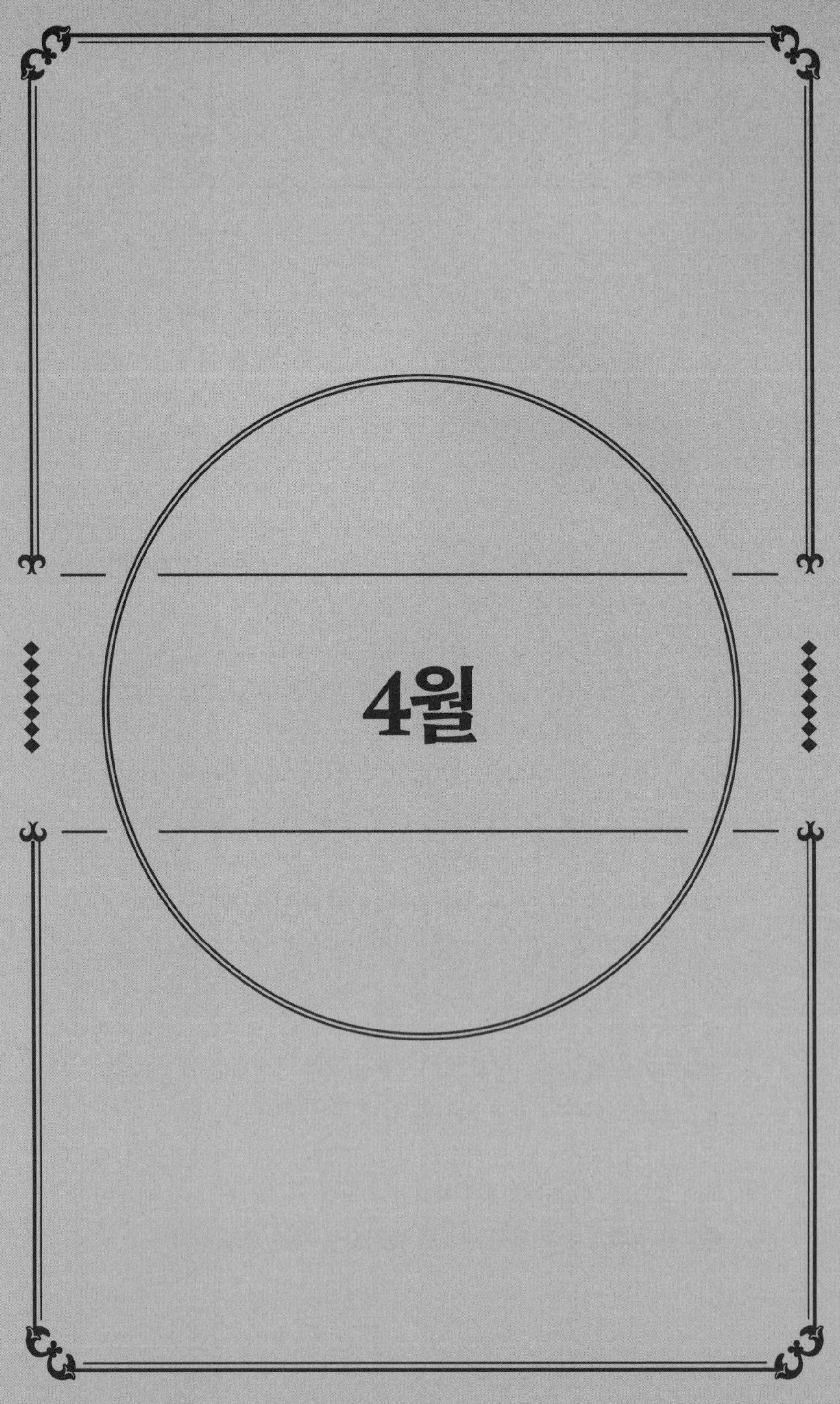

4월

한국과 처음 FTA를 맺은 나라는 어디일까?

한국이 역사상 첫 자유무역협정Free Trade Agreement, FTA을 맺은 나라는 칠레다. 1999년부터 협상을 시작한 한국과 칠레는 2004년 4월 1일에 FTA를 발효했다. 미국과의 FTA 협상이 큰 이슈가 되며 미국을 첫 FTA 상대로 오해하지만, 이미 한국은 칠레와 FTA 협상을 진행한 뒤였다.

한국이 칠레와 처음 FTA를 맺을 수 있었던 건 당시 두 나라의 이해관계가 맞아떨어졌기 때문이었다. 한국은 1990년대 말 경제위기를 겪은 후 보호주의에서 벗어나 세계 경제에 편입하길 원하던 시기였다. 마찬가지로 칠레도 1990년대 초 민주주의 정부가 들어서며 세계 무역을 통한 경제발전을 꿈꿨다. 또 한국이 아시아를 벗어나 태평양 지역으로 경제통합을 추구하던 시기에 칠레도 미국 의존도를 벗어나 동아시아 지역과의 무역확대를 계획했다. 이렇게 두 나라 모두 새로운 무역 파트너가 필요하던 시점에서 FTA는 큰 어려움 없이 체결될 수 있었다.

결과적으로 한국은 칠레와의 FTA를 통해 태평양지역으로 무역을 더욱 늘리는 기회를 얻었다. 또 수출상품을 통해 한국을 알리고 나아가 한국 문화까지 알리는 데 큰 도움이 됐다. 현재 칠레에 한국학 석사 과정까지 있는 걸 보면, FTA로 맺어진 두 나라의 관계는 경제를 넘어 역사나 문화 분야까지 확대되었다고 볼 수 있다.

2
April

소련 붕괴 직전 고르바초프가 쿠바로 간 이유

1989년 4월 2일, 고르바초프는 외교정책의 일환으로 쿠바를 방문했다. 브레주네프가 1974년에 쿠바를 방문한 뒤 이뤄진 소련 정상의 두 번째 공식 방문이었다. 그는 쿠바의 리더 카스트로를 만났고, 두 나라 사이에 맺어진 '동맹관계의 미래'에 대해 논의했다. 초미의 관심사는 고르바초프가 '쿠바와의 관계를 어떻게 설정할 것인가?'였다. 쿠바 내에서 개혁을 바라는 사람들은 그의 방문이 정치적 변화를 가져올 것이라 믿었다. 한 쿠바 시민은 인터뷰에서 "쿠바에도 개혁이 필요하다. 쿠바는 고르바초프에게 배워야 한다"라고 말하며 개방적인 성향을 가진 그의 방문이 쿠바 역사의 전환점이 되길 바랐다.

기대와 우려 속에서 진행된 고르바초프와 카스트로의 만남은 의외로 좋은 분위기 속에서 진행됐다. 아바나 시민 수만 명이 나와서 그의 방문을 환영했고, 고르바초프도 "우리의 우정은 변함이 없다"라고 말하며 화답했다. 또 쿠바의 걱정을 의식한 듯, "소련의 개혁결정에 대해 겁먹을 이유가 전혀 없다"고 밝혔다. 회담 동안 서방의 기대를 비웃기라도 하듯 고르바초프와 카스트로는 '소련-쿠바 친선조약'을 맺으며 동맹관계를 더욱 공고히 했다.

두 정상은 만남을 통해 양국의 관계를 강화했지만 얼마 지나지 않아 완전히 다른 길을 걷게 됐다. 고르바초프는 사회주의 체제의 한계를 인식하고 실용적인 개혁을 선택한 반면, 카스트로는 개방 대신 더욱 강경한 사회주의 이념을 선택했기 때문이었다. 그 결과 소련의 체제는 붕괴됐고, 쿠바 사회주의는 지금까지도 유지되는 결과를 가져왔다.

3 April
전 세계를 놀라게 한 파나마 페이퍼 사건

2016년 4월 3일, 일명 파나마 페이퍼Panama Papers 사건이 터지며 전 세계를 떠들썩하게 만들었다. 파나마 최대 로펌 모색 폰세카Mossack Fonseca가 가지고 있던 약 천만 건의 비밀문서가 공개된 것이다. 이 문서가 파장을 일으킨 이유는 전 세계 유명인, 정치인의 이름이 탈세혐의 리스트에 올라와 있었기 때문이었다.

역사가들은 파나마가 조세 천국이 된 계기를 추적해봤을 때, 무려 1919년부터 국제적인 탈세가 이뤄졌다고 보고 있다. 당시 파나마는 미국 스탠다드 오일의 탈세를 몰래 도왔는데, 이를 계기로 월스트리트 같은 미국 재계들은 힘을 합쳐 파나마의 법이 탈세에 유리하도록 제도를 만든 것이 계기가 됐다. '파나마가 조세 회피하기에 좋은 나라'란 인식이 심어진 뒤엔 더 많은 검은돈이 흘러 들어왔고, 결국 파나마는 스위스, 영국령 버진 아일랜드처럼 돈세탁하기 좋은 나라가 됐다.

한편 파나마 페이퍼가 불러일으킨 후폭풍은 상상 이상이었다. 중남미에서는 칠레 피녜라 대통령과 아르헨티나 마크리 대통령 이름이 공개되며 조사를 받았다. 파나마 페이퍼는 조세 회피의 심각성을 깨닫게 한 사건이었으며, 시간이 흐른 지금까지도 문서에 연루된 사람들의 도덕성 문제가 꾸준히 언급되고 있다.

4
April

제1차 세계대전 당시 독일은 왜 아르헨티나를 공격했을까?

제1차 세계대전이 대부분 유럽에서 벌어졌기 때문에 다른 대륙의 피해는 그다지 크지 않았다. 특히 중남미 국가들은 전쟁을 오히려 수출기회로 삼았고, 이 시기 동안 어느 정도의 경제성장을 이루기도 했다. 하지만 중남미 국가들이 전쟁위협에서 완전히 벗어나 있던 건 아니었다. 1917년 4월 4일 배 한 척이 독일 잠수함 유보트의 예기치 못한 공격을 받게 되는데, 공격 당한 선박은 네덜란드로 가기 위해 영국과 프랑스 해안 근처를 지나던 아르헨티나의 몬테 프로테히도 Monte Protegido 였다.

당시 아르헨티나는 중립을 지키던 상황이었다. 아르헨티나 대통령 이폴리토 이리고옌은 연합군을 돕자는 미국의 압박에도 휘둘리지 않았고, '같이 미국을 공격하자'라는 독일과도 손잡지 않았다. 두 세력 사이에서 줄타기하며 아르헨티나의 실리를 챙긴 것이었다. 하지만 독일의 공격으로 그의 중립외교정책은 큰 도전에 직면했고, 아르헨티나 내부에선 연합군과 손을 잡아야 한다는 목소리가 더 거세졌다.

아르헨티나 국민들은 선박이 침몰했다는 소식을 듣고 분노하며 독일 타도를 외쳤다. 그들은 대규모 시위를 일으켰고, 아르헨티나 내 독일 이민자 마을을 공격하기도 했다. 도시를 중심으로 일어난 반독일 시위는 전국 각지로 퍼졌으며, 언론에서도 연일 공격적인 어투로 이리고옌 정부를 비난했다. 이리고옌 대통령은 '비겁한 평화주의자'라는 비난을 받았지만 끝까지 아르헨티나의 중립 위치를 고수했다. 심지어 1917년 6월 6일과 6월 22일에 오리아나Oriana, 토로Toro 선박이 연이어 독일군에 의해 침몰했음에도 중립을 지켰고, 전쟁이 끝날 때까지 참전대신 자국의 평화를 유지했다.

5
April

모아이 석상을 발견한 네덜란드 출신 탐험가

네덜란드 출신의 야코프 로헤베인 Jacob Roggeveen은 미지의 세계를 동경한 탐험가 중 한 명이었다. 16세기와 17세기 사이 번성했던 대항해시대는 서서히 저물고 있었지만, 그는 유럽인들이 생각하던 가상의 대륙 '테라 아우스트랄리스Terra Australis'로 항해하는 꿈을 버릴 수 없었다. 여러 번의 설득 끝에 그는 서인도회사에게서 배 세 척과 230여 명의 선원을 지원받았고, 남태평양으로 닻을 올려 아우스트라릴리스에 가기 위한 긴 여정을 시작했다.

1722년 4월 5일, 태평양을 항해하던 로헤베인과 선원들은 우연히 지금의 이스터섬을 발견했다. 로헤베인은 지도에도 없었던 섬을 유럽인 최초로 발견했다는 사실에 크게 기뻐했고, 마침 그때가 부활절 기간이었기 때문에 그 섬을 이스터섬이라 이름 붙였다. 안전하게 배를 정박시킨 로헤베인은 선원들과 함께 섬 탐사를 시작했다. 그리고 그는 곧 자신이 발견한 섬이 예사롭지 않다는 걸 깨달았다. 섬에는 원주민들이 거주하고 있었는데, 그 주위엔 9미터가 넘는 사람 얼굴의 조각상이 있었기 때문이었다. 당시 로헤베인은 어떻게 동상이 세워졌는지 이해할 방법이 없었고, 단지 나무도 없고 돌도 없는 섬 환경을 생각했을 때 안에는 찰흙으로 만들고 겉에만 돌로 만들지 않았을까라고 추측했다.

로헤베인 덕분에 세상에 알려진 이스터섬엔 이후 프랑스와 페루 사람들이 다녀갔고 최종적으론 칠레 영토로 합병됐다. 비록 칠레의 영향을 받게 됐지만 이스터섬 원주민들은 아직도 그들의 풍습을 지켜오고 있으며, 자신들의 언어인 라파누이어를 사용하고 있다.

6 April

제1회 올림픽에 참가한 유일한 중남미 국가는?

최초의 근대 올림픽은 1896년 4월 6일 그리스 아테네에서 개최되었다. 총 14개국, 240명의 선수가 참가해, 육상, 사이클, 레슬링 등 총 아홉 종목을 두고 승부를 겨뤘다. 열흘 동안 열린 대회에서 총 11개의 금메달을 획득한 미국이 가장 좋은 성적을 거뒀고, 개최국 그리스는 10개, 독일 6개로 그 뒤를 이었다. 현재 올림픽은 200여 개 나라들이 참여할 만큼 전 세계 축제로 여겨지고 있다. 하지만 제1회 아테네 올림픽은 사실상 '유럽 올림픽'이라 불릴 만큼 유럽 국가의 참여율이 높았다. 이런 상황에서 올림픽에 참가한 유일한 중남미 국가가 있었는데, 바로 칠레가 그 주인공이었다.

칠레의 올림픽 참가선수는 단 한 명으로 이뤄졌다. 루이스 쉬베르카조Luis Subercaseaux가 '올림픽의 꽃'으로 불리는 육상 종목 100미터, 400미터, 800미터에 선수 등록을 하며 제1회 올림픽에 참가한 최초의 중남미 선수가 됐다. 비록 메달을 획득하지 못하고 공식적인 기록도 남아 있지 않지만, 만 14세의 어린 나이에 칠레 국적으로 참여했다는 점은 역사적으로 큰 의미가 있는 일이었다.

최초의 근대 올림픽에선 칠레가 유일한 중남미 참여국이었다면, 1900년에 열린 제2회 파리 올림픽에서부턴 더 많은 중남미 나라들이 대회에 참가했다. 비록 출전 선수들은 한두 명에 불과했지만 아르헨티나, 페루, 멕시코, 쿠바, 아이티가 대회에 참가했다. 참고로 중남미 출신 최초의 올림픽 메달리스트는 쿠바 출신의 라몬 폰스트Ramon Fonst로, 펜싱 에페 종목에서 프랑스의 루이 페레를 꺾고 금메달을 목에 걸었다.

7 April

재판에서 25년형을 선고받은 일본계 페루 대통령

십 년 가까이 페루 대통령직을 수행한 알베르토 후지모리의 업적과 과오는 극명하게 나뉜다. 먼저 후지모리를 지지하는 사람들은 그가 무려 7,400퍼센트까지 올랐던 물가상승률을 완화하는 데 성공했고, 페루 경제를 성장시켰다고 주장했다. 하지만 후지모리를 비판하는 사람들은 그를 독재자로 평가하고 있다. 1992년 스스로 쿠데타를 일으켜 의회를 해산시켰고, 동시에 사법부를 자신의 영향력 안에 넣으며 페루의 민주주의 시스템을 약화시켰기 때문이다. 또 정권을 유지하기 위해 각종 비리와 부정부패를 저질렀다는 점에서 그를 비판했다.

결정적으로 후지모리는 '빛나는 길Shining Path'이란 게릴라 조직 소탕 과정에서 수십 명의 무고한 민간인을 살해한 정황이 드러났다. 페루 대법원은 인권문제 혐의로 기소된 그의 재판을 진행했고, 2009년 4월 7일 판결에서 25년형을 선고했다. 이에 후지모리는 '지옥에서 나라를 통치해야 했다'라고 말하며 국가안보를 위해 어쩔 수 없이 무력을 사용했음을 호소했다. 후지모리 측은 항소했으나 이는 받아들여지지 않았고, 건강이 악화하여 잠시 병원에 가 있는 기간을 제외하면 대부분의 시간을 감옥에서 보내게 되었다.

8 April

멕시코 마약 카르텔 대부의 몰락

MOMENTO

Detenido el rey internacional de la droga

Cayó Félix Gallardo

- Exitosa operación relámpago
- No opuso resistencia
- Era buscado hace 9 años

angriento encontronazo;
2 muertos y un lesionado

Detectó la Federal

1989년 4월 8일, 멕시코 과달라하라에서 마약왕 미겔 앙헬 펠릭스 가야르도가 체포됐다. 멕시코 마약사업을 조직화했던 마약의 대부El Padrino가 붙잡힌 것이다. 보통 멕시코 카르텔하면 마약왕 엘 차포를 많이 떠올리기 쉽지만, 1980년대 당시엔 펠릭스가 마약 카르텔의 상징이나 다름없었다. 원래 멕시코는 마약과 관련한 조직범죄가 그다지 심하지 않았다. 하지만 그가 본격적으로 조직을 구성한 뒤 마약 관련 범죄율이 급격히 증가했다. 가야르도는 당시 콜롬비아에서 미국으로 넘어가는 마약을 멕시코 육상 루트를 통해 안전하게 운송해주겠다고 약속했고, 밀매로 엄청난 이익을 챙기면서 동시에 멕시코를 마약 중개국으로 만들게 되었다.

영원할 것 같았던 가야르도의 사업이 약화된 건 미국 DEA 출신 엔리케 카마레나가 살해당하면서였다. 그는 대규모 마리화나 밭을 모두 불태워 카르텔 조직에 엄청난 피해를 주는 성과를 거뒀는데, 동시에 카르텔의 복수대상이 되며 신변에 위협을 받았다. 결국 카마레나는 얼마 지나지 않아 가야르도의 오른팔 라파엘 킨테로에게 납치되어 목숨을 잃었고, 자국 요원의 살해소식을 들은 미국 정부가 직접 나서 카르텔을 소탕하면서 가야르도의 시대는 막을 내리게 되었다.

가야르도는 체포된 뒤 무려 40년형을 선고받고 멕시코에서 가장 경비가 삼엄한 알티 플라노 감옥에 수감됐다. 이후 그의 이야기는 넷플릭스 드라마 〈나르코스〉에서 다뤄지면서 많은 주목을 받았다. 그가 감옥에서 30년이 넘는 시간을 보내는 동안에도 멕시코에서 마약 관련 범죄는 끊이지 않고 있으며, 멕시코에서 가장 해결하기 힘든 문제로 남아 있다.

아픈 과거의 역사를 치유하려는 콜롬비아의 노력

콜롬비아 마누엘 산토스 정부는 평화를 추구한 대통령으로 유명하다. 그는 콜롬비아 대표 게릴라 조직 FARC와 평화협상을 진행하며 노벨평화상을 받기도 했다. 2011년에는 매년 4월 9일을 콜롬비아의 '무력분쟁으로 인한 희생자 추모와 단결을 위한 날'로 정해 폭력으로 얼룩진 콜롬비아의 아픈 과거를 추모하고 있다.

마누엘 산토스 정부가 특별히 4월 9일을 희생자 추모의 날로 정한 데엔 나름 이유가 있었다. 바로 1948년 이날 엘리세르 가이탄Eliécer Gaitán 대통령 후보의 암살사건이 벌어졌기 때문이다. 당시 가이탄은 민중을 대표하는 후보로 당선 가능성이 유력한 인물이었으며, 개혁을 통해 콜롬비아 사회에 큰 변화를 가져다줄 것으로 예상됐다. 그런 그가 괴한에 의해 암살당하자, 콜롬비아 국민들은 크게 분노하며 콜롬비아 수도 보고타에서 폭동을 일으켰다.

콜롬비아에선 이때 일어난 폭동을 '보고타소Bogotazo'라 부른다. 무려 수천 명이 목숨을 잃는 끔찍한 사건이었는데, 가이탄의 죽음을 기점으로 콜롬비아에선 약 10년 동안 폭력과 테러가 난무하는 '라 비올렌시아La Violencia' 시대를 겪었다. 이런 역사적 이유에서 콜롬비아에선 4월 9일을 무력 분쟁으로 인한 희생자 추모의 날로 정하게 됐고, 이날 콜롬비아 주요 도시 곳곳에서 추모 행사를 열어 그들의 희생을 기억하고 있다.

10 April

한동안 멕시코를 통치했던 프랑스

독립 이후 나라가 부강해지길 바랐던 국민들의 바람과는 달리 멕시코는 계속해서 혼란의 시기를 겪었다. 진보파와 보수파가 서로 권력 다툼을 하는 내부정치도 문제였지만, 멕시코를 호시탐탐 노리던 서구 강대국들도 큰 위협이었다.

프랑스는 19세기 중반 멕시코를 침략한 나라 중 하나였다. 당시 멕시코는 베니토 후아레즈 대통령이 개혁을 밀어붙이던 중이었고, 이에 반대하던 보수파는 그를 몰아낼 계획을 세웠다. 하지만 충분한 힘이 없던 보수파는 프랑스 나폴레옹 3세의 힘을 빌렸고, 마침 아메리카 대륙 내 세력확장을 노리던 프랑스는 흔쾌히 이 제안을 받아들였다.

프랑스 황제는 곧바로 멕시코에 군사를 보내 보수파와 함께 베니토 후아레스를 몰아내는 데 성공했다. 1864년 4월 10일 나폴레옹의 3세의 조카 막시밀리아노 1세가 멕시코 황제가 됐고, 프랑스 혈통이 멕시코를 다스렸던 멕시코 제2제국Segundo Imperio Mexicano이란 이름의 새로운 시대가 열렸다.

하지만 멕시코 국민들은 프랑스 황제 조카가 자신의 나라를 통치하는 걸 반기지 않았다. 인자한 성격을 가진 막시밀리아노 1세가 나라를 잘 통치했음에도, 멕시코 국민들은 자신들의 나라를 프랑스에 빼앗긴 느낌이 들었기 때문이었다. 이런 상황에서 쫓겨났던 베니토 후아레스가 1867년 반격을 시작해 막시밀리아노 1세를 몰아내는 데 성공했고, 프랑스의 멕시코 정치개입은 불과 3년만에 끝을 맺게 된다.

11 April 우루과이 차루아 원주민의 날

우루과이는 이웃 나라 아르헨티나와 마찬가지로 백인이 주를 이루는 국가다. 비율만 놓고 보면 90퍼센트가 넘는 수치인데, 우루과이에 백인이 많은 이유는 19세기 후반부터 상당히 많은 유럽 이민자를 받아들였기 때문이다. 이런 우루과이에서 매년 4월 11일은 원주민의 날로 기념되고 있다. 우리에겐 생소하지만, 오랜 시간 우루과이 지역에서 생활하던 차루아Charrua 원주민을 기억하기 위해서였다.

차루아족은 평소 우루과이 정부와 가까운 관계를 유지했다. 독립전쟁 땐 우루과이를 도와 스페인과 싸웠고, 독립 이후엔 우루과이 정부의 자치성을 인정받으며 서로 우호적인 관계를 이어갔다. 하지만 1831년 4월 11일 차루아족을 상대로 학살사건이 일어나며 모든 상황이 달라졌다. 우루과이 대통령 프룩투오소 리베라는 차루아족 부족장들을 속여 그들을 살시푸에데스 계곡으로 유인했고, 미리 매복해 있던 군대를 동원해 그들을 공격했다. 그렇게 부족장들을 제거한 우루과이 군대는 이후 차루아 마을까지 침략해 모든 걸 불태웠다.

이른바 살시푸에데스 학살Matanza del Salsipuedes로 많은 차루아족 사람들이 목숨을 잃었고, 살아남은 사람들은 포로로 끌려가 노예생활을 했다. 심지어 네 명의 차루아족은 프랑스로 팔려가 동물원에 전시되는 일을 겪었다. 이 사건 이후 우루과이엔 차루아족이 사실상 사라졌고, 시간이 지난 뒤 우루과이 정부는 이 비극적인 사건을 기억하기 위해 매년 4월 11일을 '원주민의 날'로 기념하게 되었다.

12
April

미국에서 제정된 포에이커 법

1898년 스페인과의 전쟁을 승리로 이끈 미국은 카리브 바다에서 패권을 차지하게 됐다. 전쟁 이후 미국의 큰 관심사 중 하나는 푸에르토리코의 독립 여부였다. 1900년 4월 12일, 멕킨지 대통령은 포에이커 법 Foraker Act 에 서명하면서 푸에르토리코에 민간정부를 세우고 미국 영토에 편입시켰다. 넷플릭스 드라마 〈수리남〉을 보면 푸에르토리코가 미국령인지 아닌지를 두고 설전을 벌이는 장면이 나오는데, 그만큼 푸에르토리코가 완전한 미국 땅인지 아닌지 헷갈린다. 그 원인의 시작은 포에이커 법이 제정되면서였다. 포에이커 법은 푸에르토리코 시민들에게 미국 시민권을 부여하며 푸에르토리코가 미국의 일부임을 인정했다. 하지만 푸에르토리코 시민들은 미국 의회와 대통령선거에서 투표를 할 수 없는 등 완전히 똑같은 권리를 누리진 못했다.

푸에르토리코의 입법, 행정, 사법부 또한 애매한 건 마찬가지였다. 미국은 삼권분립 제도를 통해 푸에르토리코에서 기존에 없었던 민주주의 시스템을 세웠다. 겉으로만 보면 푸에르토리코에 자신들만의 정부가 세워진 듯 보였다. 하지만 주지사의 경우 국민이 직접 뽑는 것이 아닌 미국이 임명한다는 내용을 법에 포함하면서, 푸에르토리코가 누릴 수 있는 자치성에 제한을 뒀다.

결국 미국은 푸에르토리코에 자치성을 인정하면서도 자신들의 영향력 안에 두는 애매한 결정을 내렸다. 미국이 푸에르토리코를 완전히 합병하지 않았던 건 의회 내 반대 목소리가 있었기 때문으로, 포에이커 법은 결국 합병 찬성파와 반대파 사이에서 해결점을 찾던 도중 탄생한 것이었다. 미국에선 이런 영토를 미국의 해외영토 Uninforporated Territory 라 부르는데, 전 세계적으로 괌, 사모아, 버진 아일랜드 등이 여기에 포함되어 있다.

13 April

영화 같았던 2002년 베네수엘라 쿠데타 사건

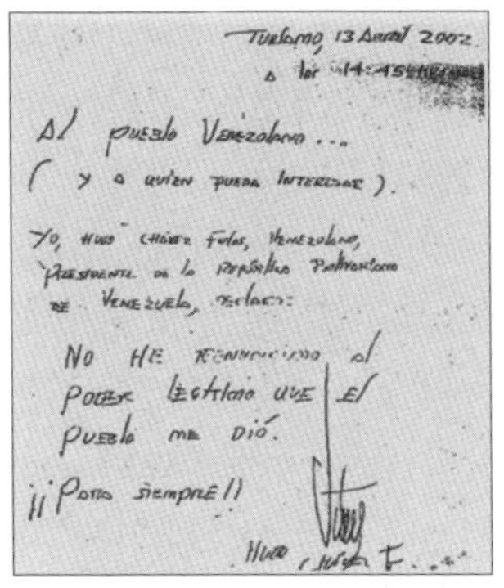

Turiamo, 13 Abril 2002
a las 14:45

Al pueblo Venezolano...
(y a quien pueda interesar).

Yo, Hugo Chávez Frías, venezolano,
Presidente de la República Bolivariana
de Venezuela, declaro:

No he renunciado al
poder legítimo que el
pueblo me dió.

¡¡Para siempre!!

Hugo Chávez F.

2002년 4월 11일, 쿠데타를 일으킨 베네수엘라 군부는 차베스를 몰아내는 데 성공했다. 당시 군 총사령관 린콘 로메로는 "차베스가 대통령직을 사임했고, 대신 페드로 카르모나 상공인연합회장이 임시 대통령직을 맡을 것이다"고 발표하며 차베스의 시대가 끝났음을 알렸다. 다음날 12일 새벽, 쿠데타군에 의해 체포된 차베스는 수도 카라카스에 있는 한 감옥에 감금됐다. 당시 언론에서는 '차베스가 민간인 15명을 살해한 혐의로 카라카스 군사기지에 체포되어 있다'고 밝혔고, 그가 작성한 것으로 알려진 대통령직 사임문서가 공개됐다.

하지만 운이 좋게도 차베스의 시대는 여기서 끝나지 않았다. 쿠데타로 차베스가 체포됐다는 소식을 들은 그의 지지자들이 직접 거리로 나와 대규모 시위를 벌였기 때문이었다. 이들은 대통령궁으로 몰려가 임시 대통령 카르모나를 궁지에 몰아넣었고, 이에 힘을 얻은 친차베스 군부세력도 반격을 시작했다.

불과 이틀만에 상황은 다시 차베스에게 유리하게 바뀌었고, 위기에 몰린 카르모나는 결국 대통령 자리를 다시 차베스에게 내줬다. 자신의 지지자 덕분에 기사회생한 차베스는 4월 13일 늦은 밤 다시 대통령궁으로 돌아왔고, 차베스의 지지자들은 "우리는 차베스를 원한다Queremos a Chavez" 구호를 외치며 그의 복귀를 환영했다.

14 April

중남미에서 상당히 의미 있는 판아메리카의 날

매년 4월 14일은 아메리카 대륙 전체에서 중요한 날로 꼽힌다. 바로 이날 대륙 전체의 평화와 화합을 바라는 '판아메리카의 날Pan American Day'을 기념하기 때문이다. '모두' '전체'를 뜻하는 접두사 판Pan과 아메리카America가 합쳐진 판아메리카의 뜻은 북쪽 캐나다부터 남쪽 아르헨티나까지 미대륙 전체를 통합하여 부르는 말이다. 한 마디로 '아메리카는 하나다'라는 의미를 갖고 있다.

역사만 살펴봤을 때 판아메리카주의는 현실적으로 이뤄지기 힘든 이념이었다. 먼저 미국-멕시코 전쟁, 태평양전쟁만 봐도 아메리카 대륙에선 갈등이 끊임없이 발생했기 때문이다. 또 과거 그란 콜롬비아가 분열되고 중미 공화국이 5개국으로 쪼개진 것도 아메리카 대륙에서 통합 대신 분열이 더 많았던 걸 증명하는 역사적 사례였다.

이런 상황에서 처음 열린 미주 국제회의는 나름의 의미가 있었다. 각국 사절단들은 처음엔 서로를 의심했지만, 대화를 통해 아메리카 공동체를 구성하는 것이 모두에게 이득이 될 수 있음을 인식했다. 아메리카 대륙이 가진 '공통의 역사'에 대해 다시 한 번 생각해보면 유럽에 대항할 수 있는 아메리카 지역기구의 필요성을 깨달았던 것이다. 그들은 큰 틀에서 분쟁의 평화적 해결, 회원국 간의 평등 같은 내용에 동의했고, 이것이 지금의 판아메리카의 날을 만드는 계기가 됐다.

15 April

칠레 음식의 날과 칠레에서 즐겨 먹는 음식

칠레 정부는 2009년부터 매년 4월 15일을 칠레 음식의 날로 기념하고 있다. 칠레 음식을 전 세계에 널리 알리고, 나아가 칠레 음식이 가진 문화적 가치를 보존하기 위해서 이날을 제정한 것이다. 사실 한국에서 칠레 음식이 널리 알려진 편은 아니다. 멕시코하면 타코, 아르헨티나하면 아사도 바비큐가 쉽게 떠오르지만, 칠레는 와인 정도만 연상될 뿐 딱히 특정 음식이 생각나진 않는다.

하지만 칠레 음식이 아예 특색이 없는 건 아니다. 먼저 칠레 남부지역을 대표하는 꾸란또Curanto라는 음식이 있는데, 고기, 감자, 야채, 조개류가 들어간 '모듬찜' 같은 요리다. 이 요리의 독특한 점은 땅속 깊은 곳에 뜨거운 돌을 놓고 음식을 익히는데, 옛날 칠레 남부 원주민들 사이에 이어져 온 요리 방식으로 알려져 있다.

두 번째로 유명한 칠레 음식은 카수엘라Cazuela가 있다. 카수엘라는 다른 남미 국가에서도 찾을 수 있는 국물 요리로, 칠레에서는 보통 닭고기나 돼지고기를 넣고 감자, 호박, 실란트로를 곁들여 먹는다. 우리나라에서 날씨가 추워지면 국물 요리를 찾는 것처럼, 칠레에서도 쌀쌀한 날씨에 먹기 좋은 음식으로 알려져 있다. 이밖에도 칠레의 독특한 음식문화로 칠레식 티타임이라 할 수 있는 온세Once가 있다. 온세는 가족들이 한자리에 모여 수다도 떨고 맛있는 음식도 먹는 시간으로 다른 남미 지역에선 찾아볼 수 없는 칠레만의 독특한 문화로 꼽힌다.

16 April

멕시코와 프랑스 사이에 벌어진 '케이크 전쟁'

1838년 4월 16일 벌어진 멕시코-프랑스 전쟁은 '케이크 전쟁Pastry War'이라 불린다. 전쟁 이름에 케이크가 들어간 이유는 멕시코에 거주하던 한 프랑스 제빵사와 관련이 있기 때문이다. 멕시코시티에서 빵집을 운영하던 프랑스인 레몬텔은 강도들이 자신의 상점에 해를 입혀도 아무도 도와주지 않는 상황에 불만을 가졌고, 참다못한 그는 멕시코 정부를 상대로 총 6만 페소**당시 멕시코의 하루 평균 임금은 1페소였다**의 보상을 요구했다. 하지만 멕시코는 터무니없이 높은 보상요구를 거절했고, 레몬텔은 이에 프랑스 정부에 자신을 보호해달라는 편지를 보냈다.

레몬텔의 소식을 들은 프랑스 루이 필립 1세는 그를 돕기로 결정했다. 또 비슷한 시기 한 프랑스 국민이 해적으로 누명을 써 멕시코에서 사형당하자, 전쟁을 일으킬 충분한 명분을 얻은 프랑스는 멕시코를 상대로 선전포고를 하며 복수를 예고했다. 케이크 전쟁은 1838년 4월 16일 시작돼 이듬해 3월까지 계속됐다. 전쟁의 승부를 결정짓는 결정적 전투는 1838년 11월에 벌어졌던 베라크루즈 전투였는데, 멕시코는 이 전투에서 프랑스 해군의 화력을 이겨내지 못하고 패배한 뒤 굴욕적인 항복을 선언했다.

전쟁 후 멕시코는 프랑스와 불공정한 평화조약을 맺었다. 처음 레몬텔이 요구했던 보상액 6만에 '0'이 하나 더 붙은 60만 페소를 프랑스에 제공하게 된 것이었다. 미국과의 전쟁으로 이미 힘이 빠져 있던 멕시코는 케이크 전쟁 이후 더 어려운 상황을 맞이했고, 한동안 발전할 수 있는 원동력을 잃게 되었다.

17
April

실패로 끝나버린 미국의 쿠바 피그만 침공

FIGURE 23
PARADROP PRACTICE AT RETALHULEU

1961년 4월 17일 미국 CIA의 훈련 과정을 거친 1,400여 명의 쿠바 출신 군인들이 피그만Bay of Pigs으로 향했다. 그들의 목적은 혁명을 일으켜 사회주의 정부를 세운 피델 카스트로를 몰아내는 것이었다. 지리적으로 살펴봤을 때 피그만은 쿠바의 수도 아바나에서 남쪽으로 약 150킬로미터 떨어진 해변이었다. 미국은 경비가 삼엄한 아바나 해변에 상륙할 경우 피해가 심각할 것이라 판단했고, 비교적 경비가 느슨한 피그만에 상륙하는 작전을 세웠다. 상륙작전이 성공하면 동쪽 해안에서도 공격을 시작하고, 나중엔 공군까지 보내 이들을 지원할 예정이었다.

결론부터 이야기하면 피그만 침공작전은 완벽한 실패로 끝났다. 100명이 넘는 사망자가 발생했고, 1,200여 명에 달하는 군인이 포로로 잡혔다. 이미 침공작전 정보를 확보한 카스트로가 군사를 피그만 주위에 배치했기 때문이었다. 당시 미국 병력은 세계 최고 수준이었으므로 며칠 안에 쿠바섬 전체를 점령하는 건 식은 죽 먹기로 예상됐다. 하지만 미국은 피그만 주위 환경을 제대로 파악하지 못해 상륙에 어려움을 겪었고, 약속된 공군의 지원마저 차질이 생겨버리며 속수무책으로 전투에서 패배했다.

케네디는 큰 액수의 돈을 쿠바 정부에 보상한 뒤에야 포로들을 송환시킬 수 있었다. 또 그가 펼치던 외교정책도 대대적인 수정이 불가피했다. 그럼에도 미국은 쿠바 공격계획을 포기하지 않았고, 이후 몽구스, 노스우드 작전을 펼쳐 카스트로 정부 제거작전을 계속 이어 나갔다.

18 April

세로 고르도 전투와 산타 아나의 의족

미국과 멕시코 전쟁이 한창이던 1847년 4월 18일, 미국과 멕시코는 세로 고르도Cerro Gordo 전투를 치렀다. 양측 군사 12,000명이 참전하며 수적으로 대등하게 치러진 전투에서 멕시코 1천명 이상의 병사를 잃은 반면, 미군은 63명만이 목숨을 잃으며 미국의 큰 승리로 끝났다. 미국-멕시코 전쟁에서 세로 고르도 전투가 다른 전투들보다 유명해진 건 '산타 아나Santa Anna의 다리' 때문이었다.

1838년 프랑스와 벌인 케이크 전쟁에서 오른쪽 다리를 다친 산타 아나는 불편함을 최소화하기 위해 의족을 사용했다. 세로 고르도 전투 도중 의족을 벗고 편하게 점심식사를 하던 그는 미군 병사들이 진격해 오자 의족을 그대로 내팽겨 둔 채 도망갔다. 버려진 의족은 미국 병사들의 차지가됐고, 현재는 일리노이주 군사박물관에 전시되어 있다.

한편 스콧 장군이 이끄는 미군은 이후 벌어진 차풀테펙 전투마저 승리로 이끌며 수도 멕시코시티를 점령했다. 멕시코시티를 잃은 멕시코는 더 이상 전쟁에서 이길 수 없다고 판단했고, 결국 1848년 과달루페 이달고 조약을 맺으며 전쟁을 끝냈다. 멕시코는 전쟁에서 패배한 대가로 캘리포니아와 콜로라도 등 영토의 절반을 미국에 넘겨주어야 했고, 산타 아나 대통령은 멕시코에서 쫓겨나 쿠바와 유럽을 떠도는 신세가 되고 만다.

19 April

브라질에서 벌어졌던 제1차 과라라페스 전투

16세기 초 당시 포르투갈은 일찍이 브라질 땅을 자신의 식민지로 만들었다. 그런데 역사를 자세히 살펴보면, 포르투갈의 브라질 식민지화 과정이 생각보다 쉽지 않았다는 걸 알 수 있다. 네덜란드와 프랑스 해적들이 브라질 해안에 자주 출몰하면서 포르투갈인의 정착을 방해했기 때문이다. 1648년 4월 19일에 벌어진 제1차 과라라페스 전투First Battle of Guararapes는 브라질 해안에서 패권을 다툰 당시 유럽 국가들의 상황을 명확히 보여준 사건이었다. 포르투갈과 네덜란드는 서로 북동부 브라질을 누가 다스릴 것인가를 두고 신경전을 벌였고, 결국 페르남부쿠주 인근 지역에서 전쟁을 벌이게 된다.

제1차 과라라페스 전투의 승패를 가른 건 지리적 요건이었다. 당시 유럽에선 전투가 벌어지면 일렬로 늘어져 서로에게 총을 쏜 뒤 전투에 참여하는 형식이었다. 하지만 양측 군대는 비좁은 늪지대 근처에서 마주하게 됐고, 사실상 총을 사용할 수 없는 환경에서 전투를 치렀다. 때마침 포르투갈 군대는 주변 지역에 오래 머물며 원주민들에게서 늪지대에서 싸우는 방식을 터득한 상태였기 때문에 육탄전 끝에 네덜란드를 상대로 승리를 거둘 수 있었다.

비록 1차 전투에서 패배했지만 네덜란드는 포기하지 않고 1469년에 다시 한 번 전쟁을 일으켰다. 하지만 제2차 과라라페스 전투에서도 네덜란드는 또다시 쓰라린 패배를 맛보게 됐고, 이후 브라질 지역의 식민지 건설 욕심을 완전히 포기하게 된다.

2008년 파라과이 대통령 선거의 역사적 의미

2008년 4월 20일 파라과이에서 열린 선거는 역사적으로 의미 있는 사건이었다. 선거에서 대통령으로 당선된 후보는 성직자였던 페르난도 루고 Fernando Lugo 였다. 그가 과수전선 후보로 나와 대통령에 당선됨으로써 60년 넘게 이어진 파라과이 콜로라도당 Partido Colorado 의 역사를 종결시켰다.

사실 콜로라도당은 파라과이 정치역사를 논할 때 빼놓을 수 없는 중요한 부분을 차지하고 있다. 1947년 여당이 된 콜로라도당은 30년 넘게 나라를 통치한 알프레도 스트로에스네르 시절 유일하게 존재한 합법정당이기도 했다. 1989년 그가 대통령 자리에서 물러난 뒤에도 콜로라도당은 계속해서 대통령을 배출했고, 사실상 파라과이 정치계를 지배했다.

하지만 변화는 2008년 루고가 대통령에 당선되며 찾아왔다. 평소 빈민층을 대변하고 독재를 비판했던 루고는 성직자였음에도 많은 사람의 지지를 받았고, 2005년부터 본격적인 정치활동을 시작했다. 대통령에 당선된 뒤 그는 여러 사회개혁을 실시해 파라과이에서 근본적인 변화를 가져올 것을 시사하기도 했다.

집권 초기 루고에 대한 지지율은 한때 90퍼센트에 달할 정도로 높았다. 하지만 문제는 의회에서 루고를 도울 수 있는 지지기반이 약했다는 점이었다. 의회에선 콜로라도당 출신 의원들이 다수를 차지하고 있었으며, 그들은 원하는 루고가 정책을 실행하도록 가만히 보고만 있지 않았다. 심지어 성직자 시절 여성 신도들과 부적절한 관계를 맺었다는 스캔들이 터지자 그의 입지가 크게 흔들렸고, 2012년 6월 의회에서 대다수가 탄핵에 찬성하며 대통령직에서 사임하게 되었다.

21
April

브라질 독립운동가 치라덴치스의 날

브라질에서 매년 4월 21일은 치라덴치스Tiradentes의 날로 국가공휴일이다. 포르투갈어로 치라덴치스는 이를 뽑는 사람, 즉 치과의사를 의미한다. 포르투갈에 저항해 브라질 독립을 시도했던 치과의사 조아킴 주제 다실바 사비에르Joaquim José da Silva Xavier를 기념하기 위해 제정됐다. 사비에르가 태어난 미나스제라이스는 광산업으로 굉장히 유명한 곳으로, 많은 양의 금과 은을 포르투갈로 보내면서 브라질 경제의 핵심 지역으로 성장했다. 하지만 18세기 초부터 미나스제라이스의 광물 생산량이 줄어들기 시작했고, 결국 포르투갈 본국이 요구해온 할당량을 채우지 못하는 상황에까지 이르렀다.

포르투갈은 미나스제라이스의 어려운 상황을 이해하긴커녕 오히려 세금징수를 늘리는 결정을 내렸다. 이는 가뜩이나 고통받던 식민지 사람들의 심기를 건드렸고, 사비에르가 직접 나서 반란을 일으키게 되는 가장 큰 원인이 됐다. 평소 루소의 계몽주의철학에 영향을 많이 받았던 그는 동료들과 함께 브라질에 공화국을 건설하고 포르투갈을 몰아낼 계획을 세웠다.

하지만 안타깝게도 그의 계획은 한 동료의 배신으로 모두 탄로가 났다. 반란모의 사실을 알아챈 포르투갈은 곧바로 사비에르를 체포했고, 재판 끝에 사형을 선고해 1792년 4월 21일 교수형을 집행했다. 당시 사비에르의 꿈은 실패로 끝났지만 시간이 한참 지난 1889년 브라질 공화국이 탄생하게 됐고, 공화국은 그를 기념하기 위해 매년 4월 21일을 브라질 공식 국경일로 지정하게 된다.

22 April

유럽인이 최초로 브라질을 발견한 날

포르투갈 출신 페드로 알바레스 카브랄Pedro Álvares Cabral은 인도로 향하던 중 폭풍우를 만나 남미대륙에 도착했다. 1500년 4월 22일 그는 브라질 해안가 포르투 세구루Porto Seguro에 도착하게 됐는데, 본인은 의도하지 않았지만 브라질땅을 발견한 최초의 유럽인 탐험가로 기록됐다. 이런 역사적 순간을 기억하고자 브라질은 매년 4월 22일은 '브라질 발견의 날'로 기념하고 있다. 브라질이란 나라 이름도 사실 페드로가 붉은 나무를 '파우 브라질'이라 부르며 유래된 만큼, 브라질 역사에 있어서 그는 콜럼버스만큼이나 유명한 인물이다. 이런 이유로 포르투 세구루에는 페드로가 탔던 함대의 모형과 동상이 세워져 있고, 브라질 도시 곳곳엔 그의 이름을 딴 거리를 쉽게 찾아볼 수 있다.

한편 브라질을 발견한 뒤 페드로는 포르투갈로 돌아가 포르투갈 왕 마누엘 1세에게 브라질에 대해 알렸고, 이에 대한 보상으로 큰 금전적 이익과 명예를 얻었다. 이후 그는 포르투갈을 대표하는 탐험가로 활동하며 바다를 누볐으며, 포르투갈 본토에 머물며 왕을 위해 일하기도 했다. 다만 그는 인도에 머물며 부패한 행동을 한 것이 들통나 모든 재산을 잃었는데, 그가 어디서 어떻게 지내다 세상을 떠났는지에 대한 기록은 정확히 알려진 바가 없다.

23 April

스페인어의 날은 왜 4월 23일로 정해졌을까?

매년 4월 23일은 스페인어를 사용하는 국가들에게 매우 중요한 날이다. 유엔은 2010년부터 이날을 '스페인어의 날'로 정하고 스페인어의 역사, 문화, 다양성을 기념하고 있다. 참고로 스페인어는 스페인을 포함한 18개의 중남미 국가에서 사용되고 있고, 사용자수만 봐도 중국어, 영어만큼 세계적으로 가장 많이 사용되는 중요한 언어이기도 하다.

유엔이 4월 23일을 정한 건 스페인 작가 미겔 세르반테스와 연관이 있다. 성경 다음으로 많이 번역됐다는 불후의 명작《돈키호테》를 쓴 세르반테스는 스페인 문학사를 통틀어 가장 중요한 작가로 알려져 있다. 그의 작품《돈키호테》는 스페인을 넘어 바다 건너 신대륙 지역에까지 인기를 끌었고, 세르반테스는 최초의 근대 소설을 쓴 작가로 전 세계적으로도 유명한 작가가 되었다. 그런 그가 세상을 떠난 날이 1616년 4월 23일이었기 때문에, 스페인어의 날은 세르반테스를 기념하기 위해 결정된 것이다.

한편 콜롬비아는 UN보다 훨씬 앞선 1938년부터 매년 4월 23일을 콜롬비아 언어의 날로 지정했다. 가장 큰 이유는 세르반테스의 업적을 기리고 '콜롬비아식 스페인어'에 대한 문화적 가치를 기념하기 위해서였다고 한다. 매년 이날 콜롬비아에선 도서 전시회나 시 낭독회, 문학 세미나 같은 다양한 이벤트를 열어 '콜롬비아 스페인어의 날'을 기념하고 있다.

24 April

1961년 도미니카공화국에서 일어났던 4월 혁명

1961년 도미니카공화국에선 라파엘 트루히요가 암살당하며 30년이 넘는 독재시대가 끝났다. 그의 뒤를 이어 대통령으로 당선된 후안 보쉬는 서민 위주의 정책을 펼치며 긍정적 변화를 가져올 것으로 기대감을 모았다. 많은 역사가들은 보쉬 정권 때를 혼란스러웠던 도미니카공화국의 역사에서 드물었던 민주적인 순간으로 평가하기도 한다.

하지만 보쉬 정권은 얼마 지나지 않아 일어난 쿠데타로 인해 권력을 뺏겼다. 트루히요는 암살당했지만, 그의 잔당들이 여전히 복수의 기회를 노리다 결국 6개월만에 보쉬 대통령을 무력으로 몰아낸 것이었다. 그러나 1965년 4월 24일, 국민들은 보쉬를 몰아낸 군부정권에 저항해 시위를 일으키며 이른바 '4월 혁명'을 일으켰다.

4월 혁명 이후 도미니카공화국에선 친트루히요 중심의 충성파Lealista와 그 반대인 입헌주의자Constitucionalista 세력이 팽팽하게 대치했다. 그러던 중 중요한 대외변수가 발생했는데, 바로 미국의 개입이었다. 미국은 도미니카공화국에서 일어난 사건이 카리브 지역에서 또 다른 사회주의 정부가 탄생할 수 있다고 판단했고, 곧바로 4만 8천여 명의 군인을 도미니카공화국에 배치해 충성파를 도왔다.

5개월 동안 지속된 내전은 결국 미국의 지원을 받은 충성파의 승리로 끝났다. 이후 도미니카공화국은 미주 기구의 감시 아래 민주적 선거를 진행했고, 새로운 대통령으로 당선된 호아킨 발라게르는 평화를 유지하기 위해 많은 노력을 기울였다. 안정적인 정치체제는 아니었지만 적어도 쿠데타는 멈추게 됐고, 도미니카공화국은 조금 더 나은 민주주의 국가가 될 수 있는 전환점을 마련하게 되었다.

25 April

페루의 숨겨진 역사 도시 사우사

잉카 제국의 가장 중요한 도시는 쿠스코였지만, 제국 내 다른 도시들도 꽤 많은 발전을 이뤘다. 그 중 대표적인 도시가 바로 사우사, 혹은 샤우샤Jauja 다. 사우사는 해발 3천 미터에 위치했음에도 비옥한 땅을 가지고 있어 식량기지 역할을 했고, 리마와 쿠스코 중간 지점에 위치해 군사적으로도 중요한 도시였다. 이러한 이유로 스페인의 정복자 프란시스코 피사로는 1534년 4월 25일 사우사를 첫 공식 수도로 정했다. 사우사는 스페인으로 실어 나르기 위한 엄청난 양의 황금이 모이는 중심지가 됐고, 스페인 정복자들이 휴식을 취하며 동시에 영향력을 확장시키는 도시로 자리매김했다.

하지만 1년 뒤인 1535년, 피사로는 스페인 제국의 수도를 항구도시 리마로 옮겼다. 해상을 통한 스페인과의 교역이 점점 늘어나자 아예 해안으로 수도를 옮기기로 결정한 것이었다. 이렇게 사우사는 수도 타이틀을 잃었지만, 사우사란 이름은 역사 속으로 사라지지 않았다. 현재 스페인어 공식 사전에는 단어 사우사Jauja 가 등록되어 있는데, 이는 '천국의' '자원이나 문화가 풍성한' 뉘앙스를 가진 의미로 쓰이고 있다. 또 스페인어 숙어 표현인 'País de Jauja'는 '네버랜드 같은 이상적인 장소'라는 의미를 갖고 있다. 16세기 초 스페인 문화권 사람들에게 사우사는 유토피아 이미지를 연상시키는 도시였기 때문에, 자연스레 '풍부하다'라는 의미를 가진 스페인어 단어로 남아 있는 걸 알 수 있다.

26
April

과테말라의 슬픈 역사와 후안 헤라르디 주교

스페인어엔 'Nunca Más'라는 표현이 있다. 한국어로 '두 번 다신 안 돼'라는 뜻을 가진 문구이다. 중남미에선 1980년대부터 반폭력을 외치는, 군부독재 희생자를 기리는 문구로 쓰이고 있다. 1985년 4월 26일 과테말라에선 바로 이 'Nunca Más'란 이름으로 책 한 권이 출간됐다. 과테말라는 1960년부터 이어져 온 내전으로 약 20만 명이 피해를 봤는데, 책은 내전 동안 발생했던 끔찍한 일들을 상세히 기록했다. 특히 책에선 내전의 희생자 대부분이 힘없는 원주민들과 소작농이었음을 밝혔고, 많은 무고한 사람들이 목숨을 잃은 채 잊히는 안타까운 현실을 고발했다.

과테말라에서 책을 내고 진상 규명에 힘쓴 인물은 바로 후안 헤라르디 Juan Gerardi 주교였다. 그는 평생을 원주민들의 인권보호에 힘쓰며 내전 동안 그들의 희생을 막기 위해 모든 힘을 쏟았다. 1988년 헤라르디는 '국가화해위원회'에 임명됐고, 과테말라 내전과 관련한 피해자 증언과 문서를 모으는 프로젝트를 맡게 됐다.

10년 동안 진행된 헤라르디의 프로젝트의 완성본이 바로 《Nunca Más》이었다. 하지만 책이 출판된 지 이틀 뒤, 헤라르디 주교는 괴한들에 의해 끔찍한 죽임을 당했다. 헤라르디가 군부의 더러운 일들을 들춰내자 이에 대한 보복으로 그를 살인한 것이었다. 사실 책을 집필하는 과정에도 헤라르디는 이미 여러 차례 협박을 받았다. 그럴 때마다 그는 "새로운 과테말라를 만드는 데 기여하고 싶다. 위험에 맞서 이 일을 계속해 나가겠다"라며 묵묵히 일을 진행한 것으로 알려져 있다. 비록 그는 안타까운 죽음을 맞았지만, 용기를 내 끝마친 그의 작품 덕분에 과테말라의 잊힐 뻔한 역사는 영원히 기억되고 있다.

27 April 아르헨티나 최초의 유성영화, 탱고

아르헨티나 영화산업은 1933년 4월 27일 〈탱고Tango〉가 상영되며 큰 전환점을 맞았다. 이전까지 영화가 무성영화였다면 〈탱고〉는 아르헨티나 최초의 소리가 나오는 유성영화였다. 영화 출연진은 이미 극장이나 탱고계에서 유명한 스타들로, 그들의 연기를 목소리와 함께 볼 수 있다는 점에서 관객들의 눈길을 사로잡았다.

영화 〈탱고〉는 아르헨티나 대표 음악을 영화관에서 느끼게 만든 첫 영화였다는 점에서 큰 의미가 있었다. 또 몇몇 사람들은 이 영화를 통해 탱고가 대중들에게 더 많이 사랑받고 탱고 황금기1935-1955를 이끈 것으로 평가했다. 유튜브에 있는 영화 〈탱고〉 관련 댓글을 보면 "당시 최고의 탱고 노래를 들을 수 있는 작품이다" "아르헨티나 영화 역사의 보물이다" 같은 긍정적인 반응을 볼 수 있다.

한편 영화를 제작한 감독 루이스 바스Luis Barth는 〈탱고〉로 호평을 받은 뒤 총 서른 편이 넘는 영화를 제작했다. 또 그의 제안을 받은 앙헬 멘타스티가 세운 회사 아르헨티나 소노 필름Argentina Sono Film은 아르헨티나 영화 황금기 동안1930대~1950대 많은 영화를 제작했다. 영화 〈탱고〉를 기점으로 더 많은 영화가 제작되고 산업이 성장하면서, 아르헨티나 영화는 중남미 지역 전체를 대표할 만큼 명성을 얻게 된다.

브라질의 사형제도는 언제 폐지됐을까?

브라질에선 1876년 4월 28일 마지막 사형이 집행됐다. 이는 백 년도 훨씬 지난 일로, 꽤 오랜 시간 동안 사형이 폐지된 걸 알 수 있다. 브라질에서 마지막 사형은 1888년 필라르Pilar란 도시에서 일어났다. 흑인노예 프란시스코가 자신의 주인을 살해한 혐의로 교수형에 처한 사건이었다. 최종적으로 사형을 선고받고 억울했던 그는 페드루 2세에게 직접 감형을 부탁했다고 알려져 있다. 하지만 그의 요구는 노예신분임을 고려했을 때 받아들여지지 않았고, 판결 그대로 사형절차가 진행됐다.

백 년 넘게 사형제도를 폐지한 브라질이지만, 최근 높은 범죄율 때문인지 사형제도를 부활시키자는 의견이 점점 많아지는 추세다. 브라질에서는 1991년도부터 사형제도 찬반의견을 묻는 조사를 매해 실시했는데, 시간이 지날수록 찬성의견이 계속해서 증가한 것을 알 수 있다. 2018년 기록을 살펴보면, 브라질 국민 약 58%가 사형제도를 찬성한 것으로 나타났다.

하지만 브라질에서 한 번 폐지된 사형제도를 다시 합법화하는 일은 쉽지 않아 보인다. 심지어 보수적인 보우소나루 대통령이 사형제를 부활시킬 것이라는 루머가 있었지만, 그조차도 '무리하게 법을 바꾸지 않을 것이다'라고 발표했다. 현재 브라질은 1988년 민주화 당시 개정된 헌법에 따라 '예외적인 전쟁이나 테러 같은 중대한 범죄행위'를 제외하고는 사형제를 실시하지 않는 상황이다.

29 April 멕시코 대통령의 임기는 몇 년일까?

멕시코가 대통령의 6년 단임제를 선택한 건 1933년 4월 29일부터다. 이전 역사를 보면 멕시코는 독립 이후 4년제를 꾸준히 유지했지만, 혁명 이후 임기를 6년으로 바꾼 이후 지금까지 6년 단임제를 이어오고 있다. 참고로 멕시코에서는 이 6년제를 섹세니오Sexenio라 부르는데, 섹세니오는 멕시코의 대통령 임기제도를 나타내는 고유명사로 쓰이고 있다.

멕시코가 6년 단임제로 재임기간을 바꾼 이유는 크게 두 가지였다. 먼저 중임제보다 단임제를 통해 독재자가 나올 확률을 줄일 수 있었고, 4년보다는 6년 임기로 정책의 지속성을 확보할 수 있기 때문이다. 특히 멕시코 정치의 역사를 살펴보면, 독재자가 계속해서 등장해왔으므로 단임제를 실시하는 건 그 무엇보다 중요한 일이기도 했다. 이 제도는 1934년 라사로 카르데나스 대통령 때부터 시작되어 현재까지 유지되고 있다.

시간이 지나면서 멕시코에서는 6년 단임제의 효율성에 대한 의문이 제기됐다. 한국에서 연임제에 대한 논의가 이루어지는 것처럼 멕시코에서도 연임에 대한 논의가 이뤄진 것이었다. 대표적으로 페냐 니에토 대통령 시절, 국민들의 신임을 얻은 대통령이 재임이 가능토록 임기제도를 바꾸는 안이 공론화된 적이 있었다. 다양한 의견이 오고 간 뒤 2018년부터 상원의원들은 6년 임기 이후에도 선거에 재출마할 수 있게 법이 바뀌었지만, 대통령 임기는 여전히 6년 단임제로 유지되고 있다.

벨리즈가 영어를 공용어로 쓰게 된 이유

중미 국가 중 유일하게 영어를 쓰는 벨리즈의 역사는 18세기로 거슬러 올라간다. 벨리세, 벨릭스로 불리던 벨리즈는 다른 중미 지역과 마찬가지로 스페인 제국의 식민지배 아래 있었다. 하지만 영국 해적들이 자주 출몰한 뒤엔 영국의 영향력이 더욱 커지게 됐고, 스페인은 주권을 행사하는 한에서 제한적으로 영국인들의 정착을 허용하기도 했다. 19세기 초, 영국은 스페인의 힘이 약해진 틈을 타 본격적으로 벨리즈에서 영향력을 넓혔다. 그런데 문제는 중남미 국가들이 스페인에서 독립한 이후에 생겼다. 스페인이 무너진 뒤 멕시코, 과테말라가 새로운 나라로 탄생했고, 반유럽 정서가 강해 영국이 벨리즈를 통치하는 것에 반감을 가지고 있었기 때문이다.

하지만 영국은 교묘한 방법으로 벨리즈 통치를 이어 나갔다. 특히 1859년 4월 30일 과테말라와 맺은 앵글로-과테말라 조약Anglo-Guatemala Treaty이 결정적이었다. 당시 과테말라는 중미 지역을 휩쓸던 미국 용병 윌리엄 워커에게 위협을 느끼고 있었고, 영국으로부터 자신들을 보호할 수 있는 무기를 수입하길 원했다. 이에 영국은 "무기도 주고 과테말라-벨리즈를 잇는 도로도 건설해주겠다"고 말하며 솔깃한 거래를 제안했고, 대신 벨리즈 내 영국의 주권을 인정받았다. 이렇게 탄생한 벨리즈는 '영국령 온두라스'란 이름을 가지게 됐고, 이후 무려 1981년까지 상당히 오랜 기간 동안 영국의 지배를 받게 되었다.

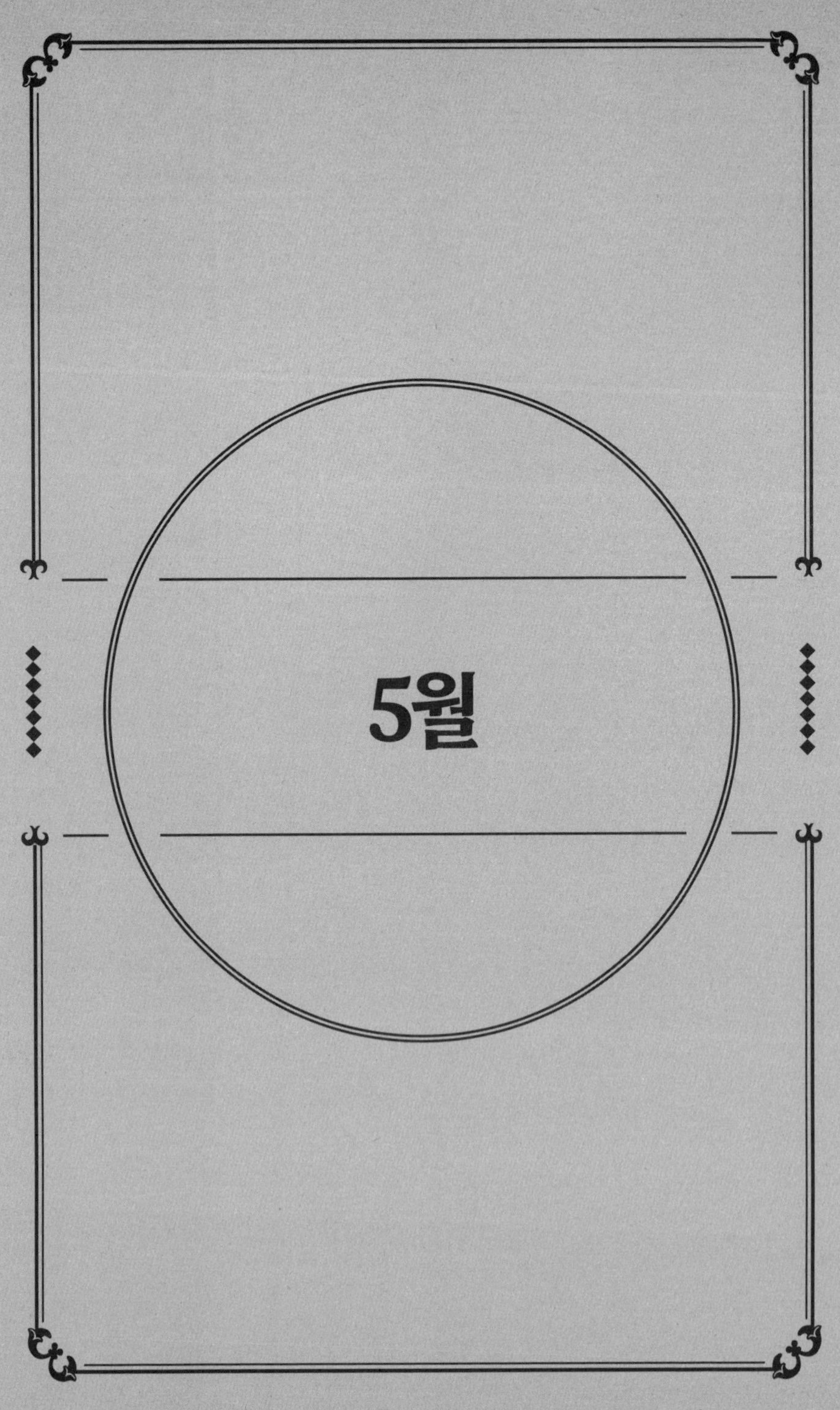

5월

1
May

온두라스 바나나 기업에서 벌어진 총파업

1954년 5월 1일, 온두라스에선 바나나 기업 노동자들이 노동자의 날을 맞아 대규모 파업을 일으키는 일이 발생했다. 당시 온두라스는 바나나 공화국Banana Republic이라 불릴 만큼 바나나 수출 의존도가 높은 나라였는데, 혹독한 환경을 견디지 못한 노동자들이 총파업을 실시한 것이었다.

온두라스의 바나나 산업은 미국의 유나이티드 프루트 컴퍼니United Fruits Company와 스탠다드 프루트 컴퍼니Standard Fruit Compnay의 투자와 함께 시작됐다. 19세기 말 두 바나나기업은 바나나 수출을 더욱 원활히 하기 위해 온두라스 북쪽 해안 지역에 항구를 만들었다. 바나나산업이 본격적으로 성장하자 일자리를 찾던 사람들이 이 지역으로 몰려와 도시가 형성됐고, 바나나 수출을 통해 얻게 된 자본을 기반으로 온두라스의 경제성장이 이뤄졌다.

하지만 바나나 산업이 성장하면서 온두라스에는 예기치 못한 문제점도 생겼다. 특히 노동자들의 열악한 근로 환경이 가장 큰 문제로 꼽혔는데, 낮은 임금과 긴 노동시간은 노동자들의 환경을 더욱 힘들게 만들었다. 이런 악조건 속에서 1954년 벌어진 총파업은 이미 예견된 일이었다. 노동자들은 더 나은 급여조건, 노동조합의 자유 근로자의 건강보호 등을 외치며 파업을 실시했다. 결과적으로 파업의 영향력은 상당히 컸고, 정부와 기업이 노동자들의 요구를 상당 부분 수용하기로 약속하며 법적으로 노동자들의 권리를 보호하는 제도가 마련됐다.

2 May

페루와 스페인의 카야오 전투

페루는 1821년 새로운 독립국가가 됐지만 계속된 외세침략 위협에 시달렸다. 특히 스페인은 남미대륙에서 다시 자신들의 세력을 차지할 기회만 노리고 있었다. 1866년 5월 2일 리마 앞바다에서 벌어진 카야오 전투는 스페인의 야욕을 드러냈던 대표적인 전투였다. 당시 스페인이 페루를 상대로 전쟁을 벌인 이유는 구아노 때문이었는데, 구아노는 새나 다른 동물들의 배설물이 화석화된 것으로 영양분이 풍부해 비료로 인기가 많은 재료였다. 페루가 구아노 수출로 엄청난 경제적 이익을 챙긴다는 소식을 듣자, 스페인은 과거 자신의 식민지였던 페루를 차지해 이익을 가로챌 계획을 세웠다.

이른바 친차섬 전쟁Chincha Island War, 1864~1866이 일어나자 대다수 사람들은 스페의 승리를 점쳤다. 심지어 당시 페루 대통령이었던 후안 페젯마저 자신의 함대가 스페인보다 약하다고 판단해 구아노 생산지역인 친차섬을 넘겨줄 생각도 했다. 하지만 그의 계획은 마리아노 프라도 제독이 쿠데타를 일으킴으로써 무마됐고, 프라도 제독은 스페인과 끝까지 맞서 싸워 자신들의 영토를 지킬 것을 다짐했다.

카야오 전투는 친차섬 전쟁 막바지에 일어난 가장 중요한 싸움이었다. 이 싸움에서 스페인은 페루 함대를 무찌르며 승리를 주장했지만, 페루 측은 오히려 내륙 지역은 아무런 타격을 받지 않았다며 자신들의 승리를 자축했다. 페루에서는 이날을 스페인의 공격을 막아내고 영토를 지킨 도스 데 마요Dos de Mayo, 스페인어로 5월 2일로 기념하고 있으며, 페루 군대가 다른 유럽에 비해 약하지 않다는 걸 입증한 역사적인 날로 기억하고 있다.

3 May

브라질에만 있는 브라질 나무의 날

브라질에서 매년 5월 3일Dia Nacional do Pau-Brasil은 브라질 나무의 날이다. 애초에 브라질이란 나라 이름도 이 브라질 나무가 많다고 해서 붙여진 이름이다. 브라질 역사에서 상당히 중요한 비중을 차지한 국목인 만큼, 아예 특별한 날을 만들어 나무의 가치를 기념하고 있다. 브라질 나무는 영어로는 브라질우드Brazilwood, 포르투갈어로는 파우 브라질Pau-brasil이라 불리는 나무로, 속이 붉은색을 띠는 것이 가장 큰 특징이다. 특히 식민지시대 때에는 이 붉은 색이 옷에 필요한 염색 재료로 쓰이며 포르투갈 경제의 핵심 부분을 차지했다.

브라질 나무가 핵심 재료가 된 건 16세기초부터였다. 1500년 4월 처음 브라질 해변에 도착한 페드로 알바레스 카르발은 주변에 값어치가 있는 자원을 살펴보다 브라질 나무를 발견했다. 그는 유럽에서 찾아볼 수 없는 이 목재가 높은 값어치가 있다고 판단했고, 나무를 포르투갈로 가져가 이후 프랑스, 영국, 네덜란드 같은 다른 국가에 팔았다. 당시 유럽에서 브라질 나무 공급을 거의 독점하다시피 했던 포르투갈은 많은 이익을 얻을 수 있었는데, 17세기 동안 매년 약 5천 톤에서 6천 톤 정도의 목재를 수출한 것으로 알려져 있다.

현재 브라질 나무는 과거처럼 브라질 수출에 중요한 비중을 차지하고 있지 않다. 18세기 천연염료에 대한 수요가 줄어들면서 나무에 대한 수요도 조금씩 줄어들었기 때문이다. 하지만 최근 친환경적인 자원으로서 잠재적 가치, 그리고 브라질 나무가 가진 역사적 의미 때문에 다시 주목받고 있다. 또 브라질 나무는 장인들이 만드는 전통 공예품과 고급 악기 제작에 쓰이기 때문에, 브라질 나무의 날을 만든 것도 나무와 관련된 문화적 가치를 보존하려는 맥락으로 해석할 수 있다.

4
May

멕시코에 '한인의 날'이 있는 이유

매년 5월 4일은 멕시코 메리다주에서 지정한 '한인의 날'이다. 1905년 5월 4일 1,033명의 한인이 제물포항을 떠나 낯선 멕시코땅에 도착했는데, 메리다주가 이를 기리기 위해 2019년부터 한인의 날을 기념하기 시작한 것이다. 멕시코 이민 1세대의 삶에 대한 기록을 보면 멕시코에서의 정착이 그리 쉽지 않았음을 알 수 있다. 1900년대 초는 시기적으로 조선과 멕시코의 외교관계는 존재하지도 않았던 때였기에, 조선이 어떤 나란지에 대해 알지도 못하는 나라에서 제대로 된 대우를 받지 못한 건 어찌 보면 당연한 일이었다.

또 이민자들은 아무런 정보 없이 무작정 더 나은 삶을 위해 이민을 결정한 사람들이었다. 그들은 직접 멕시코에 도착하고 나서야 그곳이 농사를 짓기엔 덥고 척박한 땅인지 알 수 있었다. 이민 1세 최병덕 선생님은 당시 상황을 "일하기 시작한 첫날부터 우리들은 손이 엉망이 되었는데 … 발가락부터 무릎까지 온통 가시에 찔려 항상 몸이 엉망진창이 됐다"고 기록하며 당시를 회상하기도 했다. 이런 역사가 숨어 있는 메리다주에서 '한인의 날'을 만든 건 상당한 의미를 갖고 있다. 또 메리다주 시내에는 멕시코에서 유일하게 한국이민사박물관이 운영되고 있는데, 한인 이민자들의 역사를 기억하고 있다는 측면에서 메리다는 우리에게 중요한 의미를 가진 곳이기도 하다.

5 May

멕시코에서 벌어졌던 푸에블라 전투

멕시코에서 5월 5일은 '싱코 데 마요Cinco de Mayo'라 불리는 기념일이다. 이날이 중요한 날이 된 건 프랑스와 벌였던 전쟁과 관련이 있다. 1862년 당시 프랑스 제국은 멕시코를 점령하려는 야욕을 드러내며 침략을 감행했고, 멕시코 동쪽 항구도시 베라크루즈에 상륙해 공격을 시작했다. 전쟁이 시작되자 프랑스는 멕시코 군대를 압도하며 계속된 승리를 거뒀다. 이들은 수도 멕시코시티 근처 도시 푸에블라 근처까지 진격했고, 푸에블라를 함락시킨 뒤 곧장 멕시코시티로 진격할 계획을 세웠다.

당시 사라고사와 디아즈가 이끄는 멕시코 군대는 수적으로 불리했고 계속된 패배로 사기도 저하된 상황이었다. 그럼에도 그들은 죽음을 각오한 채 프랑스 군대와 운명을 건 전투를 벌였다. 1862년 5월 5일 푸에블라 전투Batalla de Puebla가 벌어졌고 멕시코 군대는 치열한 싸움 끝에 큰 승리를 거둘 수 있었다. 승리 소식은 곧바로 멕시코 전역에 퍼졌고, 지친 멕시코 군대의 사기를 잠시나마 높이는 계기가 됐다.

결과적으로 멕시코는 프랑스와의 전쟁에서 패배하며 많은 걸 잃었다. 하지만 멕시코 국민들은 패배보다 푸에블라 전투에서의 자랑스러운 승리를 기억했다. 심지어 푸에블라의 원래 명칭이 '푸에블라 데 로스 앙헬레스'였는데, 사라고사 장군의 업적을 기리기 위해 도시 이름을 '푸에블라 데 사라고사'로 바꾸기까지 했다. 현재 푸에블라에서는 매년 5월 5일 승리의 날을 기억하기 위해 축제를 열고 있으며, 멕시코 다른 주요 도시에서도 이 승리의 날을 함께 기념하고 있다.

6
May

중남미 탐험가 알렉산더 폰 훔볼트 이야기

1859년 5월 6일, 중남미대륙을 탐험했던 독일 출신 탐험가 알렉산더 폰 훔볼트Alexander von Humboldt가 세상을 떠났다. 그는 비록 독일인이었지만 중남미 생태계와 지리연구에 엄청난 발자취를 남긴 인물이었다. 오죽하면 사람들은 "아메리카 대륙을 처음 발견한 건 콜럼버스지만, 제대로 발견된 건 훔볼트가 다녀간 때부터다"라고 말하기도 했다. 훔볼트가 중남미를 탐험했던 루트를 살펴보면 주로 카리브 해안과 남미 북서부 지역을 여행한 걸 알 수 있다.

훔볼트는 여행 동안 카리브 해안뿐만 아니라 아마존 정글, 안데스 고원지대를 지났다. 아마존 원주민의 공격을 받는 등 죽을 위기를 여러 번 넘겼지만 그는 자신의 여정을 포기하지 않았다. 그는 5,700미터나 되는 침보라소산을 오르고, 총 6천 개에 달하는 동식물 표본을 수집하면서 탐험을 통해 중남미 생태계와 관련된 방대한 기록을 남겼다.

여행을 끝마친 훔볼트는 유럽으로 돌아와 자신의 관찰 노트를 사람들에게 공개했다. 그의 기록들은 유럽 내에서 자연을 이해하는 방식을 송두리째 바꿨고, 중남미대륙에 대한 이해의 폭을 넓히는 계기가 됐다. 현재 중남미 지역에는 그의 이름을 딴 동식물들이 많은데, 대표적으로 훔볼트 오징어, 훔볼트 펭귄이 있으며 쿠바의 훔볼트 국립공원이나 베네수엘라 훔볼트 봉우리 모두 그의 업적을 기념하기 위해 지어진 이름임을 알 수 있다.

7

May

무려 120년만에 이혼을 합법화한 칠레

칠레는 2000년대 초까지 이혼이 법으로 금지된 나라였다. 칠레가 스페인에게서 독립한 뒤, 무려 120년이 넘는 시간 동안 이혼을 법으로 금지해온 것이었다. 만약 서로 결혼생활이 맞지 않아 이혼해야 했다면, 결혼서약이 거짓이라고 얘기하거나 심할 경우 결혼식이 아예 없었다고 우겨야 할 정도였다. 매번 이혼과 관련한 황당한 일이 일어났음에도 칠레는 이혼을 합법화하는 데 굉장히 보수적인 태도를 취했다. 가장 큰 이유는 아무래도 종교적 이유였다. 칠레는 전통적으로 가톨릭신자 비율이 많은 국가였고, 보수적인 가톨릭교회에선 이혼법 관련 이슈가 나올 때마다 이를 강하게 반대했다. 심지어 절반이 넘는 국민들이 이혼을 허락하는 새로운 법안에 찬성했지만, 교회를 중심으로 한 반대세력이 이를 저지하며 이혼법이 통과되지 못했다.

칠레의 금지된 이혼법은 2004년 5월 7일이 돼서야 공식적으로 합법화됐다. 1997년 처음 논의된 법이 약 7년만에 의회를 통과한 것이었다. 칠레는 이를 기점으로 '남미에서 마지막까지 이혼법이 없는 유일한 나라'라는 꼬리표를 떼게 되었다. 합법화 첫날, 칠레에선 기다렸다는 듯 수십 건의 이혼소송이 제기됐다. 이때 마리아 빅토리아 토레스는 최초로 이혼소송을 제기한 48세 여성으로 기록됐다. 10년 넘게 가정 폭력을 당해 이혼을 결심한 그녀는 인터뷰에서 "이 법을 통해 합법적인 방법으로 내 존엄성과 자유를 회복할 수 있게 됐다"라며 소감을 밝히기도 했다.

8
May

멕시코의 독립을 이끈 미겔 이달고 신부

멕시코는 미겔 이달고 이 코스티야Miguel Hidalgo y Costilla의 주도로 독립운동이 시작됐다. 이달고는 1753년 5월 8일에 부유한 집안에서 태어난 인물로, 젊은 시절 철학과 신학을 공부하며 독립운동과는 거리가 먼 신부의 길을 걸었다. 신부인 그가 멕시코 독립을 외치게 된 계기는 스페인의 억압 정책 때문이었다. 19세기 초 스페인은 유럽에서 전쟁에 휘말려 있었고, 금전적 손실을 중남미 식민지에서 세금을 거둬 메꾸려 했다. 이때 이달고는 돈을 빌려 대농장 토지를 소유하고 있었는데, 스페인 당국이 요구했던 납부일을 지키지 못하며 땅 소유권을 완전히 빼앗겼다. 평소 식민지 사람들이 겪는 차별에 반감을 가졌던 이달고는 이번 사건을 계기로 투쟁을 다짐하게 된 것이었다.

독립운동 당시 이달고는 단순히 스페인 타도에만 초점을 두지 않았다. 평소 불평등에 관심이 있었기 때문에, 토지재분배와 인종차별 없는 평등한 사회를 추구했다. 덕분에 원주민과 메스티소의 지지를 얻을 수 있었고 동시에 수만 명의 사람들이 그의 독립운동에 동참하게 만들 수 있었다. 그의 진보적인 사상은 억압받던 멕시코 사람들의 마음을 한데로 모으기에 충분했던 것이었다. 결과적으로 이달고의 투쟁은 스페인 군대에 의해 진압됐다. 하지만 현재 멕시코 사람들은 그를 진정한 영웅으로 생각하고 있으며, 또 그가 처음 투쟁을 외친 1810년 9월 16일을 독립기념일로 정해 기념하고 있다.

페루와 볼리비아는 원래 한 나라였다?

오늘날 국경을 맞대고 있는 페루와 볼리비아는 한때 하나의 통일된 국가였다. 그란 콜롬비아였던 에콰도르, 콜롬비아, 베네수엘라가 분리된 것처럼, 페루와 볼리비아도 한 국가였다 분리된 역사가 있다. 스페인에서의 독립 직후 페루와 볼리비아는 북페루 공화국, 남페루 공화국, 그리고 볼리비아 공화국으로 나뉘어 있었다. 하지만 당시 볼리비아 대통령이었던 안드레스 데 산타 크루즈가 페루 정치인들에게 페루-볼리비아 연합을 만들 것을 제안했다. 세 나라로 쪼개져 있던 힘을 하나로 합쳐 아르헨티나나 칠레에 뒤지지 않는 국가를 만들자는 의견을 낸 것이었다. 그의 야심찬 제안에 남페루와 북페루 모두 동의하면서 1836년 5월 9일 페루-볼리비아 연방이 탄생하게 됐다.

연방국의 첫 번째 대통령은 통합을 이끈 산타 크루즈였다. 그는 연방국 최고권력자로 올라서자 곧바로 남미에서 가장 부강하게 만들 계획을 세웠다. 하지만 이 소식을 들은 이웃 국가 칠레와 아르헨티나가 위협을 느꼈고, 곧바로 페루-볼리비아 연방에 대한 경제제재에 들어간 뒤 전쟁까지 일으켰다.

전쟁 초반 산타 크루즈는 아르헨티나 군대를 무찌르며 승기를 잡았다. 하지만 배신한 북부 페루 반란군과 손잡은 칠레군을 상대로 고전을 면치 못하며 결국 융가이 전투Battle of Yungay 에서 크게 패했다. 결국 항복을 선언하게 된 연방국은 다시 페루와 볼리비아 두 나라로 분열됐고, 한때 남미 최고 권력을 넘보던 산타 크루즈의 꿈도 함께 물거품이 됐다.

중남미 최초의 스페인어아카데미가 생긴 나라는?

1713년 마드리드에 설립된 왕립 스페인어아카데미RAE는 300년이 넘는 역사를 가진 기관이다. 주로 스페인어에 대한 문법을 정리하고 사전을 편찬하는 일을 하며 올바른 스페인어 사용을 장려하고 있다. 굳이 비교하자면 우리나라의 국립국어원 같은 역할을 하는 셈이다. 스페인 제국 시절엔 왕립 스페인어아카데미가 정의내린 스페인어가 하나의 표준 스페인어였다. 하지만 문제는 스페인어를 공용어로 쓰는 중남미 나라들이 독립하면서부터 생겨났다. 영어도 영국, 미국, 호주식 영어로 나뉘었듯이, 스페인어는 멕시코, 쿠바, 아르헨티나식 스페인어로 나뉘며 각자 다른 특징을 가졌고, 심지어 같은 단어여도 다른 나라에선 의미가 완전히 바뀌는 일이 발생했던 것이다.

그러자 왕립 스페인어아카데미는 중남미 지역에 산하기관을 설립하기로 했다. 국가마다 가진 스페인어를 연구하고 발전시키는 것이 스페인어의 다양성을 파악하는 데 중요하다고 판단한 것이었다. 그렇게 해서 1871년 5월 10일 콜롬비아 보고타에 중남미대륙 최초의 스페인어학술원이 탄생했다. 콜롬비아에 독립적인 스페인어아카데미가 생긴 건 큰 의미를 가졌다. 콜롬비아 아마존 지역을 비롯한 안데스 지역에 존재하는 다양한 스페인어를 기록하고 연구할 수 있었기 때문이었다. 이후엔 다른 중남미 국가에도 각 지역의 스페인어 연구를 위한 아카데미가 생겨났고, 지금은 모든 중남미 국가가 각자의 스페인어 연구원을 통해 독자적인 연구를 진행하고 있다.

아르헨티나에서 붙잡힌 나치 출신의 아돌프 아이히만

정치 철학자 한나 아렌트의 유명한 책으로《예루살렘의 아이히만》이 있다. 이 책은 나치 전범이자 유대인 학살을 계획한 아돌포 아이히만의 재판을 참관한 내용을 기록한 것으로 유명하다. 이 책을 통해 한나 아렌트는 우리 사회에서 누구든 악을 저지를 수 있다며, 악의 평범성에 대한 메시지를 전달했다.

1945년 제2차 세계대전이 끝난 후 홀로코스트를 수행한 아이히만은 재판을 받을 운명에 놓였다. 하지만 그는 교묘하게 자신의 신분을 숨겨 수용소를 빠져나갔고, 리카르도 클레멘트라는 가명을 사용해 아르헨티나로 입국하는 데 성공했다. 이후 평범한 회사원으로 생활하면서 몰래 반유대주의 사상을 퍼트렸고, 심지어 동료들에게는 "더 많은 유대인을 죽였어야 했는데 그러지 못했다"라고 아쉬워하는 입장을 밝히기도 했다.

15년 가까이 아르헨티나에서 망명생활을 하던 아이히만은 결국 이스라엘 정보기관 모사드에 의해 체포됐다. 1957년 아이히만이 아르헨티나에 있다는 정보를 받은 모사드는 가리발디 작전을 세워 1960년 5월 11일 아이히만을 그의 자택 앞에서 붙잡았다. 체포 당시 그는 모든 걸 체념한 모습이었고, 이후 예루살렘으로 송환되어 재판을 받은 뒤 교수형에 처해졌다.

한편 그가 몰래 숨어지냈던 아르헨티나는 당시 수천 명의 나치전범들이 제2의 삶을 시작할 수 있던 나라였다. 당시 아르헨티나로의 입국이 쉬웠던 건 아르헨티나 정부가 모든 나라에 열린 이민정책을 펼치고 있었으며, 대통령이었던 후안 페론 또한 파시즘에 대해 관대한 태도를 가졌기 때문이다. 비록 아이히만은 체포되어 법의 심판을 받게 됐지만, 많은 사람들이 아르헨티나에서 자신의 과거를 숨긴 채 살아간 것으로 알려져 있다.

12
May

중남미에서 가장 오래된 대학교는 어디일까?

중남미 지역에서 가장 먼저 설립된 대학은 페루 수도 리마에 있는 산 마르코스국립대학교다. 대학을 세운 프레이 토마스 데 산 마르틴은 식민지에서 교육의 중요성을 강조하던 인물이었다. 그는 중남미 지역의 지식인 양성을 위한 대학 설립을 스페인에 제안했고, 1551년 5월 12일 스페인 카를로스 1세의 허락을 맡아 산마르코스국립대학교를 세웠다.

현재 산마르코스국립대학교는 지역 이름을 따 단순히 리마대학교로 불리고 있다. 식민지 시절 산마르코스국립대학교에서 가르치던 학문은 주로 신학, 철학, 수학, 예술 등이었고, 수업환경은 스페인 본토 대학과 큰 차이가 없을 정도로 훌륭했다. 이후 페루엔 쿠스코의 산안토니오대학교, 북부 트루히요에 위치한 국립대학교 같은 명문대학들이 생겨났지만, 산마르코스는 페루 최고 인재들이 모인 대학이란 타이틀을 꾸준히 유지했다.

무려 450년이 넘는 시간 동안 수많은 페루 유명인사들이 산마르코스국립대학교를 졸업했다. 한국에도 잘 알려진 인물로는 작가 마리오 바르가스 요사가 있으며, 알란 가르시아를 포함한 3명의 페루 대통령이 이곳을 졸업했다. 지금까지도 산마르코스국립대학교는 페루 가톨릭대학교, 퍼시픽대학교와 더불어 페루를 대표하는 가장 명성 있는 대학으로 평가받고 있다.

13 May

350년 넘은 노예제도를 폐지시킨 브라질

1888년 5월 13일, 브라질에선 수세기 동안 존재했던 노예제도가 공식 폐지됐다. 참고로 브라질은 서구 국가 중 가장 마지막까지 노예제도를 유지했던 국가였다. 다른 나라들과 비교했을 때 브라질이 노예제도를 포기하지 못했던 건 경제적 이익이 컸다. 브라질 핵심 경제인 사탕수수, 커피, 가축 목장 모두 노동집약적인 산업이었기 때문에, 부족한 노동력을 채우기 위해선 아프리카 흑인노예를 데려올 수밖에 없었다.

하지만 이런 브라질에서도 1870년대에 들어서며 조금씩 변화의 조짐이 보였다. 노예제도 폐지론이 점점 더 힘을 얻으며 1871년 브라질은 "노예 여성에게서 태어난 모든 자녀는 자유를 누릴 것이다"라고 선언했고, 1884년에는 60세 이상의 노예를 해방하는 새로운 법을 만들었다. 1888년 노예제도가 완전히 폐지되기 직전 이미 조금씩 변화의 바람이 불었던 것이었다.

한편 브라질은 폐지과정에서 폐지론자와 옹호론자 사이의 물리적 충돌을 피할 수 있었다. 이는 노예제도를 놓고 남북으로 나뉘어 전쟁까지 했던 미국과는 상반된 것이었다. 한 미국인은 "브라질에서 노예제도폐지가 미국처럼 전쟁으로 확대되지 않은 걸 축복해야 한다"고 말하기까지 했다. 이렇게 브라질은 비교적 평화롭게 노예폐지 제도를 마련하면서, 수십만 명의 사람들이 그토록 바라던 자유를 얻게 됐다.

14 May

스페인에서의 독립을 선언한 파라과이

1800년대 초, 지금의 파라과이 지역은 스페인 라 플라타 부왕령에 속해 있었다. 스페인은 부에노스아이레스를 라 플라타 부왕령 수도로 정했고, 인텐덴시아Intendencia라 불리는 더 작은 규모의 관할 지역으로 나눠 영토를 통치했다. 참고로 이때 파라과이는 라파스, 코차밤바, 포토시 같은 도시처럼 스페인의 인텐덴시아 중 하나였다.

라 플라타 부왕령의 독립과정은 1810년 5월 25 부에노스아이레스에서 시작됐다. 이를 '5월 혁명'이라 부르는데, 스페인에서의 독립을 알리는 첫 신호탄을 쏜 것이었다. 하지만 몇몇 인텐덴시아의 정치 엘리트들은 부에노스아이레스의 독립선언을 탐탁지 않게 여겼다. 부에노스아이레스가 스페인에서 독립한 뒤 자신들에게 "세금을 더 내라" "부에노스아이레스 말을 따라라"라며 개입할 것을 걱정했기 때문이었다. 인텐덴시아 입장에선 부에노스아이레스에 속하느니 이 기회에 차라리 따로 분리하는 것이 낫다고 판단했다.

아순시온을 기반으로 한 파라과이의 경우 '라 플라타강' 사용권을 두고 문제 삼는 부에노스아이레스에 불만이 많았다. 이때 호세 프란시아는 이 점을 적절히 활용해 파라과이의 독립운동을 이끌었다. 결국 1811년 5월 14일 파라과이 독립선포는 '스페인에서의 독립'도 있었지만 '부에노스아이레스 영향에서의 분리'라는 의미도 함께 가지게 됐다.

15
May

칠레 피스코의 날과 페루와의 갈등

피스코 논쟁은 칠레와 페루의 갈등을 잘 보여주는 사례다. 여기서 피스코는 포도로 만든 브랜디를 뜻한다. 두 국가가 경쟁적으로 피스코를 생산하면서 누가 진짜 원조인지에 대한 논쟁이 벌어지고 있다. 우선 칠레의 피스코 브랜딩 역사는 1930년대로 거슬러 올라간다. 1931년 5월 15일, 이바네스 대통령은 법령 제181을 통해 피스코 보호법을 발표했다. 이 법의 주요 내용은 '피스코의 원산지가 칠레라는 걸 법으로 정하고 칠레 특정 지역에서 재배된 상품만이 피스코라 불릴 수 있다'였다.

칠레 정부가 지정한 공식 피스코 생산지는 북부지역의 코피아포, 와스코, 라 세레나, 엘끼, 오바예 주였다. 또 칠레는 피스코 독점생산을 위해 규제법을 추가했는데, 만약 다른 지역 음료에 피스코란 이름을 붙일 경우 칠레 정부가 벌금을 물겠다는 내용을 담았다. 이후 칠레에선 이 법이 발령된 5월 15일이 자연스레 '피스코의 날'이 됐다. 이 소식을 들은 페루 입장에선 황당하다는 입장을 보였다. 자신들도 피스코를 생산하는데, 칠레만 피스코란 이름을 쓸 수 있다는 건 완전한 억지라고 주장했다. 칠레에 대응하고자 페루는 2007년 피스코를 국가 문화유산으로 정했고, 페루산 피스코를 더욱 적극적으로 홍보하고 있다.

16
May

멕시코를 대표하는 작가 후안 룰포는 어떤 인물이었을까?

1917년 5월 16일, 멕시코 할리스코주에서 최고의 작가로 꼽히는 후안 룰포가 태어났다. 후안 룰포는 카를로스 푸엔테스, 옥타비오 파스와 함께 20세기 최고의 멕시코 작가로 꼽힌다. 특히 1955년 출판된 작품 《빼드로 빠라모Pedro Paramo》는 많은 사랑을 받았으며, 훗날 《백 년의 고독》을 쓴 가브리엘 가르시아 마르케스에게도 많은 영향을 주게 되었다.

화려한 작가로서의 명성과는 달리 후안 룰포는 굉장히 어려운 유년 시절을 보냈다. 참고로 그가 태어난 1917년은 멕시코 혁명이 막 끝나며 나라가 어수선한 시기였다. 또 혁명으로 인한 직접적인 피해는 없었지만 이후 벌어진 크리스테로 전쟁에서 아버지가 암살당했고, 그가 10살이 되던 해엔 어머니마저 세상을 떠나며 할머니 집과 보육원을 오고 가며 살아가게 되었다.

후안 룰포는 제대로 된 교육을 받지 못했지만, 도서관에서 일하며 틈틈이 자신의 작품을 써 내려갔다. 이때 그가 쓴 작품으로는 《우리는 너무 가난하답니다》와 《나를 죽이지 말라고 해!》가 있다. 1953년엔 그가 쓴 단편집들이 《불타는 평원》이란 이름으로 출판됐는데, 이는 훗날 《빼드로 빠라모》와 함께 그의 대표작으로 남게 된다. 후안 룰포의 작품이 유명한 이유는 멕시코 농민들의 삶을 그만의 문학적 방식으로 그려냈기 때문이었다. 작가 에보디오 에스칼렌테는 후안 룰포를 '멕시코 내 소외된 사회계층을 가장 잘 묘사한 작가'로, 소설을 통해 혁명 이후에도 바뀐 게 없는 어려운 현실을 작품에 잘 녹여냈다고 평가했다.

17 May

1959년 쿠바에서 실시된 농업개혁

1959년 5월 17일 쿠바의 피델 카스트로는 제1차 농업개혁법을 통과시켰다. 같은 해 1월 사회주의정권을 수립한 지 불과 4개월만에 법을 통과시킨 것이다. 혁명 이전까지의 상황을 살펴보면 쿠바 땅 대부분은 미국 기업의 손에 있었다. 이들은 규모가 큰 대농장을 운영하면서 주로 커피나 담배, 설탕 등을 생산했다. 수익 대부분은 미국 기업이 차지한 반면 쿠바 사람들은 제대로 된 보상을 얻지 못하는 불공정한 상황이 연출됐다.

혁명세력들은 이런 쿠바의 경제상황을 잘 파악했고, "혁명이 성공한다면 가난한 소작농을 위한 토지재분배를 실시하겠다"고 밝혔다. 쿠바 국민들이 혁명을 지지한 것도 불공정한 상황을 바꿀 수 있을 거란 기대감 때문이었다. 카스트로 정부는 개혁을 통해 외국 기업과 개인이 쿠바에서 토지를 소유할 수 있는 권리를 무효화했고, 이십만 헥타르 이상의 대농장을 국유화해 소작농에게 재분배했다.

쿠바 정부는 삼분의 일 이상의 땅을 소작농들에게 나눠준 것으로 알려져 있다. 이에 따라 약 십만 명의 소작농들이 혜택을 보게 됐다. 피델은 개혁법을 통해 "사회적으로 제외된 사람들의 복지를 증진하는 것을 추구한다"고 언급하면서, 점점 더 많은 사람들이 가난에서 벗어나길 바란다는 메시지를 전달하기도 했다.

18
May

스페인에 저항해 싸웠던 투팍 아마루 2세

호세 가브리엘 콘도르칸키 José Gabriel Condorcanqui는 페루 잉카 왕족의 후예로 자신의 사비를 털어 어려운 원주민들을 도울 만큼 정의로운 사람이었다. 1770년대 후반 스페인의 횡포가 심해지며 더 많은 원주민이 고통받자 그는 1780년에 반란을 일으키기로 결심했다. 결사 항전을 다짐한 그는 먼저 자신의 이름을 투팍 아마루 2세로 바꿨다. 투팍 아마루는 스페인에 저항했던 잉카 제국의 마지막 황제였는데, 그는 이름을 바꿔 투팍 아마루 정신을 잇고자 했던 것이다.

반란이 시작되자 스페인은 원주민들의 처참한 일상을 이해하기보다 이를 진압하는 데 집중했다. 스페인 군대 약 1만 5천 명이 쿠스코 지역으로 급하게 파견됐으며, 제대로 된 무기조차 없던 투팍 아마루 2세의 원주민 군대를 공격했다. 결국 1년만에 반란은 진압됐고, 반기를 들었던 투팍 아마루 2세는 스페인군에 체포되고 만다. 사건이 끝난 뒤 스페인은 1781년 5월 18일 쿠스코 중앙광장에서 그의 사형을 집행했다. 다시는 반란이 일어나지 않도록 사람들에게 본보기를 보여주자 했던 것이 잔인한 공개처형의 주된 목적이었다.

원주민 저항의 아이콘 투팍 아마루 2세는 그렇게 목숨을 잃었지만, 페루에서 그의 일대기는 전설로 남았다. 같은 시대를 살았던 원주민들은 투팍 아마루를 추모했으며, 후손들에게 무용담을 들려주며 그를 영원한 영웅으로 기억했다. 20세기에 접어든 뒤에도 투팍 아마루 2세는 원주민 권리를 수호하고자 했던 인물로 기억됐고, 그가 보여준 철학과 사상은 억압받는 페루 원주민들의 권리를 향상하는 데 상당한 영향을 끼쳤다.

19

May

쿠바의 독립을 이끌었던 호세 마르티

시인이자 저널리스트, 사상가로도 활동했던 호세 마르티는 쿠바 사람들이 가장 존경하는 인물이다. 그때문에 쿠바에선 호세 마르티라는 이름을 쉽게 발견할 수 있다. 공원, 건물, 길거리엔 그의 이름이나 동상을 쉽게 찾아볼 수 있고, 그가 태어난 생가는 현재 박물관으로 남아 있다.

호세 마르티가 쿠바의 국가 영웅이 된 건 그가 쿠바의 정체성을 확립하는 데 큰 기여를 했기 때문이다. 비록 시몬 볼리바르처럼 군인은 아니었지만 호세 마르티는 사람을 끌어 모으는 말솜씨를 가지고 있었다. 또 기자활동 경험을 바탕으로 스스로 신문사 '파트리아'를 설립해 쿠바인이 된다는 것이 무엇을 의미하는지에 대한 인식을 심어주었다. 한 마디로 칼이 아닌 펜으로 쿠바의 정체성을 찾고, 독립의 씨앗을 뿌린 셈이었다.

호세 마르티가 많은 사람에게서 존경받은 또 다른 이유는 자신의 말을 직접 행동으로 실행했기 때문이었다. 그는 제대로 훈련받은 군인이 아니었음에도 자신의 글에서 밝힌 투쟁심을 보여주고자 스스로 전쟁터에 뛰어들었고, 여러 전투에서 앞장서 싸우면서 많은 사람에게 큰 용기를 줬다. 비록 마르티는 1895년 5월 19일 스페인과 벌어진 도스리오스 전투Battle of Dos Rios에서 43세의 젊은 나이로 안타깝게 목숨을 잃었지만, 쿠바인들은 여전히 그의 참된 지성과 용기를 기억하고 있다.

매년 우루과이에서 벌어지는 침묵의 행진

매년 5월 20일 우루과이에선 국가적으로 중요한 행사가 진행된다. 이는 스페인어로 마르차 델 실렌시오Marcha del Silencio, 침묵의 행진이란 의미를 가진 행사다. 참고로 우루과이는 1973년부터 1985년까지 군사독재를 경험한 역사가 있는 나라로, 이 기간 동안 많은 사람이 희생되고 약 200명은 여전히 실종자로 기록된 상황이다. '침묵의 행진'은 국가 차원에서 희생자를 기리고 어두운 과거를 잊지 않고자 1996년부터 시작됐다.

우루과이 정부가 추모일을 5월 20일로 선택한 이유는 한 역사적 사건과 관련이 있다. 바로 이날 우루과이 다수의 주요 정치인사들이 암살당하는 사건이 벌어졌기 때문이다. 1976년 당시 많은 우루과이 정치인들은 다른 나라로 망명을 떠나 있었는데, 그중엔 국회의원 젤마르 미첼리니Zelmar Michelini를 포함한 3명의 정치인도 포함되어 있었다. 이들은 잠시 아르헨티나에서 거처를 구해 머물렀지만 그들을 제거하기 위해 보내진 암살자들에 의해 안타깝게 목숨을 잃었다. 이 소식은 많은 우루과이 국민들에게 충격을 줬고, 당시 군부정권이 얼마나 잔인했는지 보여준 사건으로 남았다.

1996년 우루과이의 수도 몬테비데오에서 처음 시작된 침묵의 행진은 국제적인 규모로 커졌다. 산티아고나 부에노스아이레스 같은 남미 도시에서도 행사가 열리며, 심지어 유럽 파리나 마드리드에서도 진행되고 있다. 그들은 매년 5월 20일 모여 "실종자들이 어디에 있는지 말해 달라" "우리 모두가 희생자의 가족이다" 같은 구호를 외치며 우루과이의 어두웠던 과거를 잊지 않기 위해 노력하고 있다.

흑인 인종차별을 없애기 위한 콜롬비아의 노력

콜롬비아에서 아프리카계 콜롬비아 사람들은 많은 차별을 받아왔다. 그들 대부분은 교육이나 의료복지도 제대로 누리지 못하며 빈곤층에 머물렀다. 정치계에서도 1970~80년대까지 콜롬비아 의회 내 아프리카계 출신 의원은 거의 존재하지 않았던 것으로 알려져 있다. 이런 상황을 바꾼 전환점은 1993년 흑인공동체법Law of Black Communities이 제정되면서부터였다. 이 법은 아프리카-콜롬비아 지역사회를 개선하기 위한 커뮤니티를 설립하고, 학생들의 교육 접근성을 돕는 정부 프로그램을 만드는 촉진제가 됐다. 그뿐만 아니라 그들이 직접 정치적 목소리를 낼 수 있도록 아프리카계 대표의 국회 내 두 석을 보장하면서 콜롬비아의 아프로-라틴 커뮤니티를 보호하는 가장 중요한 법으로 평가받았다.

2011년 제정된 '아프로-콜롬비아의 날Día de la Afrocolombianidad'은 1993년 법안의 연장선으로, 아프리카계 콜롬비아인들의 정체성과 문화를 보호하기 위해 매년 5월 21일로 제정됐다. 참고로 '아프로-콜롬비아의 날'이 5월 21일이 된 건 1851년 이날 콜롬비아에서 노예제도가 폐지된 것과 연관이 있었다. 이렇게 콜롬비아에서는 아프리카계 사람들에 대한 인종차별을 줄이기 위한 노력이 계속되어 왔고, 2022년에는 역사상 첫 흑인 부통령이 탄생하며 새로운 역사를 쓰게 되었다.

May

멕시코는 제2차 세계대전 때 어느 편에 속해 있었을까?

1941년 미국이 제2차 세계대전에 참전하자 이웃 국가 멕시코에서도 덩달아 긴장감이 높아졌다. 미국을 견제하기 위해 독일군이 많은 잠수함을 대서양과 멕시코만에 배치했기 때문이다. 실제로 제2차 세계대전 중 멕시코만에서 독일 잠수함에 의해 침몰당한 연합군 함선이 일본의 진주만 공격으로 파괴된 함선보다 더 많았다고 한다. 독일은 미국 선박을 주요 타깃으로 삼았으나, 미국으로 향하는 멕시코 선박들도 공격해 피해를 주곤 했다.

1942년 5월 22일, 줄곧 중립을 지켜온 멕시코 정부는 독일을 포함한 이탈리아, 일본 주축국에 선전포고를 했다. 바로 전날 SS 파하 데 오로SS Faja de Oro 호가 키웨스트 근처에서 공격받고 침몰하자 참전을 결심한 것이었다. 하지만 선전포고 이후 멕시코는 곧바로 군대를 파견하지 않았다. 멕시코는 전쟁참여 대신 다른 중남미 국가들과 활발히 소통하며 연합국과의 협력을 유도했다. 직접적인 방법보다는 간접적으로 외교에 힘을 쏟으며 연합국을 돕는 역할을 한 것이었다.

그러던 멕시코는 1944년 5월 8일이 돼서야 태평양 전선에 201 비행대대를 배치했다. 멕시코 공군은 필리핀섬에 있는 일본군 기지를 공격해 연합국이 승리할수록 힘을 보탰다. 당시 그들이 보여줬던 희생정신은 필리핀군에게까지 공로를 인정받았고, 멕시코 국민들에게도 많은 찬사를 받았다.

23 May

부에노스아이레스에 세워진 거대한 오벨리스크

오벨리스크는 이집트의 건축물로 원래는 태양신을 위해 만들어졌다. 이후에는 전쟁의 승리를 기념하거나 업적을 과시하기 위해 만들어졌는데, 위로 올라갈수록 끝이 뾰족해지는 특징이 있다.

부에노스아이레스의 상징이 된 오벨리스크를 완공한 날짜는 1936년 5월 23일이었다. 1930년대 당시 부에노스아이레스는 새로운 거리가 만들어지고 유럽풍 건물이 들어서며 현대화가 진행 중이었다. 하지만 아구스틴 후스토 대통령은 부에노스아이레스 같은 큰 도시에 기념적 랜드마크가 없다는 점에 불만을 가졌고, 도시가 처음 설립된 지 400주년이 되는 해인 1936년에 맞춰 대표 건축물을 만들 것을 제안했다.

긴 의논을 거친 끝에 아르헨티나는 거대한 오벨리스크를 건설하기로 했다. 유명한 건축가 알베르토 프레비쉬에 의해 진행된 이 프로젝트는 놀랍게도 단 두 달만에 완공이 됐다. 탑 아랫부분에는 부에노스아이레스를 처음 설립한 페드로 데 멘도자를 기념하는 문구를 포함됐고, 건축가 프레비쉬를 기념하는 소네트도 함께 새겨졌다.

한 가지 흥미로운 사실은 부에노스아이레스 사람들은 처음 오벨리스크를 흉물로 여겼다는 점이었다. 심지어 몇몇 사람들은 오벨리스크를 허물고 더 아름다운 건축물을 만들자는 법안을 추진할 정도였다. 당시엔 논란이 많은 오벨리스크였지만, 지금은 프랑스 파리의 에펠탑이나 뉴욕의 자유의 여신상처럼 부에노스아이레스를 상징하는 랜드마크로 우뚝 솟아 있다.

페루와 콜롬비아의 전쟁을 끝낸 평화조약

20세기에 이르러 콜롬비아와 페루는 아마존 유역의 국경선을 두고 갈등을 일으켰다. 두 나라가 부딪힌 가장 큰 문제는 관세였다. 페루 상인들은 국경을 통과할 때 콜롬비아 정부에 지불해야 하는 관세에 불만을 품었고, 페루 정부는 이를 해결하기 위해 콜롬비아 레티시아Leticia 지역에 군대를 보내 마을을 점령했다. 아예 레티시아를 점령해 관세문제를 해결하려 했던 것이다.

1932년 9월에 벌어진 이 사건은 레티시아 전쟁, 혹은 콜롬비아-페루 전쟁으로 알려져 있다. 두 나라 군대는 여러 전투에서 맞붙었지만 확실한 승기를 잡지 못한 채 대치상태만 계속됐다. 그러던 중 전쟁을 강하게 밀어붙인 페루의 루이스 미겔 산체스 대통령이 암살당하며 상황은 급변했다. 산체스에 이어 대통령 자리에 오른 오스카르 베나비데스는 콜롬비아의 전쟁보다는 좀 더 평화적인 방법으로 영토분쟁을 해결하길 원했기 때문이다.

전쟁을 끝내기 위해 만난 양측은 1933년 5월 24일 평화조약을 맺었다. 조약에는 페루가 콜롬비아 영토를 재침략하지 않겠다는 것, 그리고 1922년 영토분쟁을 위해 체결되었던 살로몬-로사노 조약Salomón-Lozano Treaty을 성실히 이행하겠다는 내용이 포함됐다. 한편 콜롬비아와 페루 사이에 벌어졌던 레티시아 분쟁은 페루의 작가 마리오 바르가스 요사의 소설《판탈레온 특별 봉사대》의 모티프가 됐다. 아마존에 주둔했던 군인들의 성욕해소를 위해 만들어진 여성 특수부대를 소재로 페루군 내부에 존재했던 문제를 풍자한 작품이었다. 이 작품 덕분에 레티시아 분쟁은 전 세계적으로 더 많은 사람들에게 알려지게 된다.

25
May

아르헨티나 두 명문 축구팀의 축구 경기장 이야기

5월 25일은 아르헨티나 역사에서 아주 중요한 날이다. 부에노스 아이레스에서 혁명이 일어난 날로, 아르헨티나 독립이 본격적으로 시작된 기념일이다. 하지만 5월 25일은 아르헨티나 축구 역사에서도 상당히 중요한 날이다. 아르헨티나 대표 라이벌 축구클럽 보카 주니어스와 리버 플레이트 모두 5월 25일과 관련이 있기 때문이다.

먼저 리버 플레이트 클럽은 1901년 5월 25일 창단됐다. 이에 맞춰 홈구장인 엘 모누멘탈El Monumental 경기장도 1935년 5월 25일에 처음 공사가 시작됐다. 약 7만 명을 수용하는 아르헨티나에서 가장 큰 축구 경기장으로, 1978년 월드컵 때 아르헨티나가 네덜란드를 꺾고 우승을 차지한 역사적인 장소이기도 하다. 한편 라이벌 보카 주니어스의 홈 경기장 라 봄보네라La Bombonera는 1940년 5월 25일에 처음 개장했다. 이는 공교롭게도 리버 플레이트 창단일과 같다. 스페인어로 '초콜릿 상자'를 뜻하는 라 봄보네라는 보카를 상징하는 파란색과 노란색으로 칠해져 있으며, 축구장 내부에는 마라도나와 리켈메 같은 선수들의 기록을 간직한 박물관이 있다.

이렇게 두 팀은 서로 앙숙관계지만 5월 25일이라는 공통점이 있다. 또 아르헨티나를 대표하는 팀의 경기장인 만큼 두 경기장에선 국가 대표팀 경기도 많이 열리고 있다. 특히 월드컵 최종예선전이 이 두 곳에서 자주 열리는데, 이때는 두 팀을 대표하는 색깔 대신 아르헨티나의 하늘색-하얀색 유니폼을 입은 관중들로 경기장이 뒤덮인 모습을 볼 수 있다.

남미에 있는 '안데스공동체'는 무엇을 하는 곳일까?

남미에는 지역발전을 위해 설립된 공동체가 있는데, 바로 안데스공동체 Comuniad Andina 다. 안데스공동체는 1969년 5월 26일 콜롬비아 '카르타헤나 협약'을 통해 처음 만들어졌으며 지역통합을 위해 노력해온 오랜 역사를 갖고 있다. 현재 안데스공동체는 페루, 볼리비아, 에콰도르, 콜롬비아, 이렇게 총 4개 회원국으로 이뤄져 있다. 그런데 흥미로운 사실은 안데스 지역에 속한 칠레와 베네수엘라가 멤버가 아니라는 점이다. 칠레는 1969년 처음 공동체가 만들어질 당시 속해 있던 창립 멤버였으나, 1973년 피노체트 정권이 들어선 이후 공동체에서 탈퇴했다. 신자유주의로 노선을 변경한 피노체트 정권은 경제를 개방하고 외국인의 투자유치를 원했는데, 안데스공동체가 정한 '외국인 투자에 대한 규제‘ 내용이 발목을 잡았기 때문이었다.

베네수엘라의 경우 원래는 초기 창립 멤버가 아니었다. 하지만 1973년 공동체에 가입하며 공식 멤버가 됐다. 당시 남미 경제대국이었던 베네수엘라의 가입으로 안데스공동체는 더욱 큰 힘을 얻게 됐고, 남미대륙을 대표하는 최대연합체로 자리 잡게 되었다. 하지만 베네수엘라는 우고 차베스 대통령이 집권하며 안데스공동체를 탈퇴했다. 그가 탈퇴를 결심한 이유는 정치적 이유가 컸다. 2000년대 초 페루와 콜롬비아가 미국과 FTA를 맺자, 반미성향이 강했던 차베스가 회원국들을 비판적 시각으로 바라봤기 때문이었다. 얼마 지나지 않아 차베스는 안데스공동체를 뛰어넘는 새로운 남미공동체를 만들고 싶다는 야망을 드러냈고, 베네수엘라의 탈퇴 결정으로 안데스공동체가 가지고 있던 명성은 크게 흔들리게 되었다.

27 May 페루에서 사용되는 언어는 총 몇 개나 될까?

페루에선 스페인어 말고도 공용어로 쓰이는 언어가 있다. 페루를 여행해본 사람들이라면 한 번쯤 들어봤을 케추아어 Quechua 다. 케추아어는 페루 전체 인구 약 19퍼센트 정도가 쓰고 있으며 안데스 지역에서 특히 더 많이 사용되고 있다. 이런 페루에서 1975년 후안 벨라스코 알바라도 대통령은 매년 5월 27일을 '원주민 언어의 날 Día Nacional del Idioma Nativo'로 정했다. 페루가 언어의 날을 만든 가장 큰 이유는 문화 다양성의 보존이었다. 총 48개의 원주민 언어가 있는 만큼 페루 정부는 국가 내에 공존하고 있는 원주민들과 그들의 의사소통 방식을 존중하고자 했다.

페루는 소멸하는 원주민 언어문제에 대처하기 위해 많은 노력을 기울여왔다. 페루 문화부에 따르면 현존하는 원주민 언어 중 21개가 사라질 위기에 처해 있다고 한다. 만약 언어가 소멸하는 일이 실제로 발생한다면, 언어뿐만 아니라 그들의 문화나 전통도 함께 잃게 될 것으로 우려되고 있다. 이런 이유로 매년 5월 27일 '원주민 언어의 날'이 되면 라디오에서 원주민 언어를 들려주고, TV에서는 원주민 언어로 인터뷰하는 등의 프로그램을 진행하고 있다. 또 이날이 아니어도 평소 SNS 운영을 통해 원주민 언어의 기본 인사말을 대중들에게 공유하면서 페루에 존재하는 다양한 언어의 중요성을 일깨우는 역할을 하고 있다.

사랑 때문에 전쟁을 벌인 벨기에와 콜롬비아 보야카주

1988년 5월 28일, 벨기에와 콜롬비아의 보야카주는 121년 동안 이어져 온 전쟁을 끝내기로 합의했다. 다만 이 전쟁은 양측의 총성이 오가지 않고 사상자도 없어 '보이지 않는 전쟁'으로 불렸다. 세계사에도 잘 알려지지 않은 이 전쟁은 사실 한 사람의 이뤄지지 않은 사랑 때문에 벌어진 것이었다.

이 전쟁을 일으킨 건 군인이자 정치인 출신 산토스 기테레즈였다. 그는 젊은 시절 유럽의 선진 법체제를 연구하라는 임무를 맡고 외교관으로 벨기에로 파견됐다. 성실하게 임무를 수행하던 그는 우연히 호세피나와 사랑에 빠지게 됐고, 결혼식을 올린 뒤 콜롬비아 로 넘어갈 계획을 세웠다. 하지만 호세피나의 부모님은 둘의 결혼을 거세게 반대했고, 기테레즈는 사랑을 이루지 못한 채 고국으로 돌아오게 된다.

콜롬비아로 돌아온 기테레즈는 여전히 호세피나를 잊지 못했다. 1863년 대통령이 된 그는 사랑이 이뤄지지 못한 것을 복수하고자 벨기에 왕국에 전쟁을 선언했다. 그는 전쟁선포문을 벨기에 브뤼셀에 보냈지만 다행히 편지는 목적지에 도달하지 못했고, 벨기에가 이 사실을 전혀 알지 못하게 되면서 전쟁은 벌어지지 않게 되었다.

시간이 흐른 1988년, 콜롬비아에서 근무하던 윌리 스티븐스 벨기에 대사는 우연히 기테레즈의 이뤄지지 않은 사랑 이야기를 듣게 됐다. 이야기에 흥미를 느낀 그는 보야카주에 평화협정을 맺어 벨기에-보야카 전쟁을 끝낼 것을 제안했다. 이에 보야카 주지사였던 카를로스 루비아노도 화답을 했고, 5월 28일 평화협정이 체결되며 전쟁은 공식적으로 마무리됐다.

우루과이에 소고기의 날이 있는 이유

우루과이에서 매년 5월 29일은 정한 '소고기의 날Día Nacional de la Carne'이다. 소고기의 날이 존재할 정도로 우루과이 사람들은 전 세계적으로 소고기 소비가 높은 편이다. 우루과이 국민들은 전 세계에서 두 번째로 많은 소고기를 먹는 것으로 알려져 있다. 상황이 이렇다 보니 우루과이는 수출도 자연스레 소고기의 비중이 높다. 인구당 비율로 살펴봤을 때 호주, 뉴질랜드보다 높은 소고기를 판매하고 있고 이는 세계 1위 수준으로 알려져 있다.

우루과이에서 매년 5월 29일이 소고기의 날로 정해진 이유는 소고기산업의 역사와 관련이 있다. 1876년 5월 29일, 우루과이는 냉동기술을 적용한 배인 '르 프리고리피크Le Frigorifique 호'를 유럽으로 출항시켰다. 이 사건을 기점으로 품질 좋은 소고기 수출이 대량으로 가능해졌으며, 우루과이 육류산업이 한 단계 더 도약하는 전환점을 맞게 됐다. 이런 이유로 우루과이 국립육류연구소INAC은 5월 29일을 '소고기의 날'로 정하게 된 것이었다.

현재 우루과이에서 소고기는 단순한 음식을 넘어 우루과이 문화와 정체성을 상징하고 있다. 이웃나라 아르헨티나처럼 우루과이도 가우초아르헨티나, 우루과이 초원지대에서 생활하던 카우보이들이 즐겨 먹었던 바비큐 아사도 문화가 존재하기도 한다. 2017년에는 우루과이만 할 수 있는 독특한 이벤트가 벌어졌는데, 총 만 오천 킬로그램의 소고기가 준비된 '세계에서 가장 큰 아사도 파티'가 열려 세계 기네스북에 등재되기도 했다.

도미니카공화국의 독재자 트루히요 대통령의 최후

1961년 5월 30일 늦은 밤, 도미니카공화국 수도 산토도밍고 외곽지역에서 난데없는 총격전이 벌어졌다. 고향 산 크리스토발San Cristobal로 향하던 라파엘 트루히요 대통령의 차량을 공격한 암살작전이 펼쳐진 것이었다. 치열했던 총격전 끝에 작전은 성공했고 30년 넘게 이어졌던 트루히요의 독재시대는 그렇게 막을 내리게 되었다.

1930년 집권한 트루히요는 도미니카공화국의 대표적인 군부독재자로 평가받는 인물이었다. 그는 임기 동안 인권운동을 했던 미라발 자매를 살해했고, 자신과 이념이 달랐던 베네수엘라의 베탕쿠르트 대통령까지 암살하려 했다. 또 도미니카공화국 국민들뿐만 아니라 쿠바, 아이티, 미국인을 상대로 협박을 일삼았는데, 그가 집권한 기간에만 약 5만 명의 사람들이 희생당한 것으로 알려져 있다.

많은 사람이 트루히요 독재에 불만이 있었지만 그의 힘이 워낙 막강하다 보니 제대로 된 저항조차 할 수 없었다. 하지만 미국의 케네디 정권이 트루히요의 폭정을 우려하는 태도를 취하며 상황은 급변했다. 원래 미국은 트루히요를 지지하는 쪽이었지만, 그가 국민들의 불만을 키워 쿠바처럼 사회주의 혁명이 일어날 것을 우려했던 것이다. 미국은 외교적으로 서서히 트루히요를 압박했고, 그의 독재에 반대하는 저항세력이 더욱 힘을 얻으며 결국 트루히요는 최후를 맞게 되었다.

1970년 멕시코 월드컵이 특별했던 이유

1970년 5월 31일 개최된 멕시코 월드컵은 유달리 '처음'이란 수식어가 많이 붙었던 월드컵이다. 유럽이나 남미가 아닌 북중미에서 처음 열린 월드컵이었고 경기 중 옐로우, 레드카드가 처음 도입된 대회기도 했다. 또 이전 월드컵과 달리 멕시코 월드컵은 고산병이 문제가 된 첫 번째 월드컵이었다. 멕시코는 해발 2천 미터가 넘는 도시가 몇 군데 있었는데, 멕시코시티에 있는 아스테카 경기장도 해발 2,200미터에 있어 선수들이 경기를 뛰는 데 애를 먹은 것으로 알려져 있다.

국가적 차원에서 멕시코 월드컵은 멕시코란 나라를 전 세계에 알릴 수 있는 절호의 기회였다. 1968년 올림픽을 개최한 바 있는 멕시코는 2년 뒤 월드컵도 개최하며 국제 대회를 통한 국가 브랜드 마케팅 기회를 잡았다. 마치 브라질이 2014년 월드컵과 2016년 올림픽을 통해 새로운 도약을 하려 했던 것처럼, 멕시코도 68년 올림픽과 70년 월드컵을 개최해 국가의 위상을 높이는 기회를 잡은 것이었다.

약 한 달 동안 열린 멕시코 월드컵은 다양한 측면에서 성공적인 대회로 평가받으며 마무리됐다. 특히 많은 사람들이 기억하는 경기는 서독과 이탈리아가 맞붙었던 준결승 경기로, 연장전에만 무려 다섯 골이 터지며 '세기의 경기 Partido del Siglo'라 꼽혔다. 이 경기가 열렸던 아스테카 경기장은 영국의 웸블리, 브라질의 마라카낭 경기장처럼 국제적인 명성을 얻게 됐고, 이후 멕시코 축구의 심장과 같은 곳으로 자리 잡게 됐다.

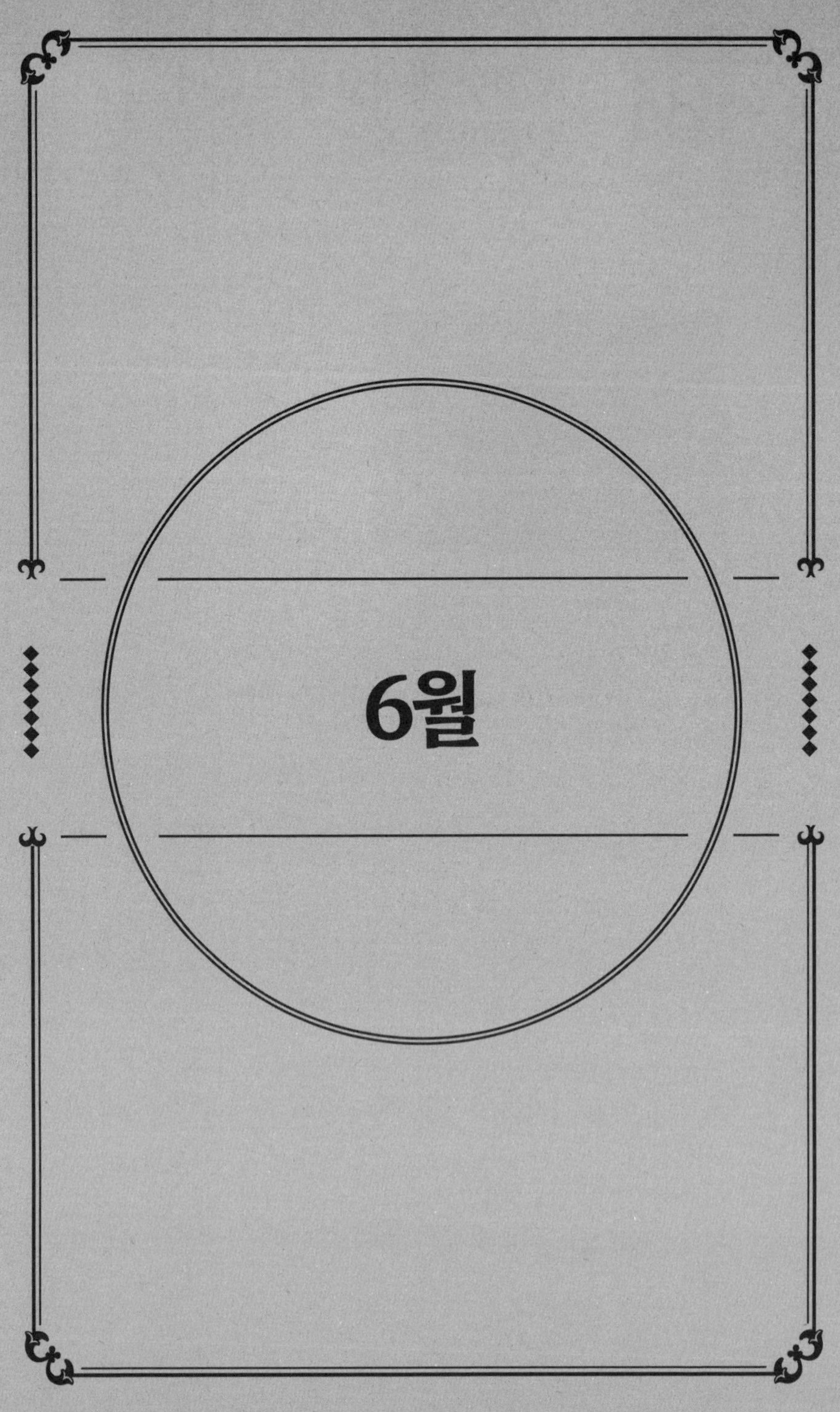

6월

1
June

엘살바도르는 왜 37세 정치인을 대통령으로 뽑았을까?

2019년 6월 1일, 엘살바도르에선 나이브 부켈레가 새 대통령 자리에 올랐다. 겨우 만 37세에 당선된 대통령으로, 비트코인을 통화로 채택하며 전 세계적으로 화제가 되기도 했다.

2019년 2월 열린 대통령선거에서 과반이 넘는 53.10퍼센트의 득표율로 당선된 그는 같은 해 6월 1일부터 대통령직을 맡게 되었다. 만 37세의 대통령을 뽑은 엘살바도르 국민들이 바라는 건 '새로운 정치'였다. 과거 엘살바도르 정치는 30년 넘게 두 개의 거대 정당인 민족주의공화동맹ARENA과 파라분도 마르티민족해방전선FMLN이 지배했다. 시간이 지나며 이 두 정당은 '고인물' 정당이 됐고, 국민을 대표하기보단 자신들만의 견고한 세력을 형성하는 배타적인 조직이 됐다.

이런 상황에서 부켈레는 국민들이 갈망했던 새로운 정치가 무엇인지 정확히 파악했다. 또 그는 어린 정치인답게 소셜 미디어를 활용할 줄 알았다. 트위터, 페이스북, 인스타그램 같은 각종 SNS 플랫폼을 통해 그의 생각을 공유해 인지도를 쌓았고, 영상을 올리면서 국민과 소통하는 젊은 리더의 느낌을 심어주었다. 과거 딱딱하고 권위적인 정치인 이미지에서 벗어나 국민들에게 먼저 다가가는 친근한 이미지를 만든 것이었다. 결국 높은 득표율로 대통령에 당선된 그는 국민들의 기대에 부응하며 여러 혁신적인 모습을 보였다. 항상 찬성과 반대가 공존하는 것이 정치판인 만큼 부켈레에 대한 평가가 나뉘고 있지만, 가죽 재킷을 입고 모자를 거꾸로 쓰며 소통하는 그의 모습은 기존 정치인과는 확실히 다르다는 평가를 받았다.

2 June

아메리카 원주민들도 인간임을 선포했던 교황

아메리카 신대륙의 존재를 알게 된 유럽 사람들은 이후 앞다투어 아메리카 식민지건설에 열을 올렸다. 하지만 그런 그들에게도 한 가지 해결되지 못한 중요한 문제가 있었다. 바로 자신들보다 한참 이전부터 그곳에 거주하던 원주민들을 사람으로 여길지에 대한 의문이었다. 처음 원주민들을 마주한 유럽인들은 그들을 미개하고 야만적인 존재로 생각했다. 그들은 문명화된 자신들이 종교도 다르고 기술적으로도 뒤처진 원주민들을 계몽시켜야 할 존재로 여겼고, 심지어 그들이 같은 인간인지에 대해서도 의심했다.

이에 바오로 3세 교황은 "비록 그들이 신앙 없을지라도 이성적인 사고를 할 수 있는 인간이며 그들 모두 자유와 사유재산에 대한 권리를 가지고 있다"며 교회의 공식적인 입장을 밝혔다. 그는 또 이미 발견된 원주민뿐만 아니라 앞으로 땅을 개척하면서 만나게 되는 원주민들 모두 인간으로 여겨야 한다고 말했다. 1537년 6월 2일 라틴어로 Sublime Deus 숭고하신 하느님이란 이름 으로 공표된 이 칙령은 사실상 교회가 원주민의 인권을 대변하며 상당히 중요한 의미를 갖게 됐다.

이 발표에 따르면, 원주민들도 인간의 권리를 누려야 했으므로 신대륙에서 행해지던 노예제도는 모두 폐지되어야 했다. 하지만 정복자들은 오히려 노예제도를 강화시키며 많은 원주민들을 희생시켰다. 사실상 교회의 영향력이 신대륙에까지 도달하지 못했을 뿐더러, 각 국가가 경제적 이익을 얻기 위해선 노예제도가 필수였기 때문이었다. 결국 바오로 3세의 칙령은 현실적으로 충분한 영향력을 발휘하지 못했고, 노예제도는 무려 3백 년 넘게 아메리카 대륙에서 지속됐다.

3
June

아르헨티나에 '이탈리아 이민자의 날'이 생긴 이유

미국이 이민자의 나라로 잘 알려진 대표적인 국가라면 남미의 아르헨티나도 유럽 이민자들을 많이 받아들인 나라 중 하나였다. 특히 아르헨티나로 많은 이탈리아 이민자가 건너왔는데, 현재 이탈리아를 본토를 제외하고 이탈리아 사람들이 제일 많이 살고 있는 곳이 바로 아르헨티나이기도 하다.

이탈리아에서 많은 영향을 받은 만큼 아르헨티나에선 매년 6월 3일을 '이탈리아 이민자의 날'로 기념하고 있다. 6월 3일로 날짜를 선택한 이유는 아르헨티나 독립 영웅 마누엘 벨그라노 Manuel Belgrano 와 관련이 있다. 1770년 6월 3일 이탈리아 이민자 출신의 아들로 태어난 벨그라노는 아르헨티나 독립을 이끌었을 뿐만 아니라 아르헨티나의 하늘색-하얀색 국기를 탄생시킨 인물이었다. 그가 아르헨티나가 탄생하는 데 큰 기여를 한 이탈리아 이민자 출신이었던 만큼, 그를 기리기 위해 매년 6월 3일을 '이탈리아 이민자의 날'로 정한 것이었다.

이탈리아 사람들이 먼 아르헨티나까지 이민을 온 건 이탈리아가 겪은 경제적 어려움 때문이었다. 특히 1910년대 초 이탈리아는 제1차 세계대전이 터지며 삶이 더욱 궁핍해지는 상황에 놓였다. 사람들은 황폐해진 조국을 떠나 새로운 세상을 찾기 시작했고, 마침 아르헨티나가 열린 이민정책을 펼치자, 1910년부터 1920년 사이에 만 약 백만 명에 가까운 이탈리아 사람들이 아르헨티나에 도착하게 되었다.

4
June

눈물 흘리며 아르헨티나에 사과한 우루과이 대통령

2002년 6월 4일, 우루과이 바트예 대통령은 예고 없이 아르헨티나를 깜짝 방문했다. 그는 공항에 내리자마자 아르헨티나 두알데 대통령을 만나 눈물을 흘리며 자신의 실수를 사과했는데, 한 국가의 대통령이 다른 나라 대통령을 직접 찾아가 사과하는 건 굉장히 보기 드문 일이었다.

예상치 못한 우루과이 바트예 대통령의 사과는 1998년 시작된 아르헨티나 경제위기와 관련이 있었다. 당시 아르헨티나는 경제성장률이 마이너스 10.9퍼센트나 될 만큼 심각한 상황에 놓여 있었다. 거리에는 매번 시위가 일어났고, 대통령은 4년 사이에 5번이나 바뀔 만큼 혼란의 시기를 겪었다.

아르헨티나의 경제위기는 곧바로 이웃나라 우루과이에도 악영향을 끼쳤다. 우루과이 경제는 역사적으로 아르헨티나 의존도가 높았기에 함께 위기를 맞은 것이었다. 상황이 안 좋아지자 우루과이의 바트예 대통령은 실언을 했는데, 미국 언론 블룸버그와의 비공개 인터뷰에서 "아르헨티나는 도둑들의 소굴이며, 두알데 아르헨티나 대통령은 너무 무능해서 도와주는 것도 지쳤다"라고 비판했다.

이 소식을 들은 아르헨티나 국민들은 크게 분노했다. 파문이 커지자 바트예 대통령은 바로 다음 날 두알데 대통령을 만나 "자신이 큰 실수를 저질렀고, 아르헨티나 국민들에게 자신의 실언을 용서 바란다"고 말하며 사과를 건넸다. 곧바로 개인의 과오를 인정하고 용서를 구하는 모습에 두알데 대통령은 "이 사건을 잊고 양국의 더 밝은 미래를 위해 나아가자"고 밝혔고, 자칫 악화될 수 있었던 두 나라의 관계는 다시 정상으로 돌아오게 되었다.

5
June

멕시코 혁명을 이끌었던 판초 비야

멕시코 혁명을 이야기할 때 빼놓을 수 없는 인물인 판초 비야는 1878년 6월 5일 멕시코 북부에 위치한 두랑고주에서 태어났다. 판초 비야의 진짜 이름은 도로테오 아랑고로, 대농장에서 일하는 아버지를 따라 농사일을 하던 평범한 청년이었다. 하지만 대농장 지주인 네그레테가 자신의 여동생을 성폭행하자 그를 살해했고, 이후 이곳저곳을 떠돌며 본격적인 의적생활을 시작했다.

주로 대농장 지주들을 공격했던 그는 탁월한 리더십을 바탕으로 점차 신뢰와 인지도를 얻었다. 그리고 그의 이름은 멕시코 혁명을 이끌던 프란시스코 마데로에게까지 알려졌다. 마데로는 판초 비야에게 혁명에 참여해주길 바랬고, 이를 승낙한 판초 비야는 정부군과의 여러 전투에서 승리하며 혁명 영웅으로 인정받게 된다. 이후 치와와 주지사로 임명된 판초 비야는 부자들의 재산을 몰수하고 토지를 농민들에게 재분배하는 정책을 실행했다. 하지만 또 다른 혁명 영웅인 우에르타, 카란사와 갈등이 생기며 내전에 휘말리게 됐고, 카란사 군대와 벌인 셀라야 전투에서 크게 패하며 정치계를 떠났다.

정치에서 손을 떼고 의적생활을 했던 그였지만, 비야는 계속해서 반대 세력에게 살해 위협을 받았다. 1923년 7월, 비야는 결국 40여 명의 괴한의 공격을 받아 목숨을 잃고 만다. 그를 살해한 배후세력은 정확히 밝혀지지 않았지만, 역사가들은 그의 영향력을 두려워했던 오브레곤과 카예스의 소행으로 추측하고 있다.

경제공동체 태평양동맹의 탄생

2012년 6월 6일, 중남미 지역에서 멕시코, 콜롬비아, 페루, 칠레가 속한 태평양동맹이 탄생했다. 2011년 4월 리마 선언에서 발표했던 내용이 실현된 것으로, 대서양 지역의 메르코수르에 이어 거대한 경제공동체가 탄생한 것이었다. 태평양동맹이 메르코수르와 다른 점은 시장의 개방정도였다. 네 나라는 해외 국가의 투자를 적극적으로 받아들였고, 비즈니스를 활성화하는 모습을 보였다. 태평양동맹의 모토가 '지역통합, 경제발전뿐만 아니라 상품, 서비스, 자본, 인력의 자유로운 교류'였던 만큼, 비즈니스에 있어서 확실히 개방적인 성향을 보인 것이었다.

전반적으로 태평양동맹은 회원국에 긍정적인 효과를 끼쳤다는 평가를 받았다. 그래서 다른 중남미 국가들도 이 조직에 관심을 가지기 시작했고, 가입을 목표로 문을 두드리기 시작했다. 대표적으로 에콰도르는 5번째 정회원 가입이 현실화하고 있으며, 코스타리카, 파나마, 과테말라 같은 중미 국가들도 관심을 보이는 상황이다.

태평양동맹이 독특한 건 아시아 시장과의 교류를 적극적으로 활용하려는 점이다. 중남미 4개국은 태평양이라는 지리적 요소를 바탕으로 아시아와 중남미를 잇는 거대한 경제협력 체제구축을 꿈꿨다. 이에 따라 아시아 국가들도 태평양동맹에 대한 관심이 높은 편이며, 2017년에는 싱가포르가 아시아 국가로는 최초로 태평양동맹의 첫 번째 준회원국으로 승인된 바 있다.

7 June

스페인을 떠나 멕시코로 가야만 했던 456명의 아이들

1936년 벌어진 스페인 내전은 많은 사람을 고통 속에 빠뜨렸다. 특히 힘없는 어린이들은 고아가 됐고, 먹을 것을 찾아 길거리를 헤매는 처지가 됐다. 전쟁이 한창이던 1937년 5월, 456명의 스페인 아이들은 바르셀로나에 모여 멕시크Mexique호에 올랐다. 이 아이들은 6월 7일 멕시코 베라크루스항에 도착했고, 이후 모렐리아라는 도시로 옮겨가 새로운 생활을 시작하게 되었다.

스페인을 떠났던 456명의 아이들은 훗날 멕시코에서 '모렐리아의 아이들Los Niños de Morelia'로 불렸다. 멕시코 카르데나스 대통령이 스페인 아이들을 인도적 차원에서 받아주기로 하며 멕시코로 오게 된 것이었다. 원래 프랑스, 영국, 스위스, 벨기에 등 여러 국가에서 임시로 아동을 수용하기로 합의했는데, 멕시코도 이 인도적 결정에 함께 참여하기로 한 것이었다.

멕시코로 건너와 '멕시코화'가 된 아이들의 이야기는 《모렐리아의 아이들: 23,296일 후》라는 책과 다큐멘터리를 통해 상세히 기록됐다. 이들은 토르티야를 먹는 것에 익숙해지지 않았던 기억, 고향에 대한 그리움으로 힘들었던 기억을 떠올렸고, 친구가 전쟁으로 인한 트라우마를 겪고 있었음에도 아무것도 할 수 없었던 때를 회상했다. 모렐리아의 아이들이 남긴 증언은 전쟁으로 뒤바뀐 개인의 운명, 그리고 아이들의 관점에서 바라본 스페인 내전의 숨겨진 스토리를 들려주며 많은 사람들에게 교훈을 남겼다.

8 June

엘살바도르의 비트코인 도입은 옳은 결정이었을까?

2021년 6월 8일, 엘살바도르 의회는 전 세계 최초로 파격적인 법 하나를 승인했다. 한때 세상을 떠들썩하게 했던 비트코인 법안Ley Bitcoin을 통과시킨 것이었다. 엘살바도르에 비트코인을 화폐로 도입한 건 나이브 부켈레 대통령이었다. 37세의 나이로 당선된 젊은 대통령답게 그는 평소 기술 분야에 높은 관심을 가졌고, 특히 엘살바도르 경제에 중요한 부분을 차지하는 송금 부문을 개혁하고 싶어 했다. 미국에서 엘살바도르로의 송금 비중은 엘살바도르 경제의 20퍼센트를 넘게 차지할 만큼 중요했는데, 부켈레는 송금 수수료를 최소화하면 더 많은 국민들이 혜택을 볼 수 있을 것으로 판단했다.

엘살바도르가 비트코인을 국가 통화로 결정하자 전 세계 비트코인 지지자들은 크게 환호했다. 당시 비트코인 가격이 계속해서 오르던 시기였기 때문에 엘살바도르의 결정을 혁신적으로 받아들였다. 반면 암호화폐 자체에 회의적인 시각을 가진 전문가들은 위험한 베팅이라며 엘살바도르의 법승인을 걱정했다. '변동성이 너무 큰 비트코인을 국가가 도입한다는 사실 자체가 말도 안 된다'라는 입장을 보였던 것이다.

오르락내리락하는 비트코인 가격만큼 엘살바도르의 결정에 대한 찬반논란이 끊이지 않았다. 특히 비트코인 가격이 급격히 내려간 2022년 5월엔 엘살바도르의 파산 가능성까지 보도됐다. 그러나 사람들의 걱정과는 달리, 부켈레 대통령은 오히려 '비트코인을 저가에 매수했다'라는 트위터를 올리며 투자를 멈추지 않았다. 시간이 지나면서 엘살바도르의 비트코인 도입은 실패라는 의견이 지배적이게 됐지만, 비트코인은 여전히 엘살바도르 국가 화폐로 활용되고 있다.

파라과이에 하프의 날이 있는 이유

Harps, p. 984.

파라과이에는 나라에서 정한 하프의 날이 있다. 참고로 하프는 파라과이에서 아르파Arpa라고 불린다. 가야금이 한국을 대표하는 민속악기이듯이 아르파는 수백 년 전부터 파라과이를 대표하는 악기로 자리매김해왔다. 먼저 아르파의 역사는 스페인 식민지시대 때부터 시작됐다. 16세기 초 파라과이에는 많은 예수회사람들이 건너와 활동했는데 그들이 전파시킨 유럽 문화 중 하나가 바로 이 아르파였다. 이후 파라과이 사람들은 이 하프를 조금씩 변형시켜 연주하기 시작했고, 크기가 작고 페달이 없는 것이 파라과이 아르파의 가장 큰 특징이 되었다.

시간이 흐르면서 파라과이 아르파는 단순히 모양만 바꾼 게 아니었다. 연주방법도 조금씩 바뀌기 시작했는데, 아르파 연주자들은 손가락끝이 아니라 손톱으로 줄을 뜯는 특성이 있다. 또 오른손으로 줄을 뜯으면서 왼손으로 줄의 음높이를 조정하고 억누르는 방식은 보통 페달로 음을 조절하는 다른 하프와 다른 가장 큰 차이이다.

현재 아르파는 파라과이 전통음악을 논할 때 빼놓을 수 없는 악기로 평가받고 있다. 특히 아르파만이 가진 독특한 음색은 수세기 동안 파라과이 전통음악의 특색을 살리는 데 기여했다. 펠릭스 카르도소, 니콜라스 아키노 같은 전 세계적으로 유명한 하프 연주자는 전 세계에서 공연을 펼쳐 아르파의 매력을 알리고 있으며, 매년 10월 파라과이의 수도 아순시온에서는 세계 아르파 음악 페스티벌이 열리고 있다.

10 June

아르헨티나와 영국의 말비나스섬 분쟁

말비나스섬은 아르헨티나 남쪽 끄트머리에 위치한 섬이다. 한눈에 봐도 아르헨티나 말고는 이 섬과 가까운 나라가 없기 때문에 자연스레 아르헨티나 땅으로 보이기 쉽다. 아르헨티나는 1973년부터 매년 6월 10일을 '아르헨티나의 말비나스섬 및 남극 부문에 대한 권리 주장 기념일Día de la Afirmación de los Derechos Argentinos sobre las Malvinas, Islas y Sector Antártico'로 정했는데, 이는 말비나스섬이 영국이 아닌 아르헨티나 영토란 것을 확실히 하기 위함이었다.

아르헨티나 정부가 많은 날 중 6월 10일을 선택한 건 한 역사적 사건과 연관이 있다. 1829년 6월 10일, 스페인에서 갓 독립한 아르헨티나는 루이스 베르넷을 사령관으로 임명해 말비나스섬으로 보냈다. 이날을 계기로 아르헨티나는 섬에 대한 영유권을 선포했고, 주변 해상 자원에 대한 권리가 아르헨티나에 있다는 점을 분명히 밝혔다. 이런 역사적 사건을 바탕으로, 아르헨티나는 기념일을 6월 10일로 정한 것이었다.

한편 당시 아르헨티나의 영토권 주장은 그리 오래가지 못했다. 불과 4년 뒤인 1833년 말비나스섬에 나타난 영국 군대가 섬 전체를 영국 영토로 만들었기 때문이다. 1982년 아르헨티나는 포클랜드 전쟁을 일으켜 섬을 빼앗으려 했지만 전쟁에서 패배하며 영토 탈환에 실패했다. 하지만 아르헨티나는 포기하지 않고 역사 문서들을 증거로 제시해 섬이 자신들의 땅임을 주장하고 있으며, 영국이 아르헨티나를 상대로 벌이는 명백한 주권 침해임을 주장하는 상황이다.

11 June
파라과이와 브라질의 리아추엘로 전투

리아추엘로 전투Battle of Riachuelo는 삼국동맹 전쟁 중 벌어졌던 수많은 싸움 중 하나다. 1865년 6월 11일 파라과이와 브라질이 맞붙었던 이 전투는 남미에서 벌어진 가장 규모가 큰 해상전투 중 하나로 역사에 기록되어 있다. 이전까지는 파라과이가 전쟁에서 우위를 점하고 있었다면, 이 전투 이후 삼국동맹에 유리한 구도로 전쟁의 흐름이 바뀌게 되었다.

먼저 삼국동맹 전쟁이 일어난 건 경제와 정치적 요소가 섞여 있었다. 파라과이 대통령이었던 솔라노 로페스는 경제적으로 브라질에 높은 의존을 해야 하는 상황을 못마땅해했다. 또 그는 평소 파라과이를 부국으로 만들고 오래 대통령직을 이어 나가길 원했다. 그는 브라질과의 전쟁에서 승리해 파라과이의 힘을 강화하는 것이 자신의 야망을 실현시킬 기회라 판단했고, 결국 1864년 브라질, 아르헨티나, 우루과이와 남미의 패권을 결정지을 전쟁을 벌였다.

리아추엘로 전투는 파라나강에서 벌어진 싸움으로 파라과이 함선 8척과 브라질 함선 9척이 맞붙은 전투였다. 서로 포를 쏘며 비등하게 전개된 전투는 처음 파라과이에게 유리하게 흘러갔지만 시간이 갈수록 기동력이 더 뛰어났던 브라질이 승기를 잡았다. 결국 파라과이의 대표 함선인 파라과이, 타콰리, 피라베베 호가 심각한 피해를 입었고, 로페스 대통령이 후퇴를 결정하며 브라질의 승리로 끝나게 됐다. 이후 브라질을 비롯한 연합군은 파라나강의 통제권을 차지해 파라과이의 기존 보급로를 차단했고, 전쟁에서 승리하며 강 주변 지역의 통제력을 더욱 공고히 했다.

12
June

2014년 브라질 월드컵의 빛과 그림자

2014년 6월 12일에 개최된 브라질 월드컵은 1978년 아르헨티나 월드컵 이후 36년만에 남미에서 개최된 이벤트였다. 특히 축구강국 브라질에서 열리는 만큼 역사에 남을 만한 엄청난 축제가 될 거란 기대감이 높았다. 많은 전문가들은 브라질이 우승할 것이라고 예측했는데, 실제 전문 도박사들의 예측도 브라질이 아르헨티나나 독일보다 높게 나타났다.

브라질이 월드컵 개최를 통해 기대한 건 국가의 이미지 브랜딩이었다. 2000년대 초부터 경제성장을 이룬 브라질은 어느 정도 성장한 자신들의 모습을 국제스포츠대회를 통해 보여주고자 했다. 과거 브라질의 이미지가 마약, 빈곤과 연관되어 다소 부정적이었다면, 월드컵을 통해 변화한 브라질의 모습을 전 세계에 보여주길 원한 것이었다. 하지만 브라질 사회에선 월드컵 개최에 대한 부정적 목소리도 컸다. 가장 큰 문제는 브라질 정부가 쓴 공공지출이었다. 브라질은 원래 예측보다 훨씬 더 많은 예산을 월드컵을 준비하는 데 썼고, 이는 많은 브라질 시민들의 반감을 샀다. 비판여론은 '차라리 그 돈을 교육이나 의료 분야에 썼어야 했다'고 주장했고, 월드컵 준비를 당장이라도 멈춰야 한다고 말했다.

결과적으로 브라질은 준결승전에서 독일에 7대1 대패를 당하며 국민들에게 큰 실망감을 안겨줬다. 브라질은 사람들은 천문학적인 돈을 쏟아부은 월드컵이 '누구를 위한 축제였는가?'라 질문했고, 월드컵은 정부의 쓸데없는 보여주기식 쇼에 불과했다고 비판했다. 브라질이 원하던 브랜딩, 간접적 부가가치 창출도 어렵게 되면서, '브라질 월드컵은 실패였다'라는 씁쓸한 여론이 주를 이루게 되었다.

13
June

1953년 콜롬비아에서 벌어진 쿠데타 사건

1953년 6월 13일, 콜롬비아에서는 군부 독재의 시작을 알린 쿠데타가 일어났다. 라우레나오 고메즈 대통령이 피니야 군 사령관을 몰아내려 하자 피니야가 먼저 쿠데타를 일으켜 고메즈 대통령을 내쫓은 사건이었다. 쿠데타의 발단은 피니야를 육군총사령관 자리에서 해임시키며 시작됐다. 고메즈 대통령은 권력에 욕심이 많던 피니야 세력의 쿠데타 가능성을 걱정했고, 결국 로물로 가이탄을 새 군사총사령관으로 임명할 계획을 세웠다.

하지만 이 소식을 접한 피니야는 가만히 당하고 있지만은 않았다. 그는 콜롬비아 주요 지역에 있던 군관계자들을 설득해 쿠데타를 일으킨 뒤 곧이어 수도 보고타에 있는 대통령궁을 장악했다. 군실세와 다름없던 피니야와 비교했을 때 고메즈 대통령은 저항할 만한 힘이 없었고, 결국 급하게 피신한 고메즈 대통령은 같은 날 사임의사를 밝히게 된다.

한국전쟁에도 참여한 경력이 있는 피니야는 그렇게 콜롬비아 새 대통령 자리에 올랐다. 그리고 "콜롬비아에서 내전으로 벌어지는 폭력은 더 이상 없을 것이다"라고 말하며 국민들을 안심시켰다. 또 학교, 병원, 고속도로를 건설하며 경제발전 정책에 집중하는 모습을 보이기도 했다. 하지만 권력을 잡은 기간 동안 피니야는 언론의 자유를 제한했고 학생시위를 과잉진압하는 일을 저질렀다. 콜롬비아 국민들은 이런 피니야의 독재적인 모습에 조금씩 신뢰를 잃었고, 결국 1958년 선거에서 카마르고가 새 대통령으로 선출되며 피니야 시대는 막을 내리게 된다.

14
June

아르헨티나와 영국 사이에 벌어진 전쟁의 결말

아르헨티나와 영국 사이의 포클랜드, 혹은 말비나스 분쟁이 세계적으로 알려진 건 1982년 벌어진 전쟁 때문이었다. 1982년 4월 아르헨티나 군대는 포클랜드 제도를 차지하고 있던 영국군을 기습공격했다. 함대를 이끌고 섬에 상륙한 아르헨티나군은 무방비상태였던 영국군을 압도하며 비교적 손쉽게 섬을 탈환하는 데 성공했다. 승리 이후 아르헨티나 정부는 영국이 보복전쟁에 나서지 않을 거라 판단했는데, 영국이 본토에서 12,000km나 떨어진 섬을 위해 군이 힘을 낭비하지 않을 거라 생각했던 것이다.

하지만 영국의 마가렛 대처 총리는 모두의 예상을 깨고 반격을 시작했다. 심지어 영국 내에도 전쟁에 회의적인 시각이 있었지만 대처 총리는 강경한 방식으로 아르헨티나 공격에 대응하기로 했다. 모든 군사 전력을 총동원한 영국은 아르헨티나 함대를 상대로 승리를 이어 나갔고, 전쟁은 2개월만인 1982년 6월 14일 영국의 승리로 마무리됐다.

전쟁이 영국의 승리로 끝났다고 해서 아르헨티나가 말비나스섬을 포기한 건 아니었다. 아르헨티나 사람들은 말비나스섬의 주권이 여전히 아르헨티나에 있다고 주장했고, 영국과의 협상 테이블로 끌어내 말비나스섬을 완전히 아르헨티나 영토로 만들고자 노력했다. 비록 섬 주민들의 반대와 묵묵부답인 영국 정부의 태도로 어려움을 겪고 있지만, 2023년 3월에도 유엔측에 영유권을 주장하는 입장문을 전달하는 등 반환을 요구하는 상황이다.

페루에 있는 안데스 노래의 날 이야기

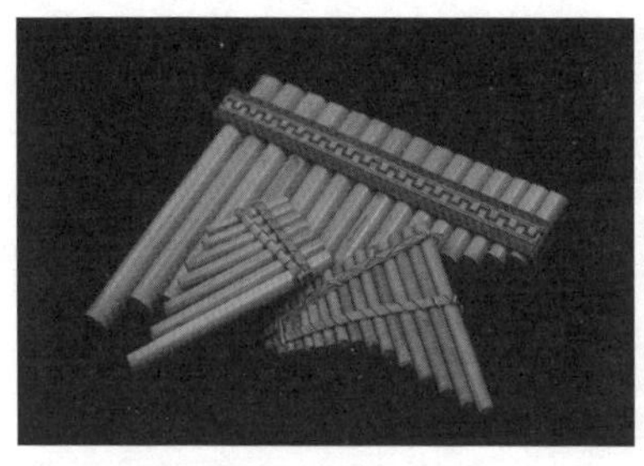

2006년 페루의 톨레도 대통령은 매년 6월 15일을 '안데스 노래의 날Día de la Canción Andina'로 지정했다. 오랜 전통을 이어온 안데스 음악을 페루 문화유산으로 인식하기 위해 이날을 기념하게 된 것이다. 오랜 시간 원주민들 정체성을 대표했던 안데스 음악은 이를 계기로 국가의 문화적 가치를 인정받게 되었다. 사실 안데스 음악은 스페인 정복자들에 의해 '악마의 음악'으로 배척당한 역사가 있었다. 과거 일본도 한국을 식민지화하는 과정에서 한국 음악과 관련된 음악회나 공연활동을 통제했는데, 안데스 음악도 스페인 식민지배에서 억압받으며 서서히 그 전통성과 가치를 잃어버린 것이었다.

21세기 들어 원주민들의 권리를 강화했던 페루는 '안데스 노래의 날'을 만들어 그들의 음악을 더욱 널리 알리는 데 힘썼다. 이날을 제정한 톨레도 대통령은 페루 최초의 원주민 출신 대통령이었는데, 그의 배경이 안데스 문화를 더 적극적으로 보존하게 한 것으로도 해석할 수 있다.

2006년 법제정 당시 페루 정부는 '안데스 음악은 안데스 사람들이 여러 세대에 걸쳐 물려준 생생한 문화적 유산'이라 밝혔다. 사실 안데스 음악은 에콰도르나 볼리비아 같은 안데스 지역 국가에서도 즐겨 듣는 노래다. 그중 페루만 유일하게 '안데스 노래의 날'이 제정됐다는 건 문화유산을 지키고자 하는 페루의 국가적 노력이 반영된 의미 있는 일로 평가되고 있다.

16 June

부에노스아이레스에 떨어진 100개가 넘는 폭탄들

아르헨티나의 '5월의 광장 폭격El Bombardeo de Plaza de Mayo' 사건은 1956년 6월 16일 평화로운 아침에 벌어졌다. 아르헨티나 공군은 아르헨티나의 심장이나 다름없는 5월의 광장 주변을 포함한 대통령궁에 폭격을 가했다. 그들의 목표는 후안 페론 대통령 제거였지만, 이 과정에서 무고한 시민들이 목숨을 잃었다. 이날 부에노스아이레스 중심부의 하늘을 가로질렀던 전투기들은 총 백 개 이상의 폭탄을 투하했다. 이로 인해 총 3백 명이 넘는 사람들이 목숨을 잃었는데, 특히 근처를 지나던 트램이 공격당해 안에 타고 있던 사람들이 전원 사망하며 인명피해는 더욱 커졌다.

반면 공격대상이었던 페론 대통령은 벙커로 피신해 간신히 목숨을 건졌다. 결과적으로 쿠데타는 실패했고, 복수심에 타오른 페론 지지자들을 오히려 결집시키는 계기를 마련했다. 하지만 페론 반대세력은 그를 몰아낼 계획을 포기하지 않았고, 결국 같은 해 9월 한 번 더 쿠데타를 일으켜 페론을 대통령 자리에서 끌어내는 데 성공했다.

한편 5월의 광장폭격 사건 이후 아르헨티나에선 총과 폭탄을 사용한 테러가 빈번히 일어났다. 페론이 물러간 뒤에도 그의 지지자들과 반대세력의 대치상황은 계속됐는데 그때마다 폭탄테러나 암살작전을 활용해 서로를 공격했다. 이 같은 상황에서 가장 큰 피해를 본 건 시민들이었고, 정치적 불안정으로 인한 양측의 유혈사태는 20년 넘게 이어지게 된다.

17 June

브라질에서 삼두정치가 실행됐던 이유

포르투갈에게서 브라질의 독립을 이끈 주인공은 페드루 1세였다. 스스로 브라질 황제 자리에 오른 그는 처음엔 나라를 안정적으로 통치하나 싶었지만, 권위주의적인 모습을 드러내며 민심을 잃었다. 또 아르헨티나와의 무리한 전쟁을 통해 경제적 불안정을 가져오게 되면서, 결국 1831년 4월 왕위를 포기하고 유럽으로 돌아가는 선택을 했다.

페드루 1세가 유럽으로 돌아가기 직전, 그는 다음 브라질 황제 자리를 페드루 2세에게 물려줄 것을 선언했다. 하지만 문제는 페드루 2세의 나이였다. 당시 페드루 2세는 고작 다섯 살밖에 안 된 어린 아이였기 때문에 나라를 통치하기엔 무리가 있었다. 따라서 브라질 의회는 문제 해결을 위해 상원의원들을 소집했고, 1824년 제정된 헌법 내용에 따라 리젠시 Regency, 혹은 섭정정부를 세우기로 했다. 다만 한 사람에게 권력이 쏠리는 것을 방지하기 위해 삼두 리젠시 Triumviral Regency를 세웠는데, 투표에 따라 1831년 6월 11일 호세 다 코스타 카르발류, 조아우 브라우리우 무니즈, 프란시스코 데 리마 이 실바가 임시 통치자로 임명됐다.

한 가지 흥미로운 사실은 브라질이 공화국 대신 군주제를 계속해서 유지하길 원했다는 점이다. 물론 몇몇 사람들은 다른 남미 국가들처럼 대통령이 통치자가 되는 공화국을 원하긴 했지만 대다수는 군주제가 정치적 안정성을 가져온다고 믿었다. 심지어 브라질 사람들은 왕가에 충성심을 가졌으며, 특히 페드루 1세의 어린 아들인 페드루 2세를 자칫하면 여러 주로 분열될 수 있는 브라질을 통합할 인물로 여겼다. 이에 따라 1831년 시작된 삼두 리젠시 임시정부는 1840년 끝이 났고, 예정대로 페드루 2세가 황제 자리에 올라 브라질을 통치하게 된다.

18 June

브라질이 일본 이민자의 날을 기념하는 이유

브라질엔 이탈리아와 독일 같은 유럽 출신 이민자들도 많지만, 일본인 이민자도 상당히 많은 편이다. 일본을 제외하고 가장 많은 일본인이 거주하는 곳이 바로 브라질인 만큼, 브라질엔 일본 이민자들의 날을 기리는 날이 있을 정도다. 일본인들의 브라질 이민사는 1908년 처음 시작됐다. 당시 브라질은 전 세계 커피수요가 급증함에 따라 많은 수익을 올릴 기회를 얻었지만, 노동력이 부족해 수요를 쫓아가지 못했다. 대안을 찾던 브라질 정부는 태평양 건너 일본에 까지 자신들의 이민정책을 설명했고, 새로운 기회를 찾던 일본의 농민 출신 사람들이 이민을 선택하게 되었다.

1908년 6월 18일, 이민을 선택한 781명의 일본인이 처음 브라질에 도착했다. 이들은 주로 커피 플랜테이션이 집중된 상파울루 지역에 정착해 삶의 터전을 꾸려나갔다. 대다수의 이민자들은 빠른 시간에 돈을 벌어 일본으로 돌아가자는 계획을 세웠지만, 이들의 브라질 생활은 생각보다 쉽지 않았다. 다른 사고방식, 언어, 보이지 않는 차별이 그들의 브라질 생활을 어렵게 했기 때문이다.

그럼에도 불구하고 브라질로 이민을 온 일본인의 숫자는 계속해서 늘어났다. 브라질이 제2차 세계대전에 참여하기 직전인 1941년까지 거의 20만 명에 가까운 일본인이 브라질로 이민온 것으로 알려져 있다. 이들은 맨 처음 커피플랜테이션에 주로 종사했지만 이후 다양한 분야에 종사하며 브라질 사회에 정착했고, 지금은 혼혈계 일본인까지 합치면 약 백오십만 명의 사람들이 브라질 전역에 살고 있는 것으로 알려져 있다.

19 June

칠레 안전법을 통째로 바꾼 엘 떼니엔떼 광산사고

칠레는 세계에서 가장 많은 구리를 생산하는 국가 중 하나다. 전 세계 구리 생산량의 30퍼센트 이상이 칠레에서 이뤄지고 있으며, 세계에서 가장 큰 광산도 칠레에 위치해 있다. 광산업이 활발한 나라인 만큼 칠레에서는 안타깝게도 관련 사고가 자주 발생했다. 특히 1945년 6월 19일 엘 떼니엔테 광산El Teniente에서 발생한 사고는 칠레 역사상 가장 비극적인 광산사고로 기억되고 있다.

해당 사고는 입구에서 일어난 갑작스러운 폭발로 인해 시작됐다. 폭발 이후 주변엔 화재가 발생했고 독성 연기가 지하갱도로 빠르게 확산하며 통로 전체를 암흑으로 만들었다. 다행히 입구 근처에 있던 광부들은 빠져나올 수 있었지만, 지하 깊숙한 곳에서 채굴작업을 하던 광부들은 연기를 뚫고 빠져나올 방법이 없었다. '연기의 비극'으로 기억되는 이 사건은 총 355명에 달하는 광부들의 목숨을 앗아간 안타까운 사건으로 남았다.

사고 이후 칠레 정부는 산업안전법 체제를 대대적으로 개선했다. 가장 먼저 노동자보호법을 한층 더 강화했고, '광산안전부'를 신설해 위험도가 적은 환경을 만들도록 했다. 또 광산을 안전하게 관리하지 못하고 이득만 챙기던 외국 기업에 대한 비판 여론이 형성되면서, 정부 내에서는 광산업에 대한 국영화 논의가 본격적으로 시작되는 계기가 됐다.

쿠바 미사일 위기 때문에 생겨난 핫라인

'쿠바 미사일 위기'는 전 세계를 제3차 세계대전 직전까지 가게 만든 사건이었다. 협상 끝에 미국은 터키 핵무기 철수, 소련은 쿠바 핵무기 철수를 약속하며 극적으로 충돌을 피했다. 이후 두 나라는 화해모드를 조성하며 얼어붙은 분위기를 조금씩 풀어 나갔다. 양국이 취한 화해조치에는 핫라인HotLine 설치가 포함됐는데, 여기서 핫라인이란 우발적인 전쟁을 방지하기 위해 비상용으로 쓰는 일대일 직통전화를 의미했다. 1963년 6월 20일 미국과 소련 대표들이 스위스 제네바에서 만나 '직접통신회선 구축에 관한 양해각서'에 서명했고, 이후 워싱턴과 모스크바 사이를 잇는 핫라인이 개설됐다.

쿠바 미사일 위기를 계기로 대중화된 '핫라인'이란 단어는 외교에서 '소통창구'를 뜻하는 하나의 대명사가 됐다. 과거 존슨 대통령은 이스라엘과 아랍 국가 사이에 벌어졌던 '6일 전쟁'을 멈추기 위해 핫라인을 사용했고, 카터 대통령도 소련의 아프가니스탄 침공에 반대하기 위해 핫라인을 활용한 것으로 알려져 있다. 비록 냉전이 종식되면서 핫라인 사용이 줄었지만 최근 우크라이나 전쟁이 벌어지면서 미국-러시아 간의 핫라인이 설치된 것이 화제가 되기도 했다.

한편 초기 핫라인의 모습은 전화기가 아닌 텍스트를 전송하는 텔레타이프Teletype였다. 당시 기술로는 직접 대화가 이뤄지기 힘들었고, 무엇보다 말이 잘못 해석될 경우가 있어 오직 텍스트로만 의사소통을 주고받았던 것이다. 핫라인이 위성을 통한 전화연결로 업그레이드된 건 1970년대로, 미국의 닉슨 대통령 때부터 사용한 것으로 알려져 있다.

남미 원주민들의 새해가 6월 21일에 시작되는 이유

매년 6월 21일은 하루 중 낮의 길이가 가장 긴 하지다. 하지만 이건 북반구에 위치한 나라들에만 해당할 뿐 남반구에선 정반대의 상황이 펼쳐진다. 남반구에 위치한 남미에서 이날은 밤이 가장 긴 날로, 우리나라로 치면 동지와 같은 날이다.

오래 전부터 남미 원주민들에게 동짓날인 6월 21일은 굉장히 중요한 날이었다. 심지어 칠레 남부 마푸체족과 안데스 아이마라족에게 이날은 일 년의 첫 출발을 알리는 새해이기도 하다. 우리가 그레고리력이라 불리는 양력을 쓰면서 '1월 1일=새해' 개념에 익숙해져 있지만, 원주민들에게는 오래 전부터 그들만의 달력이 존재했던 것이다.

원주민 문화에서 6월 21일이 새해로 정해진 건 나름의 역사적인 이유가 있었다. 잉카 제국 사람들이 태양의 신을 믿고 숭배한 데서 알 수 있듯이, 태양은 과거 많은 부족에게 없어서는 안 될 큰 의미를 가진 존재였다. 원주민들은 6월 21일을 기점으로 태양이 떠 있는 날이 점점 더 길어진다는 걸 이해하고 있었고, 이날을 '새로운 태양'이 귀환하는 날, 즉 새해가 시작되는 축제의 날로 인식했다.

오늘날 많은 마푸체족이 거주하는 칠레에서는 6월 21일을 '원주민의 날'로 지정하고 있다. 참고로 이날 마푸체 사람들은 그들의 언어로 "Akuy we tripantu" "Wiñoi tripantu"라고 외치는데, 해석하면 "새해가 시작됐다" "해 뜨는 새벽이 돌아왔다"라는 의미를 가지고 있다.

아르헨티나 축구선수의 날과 디에고 마라도나

1986년 멕시코 월드컵에서 디에고 마라도나가 넣은 골을 두고 사람들은 '하나의 예술 작품이었다'고 말한다. 하프라인 부근에서 드리블을 시작한 마라도나는 잉글랜드 수비수 다섯 명을 제친 후 골키퍼까지 제치며 골을 성공시켰다. 8강에서 숙적 잉글랜드를 침몰시킨 이 결승골은 20세기 축구 역사 중 최고의 골로 꼽히고 있다. 아르헨티나에선 마라도나의 환상적인 골이 터진 6월 22일을 '아르헨티나 축구선수의 날'로 기념하고 있다. 한 가지 재밌는 사실이 있다면, 2021년 전까지 원래 이 기념일은 매년 5월 14일로 지정되어 있었다는 점이다. 1953년 5월 14일, 아르헨티나 선수 그리요가 잉글랜드를 상대로 넣은 이른바 '불가능한 골Gol Imposible'을 기념하기 위해서였다.

아르헨티나 축구협회가 날짜를 6월 22일로 바꾼 건 마라도나의 골이 가진 상징성 때문이었다. 그리요의 골도 의심의 여지없이 훌륭한 골이었지만, 친선 경기에서 넣은 골이었기에 중요도가 덜하다는 의견이었다. 이에 반해 마라도나의 골은 중요한 월드컵 8강전 경기였고, 월드컵 역사에서 가장 멋진 골로 꼽을 만큼 더 큰 상징성이 있다고 판단한 것이었다.

축구협회 요청에 따라 '아르헨티나 축구선수의 날'은 2021년부터 6월 22일로 변경됐다. 협회 사무총장 마르치는 날짜가 변경된 사실을 발표하면서 "그날 마라도나가 우리에게 준 영광을 영원히 기억하고, 축구선수를 꿈꾸는 젊은 사람들에게 영감을 줄 수 있길 바란다"고 말했다. 마라도나 개인의 업적을 기리는 일이기도 했지만, 그 골이 아르헨티나 사회 전체에 끼쳤던 긍정적인 영향까지도 함께 고려한 결정이었다.

23

June

에콰도르의 '빠라모'와 기후변화 이슈

2021년 에콰도르 의회는 매년 6월 23일을 '빠라모의 날'로 정했다. 국내에서 빠라모 Páramo 라는 단어는 알려지지 않은 다소 낯선 단어이다. 빠라모는 해발 3,000미터 이상에 위치한 안데스 산맥에서 볼 수 있는 고원지대를 뜻한다.

에콰도르가 '빠라모의 날'을 지정한 이유는 환경보호와 관련이 있다. 빠라모는 지구온난화를 막는 데 도움이 되는 '탄소흡수원' 역할을 한다. 열대우림보다 헥타르당 더 많은 탄소를 흡수하기 때문이다. 에콰도르에는 약 3만 제곱킬로미터 이상 되는 빠라모 생태계가 있으며, 지구 전체의 37퍼센트를 차지할 정도로 비중이 높은 편이다.

현재 빠라모 생태계는 계속된 경제개발로 위기에 빠져 있는 상황이다. 국제자연보전연맹은 빠라모 고유 식물의 80퍼센트가 위협을 받는 것으로 발표했고, 이 중 27.8퍼센트가 멸종 위기종임을 밝혔다. 지역 사회에서는 생태계를 위협하는 광산업 확장을 막고자 발 벗고 나서고 있는데, 그들은 "빠라모가 없다면 우리의 삶은 어떻게 될까요?"라고 물으며 생태계 보호에 앞장서고 있다.

한편 6월 23일이 '빠라모의 날'로 정해진 건 탐험가 알렉산더 폰 훔볼트와 관련이 있다. 1802년 6월 23일, 그는 에콰도르에서 가장 높은 침보라소산 정상에 오르는 데 성공한 인물로, 산을 등정하는 동안 빠라모 지역 식물과 생물을 자세히 기록해 빠라모에 대한 이해도를 높였다. 따라서 에콰도르 정부는 이런 그의 업적을 기념하고자 6월 23일을 '빠라모의 날'로 선택하게 되었다.

24 June

남미 3대 축제로 꼽히는 페루 태양의 축제

인티 라이미는 케추아어로 '태양의 축제'라는 뜻이다. 매년 6월 24일 벌어지는 이 축제는 남미를 대표하는 3대 축제이기도 하다. 태양을 뜻하는 인티Inti, 축제를 뜻하는 라이미Raymi가 결합되어 만들어진 단어로, 말 그대로 잉카인들에게 가장 중요한 태양신을 기념하고 한 해의 풍년을 기원하는 제사를 지내는 날이다. 역사적 기록을 보면, 인티 라이미 축제는 잉카 제국의 번성기였던 1412년 처음 시작됐다. 잉카시대에 인티 라이미는 잉카 황제가 직접 참가할 만큼 중요한 행사였고, 사제들은 새해에 성공적인 수확이 이뤄지도록 제물을 바치는 의식을 진행했다. 이 행사는 1535년까지 계속됐는데, 스페인이 잉카 제국을 점령하며 자취를 감추게 된다.

역사 속으로 사라졌던 인티 라이미는 1944년에 이르러 다시 모습을 드러냈다. 이때 에스피노사 나바로라는 사람이 큰 기여를 한 것으로 알려져 있다. 그는 잉카 가르실라소 데 라 베가가 남긴 잉카 관련 기록을 모두 읽었고, 과거 인티 라이미의 디테일한 부분까지 재현해내는 데 성공했다. 나바로는 잉카인들의 언어를 보호하기 위해 '케추아언어학회'를 세울 만큼 잉카 문화보존에 열정적인 인물이었다.

매년 6월 24일이 되면 쿠스코에는 전 세계 사람들이 몰려와 인티 라이미를 감상한다. 코리칸차 불리는 태양의 사원에서 첫 번째 의식이 시작되고, 가장 마지막 날엔 쿠스코 근처에 위치한 사카이우만 유적지의 광활한 들판에서 다음 의식이 진행된다. 2001년 인티 라이미는 유네스코 세계문화유산으로 등록됐는데, 이는 이 축제가 페루의 굉장히 가치 있는 문화유산임을 증명하는 부분이기도 하다.

쿠바의 독립 영웅 기예르모 몬카다 이야기

쿠바는 상당히 오랜 시간 스페인의 지배를 받은 나라였다. 특히 사탕수수 생산량이 전 세계적으로 손에 꼽혔던 만큼 스페인은 '무슨 일이 있어도 쿠바 식민지는 포기 못 하겠다'라는 입장을 보였다. 이 때문에 쿠바의 공식적인 독립은 스페인이 미국과의 전쟁에서 패배한 시점인 무려 1902년까지 미뤄지게 되었다. 하지만 그동안 쿠바 사람들이 독립을 완전히 포기했던 건 아니었다. 쿠바에서 독립에 대한 열망이 가장 거셌던 건 1868년부터 1878년까지 일어났던 10년 전쟁 때로, 세금을 높이는 차별적인 정책은 쿠바 사람들의 큰 불만을 일으켜 전쟁까지 이어지게 됐다.

쿠바에는 전쟁영웅으로 평가받는 인물이 여럿 있었는데, 줄리에르모 몬카다Guillermo Moncada도 그 중 한 명이었다. 1841년 6월 25일 출생인 그는 노예신분에서 해방된 아버지의 아들로 원래는 목수였지만 전쟁이 일어나자 무기를 들고 군대에 입대했다. 전쟁 동안 그는 뛰어난 리더십과 전략을 보이며 쿠바 독립지도자들의 눈에 띄었고, 전쟁이 끝날 때쯤엔 당시로서는 드물게 흑인 출신 장교로까지 승진했다.

비록 쿠바는 10년 전쟁을 승리로 이끌지 못했지만 몬카다는 그다음 펼쳐진 '조그만 전쟁Little War'에 참여하며 독립 리더로의 길을 계속 이어 나갔다. 또 1895년 2월 벌어진 쿠바의 '필연적인 전쟁Necessary War'에선 쿠바 동쪽 지역의 총지휘관으로 임명됐다. 1895년 4월, 평소 앓고 있던 결핵으로 세상을 떠나게 되며 조국의 독립을 보진 못했지만, 현재 몬카다는 쿠바의 모든 주요 독립전쟁10년 전쟁, 조그만 전쟁, 필연적인 전쟁에 참여해 싸웠던 영웅으로 평가받고 있다.

26 June 스페인 정복자 피사로의 최후는 어땠을까?

잉카 제국을 멸망시킨 뒤 프란시스코 피사로는 그가 꿈꿨던 엄청난 부귀영화를 누렸다. 실제로 스페인의 카를로스 1세는 피사로에게 잉카 제국을 정복한 대가로 많은 금전적 이익과 후작이라는 높은 지위를 선사했다. 하지만 그의 부와 명예는 오래가지 못했는데, 그를 질투했던 다른 정복자들과의 갈등이 끊이지 않았기 때문이다. 피사로를 가장 많이 괴롭힌 건 그의 라이벌 디에고 데 알마그로였다. 알마그로는 에콰도르 수도 키토를 세우고 칠레 북부 지역을 개척한 유능한 정복자였지만, 모든 업적이 잉카 제국을 무너뜨린 피사로에게 돌아가며 조금씩 불만을 품기 시작했다.

카를로스 1세는 두 정복자의 갈등을 해결하고자 페루 북쪽은 피사로, 남쪽은 알마그로가 다스릴 것을 명령했다. 하지만 그 경계를 두고 서로 다툼이 일어났고, 결국 자존심을 건 전쟁으로까지 이어졌다. 라스 살리나스 전투Battle of Las Salinas에서 피사로는 치열한 싸움 끝에 승리를 거뒀는데, 이때 포로로 붙잡힌 알마그로는 처형당하며 생을 마감하게 되었다.

위협적인 라이벌을 제거한 피사로는 이제 페루에서 권력 일인자로 올라섰다. 하지만 기쁨도 잠시, 알마그로의 아들과 그의 부하들이 피사로에게 복수할 기회를 노리며 또다시 위기에 빠졌다. 1541년 6월 26일, 결국 스무 명이 넘는 암살자들이 피사로를 기습 공격했고, 위대한 스페인 정복자였던 피사로는 같은 스페인 사람들의 칼날에 최후를 맞게 된다.

베네수엘라 독립운동과 신문의 역할

오리노코 신문은 1818년 6월 27일 베네수엘라에서 처음 탄생했다. 이 신문은 유명한 독립 영웅 시몬 볼리바르가 안드레스 로데릭Andrés Roderick 장군과 함께 처음 설립한 '중남미에서 가장 오래된 신문'이기도 하다. 일주일에 한 번 발간된 이 주간지는 독립전쟁에서의 승리를 널리 알려 애국심을 고취시키고 독립운동 지지자들의 더 많은 참여를 얻어 내는 데 목적이 있었다. 1818년 6월 27일부터 총 133번 발간되는 동안 오리노코 신문은 독립운동가들의 사상이 담긴 글을 독자들에게 전달했다. 또 스페인이 자유, 평등, 주권의 기본 원칙을 어떻게 억압했는지 설명했고, 반대로 독립군은 용감하고 정의로운 영웅으로 묘사해 독립운동을 정당화했다.

오리노코 신문이 특이한 건 스페인어뿐만 아니라 영어와 프랑스어판이 함께 발간됐다는 점이었다. 스페인어가 아닌 다른 언어로도 발간된 건 영어와 프랑스어를 썼던 카리브 국가도 독립운동에 참여하길 바라는 마음에서였다. 또 미국과 유럽에까지 남미의 독립운동 소식을 전해 국제적인 지지를 얻고, 왜 그들이 스페인에서의 독립을 원하는지 설명하기 위한 목적도 있었다.

오리노코 신문은 독립여론을 형성하는 데 상당한 기여를 했다. 물론 독립을 이룬 결정적 요인은 수많은 전투에서의 승리였지만, '펜은 칼보다 강하다'라는 말처럼 오리노코 신문은 대중들의 투쟁심을 형성하는 데 있어 큰 원동력이 됐다. 이에 1994년 베네수엘라 의회는 오리노코 신문의 역사적 중요성을 인식하고 매년 6월 27일을 '베네수엘라 언론인의 날'로 제정하여 기념해오고 있다.

미식의 나라 페루에 있는 세비체의 날

세비체는 페루를 대표하는 음식이다. 생선회, 양파, 레몬즙이 기본 베이스인 세비체는 새콤한 맛이 회무침과도 약간 비슷하다. 페루에서 매년 6월 28일은 '세비체의 날'로 이와 관련된 다양한 문화행사를 진행하고 있다.

역사적으로 과거 세비체는 지금의 세비체 모습과는 많이 달랐다. 세비체의 기원은 잉카 제국보다 훨씬 이전에 존재했던 모치차 문명 때로, 모치차인들은 지역 과일 툼보Tumbo에서 과즙을 얻어 생선회와 함께 섞어 먹은 것으로 알려져 있다. 14세기 잉카 사람들은 회를 알코올 음료인 치차와 함께 담가 먹었고, 스페인 사람들이 정착한 뒤로는 양파와 옥수수를 넣어 지금의 세비체와 비슷한 모습을 하게 되었다.

시간이 지나면서 요리하는 방식이 달라졌던 것처럼, 페루 지역마다 세비체에 사용하는 재료 또한 다양한 편이다. 아마존 세비체는 그 지역에서만 구할 수 있는 생선을 주재료로 사용해 바나나튀김을 함께 곁들여 먹으며, 안데스 지역에서는 주로 즐겨 먹는 송어로 세비체를 만들어 먹는다. 또 북부지역에서는 조개가 들어간 검은색 소스의 세비체를 먹는 특징이 있다. 현재 세비체는 에콰도르, 멕시코에서도 흔히 찾을 수 있는 음식이 됐다. 연구가들은 16세기경 페루를 점령한 스페인 정복자들이 세비체를 점차 다른 지역으로 전파시킨 것으로 보고 있다. 다양한 레시피가 존재하는 세비체는 단어 표기도 제각각인데, 지역에 따라 'Cebiche', 'Ceviche', 'Sebiche', 'Seviche' 총 네 가지 형식으로 쓰이고 있다.

29 June 후안 페론 무덤에서 손을 가져간 도굴꾼들

La CGT convocaría a una concentración en la Plaza de Mayo

Sorpresiva reunión de Ubaldini con el ministro del Interior. La central obrera exige el rápido esclarecimiento del hecho

DIARIO POPULAR

Conmoción política por el robo de las manos de Perón

Las seccionaron con una sierra eléctrica, tras violar 12 cerraduras de alta seguridad. También fue levantada una tapa de 100 kilos que había en la bóveda. Alfonsín culpó a "minorías del odio", en tanto que el gobierno descartó que sea implantado el estado de sitio y se suspendan las elecciones.

1987년 6월 29일, 아르헨티나에서는 믿기지 않는 뉴스가 헤드라인을 장식했다. 후안 페론 대통령의 무덤이 도굴꾼들에 의해 훼손됐다는 소식이 전해진 것이다. 사람들이 더 충격을 받았던 건 도굴꾼들이 그의 시체에서 손을 잘라서 가져갔단 사실이었다. 정체를 알 수 없는 도굴 단체는 후안 페론을 지지하는 정당에 편지를 보내 "페론의 손을 돌려받길 원하면 총 8백만 달러를 준비해라"라고 요구했고, 이를 거절하자 연락을 끊고 완전히 자취를 감췄다.

사건이 발생한 뒤 경찰은 범인을 잡기 위한 대대적인 조사를 시작했다. 당시 총 6명의 용의자가 붙잡혔지만 모두 무혐의로 풀려났다. 또 사건을 담당하던 판사가 의문의 사고로 세상을 떠났고, 페론의 무덤이 훼손된 걸 처음 본 목격자도 암살당하며 사건은 더욱 미궁 속으로 빠졌다. 일각에서는 도굴꾼들이 "페론의 비밀 금고를 열기 위해 그의 양쪽 손 모두를 절단해 가져갔다"고 주장했지만 지금까지도 범인이 잡히지 않은 미제로 남아 있는 상황이다.

페론의 무덤은 애초에 도굴 방지를 위해 두꺼운 금속판으로 만들어졌다. 모든 자물쇠를 열려면 총 열두 개의 열쇠가 필요했을 정도로 관에 손을 대는 것 자체가 불가능했다. 이러한 이유로 사람들은 무덤에 접근할 수 있었던 측근이 범인이라 보고 있지만 이에 대한 구체적인 물증은 없는 상황이다. 여러 소문만 무성한 채, 후안 페론은 현재 부에노스아이레스 킨타 데 산 비센테Quinta de San Vicente에 안치되어 있다.

스페인 정복자 코르테스가 패배한 슬픔의 밤 전투

1520년 6월 30일, 아스텍 제국에서는 '슬픔의 밤Noche Triste'이라 불리는 전투가 벌어졌다. 이는 아스텍군과 코르테스가 맞붙은 전투로, 사실상 아스텍군이 스페인 군대를 전멸시킨 싸움이었다. 적의 맹렬한 공격에서 겨우 탈출한 코르테스는 이날 밤 많은 부하를 잃었고, 아스텍 정복의 꿈을 잠시 접게 되었다.

사실 슬픔의 밤 전투 직전 코르테스는 아스텍 황제 몬테수마 2세를 포로로 잡으며 승리를 확신했다. 황제를 인질로 삼아 아스텍군과 유리한 협상이 가능할 거라 생각했던 것이다. 하지만 아스텍 사람들은 이러한 사실에 크게 개의치 않았고, 오직 스페인 군대를 쫓아낼 생각만 하고 있었다.

전쟁이 시작되자 스페인 군사들은 아스텍 군대의 압도적인 수를 감당하지 못했다. 설상가상으로 사방이 물로 둘러싸인 테노치티틀란을 빠져나갈 구멍을 찾지 못했고, 사면초가에 빠진 코르테스는 수영을 해 겨우 그곳에서 탈출할 수 있었다. 이때 몇몇 스페인 병사들은 긴박한 상황에서도 욕심을 버리지 못하고 황금을 챙겼는데 그 무게가 워낙 무거워 익사한 것으로 전해지고 있다.

여기서 중요한 건 모든 걸 잃은 코르테스가 아스텍 정복을 포기하지 않았다는 점이다. 코르테스는 다른 지역에 있던 스페인군을 소환해 군대를 재정비했고, 마침 천연두가 퍼져 혼란에 빠진 테노치티틀란을 재공격했다. 그리고 일 년 뒤, 그는 기어코 아스텍 제국을 무너뜨리는 데 성공하며 세계사의 흐름을 뒤집은 인물로 역사에 기록됐다.

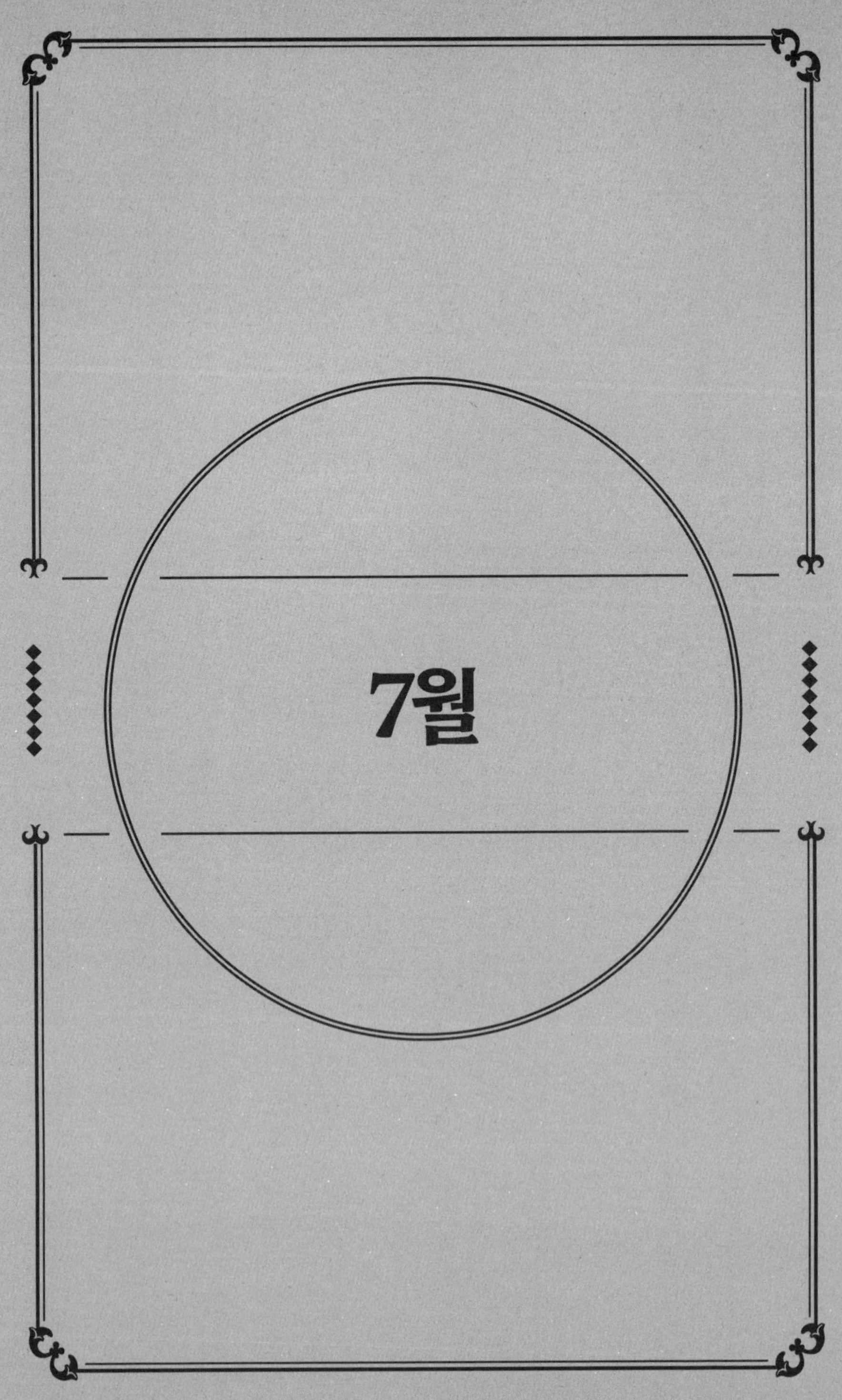

7월

1 July

NAFTA와 USMCA은 무엇이 다른 걸까?

2020년 7월 1일, 미국, 캐나다, 멕시코는 새로운 무역협정 USMCA, United States-Mexico-Canada Agreement 이 발효됐음을 공식 발표했다. 2018년부터 협상에 들어간 이후 2년 만에 공식 발효된 것으로, 특히 트럼프 대통령이 강하게 추진하며 주목받은 협정이기도 했다.

'업그레이드된 NAFTA'라 평가받는 USMCA에서 바뀐 부분은 크게 세 가지였다. 먼저 가장 눈에 띄는 건 자동차 시장에서의 변화였다. 세 나라는 북미지역에서 완성된 자동차 생산비율을 높이고, 관련 소재와 부품의 생산을 확대하고자 했다. 두 번째는 농업 분야에 대한 협력 강화였다. 세 나라는 농업 생명공학 기술 관련 조항을 새롭게 포함했고, 기존 '미국 농산물 수확시기에 멕시코산 농산물 수입을 일시적으로 중단하겠다'는 조항은 제외됐다. 마지막으로 NAFTA 협정엔 포함되지 않았던 새로운 내용도 담겼다. 먼저 온라인 거래가 증가하면서 전자상거래 관련 내용이 포함됐다. 또 협정에는 기후변화 항목도 새로 추가됐는데, 이를 통해 목재, 어류 및 기타 야생 동물의 밀매 방지를 약속했다.

USMCA 발효되자 세 정부는 일제히 높은 기대감을 나타냈다. 일부에선 여전히 회의적인 시각이 존재했지만, 정부는 기존 NAFTA 조약을 보완해 북미시장의 자유무역을 강화했다는 점을 긍정적으로 받아들였다.

2
July

한 흑인노예의 기적 같은 아메리카 대륙 탈출기

스티븐 스필버그 감독의 영화 〈아미스타드Amistad〉는 역사적 사실을 바탕으로 만들어진 영화다. 실제 주인공 조셉 싱크는 원래 아프리카 시에라리온 출신의 평범한 농부였다. 그는 농사일을 시작하며 생긴 빚을 갚지 못해 결국 노예로 팔려나갔고, 가족과 강제 이별을 한 채 낯선 쿠바땅에 도착하게 되었다. 대다수 아프리카인들은 탈출방법을 찾지 못하고 혹독한 노예환경에 적응했다. 하지만 자유를 되찾길 원했던 싱크는 쿠바에서의 탈출을 위한 계획을 세우기 시작했다. 마침 그는 다른 지역 노예로 팔려가게 되며 아미스타드 범선에 올라탔는데, 1839년 7월 2일 동료들과 함께 스페인 선원을 급습해 배를 차지하는 데 성공했다.

약 두 달 동안 바다 위를 표류하던 아미스타드호는 미국 뉴욕 항구에 도착했다. 미국은 조셉 싱크를 비롯한 노예들을 아프리카에서 억울하게 끌려온 사람들인지, 아니면 스페인의 주장대로 노예인지를 판단해야만 했다. 미국에서는 아프리카인을 석방해야 한다고 말하는 노예폐지론자들, 스페인 선원을 살해한 혐의로 그들을 체포해야 한다는 사람들로 서로 주장이 엇갈렸다.

최종 판결에서 법원은 싱크의 손을 들어줬다. '아프리카인들은 의지와 상관없이 불법적으로 쿠바에 왔다. 미국은 그들의 권리를 존중할 의무가 있다'며 그들의 자유를 인정해주었다. 이에 싱크를 포함한 35명의 아프리카 사람들은 미국 노예폐지론자들의 도움을 받아 자신의 고향으로 무사히 돌아가게 됐고, 이 사건 이후 미국과 카리브 지역에서는 노예폐지론이 더욱 힘을 얻게 되었다.

3
July

우루과이에서 최초로 여성 참정권이 주어진 날

1927년 7월 3일, 우루과이에서는 여성이 참여 가능한 최초의 선거가 열렸다. 당시 사회적 분위기를 고려했을 때 이는 상당히 진보적인 사건이었고, 우루과이뿐만 아니라 남미대륙 최초로 여성에게 투표권을 실현시킨 역사적인 날로 기록됐다. 우루과이에서 첫 여성 투표가 이뤄진 곳은 쎄로 차토Cerro Chato라 불리는 마을이었다. 인구 600여 명의 한적한 시골마을 쎄로 차토는 당시 두라즈노, 플로리다, 뜨레인 따이 뜨레스 주 사이에 있었고, 마을 사람들은 세 가지 선택지 중 어느 주에 속할 것인지 투표로 결정해야만 했다. 이때 우루과이 선거관리원은 공식 법령을 통해 '주민들은 국적·성별 구분 없이 사전에 개설된 등기소에 등록해야 한다'라는 사실을 명시함으로써 사실상 여성의 투표를 허용했다.

쎄로 차토에서의 여성 참정권은 결코 우연히 생겨난 것이 아니었다. 당시 우루과이에는 파울리나 루이지Paulina Luisi 같은 사회활동가들이 여성권리를 개선시키기 위한 노력을 기울였기에 가능한 일이었다. 이들의 노력 덕분에 우루과이 헌법은 1917년 일찍이 여성이 투표를 하고 공직을 맡을 수 있는 내용을 포함했고, 결국 1932년 의회의 승인을 받아 여성의 투표자격을 부여했다.

한편 우루과이는 여성의 참정권 이외에도 다양한 사회 이슈에서 진보적인 성향을 보여왔다. 전문가들은 우루과이의 이 같은 행보를 다양한 사람들의 목소리를 존중하는 민주주의 문화에 뿌리를 두고 있다고 평가하고 있으며, 실제로 우루과이는 칠레, 코스타리카와 함께 중남미에서 민주주의가 안정적으로 자리 잡은 나라로 꼽히고 있다.

4
July

변절자 혹은 창조자, 탱고 음악의 전설 피아졸라

1992년 7월 4일, 탱고 역사의 한 획을 그은 피아졸라가 세상을 떠났다. 반도네온 연주가로도 잘 알려진 그는 기존 탱고를 새롭게 해석해 찬사를 받은 혁신적인 음악가였다. 그는 9살 때 아버지에게서 선물로 받은 반도네온을 조금씩 연주하며 탱고를 접했고, 이후 부모님을 따라 뉴욕에서 살며 재즈 음악을 즐겨 들었다. 마침 미국의 1920~1930년대는 재즈 황금기라 불리는 시기였는데, 이는 피아졸라가 훗날 탱고 음악을 제작하는 데 있어 많은 영감을 주었다.

아르헨티나에 돌아온 그는 본격적으로 음악적 재능을 발휘하기 시작했다. 특히 전통적인 탱고 음악을 벗어나 새로운 탱고, 즉 누에보 탱고를 작곡했다는 점에서 많은 주목을 받았다. 재즈 음률을 집어넣고, 플루트, 색소폰, 심지어 일렉트릭 기타 같은 악기를 병합해 완전히 새로운 탱고 음악을 만들어 낸 것이었다. 그의 다양한 시도는 혁신이라 볼 수도 있었지만, 전통적인 탱고에서 벗어나 이상한 음악을 한다는 비판을 받기도 했다. 몇몇 비평가들은 그가 무슨 일을 벌이고 있는지 모르겠다며 피아졸라를 '이단아' '변절자'로 평가했고, 탱고에 있는 아르헨티나의 정체성을 잃어버리게 했다는 평가까지 내렸다.

하지만 피아졸라는 비판에 굴복하지 않고 묵묵히 자신의 음악을 해나갔다. 그는 포기하지 않고 탱고에 여러 새로운 시도를 하는 도전정신을 보여줬다. 그렇게 꾸준한 노력을 기울인 결과, 피아졸라는 아르헨티나보다 미국, 브라질뿐만 아니라 유럽에서 먼저 음악성을 인정받으며 결국엔 세계가 인정하는 음악가로 거듭나게 된다.

5
July

베네수엘라의 독립선언

7월 5일은 베네수엘라의 독립기념일이다. 화려한 불꽃놀이를 볼 수 있는 미국의 독립기념일 그 다음 날이기도 하다. 과거 베네수엘라는 스페인에서의 독립의지가 강한 지역 중 하나로, 1811년 베네수엘라에서 선포된 독립선언은 훗날 페루나 에콰도르 같은 곳에서도 독립운동을 확산시킨 계기가 됐다.

베네수엘라의 독립선언문 내용을 자세히 살펴보면 30년 전 쓰였던 미국의 독립선언문과 상당히 비슷한 걸 알 수 있다. 미국과 마찬가지로 '군주제를 영원히 폐지하고, 개인의 평등과 표현의 자유를 전제로 한 새 나라를 세우고자 한다'라는 내용을 포함했다. 이는 두 국가 모두 유럽 계몽사상의 영향을 받아 자유와 평등사상을 추구했다는 걸 보여주는 부분이었다.

한편 몇몇 역사가들은 "과연 모두에게 자유와 평등을 준 독립이었는가?"란 질문을 던지며 독립선언문의 한계를 지적했다. 미국에서 흑인들이 독립의 자유를 누린 건 1776년이 아니었다고 보는 것처럼, 남미에서도 비非 백인계층이 소외됐던 사실을 비판한 것이었다. 실제로 베네수엘라에서는 1854년까지 노예제도가 지속되면서 특권층에 속한 소수의 개인만 자유를 누리게 되는 한계를 보였다.

6
July

많은 사람에게 영감을 준 멕시코의 화가 프리다 칼로

1907년 7월 6일에 태어난 프리다 칼로는 멕시코를 대표하는 예술가였다. 멕시코를 비롯한 중남미 도시 거리 곳곳에는 프리다 칼로의 벽화를 볼 수 있을 만큼 지역을 대표하는 하나의 아이콘이 됐다. 워낙 유명한 만큼 디에고 리베라와 결혼한 사실과 어렸을 적 겪은 교통사고 일화는 이미 잘 알려져 있기도 하다.

프리다가 많은 사랑을 받아온 이유는 삶의 고통을 예술로 승화시킨 예술가였기 때문이었다. 그녀는 일생동안 소아마비, 골절, 오른발 탈골, 척추수술 7번을 포함해 총 32번의 수술을 받는 고통을 겪었다. 프리다 칼로는 자신의 삶을 아픔을 넘어 산산조각 났다고 묘사했는데, 이는 단순한 아픔을 초월한 고통에 의해 조각조각 부서진 것을 표현한 것이었다. 이런 와중에 그림은 그녀의 유일한 탈출구나 다름없었다. 부서진 그녀의 삶을 표현하고, 작품을 통해 그녀의 고통을 완화하는 느낌을 받은 것이었다. 멕시코시티에 위치한 프리다 칼로 박물관에는 그녀가 침대 천장에 붙은 거울을 보며 그림을 그린 흔적이 남아 있다. 고통 속에서도 그림에 열정적이었던 건 그림이 그녀를 표현할 수 있는 창구이자 거울이기 때문이었다.

프리다는 생애 동안 총 143점의 작품을 남겼다. 그중 55점이나 되는 작품이 자화상이었다. 그만큼 그녀는 자신이 생각하는 본인의 삶과 모습을 담담히 표현해내는 걸 두려워하지 않았던 것이었다. "나는 나 자신의 뮤즈이고 내가 가장 잘 아는 주제다. 내가 더 잘 알고 싶은 대상이기도 하다"라고 말한 것도, 자기 자신을 사랑하는 태도를 가졌던 프리다 칼로의 생각을 그대로 보여주고 있다.

7 July

아이티 대통령은 왜 암살당했을까?

2021년 7월 7일 새벽 1시, 아이티 대통령궁 앞에서 난데없는 총격전이 벌어졌다. 28명의 무장군인들이 '군사작전'을 수행 중이라며 대통령궁에 침입했고, 곧바로 자신들의 목표였던 조브넬 모이즈 대통령을 살해하는 일이 벌어졌다. 이른 아침 대통령 암살사건이 알려지자 아이티 국민들은 충격에 빠졌다. 물론 모이즈 대통령이 각종 비리를 저지르긴 했어도 한 나라의 대통령이 살해당한 건 상상조차 할 수 없는 일이었다. 이 사건은 국제적으로도 큰 충격을 안겨줬는데, 특히 이웃 중남미 국가 정상들은 "비인간적이고 야만적인 행위"라며 이 일을 맹비난했다.

암살사건 이후 모든 관심은 '대체 누가 이 끔찍한 일을 저지른 걸까?'에 맞춰졌다. 이후 진행된 경찰 조사에 따르면, 범인 28명 중 무려 26명이 콜롬비아 출신인 것으로 알려졌다. 하지만 콜롬비아 정부가 직접 관여한 일은 아니었으며, 은퇴한 콜롬비아 군인 출신들이 누군가의 사주를 받고 저지른 사실이 추가로 밝혀졌다.

시간이 지난 지금까지도 사건의 범인은 밝혀지지 않고 있다. 하지만 조사가 진행될수록 '왜' '누가' 대통령을 죽였는지에 대해 조금씩 윤곽이 잡히고 있다. 핵심은 '마약'으로, 대통령이 마약밀매 혐의를 공개하길 두려워했던 사업가와 정치인 들이 몰래 용병을 고용해 대통령을 살해한 것으로 추측된다. 특히 아이티 국회의원 존 조세프, 사업가 로돌프 자르가 주범으로 꼽히고 있는데, 이들은 재판에서 자신들의 혐의를 꾸준히 부인해오고 있다.

8 July

브라질에서 최초의 영화가 상영된 건 언제일까?

1896년 7월 8일, 브라질 리우데자네이루에서 최초의 영화가 상영됐다. 벨기에 순회 전시업체였던 앙리 파이리Henri Paillie의 주도로 상영된 영화는 브라질 관객들에게 큰 충격을 안겨줬다. 순간을 담은 사진은 이미 존재했지만, 화면에서 풍경이 움직일 거라곤 상상도 할 수 없었기 때문이다.

최초 영화의 퀄리티는 높지 않았고, 소리가 없는 무성 형태로 유럽 도시의 풍경을 보여주는 정도에 불과했다. 또 이날 총 8편의 영화가 상영됐는데 각각의 영화는 약 1분 정도로 굉장히 짧았다. 그럼에도 브라질에서 영화는 많은 사람들의 관심을 불러 모았으며, 초창기에는 오직 소수의 특권층만 볼 수 있는 이른바 고급문화로 자리 잡았다.

최초로 영화가 상영됐던 리우데자네이루는 이후 브라질 영화산업을 대표하는 발상지가 됐다. 1908년에서 1912년 사이는 브라질 영화의 '황금기'인 '벨라 에포카Bela Época'로 불리는데, 연간 무려 백 편의 단편영화가 제작된 것으로 알려져 있다. 또 소리가 없는 무성영화 시대이긴 했지만, 브라질 영화는 다양한 장르로 발전했으며 특히 아방가르드 형식의 독립영화들이 많이 상영됐다. 이후 20세기 브라질 영화산업은 많은 쇠퇴기와 번성기를 오가며 굴곡을 겪었고, 2020년대 기준 중남미 지역에서 멕시코 다음으로 가장 큰 영화시장을 보유하고 있다.

1816년 독립을 선언한 아르헨티나

ACTA
DE INDEPENDENCIA
DECLARADA POR EL CONGRESO DE LAS PROVINCIAS-UNIDAS
EN SUD-AMERICA.

EN la benemérita y muy digna ciudad de san Miguel del Tucuman á nueve dias del mes de julio de mil ochocientos diez y seis: terminada la sesion ordinaria, el Congreso de las Provincias-Unidas continuó sus anteriores discusiones sobre el grande, augusto y sagrado objeto de la independencia de los pueblos que lo forman. Era universal, constante y decidido el clamor del territorio entero por su emancipacion solemne del poder despótico de los reyes de España; los representantes sin embargo consagraron á tan arduo asunto toda la profundidad de sus talentos, la rectitud de sus intenciones é interes que demanda la sancion de la suerte suya, pueblos representados y posteridad. A su término fueron preguntados ¿Si querian que las Provincias de la Union fuese una nacion libre é independiente de los reyes de España y su metropoli? Aclamáron primeramente llenos del santo ardor de la justicia, y uno á uno reiteraron sucesivamente su unánime y espontaneo decidido voto por la independencia del pais, fixando en su virtud la declaracion siguiente.

VERSION PARAFRASTICA EN IDIOMA AYMARA.

7월 9일 독립기념일은 5월 25일 혁명의 날과 더불어 아르헨티나에서 가장 중요한 날이다. 의미가 큰 만큼 부에노스아이레스 중심지의 거리 이름과 지하철역 이름으로 쓰이고 있다. 특히 오벨리스크가 서 있는 7월 9일 거리는 전 세계에서 가장 넓은 대로로도 잘 알려져 있다.

1816년 7월 9일, 총 33명의 아르헨티나 의원은 스페인에게서의 선언문에 서명하며 아르헨티나가 독립했음을 전 세계에 알렸다. 이 독립선언문의 가장 큰 특징은 아르헨티나를 포함한 남아메리카 연합주Provincias Unidas en Sud-América가 스페인에게서 독립하겠다는 내용을 담았다는 점이었다. 또 다른 특징은 독립선언문이 부에노스아이레스가 아닌 내륙 지역에 있는 투쿠만에서 서명됐는데, 당시 볼리비아, 페루까지 뻗어 있던 남아메리카 연합주 영토의 중간 지점이 투쿠만이었기 때문이다.

당시 아르헨티나 독립선언문은 원주민 언어로도 번역되며 눈길을 끌었다. 독립선언문 원본은 당연히 스페인어로 쓰였지만, 곧이어 원주민 언어인 케추아어와 아이마라어로 번역됐다. 당시 연합주 내에는 스페인어를 할 줄 모르는 원주민들이 많았기 때문에 이들에게도 독립 사실을 알리고자 번역문이 사용된 것이었다.

10
July

325년만에 영국에서 독립한 바하마

1973년 7월 10일, 카리브해에 위치한 섬나라 바하마는 영국 식민지에서 독립을 선언했다. 무려 325년이란 시간 동안 영국의 지배를 받은 뒤 독립을 쟁취한 것이었다. 사실 바하마 제도는 처음부터 영국의 식민지가 아니었다. 1492년 콜럼버스가 최초로 도착한 아메리카땅이 바로 바하마였던 만큼, 식민지시대 초기 바하마 제도는 스페인의 영향을 더 많이 받은 곳이었다.

바하마 제도가 영국령이 된 건 18세기부터였다. 미국에 거주하고 있던 영국계 식민주의자들은 바하마에 정착했고, 그곳에 플랜테이션 농장과 선박 제조업을 시작했다. 또 이들은 좀 더 안정적인 생활을 위해 스페인과 프랑스 해적들을 제거해줄 것을 영국 정부에 요청했다. 이에 우즈 로저스 총독은 수많은 해상전투 끝에 해적들을 성공적으로 격퇴시켰고, 영국은 바하마 제도가 공식적으로 자신들의 통치 아래 놓이게 됐음을 선언했다.

20세기까지도 바하마 제도는 줄곧 영국의 지배 하에 있었다. 이는 다른 중남미 국가들이 일찍이 스페인에게서 독립을 이룬 것과는 대비되는 부분이었다. 하지만 이런 바하마조차도 제2차 세계대전 이후 서서히 독립의 움직임을 보이기 시작했다. 특히 1960년대 들어 바하마에서도 정당과 자치 정부를 만들려는 움직임이 생겨났고, 1973년엔 공식적으로 독립국이 됐음을 선포했다.

11 July

쿠바 사회주의 시스템에 저항한 쿠바 국민들

2021년 7월 11일, 쿠바에서는 전 세계가 주목할 만한 큰 사건이 발생했다. 일주일 동안 십만여 명이 참여한 대규모 반정부 시위가 벌어진 것이다. 이는 1994년 아바나 말레콘에서 벌어진 시위 이후 쿠바에서 일어난 가장 큰 시위로 기록됐다. 우선 시위가 일어난 가장 큰 이유는 경제위기 때문이었다. 쿠바 경제는 코로나19 봉쇄로 10.9퍼센트나 하락했고, 2021년 상반기에도 마이너스 2퍼센트 성장세를 기록했다. 경제가 어려워지자 전기나 식료품 공급이 원활히 이루어지지 못했고 설상가상으로 의약품까지 동나며 국민들의 고통은 더 커졌다. 여기에 평소 사회문제로 거론됐던 언론의 자유침해, 대중문화 탄압에 대한 불만이 더해지며 사회주의 정부에 대한 모든 불만이 한꺼번에 터진 것이었다.

이런 쿠바에서 대규모 시위를 가능케 한 원동력은 소셜 미디어였다. 쿠바는 2020년 대통령이 된 미겔 디아즈 카넬이 국민들과 소통하기 위해 SNS를 활용했고 인터넷 사용망을 늘리며 나름 혁신적인 행보를 이어가던 중이었다. 그런데 이게 오히려 페이스북이나 트위터를 통해 시위를 확산시키는 원인이 되며 쿠바 정부를 사면초가에 빠지게 만들었다. 시위가 시작되자, 쿠바 정부는 곧바로 국가 내 인터넷 연결망을 차단함과 동시에 시위 주동자를 반역죄로 연행했다. 과잉진압이라는 비판이 있었음에도 그들은 정부에 대항하는 모든 사람들을 강력히 통제했다. 결과적으로 1,400여 명이 넘는 시민들이 체포된 이 시위는 쿠바 정부의 단호한 태도로 더 이상의 진전 없이 종료되고 만다.

12 July

마야 문명에 대한 기록이 모두 불태워진 사건

1562년 7월 12일, 멕시코에서는 중남미 식민지 역사 중 최악의 종교심판Auto de Fe으로 꼽히는 사건이 벌어졌다. 당시 멕시코 유카탄반도의 선교활동은 디에고 데 란다Diego de Landa가 총괄하고 있었다. 어느 날 그는 마니Mani라 불리는 마을에서 '원주민들이 몰래 마야 신을 위한 의식을 진행한다'는 소식을 듣게 됐고, 곧바로 사람들을 보내 마을 주민들을 심문하기 시작했다.

화가 단단히 난 디에고 데 란다의 보복은 단순히 심문에서 그치지 않았다. 아예 마야 풍습의 싹을 잘라 버리고자 했던 그는 마야 문화와 관련된 모든 것들을 불태워 버릴 것을 명령했다. 역사학자 후스토 멘데즈에 따르면, 그날 5천여 개의 크고 작은 마야 신의 형상들을 포함한 마야인의 기록이 담긴 수많은 책이 불탄 것으로 전해진다.

이 사건은 곧바로 유럽에 있는 교회에서도 논쟁거리가 됐다. 교회는 란다의 행동이 "원주민들에게 신을 알리기보다 오히려 좌절감을 준 행동이었다"고 말하며 그를 스페인으로 송환하기로 했다. 하지만 한 가지 아이러니한 게 있다면, 모든 걸 불태워 버린 란다가 스페인에 머무는 동안 마야 문자와 풍습을 기록한 책을 출간했다는 점이다. 이 책은 유럽 사람들이 마야 문자를 해독하는 데 결정적 도움을 준 역사서로 평가받고 있는데, 책을 쓰기보다 물건들을 불태우지 않았으면 어땠을까라는 아쉬움이 남는 부분이기도 하다.

13
July

첫 월드컵이 우루과이에서 열린 이유

1930년 7월 13일, 역사상 첫 월드컵이 우루과이에서 열린 이유는 유럽 국가들의 경제위기와 연관이 있었다. 국제축구연맹FIFA은 첫 번째 월드컵 개최를 희망하는 나라들의 신청을 받았는데, 당시 유럽 경제가 좋지 않아 1929년 5월쯤엔 오직 우루과이만 개최 희망국 리스트에 남게 됐다. FIFA 입장에선 당황스러웠지만 그렇다고 우루과이에서 첫 대회 개최를 안 할 이유는 없었다. 당시 우루과이는 1924년과 1928년에 열린 올림픽 축구에서 모두 금메달을 차지한 축구 강국이었고, 이미 자국 축구 리그가 있을 만큼 국민적 관심이 높았기 때문이다.

우루과이가 매력적이었던 또 다른 이유는 축구 인프라 시설이었다. FIFA는 첫 대회가 열리는 만큼 모두를 압도할 만한 대형 경기장에서 경기를 열었으면 했다. 마침 우루과이는 대형 축구경기장 완공을 앞두고 있었다. 1930년 7월은 우루과이 헌법이 선언된 지 정확히 100년이 되던 시기였고 이에 맞춰 총 9만 명을 수용할 수 있는 웅장한 '센테나리오' 경기장을 건설 중이었다. 유럽에서도 센테나리오 규모의 대형 경기장은 드물었던 만큼, FIFA는 우루과이에서의 첫 월드컵 개최를 최종 결정했다.

당초 16개국을 초대하려 했던 우루과이 월드컵은 경제대공황 등의 이유로 무산될 위기에 놓였다. 하지만 당시 피파 회장이었던 쥘 리메의 도움으로 프랑스, 벨기에, 루마니아, 유고슬라비아를 비롯한 총 13개국이 참가했다. 7월 13일부터 30일까지 펼쳐진 첫 월드컵 대회는 결승전에서 우루과이가 아르헨티나를 꺾고 우승을 차지하며 '최초의 월드컵 우승국'이라는 타이틀을 거머쥐었다.

14
July

엘살바도르와 온두라스 사이에 벌어진 축구전쟁

중남미대륙에서 벌어진 여러 전쟁 중 '축구전쟁Guerra del Fútbol'이 있다. 중미에 있는 온두라스와 엘살바도르가 충돌한 전쟁으로, 1969년 7월 14일부터 5일 동안 벌어진 전쟁은 중미에서 벌어진 가장 큰 규모의 국제 전쟁으로 기록됐다. '축구전쟁'이란 타이틀이 붙어 축구경기가 직접적인 원인인 것처럼 들리지만, 사실 두 나라에 존재하던 이민과 경제 문제가 제일 큰 원인이었다.

과거 엘살바도르는 소수 엘리트가 대농장을 차지해 부를 누리는 경우가 많았다. 1960년대 말 엘살바도르에서는 불과 0.5퍼센트의 지주들이 전체 땅의 40퍼센트를 차지하고 있을 정도였다. 땅을 잃은 농부들은 그나마 상황이 괜찮았던 온두라스로 이주하게 됐는데, 국경을 넘은 엘살바도르 사람들의 수는 1960년대 후반 무려 30만 명에 달했다. 당시 두 나라 사이에는 경제문제도 존재했다. 엘살바도르와 온두라스는 1960년 중미 공동시장에 가입하며 교류를 확대했는데, 문제는 산업이 더 발달한 엘살바도르가 더 많은 이익을 차지하며 온두라스의 불만이 극에 달하게 된 것이었다.

전쟁은 결국 두 나라의 이민과 경제 문제가 복합적인 원인으로 작용한 결과였다. 긴장된 상황에서 열린 양국의 축구경기는 일종의 도화선이 되어 폭력사태로 번졌고, 결국 '축구전쟁', 혹은 '100시간의 전쟁'이라 불리는 전쟁으로 이어지며 양측에 큰 피해를 줬다.

15
July

중남미 최초로 동성결혼을 허락한 아르헨티나

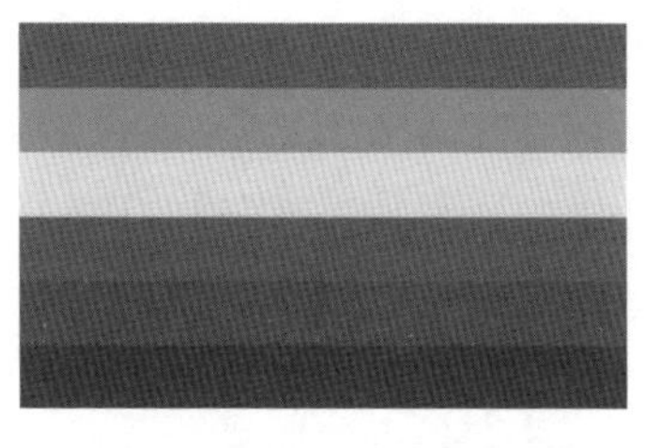

2010년 7월 15일, 아르헨티나에서 동성결혼을 합법화하는 법안이 발의됐다. 약 11년에 걸친 논의 끝에 동성의 결혼을 허락한 것이다. 찬성 33, 반대 27표로 통과된 이 법은 중남미 최초의 동성결혼법이 되었다. 아르헨티나는 전통적으로 가톨릭 인구비율이 높은 국가다. 그래서 동성결혼법과 관련해선 보수적인 성향을 가질 수밖에 없었다. 특히 교회 측에서는 동성결혼법을 '악마의 계획'이라 비판했고, 법안이 통과되는 마지막 날까지 반대입장을 보였다.

그럼에도 법이 통과되자 사람들은 이 일이 가능했던 이유에 대해 분석하기 시작했다. 다양한 의견이 있었지만 주요 원인으로 꼽힌 건 '사회운동'이었다. 아르헨티나는 예전부터 다양한 분야에서 사회운동 문화가 활발했던 나라로, 사회운동 조직을 통한 정치적 변화가 많이 일어나곤 했다. 또 제도적으로 아르헨티나 정당들의 경쟁이 심한 구조 탓에 동성결혼법을 지지하는 사회운동 조직의 정치적 로비가 어느 정도 수월한 면도 있었다. LGBT 커뮤니티들은 뜻이 맞는 정당과 연합해 정치활동을 시작했고, 관련 법안을 통과시키도록 끊임없이 노력했다.

법이 통과된 이후 아르헨티나는 전 세계에서 가장 'LGBT Friendly'한 국가로 이름을 올렸다. 심지어 외국인 동성커플도 법적인 결혼을 허락하면서, 400쌍이 넘는 외국인 동성커플이 아르헨티나로 넘어와 결혼식을 올리게 되었다.

16
July

40년 동안 이어진 니카라과의 세습정치

니카라과 정치에 대해 이야기할 때 절대 빼놓을 수 없는 이름이 바로 소모사Somoza 가문이다. 소모사 가문은 1936년부터 1979년까지 사실상 니카라과 정치를 지배했다. 아나스타시오 소모자 가르시아는 1937년부터 1956년까지 대통령직을 맡았고, 그의 맏아들인 루이스는 1957년부터 1963년까지 대통령 자리에 올랐다. 마지막으로 아나스타시오 소모사 데바일레는 1967년부터 1972년, 그리고 1974년부터 1979년까지 대통령을 하며 사실상 세 명이 한 나라를 40년 동안 지배했다.

이 중에서도 아나스타시오 소모사는 가장 억압적인 대통령으로 꼽힌다. 인권탄압은 기본이었고, 그에게 저항하는 산디니스타 혁명군을 억압했다. 하이라이트는 1972년 니카라과의 수도 마나구아에서 큰 지진이 나며 많은 인명피해가 났을 때였는데, 아나스타시오는 지진피해 복구를 위한 해외 원조를 빼돌려 개인적인 부를 축적했다. 이런 그의 행동은 그나마 남아 있던 국민들의 신뢰를 잃게 만드는 결정적인 계기가 됐다.

이 사건 이후 미국은 더 이상 그를 지지하지 않겠다고 선언했다. 미주기구OEA도 "한 국가의 대통령이 절대해선 안 될 일을 했다"며 그를 비난했다. 니카라과 교회와 시민단체도 더 이상 그의 독재를 보고만 있을 수 없다는 성명을 내면서 그의 입지는 점점 더 줄었다. 결국 아나스타시오는 1979년 7월 16일 대통령 사임을 선언했고, 바로 다음 날 미국 마이애미로 망명을 떠나며 소모사 시대는 막을 내리게 되었다.

17 July

원주민을 대변했던 바르톨로메 데 라스 카사스

1566년 7월 17일, 스페인 출신의 성직자 바르톨로메 데 라스 카사스가 세상을 떠났다. 그가 역사에 이름을 남기게 된 건 '원주민의 권리를 위해 싸운 최초의 유럽인'이었기 때문이다. 데 라스 카사스가 살았던 식민지 시대는 스페인 정복자들은 금은보화를 차지하기 위해 엄청난 탐욕과 잔혹함을 보여주던 때였다. 특히 카리브 지역에서 그들은 황금을 차지하기 위해 많은 타이노족 주민들을 살해했는데, 30만 명에 달했던 타이노족의 인구는 이후 불과 3만 명으로 줄어들었다.

이 같은 상황을 보면서 데 라스 카사스는 "하나님의 보호를 받아야 할 같은 인간인데, 그들이 노예가 되고 착취하는 걸 부당하다"고 생각했다. 그리고 카사스는 1542년 아메리카 대륙에서 일어나는 잔혹한 일들을 알리기 위해 《원주민 파괴에 대한 간단한 설명》이란 책을 완성했다. 이후 스페인 국왕 카를 5세는 카사스의 의견을 받아들였고, 원주민 보호와 관련된 새 법령을 선포하기에 이른다.

하지만 이는 곧바로 스페인 지배층의 저항을 불러일으켰다. 대표적으로 세풀베다는 "카사스의 논리라면 스페인 황제도 범죄자다"라며 카사스를 비판했다. 본국 스페인에서 너무 많은 적을 둔 카사스는 미움을 받았고, 결국 홀로 남아 쓸쓸한 죽음을 맞았다. 하지만 그가 보여준 인간적인 모습은 몇 세기가 지난 뒤 빛을 보기 시작했고, 지금은 중남미 지역에서 존경받는 인물로 역사에 남아 있다.

18 July

아르헨티나 유대인을 상대로 벌어졌던 테러 공격

1994년 7월 18일 평화로웠던 아르헨티나 부에노스아이레스 시내에서 예상치 못한 폭탄 테러가 발생했다. 아르헨티나-이스라엘 친선협회 건물 AMIA을 노린 공격으로 총 85명이 사망하고 300명이 부상당한 끔찍한 사건이었다. 폭탄 테러는 곧바로 이스라엘과 중동의 관계를 악화시켰고, 아르헨티나 정치계에도 큰 영향을 끼쳤다. 과거부터 아르헨티나는 많은 유대인 이민자가 넘어온 나라였다. 19세기 후반 많은 수의 유럽 이민자들이 아르헨티나로 넘어왔을 때 상당수의 유대인도 아르헨티나로 넘어왔다. 이 때문에 현재 아르헨티나는 중남미에서 가장 큰 유대인 커뮤니티가 있는 나라이기도 하다.

1994년 일어난 폭탄 테러는 유대인 커뮤니티가 형성된 온세 Once 지역에서 일어났다. 2년 전인 1992년에 이스라엘 대사관 앞에서 폭탄 테러가 일어나며 22명이 사망한 사건이 벌어졌는데, 이번에도 유대인을 대상으로 한 범행이 일어나며 제3지대인 아르헨티나가 이스라엘-중동 갈등의 중심지가 되었다.

많은 사람들은 AMIA 테러 사건을 레바논에 거점을 둔 헤즈볼라 Hezbollah가 벌인 것으로 봤다. 사건을 담당한 알베르토 니스만 검사는 1980년대부터 헤즈볼라가 아르헨티나, 브라질, 파라과이, 우루과이 같은 국가에 진출했고, 유대인들을 공격하기 위한 테러리스트 네트워크를 구축했다는 점을 강조했다. 또 헤즈볼라 요원 이브라힘 후세인 베로가 자폭 테러범이었음을 밝혀냈으며, 아르헨티나에 있는 이란 대사관이 사건을 주도했다는 점도 알아냈다. AMIA 테러 사건은 이렇게 헤즈볼라가 벌인 사건으로 종결되는 듯했지만, 니즈만 검사의 의문스러운 죽음과 아르헨티나 정치문제가 뒤섞이며 더욱 복잡한 이슈로 역사에 남게 된다.

19
July

아르헨티나 원주민과 나팔피 학살사건

아르헨티나 북부지역 팜파스는 자신들만의 문화를 지키며 살던 원주민들이 많은 지역이었다. 하지만 1870년대부터 원주민들의 생활방식에도 큰 변화가 찾아왔다. 이전에는 확실한 국가체계가 잡히지 않아 원주민들을 크게 신경 쓰지 않았다면, 이제는 그들에게 스페인어를 쓰고 세금을 요구하기 시작했던 것이다. 여기에 백인우월주의 사상이 더해지며 원주민들에 대한 차별정책이 만연하게 되었다.

1924년 7월 19일, 팜파스에 속한 차코주 나팔피Napalpi 마을에선 결국 비극적인 사건이 벌어졌다. 당시 아르헨티나는 자유롭게 살고 있던 원주민 부족들을 특정 구역에서만 생활할 수 있게 했고, 면화를 생산해 팔며 생활하던 원주민들에게 높은 세금을 요구했다. 이에 참을 만큼 참아온 원주민들은 저항을 시작했지만, 소총으로 무장한 아르헨티나 경찰과 목장주 들에 의해 무자비하게 진압당했다.

이른바 나팔피 학살Masacre de Napalpi로 알려진 이 사건으로 수백 명의 원주민이 목숨을 잃었다. 역사가들은 이 사건을 성별이나 연령을 존중하지 않고 모두를 살해한 가장 비겁한 일이며, 아르헨티나 근대화 과정에 있어 가장 어두운 역사로 판단했다. 학살사건은 1954년이 돼서야 아르헨티나 정부가 공식적으로 잘못을 시인했고 원주민이 누려야 할 권리를 인정하기 시작했다. 현재 원주민들은 어느 정도 자치성을 확보해 목소리를 내고 있으며, 자신들의 고유한 문화를 보존하기 위해 노력하고 있다.

꽃병이 깨지며 시작된 콜롬비아 독립운동

매년 7월 20일은 콜롬비아의 독립기념일이다. 흥미롭게도 콜롬비아의 독립은 꽃병과 관련이 깊다. 1810년 7월 20일 보고타에서 일어난 이른바 '꽃병 사건'이 콜롬비아 독립의 시작을 알렸기 때문이다.

크리오요 출신 루이스 루비오는 보고타 시내에서 상점을 운영하는 스페인 출신 호세 요렌테를 찾아가 꽃병을 빌려달라고 요청했다. 훗날 콜롬비아 독립을 이끌게 될 안토니오 비야비센시오가 보고타에 방문했으니, 저녁 파티를 준비하기 위해 꽃병이 필요하다는 이유였다.

그러나 요렌테는 그의 요청을 거절했다. 그는 "나는 크리오요나 아메리카 사람들에게 꽃병을 줄 수 없다"고 비꼬며 루이스 루비오를 내쫓았다. 화가 난 루이스 루비오는 그 자리에서 꽃병을 깨뜨렸다. 그리고는 거리로 나와 "스페인 출신 요렌테가 우릴 무시했다!"라고 외치며 사람들을 선동했다. 애초에 스페인에 화가 잔뜩 나 있던 사람들은 거리로 뛰쳐나와 스페인 타도를 외쳤고, 같은 날 저녁 크리오요들이 모여 콜롬비아 독립선언서에 서명했다.

'요렌테의 꽃병' 이야기만 듣고 보면 꽃병 하나 때문에 독립이 시작된 것 같은 느낌을 준다. 하지만 역사적 사실은 이와 조금 다르다. 크리오요들은 이미 요렌테의 성격을 너무나 잘 알고 있었고, 그가 요청을 거절하는 순간 시위를 시작하기로 계획을 세워놨다. 다시 말해 꽃병은 독립을 시작하기 위한 하나의 신호탄이자 큰 그림을 완성하기 위한 하나의 장치였던 셈이다. 참고로 실제 꽃병은 현재 보고타 독립박물관에 전시되어 있으며, 박물관은 콜롬비아 역사를 이해하기 위해 반드시 들려야 할 장소로 꼽히고 있다.

21
July

6년만에 종료된 차코 전쟁

1932년 6월, 파라과이와 볼리비아는 나라의 운명을 건 '차코 전쟁Chaco War'을 벌였다. 이 전쟁은 삼국동맹전쟁, 태평양전쟁과 더불어 남미 현대사에서 일어났던 가장 큰 전쟁으로 꼽힌다. 마테차 생산을 늘리기 위해 차코로 진출했던 파라과이, 대서양으로 가기 위한 루트를 찾던 볼리비아가 서로 충돌하며 벌어진 전쟁으로, 두 나라 모두 사활을 걸고 전쟁에 임하면서 긴 대치상태가 이어졌다.

상당히 오래 지속된 차코 전쟁은 1938년 7월 21일 휴전협정을 맺으며 마무리됐다. 전투 자체는 1935년에 끝났지만, 양쪽이 모두 인정하는 협정내용을 담기 위해 상당히 오랜 기간이 걸린 셈이었다. 사실상 전쟁에서 승리한 파라과이는 협정을 통해 차코 지역 영토의 75퍼센트를 차지했고, 경제적으로도 볼리비아보다 더 많은 이익을 챙기게 된다.

한편 제3국인 아르헨티나는 볼리비아와 파라과이가 평화협정을 맺는 과정에서 중요한 역할을 했다. 전쟁이 일어나는 동안 아르헨티나는 줄곧 중립적인 입장을 취하며 평소 두 나라 모두에게 신뢰를 쌓았다. 아르헨티나는 평화협정이 부에노스아이레스에서 맺어지도록 지원하기도 했는데, 이때 두 나라 사이의 평화를 적극적으로 이끈 카를로스 라마스Carlos Saavedra Lamas 외무장관은 공로를 인정받아 노벨평화상을 수상했다.

1968년 멕시코에서 대규모 시위가 벌어진 이유

1968년 7월 22일은 멕시코의 '1968 시위'가 벌어진 날이다. 시위는 국립과학기술대 학생들과 멕시코 국립자치대학교UNAM에 속한 오초테레나 고등학교 미식축구경기 도중 벌어진 사소한 싸움에서 시작됐다. 다툼은 시간이 지나면서 규모가 점점 커졌고 결국 경찰이 동원되고 나서야 모든 상황이 종료됐다.

그런데 문제는 출동했던 경찰의 태도였다. 그들은 코앞으로 다가온 '1968 멕시코 올림픽'에 피해를 줄 수 있는 폭동을 멈추겠다며 학생들을 과잉진압했고, 이에 몇몇 학생들이 경찰에 의해 부상을 당했다. 그러자 7월 26일 수천 명의 학생들이 멕시코시티 소칼로 광장에 모여 항의했고, 같은 해 10월 2일엔 수만 명이 참여하는 대규모 시위로 확대됐다.

1968년 시작된 멕시코 학생운동의 결말은 비극으로 끝났다. 정부는 학생들의 요구에 응하기보다 올림픽을 개최하는 국가 이미지를 생각해 그들을 진압하기 바빴기 때문이다. 특히 1968년 10월 2일엔 약 300명의 시민과 학생이 유혈사태로 목숨을 잃은 이른바 '틀라텔롤코 학살Tlatelolco massacre'이 발생했다. 비록 1968년 학생운동은 궁극적으로 원했던 목표를 달성하진 못했지만, 처음으로 학생들이 직접 나서 정부에게 변화와 비판의 목소리를 냈던 사건으로 기억되고 있다.

23 July 니카라과에 산디니스타 조직이 생긴 날

1961년 7월 23일, 니카라과에서는 소모사 정권에 대항하기 위한 산디니스타 조직이 만들어졌다. 공식적인 이름은 '산디니스타 민족해방전선Frente Sandinista de Liberación Nacional, FSLN'이다. 시기만 보면 중남미 전역에 혁명 바람이 불었던 때로, 특히 쿠바 혁명의 영향을 많이 받아 생겨난 조직이었다.

먼저 '산디니스타'란 이름이 붙은 이유엔 니카라과 역사와 관련이 있다. 산디니스타는 아우구스토 산디노Augusto Sandino란 인물을 추모하고 그의 철학을 따르기 위해 붙여진 것이었다. 1920년대 미국이 니카라과를 잠시 점령했던 시절 산디노는 미국 군대에 굴복하지 않고 니카라과의 해방을 위해 싸운 인물로, 훗날 아나스타시오 소모사에게 억울하게 암살당한 인물이었다. 즉 1961년 창설된 산디니스타란 조직의 이름은 죽은 산디노를 기억하고, 소모사에게 복수하기 위한 의미를 담은 이름이었던 것이다.

산디니스타 조직은 초반 게릴라 조직보다는 정당을 기반으로 세력을 키웠다. 그들은 다른 정당들과 연대하는 방식으로 소모사를 위협했고, 정치 시스템의 테두리 안에서 자신들의 목표를 이루기 위해 노력했다. 하지만 1974년 일어난 마나구아 지진 사건은 산디니스타 조직이 총과 무기를 들어 게릴라 활동을 하게 되는 계기가 됐다. 지진 이후 많은 사람이 고통받는 사이 소모사는 자신의 배를 채우기 위해 해외 원조 자금의 상당수를 빼돌렸기 때문이었다. 산디니스타 게릴라 조직은 더 많은 니카라과 국민들의 지지를 받으며 세력이 확대됐고, 결국 1979년 소모사 대통령을 몰아내는 데 성공하며 새 시대를 열었다.

24
July

우연히 마추픽추를 발견한 미국 대학 교수

16세기 초, 쿠스코를 중심으로 번성하던 잉카 제국은 스페인 정복자들에 의해 역사 속으로 사라졌다. 그러면서 산속 깊숙이 자리하고 있던 도시 마추픽추도 자연스레 사람들의 발길이 끊기게 됐다. 마추픽추는 원래 잉카 왕족들이 종교의식을 거행하거나 쉼터로 사용했던 곳이었지만 제국이 멸망한 뒤 사람들의 기억에서 사라졌다.

그로부터 거의 400년이 지난 후, 잊힌 마추픽추는 미국의 한 교수에 의해 우연히 발견됐다. 당시 우루밤바강 인근을 탐사하던 하이럼 빙엄 Hiram Bingham 예일대학교 교수는 근처 지역 주민에게서 고대 잉카 도시가 있다는 사실을 듣게 된다. 그는 11살 어린아이를 따라 반신반의한 마음으로 산을 올랐고, 몇 시간 뒤 거대한 산봉우리 앞에 있는 웅장한 마추픽추의 모습을 발견했다. 이때 그가 마추픽추를 발견한 날은 1911년 7월 24일로, 잉카 제국의 상징 마추픽추가 다시 세상에 알려진 중요한 날로 기록됐다.

역사가들은 빙엄 교수가 정말 처음으로 마추픽추를 발견한 것인지를 두고 논쟁을 벌였다. 이전에도 영국이나 독일 탐험가들이 이미 그곳을 지나갔다는 기록이 있었기 때문이었다. 이에 빙엄 교수조차도 “분명 이전에도 사람들이 마추픽추의 존재를 알고 있었을 것이다”고 말하며, 자신이 첫 번째 마추픽추 발견자라는 타이틀을 얻는 데 크게 의미를 두지 않았다. 하지만 다른 탐험가들과는 달리 마추픽추와 관련된 연구와 조사를 지속했다는 점에서, 빙엄 교수는 마추픽추를 발견하고 널리 세상에 알린 인물로 역사에 이름을 남기게 된다.

25 July

푸에르토리코에서 벌어진 세로 마라비야 사건

Local News

Attack on Navy bus unsolved after 20 years

FBI closed books on case in 1993

1978년 7월 25일, 푸에르토리코 출신의 카를로스 아리비와 아르날도 로사도는 마라비야 산Cerro Maravilla을 향해 길을 나섰다. 그들은 푸에르토리코의 독립을 이끌던 인디펜덴티스타스 단체의 멤버로 산정상에 위치한 송전탑을 차지해 미국의 지배에 저항하는 메시지를 전파할 계획을 갖고 있었다. 하지만 푸에르토리코 경찰은 이미 그들의 계획에 관한 정보를 입수한 상태였다. 경찰들은 송전탑 주위에 매복해 아리비와 로사도가 나타나기만을 기다렸고, 얼마 후 그들이 모습을 드러내자 곧바로 체포작전을 시작했다.

하지만 체포 과정에서 두 사람은 목숨을 잃고 말았다. 경찰측은 아리비와 로사도가 총을 소지하고 있었으며, 경찰을 맞닥뜨리자 총을 쏘며 저항했다고 진술했다. 경찰은 어쩔 수 없이 방어해야 하는 상황이었고, 이 과정에서 아리비와 로사도가 총에 맞아 사망했다고 주장한 것이었다. 하지만 인디펜덴티스타스측은 경찰이 거짓말을 한다며 반박했다. 애초에 이 둘은 무기를 소유하고 있지 않았고, 경찰들이 오히려 이들을 강압적으로 진압한 뒤 살해했다고 주장했다. 이후 세로 마라비야 사건 소식은 빠르게 푸에르토리코 전역으로 퍼져 나갔고, 많은 사람들이 정부와 경찰에게 책임이 있다고 믿으며 푸에르토리코 전역에서 진실을 요구하는 시위가 일어났다.

결과적으로 이 사건은 총 여덟 명의 경찰이 살인혐의로 기소됐지만 오직 한 명만 유죄판결을 받으며 마무리됐다. 세로 마라비야 사건은 40년이 훨씬 넘은 시간이 지난 지금도 푸에르토리코 사회에서 여전히 논란이 되고 있으며, 당시 미국의 지배를 받던 푸에르토리코의 정치적 상황이 얼마나 복잡했는지를 보여주는 사건으로 기억되고 있다.

아르헨티나 에바 페론의 죽음

1952년 7월 26일, 당시 아르헨티나의 영부인이었던 에바 페론이 세상을 떠났다. 특히 에바를 좋아하고 따르던 국민들이 많았기 때문에 그녀의 죽음으로 인한 슬픔과 충격은 배가 되었다. 사실 에바 페론하면 그녀의 남편 후안 페론을 빼놓을 수 없다. 그가 남긴 정치적 유산은 워낙 영향력이 컸기에 페론 없인 아르헨티나 정치를 설명할 수 없을 정도다. 그는 가난한 사람들을 돕기 위해 여러 정책을 만들었는데, 이때 에바도 서민들을 위한 많은 일을 하며 지지자들의 사랑을 받았다.

정치에 뛰어든 순간부터 세상을 떠나기 전까지 그녀는 아르헨티나 사회에 많은 변화를 가져왔다. 특히 아르헨티나 여성들의 정치적 권리에 관심이 많던 에바는 여성들의 참정권을 위해 많은 노력을 기울였고, 결국 아르헨티나 여성들은 1951년 처음으로 참정권을 얻어 소중한 한 표의 권리를 행사하기도 했다.

에바 페론은 많은 인기를 얻었지만 앓고 있던 암이 제때 치료되지 못해 건강이 악화됐다. 1952년에는 몸무게가 37킬로그램밖에 되지 않을 정도로 몸이 쇠약해졌고 결국 같은 해 7월 26일 세상을 떠났다. 이에 정부는 약 한 달여 동안을 '국가 애도의 날'로 선포했고, 많은 국민들이 슬픔에 빠져 그녀의 죽음을 애도했다.

27 July 푸에르토리코 호세 셀소 바르보사의 날

푸에르토리코에서 매년 7월 27일은 '호세 셀소 바르보사José Celso Barbosa의 날'이다. 의사 출신이었던 바르보사는 푸에르토리코가 스페인에게서 막 독립한 1900년대 초부터 의료제도가 도입될 수 있도록 한 인물이었다. 워낙 영향력이 큰 인물인 만큼 푸에르토리코에선 그가 태어난 7월 27일을 공휴일로 지정해 기념하고 있다.

먼저 그가 태어났던 1850년대 푸에르토리코 분위기는 누구나 공부를 할 수 있는 자유로운 환경이 아니었다. 19세기 후반까지만 해도 푸에르토리코에서는 인종차별이 만연해 있었다. 아프리카계 후손이었던 바르보사는 제대로 된 교육을 받지 못해 좌절했지만, 자신의 꿈이었던 의사를 포기하지 않고 미국으로 건너가 당당하게 의사가 됐다. 그는 미국에서 의학학위를 딴 최초의 푸에르토리코인으로, 온갖 차별을 이겨내고 자신의 꿈을 이룬 인물로 이름을 남겼다.

푸에르토리코로 돌아온 바르보사는 의료보험 법안을 마련하며 국가 공공보건 분야에 긍정적인 영향을 끼쳤다. 또 사회운동에도 관심이 많았던 그는 인종차별 문제를 없애고 흑인인권을 향상하기 위해 많은 노력을 기울였다. 의사였지만 사회운동가, 정치인으로 활동하면서 훗날 '푸에르토리코 건국의 아버지'라고 불리기까지 했다. 사실 한 국가에서 특정 인물의 생일을 국경일로 정하는 건 흔치 않은 일인데, 바르보사의 생일을 국경일로 정한 사실은 그가 푸에르토리코 역사에서 얼마나 중요한 인물인지를 보여주는 부분이기도 하다.

28
July

1821년 스페인에게서 독립한 페루

매년 7월 28일은 페루의 독립 기념일로 큰 규모의 퍼레이드와 축제가 벌어지는 날이다. 이날은 1821년 산마르틴 장군이 독립을 선포한 걸 기념하기 위해 제정됐으며 스페인어로는 'Fiestas Patrias' 혹은 'Fiestas Nacional'이라 불린다. 역사적으로 페루는 스페인의 영향을 가장 많이 받은 지역 중 하나였다. 특히 페루 리마가 스페인 왕국의 중심지가 되면서 스페인 지지자들이 많이 생겨났는데, 이런 이유로 1810년 아르헨티나, 파라과이에서 독립운동이 시작됐을 때도 페루는 오히려 스페인 지지자들이 집결하는 모습을 보였다.

하지만 시간이 지나면서 페루에서도 독립에 대한 열망이 점차 커졌다. 특히 쿠스코 같은 남부지역에서 유독 저항이 거셌는데, 아무래도 남부에 있던 광산에서의 고된 노동환경이 스페인에 반감을 가진 원인이 됐다. 독립운동이 시작된 이후 페루의 스페인 지지자들은 1820년대까지 독립군의 반란을 잘 막았다. 특히 1811년 벌어졌던 와끼 전투는 스페인군이 군사적으로 월등하다는 걸 보여준 결정적인 사건이었다. 스페인은 이 전투에서 승리함으로써 아르헨티나에서 번져오는 독립세력을 초기에 진압할 수 있었다.

하지만 산마르틴 장군이 페루 독립운동에 개입하며 전쟁의 판도가 빠르게 뒤바뀌었다. 그는 페루 해방원정대를 조직해 스페인군들을 무찔렀고 이후 빠른 속도로 리마에 입성했다. 1821년 7월 28일 마르틴 장군은 연설에서 '이 순간부터 페루는 국민들의 의지에 따라 자유와 독립을 이뤘음을 선포한다'고 발표했고, 이날은 페루의 자랑스러운 독립 기념일로 기록됐다.

파라과이 미술박물관을 털어버린 희대의 도둑들

2002년 7월 29일, 파라과이의 수도 아순시온이 시끄러워진 사건이 벌어졌다. 귀중한 예술품들을 전시해 놓은 국립예술박물관에서 그림 다섯 점이 흔적도 없이 사라진 것이었다. 1909년 처음 전시를 시작한 이후 한 번도 도난 사고를 당하지 않았고, 유럽의 박물관처럼 흔한 타깃이 아니었기 때문에 이는 더욱 충격으로 다가왔다. 사람들은 대체 누가, 왜 영화에서나 볼법한 일을 아순시온에서 일으켰는지 궁금해했다.

사건의 경위를 밝히기 위해 경찰은 곧바로 조사에 착수했다. 그리고 도둑들이 지하터널을 뚫고 박물관 물품을 훔친 사실을 알아챘다. 도둑들의 흔적을 찾던 도중 박물관 밑에 30미터나 되는 지하 터널을 발견했기 때문이다. 더 놀라운 건 이 터널이 하나의 경로가 아닌 총 세 개의 입구로 뚫린 복잡한 터널이었단 점이었다. 범인들은 범행 직후 자신들의 뒤를 쫓을 걸 알고 일부러 여러 갈래의 길을 파놓았던 것이었다.

사람들은 과연 누가 이 엄청난 일을 저질렀는지 궁금해하기 시작했다. 아무리 경험 많은 전문 털이범이라도 큰 그림 다섯 점을 옮기는 건 쉬운 일이 아니기 때문이었다. 그러나 추측만 무성할 뿐 지금까지도 범인들은 잡히지 않은 상황이다. 한편 사라진 작품들 가운데는 16세기와 17세기에 완성된 가치 있는 작품들이 포함되어 있었다. 특히 스페인 유명화가 바르톨로메 루미요, 이탈리아의 하코포 로부스티의 작품들은 높은 예술적 가치를 인정받는 그림들이었다. 이 사건은 파라과이에서 '세기의 도난'으로 알려져 있으며, 그림의 가치는 총 백만 달러를 넘는 것으로 알려져 있다.

50년 넘게 이어졌던 멕시코 카스트 전쟁

역사적으로 유카탄반도는 많은 마야 원주민이 거주해 온 지역이다. 그들은 주로 공동 소유 경작지에서 농사일을 하며 소소하게 경제적 활동을 이어 나갔다. 그런데 문제는 1830년대 사탕수수 붐이 일어난 뒤 많은 사람들이 유카탄반도로 이주해오면서 시작됐다. 그들은 대규모 농장을 세워 마야인들의 노동력을 착취했고, 겨우 생계를 유지할 정도의 낮은 임금만 제공하며 마야인들을 노예처럼 다뤘다.

1847년 7월 30일, 참다못한 마야인들의 분노가 폭발하며 이른바 카스트 전쟁Caste War이 벌어졌다. 마야군 지도자 세실리오 치는 대농장 지주들을 공격해 유카탄반도 도시들을 하나씩 점령해 나갔다. 이 전쟁에 카스트란 이름이 붙은 이유도, 불공정했던 계급사회를 뒤엎고자 한 마야인들의 바램이 담겼기 때문이었다.

금방 끝날 것만 같던 전쟁은 소모전 끝에 1901년에 마무리됐다. 1901년 멕시코는 현대화된 군대들을 앞세워 마야인들의 중심지 찬 산타크루즈Chan Santa Cruz를 점령해 전쟁을 사실상 승리로 이끌었다. 전쟁이 남긴 상처는 25만 명이 넘는 사망자가 나올 정도로 참혹했는데, 마야인들의 자치 커뮤니티는 아무것도 이루지 못한 채 킨타나루주로 합병되고 만다. 전쟁이 끝난 뒤 마야 원주민들은 계속된 차별에 시달렸고, 농사를 지을 땅도 소유하지 못한 채 가난한 생활을 이어나갔다. 오죽하면 사람들은 정글이 많았던 유카탄반도를 '녹색 지옥Infierno Verde'으로 부르며 당시 마야 사람들이 처했던 혹독한 상황을 묘사하기도 했다.

31

July

세계 아보카도의 날과 멕시코

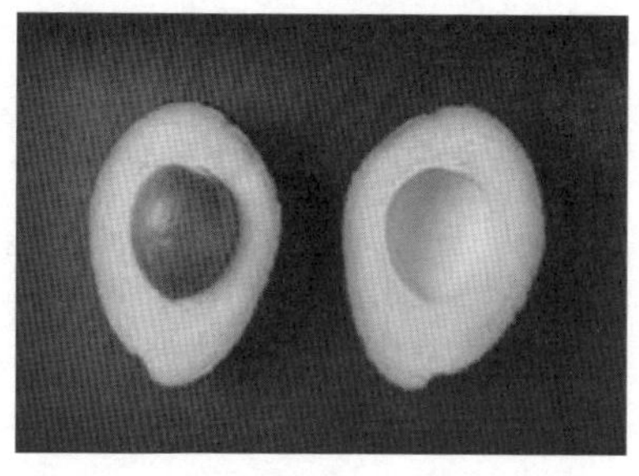

매년 7월 31일은 세계 아보카도의 날이다. 아보카도를 즐겨 먹는 많은 중남미 국가들이 이날을 기념하고 있는데, 아보카도에 대해 이야기할 땐 아무래도 멕시코를 빼놓을 수 없다. 멕시코는 아보카도 원산지로 알려져 있으며 전 세계 아보카도 시장에서 절반에 가까운 양을 공급하고 있다. 그만큼 아보카도를 많이 재배하고 있는데, 특히 '아보카도 벨트'라는 이름이 붙은 미초아칸과 멕시코주에 아보카도 농장이 집중되어 있다.

멕시코에서는 기원전 700년부터 아보카도를 먹은 것으로 전해져 있다. 아스텍 사람들은 아보카도가 영양분이 풍부한 식물임을 알았고 심지어 의료용으로도 자주 아보카도를 활용했다. 멕시코에서는 아보카도avocado를 아구아카테aguacate라 부르는데, 이는 아스텍 언어 아후아카틀āhuacatl에서 유래된 단어를 그대로 사용해 아스텍 문화의 흔적이 남아 있음을 알 수 있다.

아보카도는 '슈퍼푸드' '숲의 버터'로 불리며 많은 사람들이 찾고 있다. 멕시코의 경우 전 세계적인 수요 증가로 아보카도 수출량이 크게 늘어나 경제적 이득을 얻기도 했다. 하지만 최근 아보카도가 환경문제의 주범이라는 의견이 나왔는데, 즉 아보카도 생산을 위해 엄청난 양의 물이 필요해 가뭄문제를 악화시킨다는 비판의 목소리가 주목을 받는 상황이다.

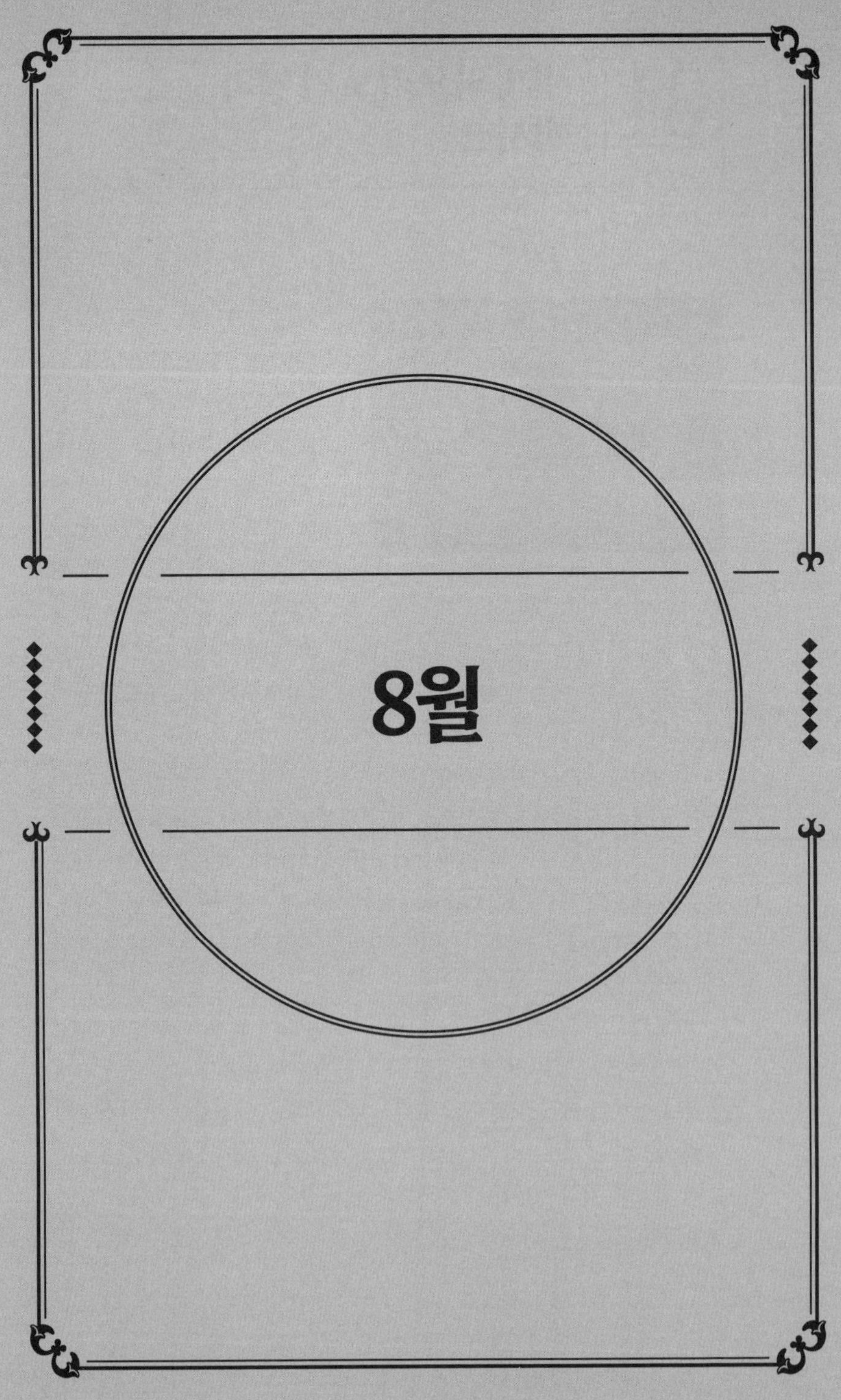

8월

1
August

대지의 어머니 빠차마마의 날

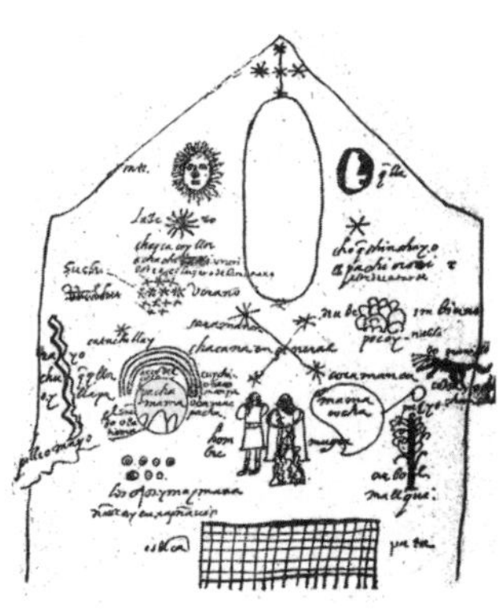

매년 8월 1일은 '빠차마마의 날'이다. 빠차마마는 원주민들의 언어인 케추아어로 '대지의 어머니'를 의미한다. 대지, 지구를 뜻하는 빠차pacha와 어머니를 뜻하는 마마mama가 합쳐진 단어로 원주민들이 믿었던 신의 이름이다. 이전부터 8월은 안데스 원주민들에게 한 해의 농사가 시작되는 중요한 시기였다. 6월과 7월에 혹독한 겨울이 지나가고 기온이 따뜻해지며 봄이 오는 때로, 과거엔 농사일이 중요했던 만큼 8월에 축제를 열어 한 해의 풍년을 기원했다고 한다.

빠차마마의 날에서 가장 큰 이벤트는 제사였다. 특히 안데스 지역에서는 땅이 인간에게 주는 이로움에 대한 감사를 표하기 위해 제사를 지냈다. 사람들은 이날을 위해 제단을 쌓아 제사를 준비했고 성직자는 감사의 기도를 올렸다. 이때 성직자는 복잡한 기도 절차를 다 외우고 있어야 했으므로, 고도의 훈련을 받고 수준이 높은 몇몇 성직자만 이 의식을 행할 수 있었다고 한다.

또 이날 사람들은 땅에서 수확한 곡식과 음식, 술뿐만 아니라 라마의 피를 땅에 바쳤다. 이는 "우리가 대지에서 풍요로운 혜택을 누렸으니, 그만큼 돌려주겠다"라는 의미가 있었다. 과거 원주민들은 인간이 이 땅에서 누리는 걸 당연시 생각하지 않았고, 인간과 자연이 서로 주고받는 상호관계임을 소중히 여긴 것이었다.

2
August

1953년 볼리비아에서 통과된 토지개혁법

1953년 8월 2일 볼리비아 정부는 중요한 토지개혁법을 통과시켰다. 이는 역사상 처음으로 볼리비아 원주민들이 요구하던 토지 사용권리를 허용한 사건이기도 했다.

1950년까지만 해도 볼리비아는 남미에서 가장 가난한 나라 중 하나였다. 19세기 중반까지는 다른 나라와 큰 차이가 없었지만, 태평양전쟁과 차코 전쟁에서의 계속된 패배로 국력이 쇠퇴한 상황이었다. 전쟁 같은 외부 요소 이외에도, 피부색에 따른 불평등은 볼리비아의 발전을 가로막는 가장 큰 요소 중 하나였다.

이런 상황에서 1952년 볼리비아를 뒤바꾼 사회혁명이 일어났다. 볼리비아에서는 이 사건을 '52혁명 Revolución del 52'이라 부르고 있다. 볼리비아는 이 혁명을 통해 투표권 보장, 농민과 여성의 정치참여 확대, 다수의 국민이 혜택을 볼 수 있는 주요 산업의 국유화를 추구하며 볼리비아 사회의 대대적인 변화를 추진했다.

이때 발표된 토지개혁법 또한 혁명의 일부였다. 토지개혁 법안의 핵심 슬로건이 "일하는 사람들에게 땅을 주자!"였듯이 개혁을 통해 소외 농민에게 토지를 제공하고 수익을 낼 수 있는 계기를 마련했던 것이다. 20세기 중반까지만 해도 볼리비아에서는 5퍼센트 미만의 사람들이 70퍼센트가 넘는 땅을 소유하며 심각한 불균형을 이룬 나라였다. 하지만 법이 통과된 이후 많은 원주민들은 더 이상 대농장 주주를 위해 일하는 것이 아닌, 자신 소유의 땅에서 농사를 지을 수 있는 자유를 누리게 되었다.

3 August

멕시코 영화 황금시기를 이끈 돌로레스 델 리오

멕시코 영화 역사를 논할 때 빼놓을 수 없는 인물이 있다. 1940년대와 50년대 멕시코 영화의 황금시대를 이끌었던 돌로레스 델 리오 Dolores del Rio 다. 1903년 8월 3일 두랑고에서 태어난 그녀는 일찍이 할리우드에 진출했고, 이후 수많은 상을 거머쥐며 많은 사람들의 사랑을 받게 된다. 연기자로서 돌로레스 델 리오의 삶은 20대 초부터 시작됐다. 영화제작자로 활동했던 에드윈 케어위의 눈에 띈 그녀는 할리우드 진출 제안을 받았고, 1925년 첫 영화 〈조안나〉에 출연하며 자신의 이름을 알렸다. 이후 많은 영화에서 비중 있는 역을 맡은 그녀는 멕시코 출신으로는 처음으로 할리우드 영화계에서 성공을 거둔 인물이라는 평가를 받게 된다.

승승장구하던 그녀의 커리어의 변화가 생긴 건 할리우드에 유성영화가 들어오면서였다. 1930년대 기술이 발전하며 할리우드에서도 무영화 대신 배우들의 목소리가 담긴 유성영화가 개봉되기 시작했다. 그러자 돌로레스 델 리오는 목소리를 신경 써야 했는데, 문제는 그녀가 가지고 있던 억양이었다. 사실 미국에 오래 살며 영어로 의사소통하는 데 아무 문제가 없었지만, 그녀가 가지고 있던 억양이 더 많은 작품에 출연하는 데 걸림돌이 됐다. 시간이 지나면서 그녀의 역할은 점차 라틴 캐릭터에만 제한됐다. 그마저도 영화 제작자들이 라틴 문화에 대한 제대로 된 이해 없이 편견으로 캐릭터를 그려내면서, 이 역할을 맡은 돌로레스 리오는 자신의 조국 멕시코의 비판까지 받았다. 결국 그녀는 할리우드를 떠나 멕시코에서 새로운 연기자 생활을 결심했고, 이후 훌륭한 연기를 펼치며 멕시코 황금영화시대를 이끈 배우가 되었다.

4

August

유럽인들이 세운 중남미 최초의 도시, 산토 도밍고

유럽인들이 중남미 지역에 세운 도시 중 현존하는 가장 오래된 도시는 1496년 8월 4일에 세워진 산토 도밍고다. 산토 도밍고는 오늘날 도미니카공화국의 수도이기도 하다. 콜럼버스의 남동생 바르톨로메는 히스파니올라섬 타이노 족의 공격을 피해 남동쪽으로 탐험을 계속했고, 그곳에 오늘날 산토 도밍고가 되는 첫 도시를 건설하게 되었다.

사실 산토 도밍고가 세워지기 이전 라 이사벨라La Isabela 라는 마을이 1494년 섬에 먼저 세워진 적이 있었다. 하지만 얼마 지나지 않아 이 마을은 완전히 버려졌고, 지금은 터가 있던 흔적만 남아 있다. 엄밀히 따지면 이사벨라가 유럽인에 의해 최초로 세워진 마을이 맞지만, 도미니카공화국 수도로까지 발전한 산토 도밍고가 '현존하는 가장 오래된 도시'라는 타이틀을 갖게 된 것이었다.

산토 도밍고는 '최초'라는 꼬리표가 붙는 문화유산이 많은 도시이다. 먼저 고딕 스타일로 지어진 산타 마리아 라 메노르 대성당은 아메리카 대륙 최초의 대성당이며 이밖에도 아메리카 최초의 '수녀원', '수도원' 모두 산토 도밍고에 있다. 이렇게 유달리 최초가 많은 도시 산토 도밍고는 1990년 도시 전체가 세계문화유산으로 지정돼 그 가치를 인정받았다. 흔히 중미와 카리브 지역 하면 쿠바나 멕시코가 주요 관광지로 머릿속에 떠오르지만, 산토 도밍고도 역사와 문화를 살펴볼 수 있는 매력적인 도시 중 하나로 꼽힌다.

5 August

푸에르토리코 주지사 선거를 허락한 미국

스페인과의 전쟁에서 승리한 미국은 푸에르토리코를 사실상 자신들의 땅이나 다름없는 미국령으로 만들었다. 비록 의회의 반대로 미국의 새로운 주로 편입시키지는 못했지만 푸에르토리코의 정치적 주권 상당 부분을 제한하는 법을 마련했다. 그중 하나가 바로 미국이 푸에르토리코 지사governor를 직접 임명하는 것이었다.

미국의 이 결정은 푸에르토리코의 독립주의자 입장에선 부당할 수밖에 없었다. 법이 마련된 직후 이들은 조국이 더 많은 자유와 자치성을 갖길 원했고, 특히 페드로 캄포스는 민족주의 정당을 만들어 푸에르토리코의 독립운동을 이끌었다. 1937년은 독립 열기가 가장 거셌던 때로, 경찰을 동원해 시민들을 무참히 진압한 블랜턴 윈십 푸에르토리코 지사가 루스벨트 대통령에 의해 사임하는 일까지 발생했다.

1947년 8월 5일, 해리 트루먼 대통령은 푸에르토리코 사람들이 직접 지사를 선출할 수 있는 법Elective Governor Acts을 통과시켰다. 그가 이런 결정을 내린 이유는 제2차 세계대전이 끝난 직후 전 세계적으로 불던 독립운동이 푸에르토리코 독립주의자들의 활동을 더욱 가속화할 것이라 판단했기 때문이었다. 그렇게 푸에르토리코 사람들은 1948년 선거를 통해 루이스 마린을 첫 지사로 선택하게 됐고, 1950년에는 미국 정부가 푸에르토리코 자체 헌법을 제정하도록 허락함으로써 더 큰 의미의 자유를 얻게 되었다.

6 August 볼리비아의 독립기념일

1825년 8월 6일은 볼리비아의 독립기념일이다. 다른 남미 나라와 마찬가지로 독립 영웅 시몬 볼리바르가 독립에 결정적인 역할을 했는데, '볼리비아'라는 나라 이름도 사실 '볼리바르'에서 유래됐다. 볼리비아 독립군은 산악지대가 많은 지형을 활용해 게릴라 전술로 스페인 군대와 싸웠다. 역사에서는 이 게릴라 운동을 리뿌플리께따스Repubiquetas라 부르며, 1825년 독립을 이룰 때까지 저항을 계속해 나갔다.

긴 싸움에서 승리를 거둔 독립군은 볼리비아의 수도 수크레에 모여 독립선언문 내용을 작성했다. 이들이 오랫동안 주의를 기울인 현안은 볼리비아의 '독립' 혹은 '통합' 여부였다. 당시 볼리비아는 아르헨티나와 통합하거나, 페루와 통합하거나, 직접 독립국가가 되는 세 가지 선택권이 있었다. 궁극적으로 통일된 하나의 남미를 꿈꿨던 볼리바르는 볼리비아가 페루에 합병되길 원했지만, 분리된 독립국을 원했던 다른 지도자들은 결국 독자적으로 '8월 6일 독립선언문'을 발표하게 되었다.

몇몇 역사가들은 볼리비아라는 국가 명칭이 사용된 것도 '볼리비아가 페루에 합쳐지길 원했던 볼리바르를 달래기 위한 것이었다'라고 주장하고 있다. 볼리바르는 볼리비아의 초대 대통령이 되어 나라를 다스렸지만, 5개월이라는 짧은 통치를 마치고 그란 콜롬비아로 돌아갔다. 공석이 된 대통령 자리는 수크레가 이어가게 됐고, 임기 동안 세금을 줄이고 토지 개혁을 실시하는 등 진보적인 모습을 보였다.

7

August

시몬 볼리바르와 스페인이 맞붙었던 보야카 전투

매년 8월 7일은 베네수엘라, 콜롬비아, 에콰도르에서 굉장히 중요한 날이다. 8월 7일이 중요한 날로 기념되는 이유는 독립운동 당시 벌어졌던 보야카 전투Batalla de Boyaca와 관련이 있다. 시몬 볼리바르가 이끄는 독립군은 1819년 벌어진 이 전투에서 스페인을 상대로 큰 승리를 거뒀고, 이후 그란 콜롬비아라 불리는 새로운 나라를 세우는 발판을 마련하게 된다.

1819년 당시 독립군은 스페인을 상대로 계속된 승리를 거두며 이미 사기가 오른 상황이었다. 보야카 전투 이전에도 시몬 볼리바르는 가메사, 판타나노 데 바르가스에서 벌어진 소규모 전투에서 승리하며 스페인 군대를 압박했다. 만약 보야카에서 마저 승리를 거둔다면 독립군이 보고타를 차지해 스페인을 완전히 몰아내는 건 시간문제였다.

워낙 중요한 전투였던 만큼 스페인도 보야카 지역에 많은 병력을 집결시켰다. 스페인의 호세 바레이로는 보야카 전투에서 승리를 거둬 시간을 번 뒤 스페인 본토에서 추가지원을 받아 반격할 계획을 세웠다. 하지만 막상 전투가 시작되자 그는 볼리바르와 산탄데르가 이끄는 독립군의 공격에 제대로 대응하지 못했고, 결국 천 오백여 명이 넘는 군사와 함께 포로로 잡혀 최후를 맞이했다. 패배 소식을 접한 누에바 그라나다 부왕령의 총독 후안 데 사마노는 황급히 스페인으로 돌아갔고, 이후 독립군은 큰 저항 없이 보고타를 차지하게 되었다.

8
August

스페인이 만든 마지막 부왕령, 리오 데 라 플라타

1776년 8월 8일, 지금의 아르헨티나, 파라과이, 볼리비아, 우루과이 지역에 '리오 데 라 플라타 부왕령 Virreinato del Río de la Plata'이 탄생했다. 당시 스페인 국왕이었던 카를로스 3세가 부왕령 창설을 허락하는 증명서에 서명하며 만들어진 것이었다. 식민지 초기 스페인은 아메리카 대륙을 두 가지 부왕령으로 나눴다. 하나는 미국, 멕시코, 중미 지역까지 뻗어 있는 '누에바 에스파냐' 부왕령이었고, 다른 하나는 리마에 중심지를 두고 있는 페루 부왕령이었다. 여기서 부왕령이란 새롭게 발견된 땅에 대한 스페인의 권위를 보장하고, 본국의 국왕을 대신하는 직책인 부왕에 의해 통치되는 식민지를 의미했다. 워낙 광활한 영토였음에도 스페인은 두 부왕령을 바탕으로 어렵지 않게 식민지를 통치했고, 많은 자원을 얻으며 부를 확보했다.

하지만 부르봉 왕조가 들어서면서 두 개였던 부왕령은 더욱 세분화됐다. 분할은 주로 남미대륙에서 일어났는데, 리마 부왕령 하나였던 남미에선 지금의 콜롬비아, 베네수엘라, 에콰도르에 해당하는 누에바 그라나다가 탄생했고, 아르헨티나 지역에는 리오 데 라 플라타가 만들어졌다.

한편 스페인 제국이 리오 데 라 플라타 부왕령을 새로 창설한 이유는 효율성 때문이었다. 리마는 라 플라타 지역과 거리가 있었으므로 통치를 분권화하여 식민지 행정 시스템을 더욱 체계적으로 만들려는 의도가 있었다. 이렇게 탄생한 리오 데 라 플라타 부왕령은 이후 부에노스아이레스를 중심으로 빠르게 성장했고, 훗날 남미대륙의 주요 교역 도시로 자리 잡게 되었다.

9
August

중남미에서 가장 먼저 전기가 들어온 나라는 어디일까?

중남미에서 '전기가 가장 먼저 들 어온 나라'하면 아무래도 칠레, 멕시코, 아르헨티나처럼 경제가 발전한 나라를 먼저 떠올리기 쉽다. 그런데, 중남미에서 처음 전깃불이 밝혀진 나라는 의외로 중미의 작은 나라 코스타리카였다. 코스타리카에 처음 전기가 들어온 건 마누엘 빅토르 뎅고Manue lVictor Dengo 덕분이었다. 대학교에서 화학과 물리학을 전공한 그는 미국 뉴욕을 여행하게 됐고, 토머스 에디슨이 거리에 설치한 전구를 본 뒤 코스타리카에도 전깃불을 설치할 계획을 세우게 된다.

조국으로 돌아온 그는 한동안 미친 사람처럼 이 일에만 몰두했다. 코스타리카에서 전기 관련 일에 몰두한 엔지니어가 있다는 소식을 들은 정부는 그가 가진 열정을 칭찬했고, 그에게 전국의 모든 전기조명을 개발할 수 있는 독점권을 부여했다. 마침 코스타리카가 현대화 정책을 펼치던 시기였기에 뎅고에게 연구를 이어 나갈 수 있게끔 지원도 아끼지 않았다.

뎅고의 노력으로 코스타리카에서는 1884년 8월 9일 처음 전구에 빛이 켜졌다. 1884년 당시만 해도 수도 산호세는 크게 발전된 도시가 아니었다. 겨우 5만 명 정도의 사람들이 그곳에 살고 있었으며, 다른 도시에 흔하게 있었던 극장이나 국립도서관도 없던 상황이었다. 전기는 상상조차 할 수 없는 곳이었지만 뎅고 덕분에 수도 산호세에 불이 켜졌고, 이는 전 세계에서 뉴욕, 파리에 이어 세 번째로 전기를 밝힌 도시로 기록됐다.

10 August

결코 쉽지 않았던 에콰도르의 독립과정

에콰도르에서 독립운동이 시작된 건 1809년 8월 10일이었다. 이른바 '첫 번째 독립 외침'이라 불리며 에콰도르 독립운동에 대한 시작을 알린 중요한 순간이었다. 에콰도르의 독립운동은 수도 키토에서 처음 일어났다. 이전부터 키토는 에스탄코스 혁명, 알카발라스 혁명이 일어나며 유달리 스페인 지배에 대한 저항이 거센 곳이었다. 다른 지역보다 키토에서 반란이 잦았던 이유는 이곳이 스페인 정치, 행정의 중심지였기 때문이다.

당시 에콰도르는 페루 부왕령에 속해 있어 리마의 영향을 많이 받기도 했지만, 일종의 고등법원이라 할 수 있는 왕립심문원 Real Audiencia 이 설립된 곳이었다. 16세기까지 아메리카 대륙에 있는 왕립 심문원은 총 5개 과달라하라, 콘셉시온, 차르카스, 보고타, 키토 였는데, 키토는 그중 하나로 부왕령 수도만큼 중요한 역할을 한 셈이었다.

1809년 8월 10일, 키토의 크리오요들은 독립을 선언하고 임시정부를 설립했다. 스페인 본국이 전쟁으로 혼란스러운 상황을 틈타 자신들 스스로를 지킬 수 있는 자치 정부를 만든 것이었다. 나아가 크리오요들은 후안 피오 몬투파르를 초대 키토 대통령으로 임명한 뒤 군대를 조직해 주요 공공 기관을 장악했다. 이후 이바라, 리오밤바, 암바토 같은 가까운 다른 도시도 독립운동에 동참하면서, 키토는 세력을 더욱 크게 키워 나갈 수 있게 된다.

11 August

베네수엘라에 있는 프랑스 광장의 역사

베네수엘라 수도 카라카스에는 프랑스 광장이 있다. 1945년 8월 11일에 만들어진 이 광장은 오벨리스크와 계단 사이에 있는 분수가 매력적인 장소다. "굳이 베네수엘라 광장까지 알아야 되나?"라 생각할 수 있지만, 베네수엘라에서 중요한 일이 벌어질 때마다 많은 주목을 받았던 역사적인 장소이기도 하다.

우선 맨 처음 광장이 생기게 된 이유는 루이스 로체라는 사람 덕분이었다. 외교관과 영화감독을 하며 다재다능함을 보인 로체는 알타미라 지역에 땅을 많이 사놓은 부자이기도 했다. 또 도시계획자이기도 했던 그는 알타미라를 '카라카스의 랜드마크'로 만들고자 했고, 이 프로젝트 중 하나가 바로 프랑스 광장을 건설하는 것이었다.

확실히 눈에 띄는 건축물을 원했던 로체는 광장 중심지에 오벨리스크를 건설하기로 결정했다. 그리고 그는 유달리 오벨리스크 높이에 집착하는 모습을 보였다. 당시 가장 높고 규모가 큰 카라카스 성당보다 더 높은 오벨리스크를 만들어야 알타미라 지역이 더 많은 주목을 받게 된다고 생각했다. 결국 그의 의견이 받아들여지면서, 광장에는 높이 45미터의 하나의 날카로운 검 같은 오벨리스크가 세워지게 되었다.

한편 프랑스 광장이 베네수엘라 역사에서 중요했던 가장 큰 이유는 시민들의 목소리가 표출되는 장소였기 때문이다. 대표적으로 2002년 PDVSA석유회사 국영화에 대한 반대시위나 2014년 부정선거를 비판하는 시위가 일어났을 때 프랑스 광장은 항상 사람들이 모이는 중심지 역할을 했다. 건축가 라울 파올리니는 이를 두고 "프랑스 광장은 부자와 가난한 자 상관없이 모든 시민의 만남이 이뤄지는 장소다"라고 말하며 광장이 가진 특성을 설명하기도 했다.

12 August

브라질 삼바 춤의 역사와 최초의 '삼바학교'

'삼바'는 브라질을 대표하는 전통 춤이다. 삼바 퍼레이드가 펼쳐지는 리우 카니발은 세계 3대 카니발에 들어갈 만큼 유명하다. 삼바라는 단어는 앙골라의 킴분두어로 '춤으로의 초대'를 뜻하는 셈바Semba에서 유래됐으며, 브라질 흑인들 사이에서 유행한 춤을 가리키는 단어로 발전했다. 즉 삼바는 아프리카 문화에 속했으며, 그들의 정체성을 반영하는 대표적인 춤이었던 것이다.

식민지 시절부터 유행했던 삼바는 20세기에 접어들며 더욱 체계적인 틀을 갖췄다. 그리고 1928년 8월 12일엔 브라질의 수도 리우데자네이루에서 첫 삼바학교가 설립됐다. 학교는 에스타시우 빈민촌에서 활동하던 삼바 작곡가와 음악가들이 힘을 합쳐 만들어졌으며, 삼비스타Sambista 오스발도 리스보아와 이스마엘 실바가 많은 기여를 한 것으로 알려져 있다.

역사상 첫 번째 삼바학교의 이름은 포르투갈어로 'Deixa Falar'였다. 이는 번역하면 '말하게 둬'정도로 이해할 수 있다. 당시 브라질 경찰들은 아프리카계 흑인들이 빈민촌 파벨라 거리에서 춤을 추거나 퍼레이드 연습하는 걸 제한했는데, 단지 흑인문화란 이유로 이들에 대해 부정적인 이미지를 갖고 있었다. 이러한 사회적 분위기를 극복하고자 첫 번째 학교 이름은 'Deixa Falar우리의 목소리를 낼 수 있게 해줘'라는 의미를 담게 됐고, 이들은 나아가 1929년 첫 번째 삼바 퍼레이드를 펼치게 되었다.

13 August 아스텍 제국이 스페인에게 무릎 꿇은 날

1521년 8월 13일은 코르테스가 아스텍 왕의 무릎을 꿇게 만든 역사적인 날이다. 스페인 군대는 1521년 4월부터 약 다섯 달 동안 테노치티틀란을 포위했는데, 성 안으로 들어가는 수도를 끊어 사람들이 마실 수 있는 물을 완전히 차단하는 전략을 썼다. 또 성을 둘러싼 거대한 호수를 장악하기 위에 대포를 실은 전함을 만들어 호수 위에 정박해 있던 많은 아스텍 배들을 격침시켰다.

성안의 아스텍 사람들은 배수의 진을 치고 끝까지 버텼지만 결국 스페인의 강력한 공격을 버텨내지 못하고 무너졌다. 마지막 황제였던 쿠아우테목은 더 큰 유혈사태를 막기 위해 항복을 선택했고, 이로써 오랜 역사를 지닌 아스텍 제국은 역사 속으로 사라졌다. 이후 많은 아스텍 사람들은 혹독한 지배를 받아야 했으며, 스페인 사람들은 지배자의 위치에 올라 지금의 멕시코 땅을 다스렸다.

2021년 8월 13일은 아스텍 제국이 멸망한 지 정확히 500주년이 되던 해였다. 멕시코 정부는 이날을 '비극의 날'로 표현하면서도 오직 슬픈 역사로만 기억하지 않았다. 멕시코 오브라도르 대통령은 매년 8월 13일을 원주민 저항의 날Día de la Resistencia Indigena로 선포하며 용감했던 아스텍의 정신을 잊지 말고, 멕시코 사회 내에 남아 있는 차별과 싸워야 한다고 강조했다. 스페인과의 외교갈등을 우려해 정복역사를 직접적으로 비난하진 않았지만, 아스텍 전통과 문화유산의 가치를 높이 사고 자랑스러워하는 모습을 보인 것이었다.

14 August

세계 최초로 황열병 원인을 밝혀낸 쿠바 의사

황열병은 모기에서 옮겨오는 질병으로 알려져 있다. 주로 중앙아프리카와 중남미 열대 지역에서 감염되는데, 체내에 바이러스를 가지고 있다가 사람을 물어 직접 바이러스를 옮기는 것으로 알려져 있다. 모기가 바이러스를 감염시킨다는 사실을 처음 알아낸 의사는 쿠바 출신의 카를로스 핀레이 Carlos FInlay 였다. 1881년 8월 14일, 오랜 기간 질병에 대해 연구해온 핀레이는 쿠바 아바나에서 열린 왕실과학학회에서 논문 한 편을 발표했다. 제목은 〈황열병을 옮기는 전염자로 의심되는 모기〉로, 감염 매개물 fomite 이 아닌 이집트 숲모기 Aedes Aegypti 라 불리는 모기가 사람을 물어 바이러스를 옮긴다는 이론을 주장했다.

나름 과학적 증거를 바탕으로 발표했지만 동료 과학자들은 그의 논문을 소설이라고 비하했다. '모기가 사람에게 병을 옮긴다'라는 생각 자체가 말이 안 된다 생각했기 때문이다. 그의 주장은 한동안 철저히 무시됐다가, 15년이 지나 미국의 월터 리드가 이끄는 조사팀이 이를 증명하며 사실임이 입증됐다. 리드는 조사과정에서 많은 부분을 핀레이의 연구에서 참고했으며, 자신이 밝혀낸 연구결과들은 그의 공이 컸다고 밝혔다.

뒤늦게 공로를 인정받은 핀레이는 1905년 노벨상 후보 명단에 올랐다. 비록 최종적으론 수상의 영예는 얻지 못했지만 그후에도 6번이나 더 노벨상 후보자로 거론됐다. 또 1962년 쿠바 정부는 그를 기리는 의료 역사박물관을 설립했고, 유네스코는 1980년부터 미생물에 기여한 과학자들을 위해 카를로스 핀레이 상을 수여하기 시작했다. 처음 핀레이는 호응을 얻지 못했지만, 현재는 황열병을 비롯한 다양한 질병을 예방하는 데 결정적인 기여를 한 학자로 기억되고 있다.

15 August 파나마 운하를 손 안에 넣은 미국

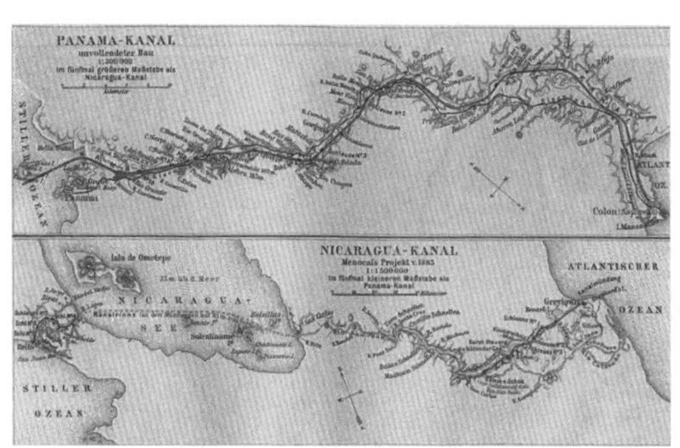

전 세계적으로 유명한 운하는 두 개가 있다. 하나는 이집트의 수에즈 운하, 또 다른 하나는 파나마에 위치한 파나마 운하다. 이 중 파나마 운하는 공사가 시작된 지 30년만인 1914년 8월 15일에 완공식을 가졌다.

사실 파나마 운하가 생기기 전 대서양에서 태평양으로 가는 여정은 상당한 시간이 걸렸다. 모든 배가 남미 최남단 끝자락까지 가야만 태평양에 다다를 수 있었기 때문이었다. 이때문에 미국 동부나 카리브 지역에서 태평양으로 선박을 보낼 경우 지금보다 최대 다섯 달이 넘는 기간을 감수해야만 했다.

19세기 말, 이 운송문제를 해결하기 위해 고안해낸 것이 바로 운하였다. 어디에 운하를 만들 것인지를 두고 여러 의견이 오갔고, 니카라과와 파나마가 최종 후보로 선정됐다. 두 곳 다 매력적인 장소로 평가됐지만 결국 파나마가 좀 더 유리한 지리적 요건이라는 의견이 모아지며 최종 선택을 받게 되었다.

당시 미국은 파나마 운하건설에 상당한 관심을 보였다. 파나마 운하가 무역의 비용절감뿐만 아니라 대서양-태평양 군사보급로 확보에 상당한 도움을 줄 거라 판단했기 때문이었다. 이런 이유로 미국은 당시 3억 7천만 달러라는 큰돈을 파나마에 지불하며 운하소유권을 얻어냈고, 이후 1999년까지 파나마 운하를 운영하며 천문학적인 경제적 수익을 올리게 되었다.

16
August

도미니카공화국에서 벌어진 유신전쟁

도미니카공화국의 페드로 산타나 장군은 1861년 스페인에게 도미니카공화국을 합병해줄 것을 요청했다. 당시 나라가 혼란스러운 상황이 계속되느니 스페인에 속하는 게 낫다고 판단해 이런 부탁을 한 것이었다. 스페인 입장에선 이 달콤한 요청을 거절할 이유가 없었고, 손쉽게 도미니카공화국을 자신들 세력 안에 두게 되었다. 그러나 스페인의 통치는 오래가지 못했다. "아무리 나라가 엉망이어도, 스페인의 통치는 말이 안 된다"고 외치던 세력이 있었기 때문이었다. 이들은 도미니카공화국 땅에서 스페인을 몰아내기 위해 1863년 8월 16일 전쟁을 벌였는데, 이 전쟁은 '제도나 체제를 새롭게 한다'는 의미에서 '도미니카 유신전쟁'이란 이름이 붙여졌다.

도미니카공화국은 산티아고 로드리게스 장군의 리더십을 바탕으로 스페인군을 공격했다. 사실 스페인 군대가 화력 면에서 앞섰기 때문에 많은 사람들이 스페인의 승리로 전쟁이 끝날 것이라 예상했다. 하지만 막상 뚜껑을 열어보니 기대와는 전혀 다른 전개가 펼쳐졌다. 경제상황이 어려웠던 스페인 본국에서 전쟁을 크게 원하지 않았고, 그나마 파병된 스페인 병사들은 말라리아와 황열병에 걸려 싸우기도 전에 사기가 저하됐기 때문이었다.

결국 2년 동안 이어진 유신전쟁은 도미니카공화국의 승리로 끝났다. 이들의 승리는 스페인 식민통치 아래 머물고 있던 쿠바와 푸에르토리코에 영감을 줬고, 도미니카공화국 국민들에게도 애국심을 불어넣어 주는 사건으로 남았다.

17 August

아르헨티나의 독립 영웅, 산 마르틴 장군

많은 사람들은 남미의 독립 영웅으로 시몬 볼리바르를 떠올린다. 하지만 거대한 남미대륙의 독립은 오직 시몬 볼리바르의 혼자 힘으로 이뤄진 것이 아니었다. 시몬 볼리바르가 남미대륙의 북쪽 지역인 베네수엘라, 콜롬비아, 에콰도르의 독립을 이끌었다면, 남쪽의 아르헨티나, 칠레, 페루 지역의 독립은 아르헨티나의 영웅 산 마르틴 장군에 의해 이뤄졌기 때문이다.

일찍이 군인의 길을 선택한 산 마르틴은 유럽에서 숱한 전투에 참여했고, 아르헨티나의 독립선언 소식을 들은 뒤엔 조국의 독립군을 이끌었다. 그는 라 플라타강 주위에서 벌어진 많은 전투에서 승리하며 스페인 군대를 아르헨티나에서 쫓아내는 데 큰 공을 세웠다. 또 험준하기로 소문난 안데스 산맥을 넘어 남아 있던 스페인군을 물리치며 칠레와 페루의 독립을 이끈 영웅으로 등극했다. 독립전쟁이 마무리될 무렵 산 마르틴은 에콰도르 과야킬에서 시몬 볼리바르와 만났고, 독립전쟁이 성공적으로 끝났음을 선언했다. 하지만 이후 시몬 볼리바르와 남미의 미래를 의논하는 과정에서 의견이 갈렸고, 산 마르틴은 정치와 관련된 모든 걸 포기하고 조용한 삶을 살고자 아르헨티나로 돌아왔다.

아르헨티나에서 여생을 보내다 프랑스로 건너간 산 마르틴은 1850년 8월 17일 조용히 세상을 떠났다. 그의 죽음 이후 아르헨티나 정부는 산마르틴을 '국민의 아버지'로 추앙하기 위해 매년 8월 17일을 국가 공휴일로 정했다. 현재 그의 시신은 부에노스아이레스 대성당 내부에 안치되어 있으며, 아르헨티나 독립에 가장 큰 기여를 한 영웅으로 기억되고 있다.

18 August

많은 암살사건이 벌어졌던 1990년 콜롬비아 선거

콜롬비아의 루이스 갈란은 개혁을 외친 혁신적인 정치인이었다. 그는 부정부패 척결을 외치면서 대중들의 지지를 얻었고, 1990년 대통령선거 유력당선 후보로 거론되기도 했다. 다만 그의 이런 행보를 반대하는 세력이 있었는데, 바로 마약 카르텔 조직이었다. 평소 카르텔을 강하게 비판했던 그였기에 갈란의 당선이 자신들에게 잠재적 위험요소가 될 수 있다고 본 것이었다. 결국 갈란을 노린 암살사건은 1989년 8월 18일 벌어졌다. 당시 갈란은 소아차에서 선거유세를 하며 지지자들과 인사를 나누던 중이었는데, 갑자기 그의 주변에서 기관총 소리가 울리며 현장은 아수라장이 됐다. 갈란을 노린 암살자가 무차별적으로 총을 쏜 것이었는데, 이로 인해 그를 포함한 주변에 있던 많은 사람들이 목숨을 잃었다.

갈란 후보의 암살을 주도한 세력은 바로 메데진 카르텔이었다. 갈란이 자신들의 세력을 약화시키려 하자 주저 없이 암살 계획을 실행으로 옮긴 것이었다. 그의 죽음은 곧바로 콜롬비아 전역에 알려지며 많은 사람에게 충격을 줬고, 보고타에서 치러진 장례식 당일엔 백만 명에 가까운 일반 국민이 모여 그의 죽음을 애도했다.

한편 1990년 선거는 유독 많은 암살사건이 벌어진 때였다. 대통령 후보로 출마 예정이었던 하이메 프라도가 1987년 암살당했고, 또 다른 정치인 호세 안테케라가 공항 폭탄 테러로 1989년 목숨을 잃었다. 1990년은 카르텔의 세력의 힘이 점차 약해지던 시기로, 자신들의 상황이 불리해지자 공포 분위기를 형성하고자 테러를 일삼았던 것이 많은 암살사건이 일어나게 된 원인이 됐다.

19 August

제2차 세계대전 중 통과된 멕시코의 의무병역법

멕시코에서 의무군제도가 실시된 건 1940년 8월 19일 의무병역법이 통과되면서다. 제2차 세계대전이 시작된 뒤 중립 입장을 지켰던 멕시코는 카리브와 대서양 해역에서 독일군의 잠수함 공격이 이어지자 위기의식을 느꼈다. 멕시코는 곧 제2차 세계대전에 휘말릴 수도 있겠다고 판단했고, 결국 8월 19일 의무병역법을 발표해 군병력을 늘리게 된다.

멕시코 군대는 제2차 세계대전에 참전했고 1950년 벌어진 한국전쟁에도 참여했다. 이때 이후로 멕시코 헌법은 여전히 군복무를 '의무'라고 명시하고 있다. 하지만 멕시코가 국제 전쟁에 관여하는 횟수가 점차 줄어들면서 군복무 관련 규정이 조금씩 완화됐다. 현재 멕시코에서는 만 18세가 되면 남자들이 검은색과 흰색 공 뽑기 추첨을 통해 군대에 가느냐 마느냐를 결정하는데, 이는 순전히 '운'으로 군복무 운명이 결정되는 것임을 알 수 있다.

멕시코에선 이런 추첨식 군복무 제도에 대해 큰 반발이 없는 상황이다. 가장 큰 이유는 군생활 강도가 높지 않고 주말에만 사회봉사 형식으로 일하기 때문이다. 다만 해군이 있는 베라크루즈주에선 흰색과 검은색 말고도 파란색 공을 뽑기에 추가하는데, 파란색 공이 나올 경우 해군에서 근무하는 제도가 있는 것으로 알려져 있다.

칠레의 독립 영웅 오이긴스 기념일

칠레에선 시몬 볼리바르, 산마르틴와 같이 독립 영웅으로 평가되는 인물이 한 명 있다. 그 주인공은 베르나르도 오이긴스 Bernardo O'Higgins 로, 그는 직접 군대를 이끌고 독립전쟁을 승리로 이끈 뒤 국가의 틀까지 마련한 지도자다. 이 때문에 칠레에선 매년 오이긴스가 태어났던 8월 20일을 국경일로 정해 그의 업적을 기념하고 있다. 1778년 태어난 오이긴스는 어린 시절 영국에서 유학하며 역사와 인문학을 공부했다. 조국 칠레로 돌아와 정치활동을 하던 그는 1810년 독립운동이 시작되자 군대에 합류해 조국을 위해 싸웠고, 칠레가 결정적인 승리를 거뒀던 차카부코Chacabuco , 마이푸Maipu 전투를 승리로 이끌었다.

독립 이후 칠레의 과제는 "칠레를 어떤 국가로 만들어 나갈 것인가?"였다. 이 과정에서 오이긴스는 상당히 진보적인 태도를 보였는데 특히 노예제도 폐지, 귀족들이 누리던 특권 축소, 공공교육제도 도입 같은 정책을 통해 칠레의 변화를 주도했다. 그가 이렇게 진보적인 정책을 추구했던 이유는 유럽에서 공부하는 동안 계몽주의 철학에 많은 영향을 받았기 때문이었다.

하지만 그의 정책은 정치적 갈등으로 이어졌다. 기존 사회구조에서 이익을 챙기던 엘리트 세력이 그의 진보적인 태도를 비판했기 때문이었다. 또 각 지방에서 큰 영토를 가지고 권력과 부를 차지하던 그들은 강력한 중앙집권제도를 원했던 오이긴스의 행보를 권위적이고 독재적이라 비판했다. 결국 오이긴스는 이들의 압박을 이기지 못하고 페루로 망명을 떠나 세상을 떠났지만, 건국 초기 남긴 업적 때문에 현재 칠레에선 그를 자유와 독립의 상징으로 기억하고 있다.

21 August 멕시코에서 암살당한 러시아 권력 2인자

1940년 8월 21일, 멕시코시티에서는 유명한 러시아 혁명가가 암살당하는 소식이 신문 1면을 장식했다. 한때 레닌의 유력한 후계자로 알려졌던 레온 트로츠키가 괴한의 공격을 받아 목숨을 잃은 사건이었다. 트로츠키는 1917년 일어났던 러시아 혁명에서 붉은군대를 이끈 인물이었다. 그의 지원 덕분에 볼셰비키 혁명은 성공으로 끝났고, 트로츠키는 2인자 자리에까지 올랐다. 하지만 1924년 레닌이 세상을 떠난 뒤 다음 후계자 자리는 스탈린이 차지했고, 트로츠키는 순식간에 경계대상으로 전락하여 소련에서 강제 추방당했다. 처음 터키로 망명을 갔던 그는 이후 프랑스, 노르웨이 같은 여러 나라들을 오가는 신세가 됐다.

한편 스탈린은 망명을 떠난 트로츠키를 추적해 그를 완전히 제거하길 원했다. 심지어 트로츠키가 1937년엔 자신을 비판하는 책인《배신당한 혁명》을 펴내자 그의 분노와 불안감은 더욱 극에 달했다. 그러자 트로츠키는 더 이상 유럽에서의 생활이 어렵다고 판단했고, 새로운 망명지로 멕시코를 선택했다. 당시 그에게 환영의 입장을 보였던 건 멕시코 카르데나스 대통령이 유일했기 때문이다.

하지만 스탈린은 추적을 포기하지 않고 멕시코까지 비밀조직을 보내 암살시도를 했다. 1940년 5월, NKVD 요원은 트로츠키의 집을 급습했지만 이를 먼저 눈치챈 그의 아내 나탈리아 덕분에 겨우 목숨을 건질 수 있었다. 그러나 같은 해 8월 20일 평소 신뢰하며 가깝게 지내던 스페인 공산주의자 메르카데르의 공격을 받게 됐고, 한때 러시아 혁명을 이끌었던 트로츠키는 다음 날인 8월 21일 멕시코에서 세상을 떠나게 된다.

중남미 독립의 첫 시작을 알린 아이티 혁명

1791년 8월 22일은 아이티에서 독립운동이 처음 시작된 날이다. 플랜테이션이 집중된 북쪽 지역에서 흑인노예들의 반란이 일어난 것이다. 반란군들은 프랑스 출신 플랜테이션 주인들을 살해했고, 180여 개의 사탕수수 플랜테이션과 커피 농장 900여 개를 모조리 불태우며 저항의 시작을 알렸다.

프랑스와 흑인노예 대결로 시작된 아이티의 독립운동은 영국과 스페인의 간섭으로 완전히 달라졌다. 그들은 프랑스가 아이티를 포기할 경우 그 빈자리를 메꾸기 위해 기회를 노렸다. 이를 눈치챈 프랑스는 1793년 노예제도를 완전히 폐지한다는 합의문에 동의하는 대신, 흑인노예들에게 '프랑스 시민'으로서 영국, 스페인군과 싸워줄 것을 요청했다. 독립 리더 투생 루베르튀르는 이를 받아들여 영국, 스페인과 싸웠고, 아이티 흑인들은 프랑스와 연합해 승리를 거두게 되었다.

상황이 어느 정도 잠잠해지자 프랑스의 나폴레옹은 노예제도를 없애겠다는 약속을 무효로 할 계획을 세웠다. 대규모 병력을 아이티로 파견해 흑인 지도자들을 제거하고 플랜테이션 농장을 다시 만들어 경제적 이익을 얻길 원했던 것이었다. 하지만 한 번 자유를 얻은 흑인들은 이를 받아들일 수 없다는 입장을 밝히며 또다시 전쟁을 벌였다. 이 과정에서 아이티의 독립 영웅 투생 루베르튀르가 붙잡혀 감옥에 보내졌지만, 그의 뒤를 이은 장 자크 드살린이 계속해서 독립운동을 이어나가 결국 1804년 아이티 제1국을 세우게 됐다.

23 August

안타깝게 세상을 떠난 한 젊은 볼리비아 대통령

헤르만 부시 대통령은 볼리비아의 36번째 대통령이었다. 1937년 35살에 젊은 나이로 대통령에 당선된 그는 볼리비아 역사에서 다소 독특한 행보를 보였던 대통령이기도 했다. 보통 군인 출신 대통령들은 보수적 성향이 강하며 사회질서를 강조하는데, 부시는 군사사회주의Military Socialism이라는 철학을 바탕으로 서민들에게 호의적인 정책을 실시했기 때문이다. 대표적으로 그가 1938년 발의한 새 헌법은 사회보장법, 노동법개혁을 포함했으며, 원주민들의 공동토지 소유를 합법화하며 볼리비아 사회를 바꾼 제도로 평가받았다.

하지만 얼마 안 가 볼리비아는 혼란스러운 국면을 맞이했다. 가장 큰 이유는 그가 정치적 경험이 없어 여러 정당과 협력해 나갈 능력이 없었기 때문이었다. 또 언론의 공격은 한 층 더 수위가 세져 그를 '무능력하고 독재적이다'라고 비유했고 기존 엘리트 계층도 그를 맹비난했다. 불과 2년만에 정치적 입지가 좁아진 그는 심한 정신적 스트레스를 받았고, 결국 같은 해 8월 23일 새벽 자신의 집에서 총으로 스스로 목숨을 끊었다. 부시의 측근들은 그가 평소 심적으로 많은 압박을 받았으며, 그것이 그가 극단적 선택을 하게 만든 것으로 봤다.

볼리비아에서 처음 실시된 개혁 프로젝트는 그의 죽음과 함께 실패로 끝났다. 하지만 볼리비아 사회 내에 변화를 기대할 만한 조금의 씨앗을 뿌린 건 긍정적인 요소로 작용했다. 결국 이는 1952년 볼리비아 혁명으로 이어졌고, 볼리비아는 역사의 또 다른 전환점을 맞이하게 되었다.

24 August

유명 축구선수를 납치한 베네수엘라의 게릴라 조직

아르헨티나 출신의 알프레도 디 스테파노 Alfredo Di Stéfano는 1950년대 축구계를 평정했던 최고의 선수였다. 리버 플레이트에서 선수시절을 시작한 그는 실력을 인정받아 1953년부터 스페인 레알 마드리드에서 선수생활을 이어나가게 되었다. 레알 마드리드에서 스페인 축구리그 우승만 8번, 득점왕 5회, 510경기에서 418골을 넣으며 레알 마드리드의 전설로 남았다.

1963년 8월, 레알 마드리드는 국제컵 경기를 치르기 위해 베네수엘라에 머물렀다. 선수들은 수도 카라카스에 있는 포토맥 호텔에서 머물렀는데, 8월 24일 디스테파노가 머물던 방에 갑자기 괴한들이 들이닥쳐 그를 납치하는 예기치 못한 사건이 발생했다. 상상도 못한 납치사건은 국가해방무장세력의 주도 하에 이뤄졌다. 당시 베네수엘라에선 베탕쿠르트 대통령 암살시도가 일어나고 계속된 시위가 벌어지는 등 정치적 혼란에 휩싸인 상황이었다. 국가해방무장세력은 베탕쿠르트 대통령이 부정선거로 대통령이 됐다는 자신들의 주장을 전 세계에 알리고 싶어 했고, 디스테파노를 납치해 전 세계의 이목을 끈 뒤 자신들의 메시지를 전달하고자 했다.

국가해방무장세력의 납치작전은 계획대로 전 세계 언론에 주목을 받았다. 또 단지 디스테파노의 명성을 이용하려 했을 뿐이었기에, 디스테파노는 56시간 후 아무 문제없이 풀려날 수 있었다. 감금당해 있는 동안 무슨 일이 있었는지, 왜 그들이 납치했는지 설명해 달라는 기자의 질문에 그는 "아무 일 없이 풀려났으면 됐다"라고 말했고, 축구선수로서 경기에만 집중하겠다는 입장을 밝히며 납치사건은 해프닝으로 마무리됐다.

25 August 우루과이의 독립과정은 어떻게 될까?

매년 8월 25일은 우루과이의 독립기념일이다. 1825년 8월 25일 각 주 대표들이 플로리다 의회에 모여 독립을 선언한 날을 기념일로 정하게 된 것이다. 우루과이의 독립운동은 19세기 초 자유, 평등, 민주주의와 같은 사상이 중남미 전역으로 확산되는 시기에 시작됐다. 하지만 내부적으로 우루과이는 아르헨티나에 속할 것인지, 아니면 스스로 자치성을 키워 독립국이 될 것인지에 대한 충돌이 계속되며 독립운동에 어려움을 겪었다.

우루과이의 독립은 평소 우루과이를 노리던 포르투갈의 개입으로 더욱 복잡해졌다. 1817년 라 플라타 지역을 탐냈던 포르투갈이 우루과이를 공격하며 독립계획을 막아섰기 때문이었다. 이에 우루과이는 라바예하의 주도 아래 브라질을 몰아내기 위한 싸움을 시작했다. 이들은 1825년 8월 25일 몬테비데오 플로리다 의회에 모여 포르투갈, 브라질을 비롯한 외부 세력에게 자유로운 독립국임을 선언했고, 이후 이날은 우루과이의 독립기념일로 제정됐다.

하지만 우루과이의 독립선언은 어딘가 불안한 부분이 있었다. 1825년 독립을 선포했어도 우루과이의 정세는 여전히 주변국 위협에 노출되어 있었기 때문이다. 결국 우루과이의 완벽한 독립은 아르헨티나와 브라질이 1828년에 합의한 '몬테비데오 조약'에 의해 이뤄졌다. 양국은 조약에서 우루과이 내정에 일절 간섭하지 않기로 동의했고, 이로써 우루과이는 진정한 독립국으로 탄생하게 되었다.

최초로 아마존강을 건넌 탐험가, 오레야나

16세기 초는 수많은 유럽 사람들이 신대륙으로 모험을 떠난 시기였다. 이 중 프란시스코 데 오레야나Francisco de Orellana는 유럽인 최초로 아마존강을 항해한 위대한 탐험가로 역사에 이름을 남겼다. 스페인 카세레스 지방 출신인 오레야나는 프란시스코 피사로의 친구이기도 했으며, 그를 도와 신대륙 탐험에 나서며 스페인의 영향력을 넓히는 데 큰 공을 세웠다. 1541년 지금의 에콰도르 과야킬로 보내진 오레야나는 혹시 모를 황금의 땅 엘도라도를 찾기 위해 그곳을 탐색하던 중 우연히 내륙으로 흐르는 강을 발견했고, "강의 물줄기를 따라 계속 탐험을 이어 나가라"라는 명령에 따라 본격적인 탐험에 나서게 된다.

당시 강에 대한 정보가 전혀 없이 항해하던 오레야나는 자신의 여정이 얼마나 길어질지 모른 채 항해를 계속했다. 특히 강을 항해하는 동안 그곳에 살던 오마구아Omagua 원주민들의 공격을 받기도 했는데, 여전사들의 모습을 보고는 그들이 그리스 신화의 아마존 전사를 닮았다 하여 그곳의 이름을 아마존이라 이름지었다.

수개월 동안 미지의 강을 여행한 오레야나와 그의 선원들은 결국 1542년 8월 26일 강 반대편에 있는 대서양에 다다르며 여정을 끝냈다. 태평양 연안에 있는 에콰도르 과야킬에서 처음 출발했으니, 그의 여정은 총 6천 킬로미터나 될 정도로 어마어마한 길이를 탐험한 것이었다. 오레야나의 항해와 그가 남긴 기록 덕분에 유럽인들은 아마존 지역에 대한 이해도를 넓히게 됐고, 나아가 그곳의 생태계와 지리를 알고자 하는 다른 탐험가들에게 큰 동기부여가 됐다.

27
August

과테말라 대통령을 사임시킨 대규모 파업시위

2015년 8월 27일에 벌어진 과테말라 전국 파업시위는 국민들이 정치 스캔들에 반대하며 벌어졌다. 이 사건은 과테말라 역사상 가장 큰 시위로 기록됐고, 약 17만 명에 가까운 사람들이 참여한 것으로 알려져 있다. 2015년 과테말라에서 시위가 일어난 직접적인 원인은 대통령의 뇌물혐의 때문이었다. 과테말라에선 국세청장을 포함한 공무원 26명이 수입업체의 세금감면을 대가로 뇌물을 받은 혐의가 밝혀졌다. 이후 대통령과 부통령마저 엄청난 액수의 뒷돈을 받았다는 정황이 파악되면서 과테말라 국민들은 실망과 분노를 감출 수 없게 되었다.

몰리나 대통령은 명백한 증거가 나왔음에도 자신의 혐의를 부인했다. 국민들은 그에게 대통령직에서 물러날 것을 요구했지만 그는 약 7개월 남은 자신의 임기를 끝까지 마치겠다고 선언했다. 하지만 이 같은 결정은 국민들을 더욱 분노하게 만들어 시위 규모를 키웠다. 결국 자신이 더 이상 버티지 못할 것을 깨달은 몰리나 대통령은 시위 발생 일주일만에 공식 사임하게 된다.

한편 몰리나 대통령의 사임 과정에 있어 과테말라 시민들의 목소리가 상당히 중요하게 작용했다. 시민사회, 학생, 예술인, 기업인 등 거의 모든 계층에서 그에게 사퇴를 요구했고 SNS에서 '#나는 대통령이 없다yo no tengo presidente' 같은 문구를 공유해 그를 비난했다. 과거 군부독재가 모든 상황을 통제했던 상황을 생각해보면, 시민들의 적극적인 정치참여는 과거 과테말라에선 쉽게 볼 수 없던 긍정적인 변화로 평가받았다.

칠레와 페루 사이에 벌어졌던 타크나 영토분쟁

LA VUELTA DE TACNA A LA PLENA SOBERANIA DEL PERU

LA ENTREGA SE REALIZARA HOY A LAS 2 DE LA TARDE

La llegada a Tacna de la Delegación peruana provoca una entusiasta manifestación patriótica

La muchedumbre vitorea al Perú y canta el himno nacional

아리카와 타크나는 페루와 칠레가 영토분쟁으로 다툰 대표적인 지역이다. 양국은 협상에서 '아리카와 타크나 주민들의 의견에 따라 어느 나라에 속할지 결정하자'라는 내용을 포함했다. 하지만 투표방식에 대한 양국견해는 좀처럼 좁혀지지 않았고, 그사이 칠레는 1909년 두 지역을 무력으로 점령했다. 1929년 6월, 양국은 리마 조약을 통해 '칠레는 아리카주를 그대로 관리하는 대신 페루에 타크나주를 반환한다'라는 내용에 합의했다. 그 결과 1929년 8월 28일, 타크나에서는 약 20년만에 칠레 국기가 내려가고 페루 국기가 걸리게 됐다.

이 소식을 듣게 된 수천 명의 타크나 주민들은 거리로 나와 페루로의 재합병을 기념했다. 주민 대부분이 과거부터 페루 영향권에 있었기 때문에 공식적인 재합병 발표만을 기다리고 있던 것이었다. 과거 칠레는 수많은 민간인을 타크나로 이주시켜 칠레화Chilenización 정책을 펼친 적이 있었는데, 타크나 주민들이 페루 문화를 고집하며 실패로 끝날 만큼 페루 정체성이 강한 곳이기도 했다.

현재 타크나에는 '8월 28일 광장' '8월 28일 경기장' '8월 28일 공원'이 있고, 심지어 '8월 28일 백화점'도 있다. 그만큼 1929년 8월 28일은 타크나에서 중요한 날로 기억되고 있는 걸 알 수 있는 부분이다. 매년 이날만 되면 타크나 주민들은 행진 국기 게양식을 진행하며, 공식적으로 페루의 일부가 된 역사적인 순간을 기념하고 있다.

쿠바와 북한의 긴밀한 외교역사

1960년대 북한과 가장 가까운 관계를 맺은 중남미 국가는 쿠바였다. 쿠바와 북한의 공식적인 외교관계는 1960년 8월 29일 시작됐다. 1959년 쿠바의 피델 카스트로 정부가 출범한 지 일 년만에 수교를 맺었으니 굉장히 빠른 시간 안에 외교관계를 형성한 것으로 해석할 수 있다. 쿠바와 북한의 관계가 긴밀해진 가장 큰 이유는 사회주의라는 연결고리 때문이었다. 당시 김일성과 피델 카스트로는 사회주의라는 공통점을 기반으로 전략적 동맹을 맺길 원했다. 곧 쿠바 대사관이 평양에, 북한 대사관이 아바나에 설치됐고, 외교나 문화 같은 다양한 분야에서 활발한 교류활동이 시작됐다.

이후 두 나라는 동맹을 강화하며 꾸준히 미국을 비난하는 담론을 생성했다. 양국이 외교적으로 더욱 가까워진 건 어찌 보면 미국이라는 '공공의 적'이 있었기에 가능한 일이기도 했다. 두 나라는 약 30년 넘게 반미체제를 외치면서 서로 형제와 같은 사이로 발전하게 됐다.

냉전이 끝나면서 사람들은 쿠바와 북한의 관계가 소원해질 거라 예상했다. 특히 쿠바가 미국과 조금씩 가까워지는 모습을 보이자 양국관계에도 점차 금이 가지 않을까란 전망을 내놓았다. 하지만 두 나라는 중요한 일이 있을 때마다 서로 축전을 보내며 관계를 더욱 단단히 했고, 사회주의로 맺어진한 두 나라의 동맹은 여전히 쉽게 깨지지 않고 있는 상황이다.

베네수엘라 최대 석유회사는 어떻게 탄생했을까?

1975년 8월 30일 베네수엘라에선 중요한 법령 하나가 선포됐다. 당시 나라를 통치하고 있었던 카를로스 안드레스 페레즈 대통령이 베네수엘라 국영석유회사인 PDVSA를 설립한다는 내용을 발표한 것이었다. PDVSA가 탄생한 건 1973년 시작된 중동의 석유파동이 미친 영향 때문이었다. 석유파동으로 국제석유가격이 가파르게 오르자 베네수엘라 정부는 막대한 수익을 올릴 수 있는 절호의 기회를 놓치지 않으려 했다. 카를로스 안드레스 페레즈 대통령은 국유화 정책을 내세워 석유를 통한 이익을 차지하려 했고, 그 결과 마라카이보 지역에 본부를 둔 PDVSA가 탄생하게 되었다.

베네수엘라 정부는 PDVSA를 설립하면서 석유산업을 국유화했지만 가장 큰 문제는 생산에 필요한 기술력이었다. 국유화를 통해 정부가 직접 수익을 올릴 수 있었지만 효율적인 운영에는 한계가 있었던 것이다. 결국 베네수엘라는 1980~90년대 동안 석유시장개방Apertura Petrolera으로 정책노선을 변경했고, 쫓겨났던 해외 다국적 기업들이 다시 베네수엘라 석유산업 생산의 일정 부분을 담당하게 되었다.

하지만 2000년대 들어 PDVSA는 차베스가 정권을 장악하며 또 다른 변환점을 맞이했다. 차베스의 사회주의정책이 시작되면서 PDVSA도 다시 국유화가 됐기 때문이다. 많은 PDVSA 직원들이 이에 항의하며 총파업을 벌였지만 결국 실패했고, 차베스의 계획대로 국가가 직접 석유 생산과 수익을 담당하게 되었다.

31 August 트리니다드 토바고의 독립기념일

베네수엘라 바로 위 북쪽에는 트리니다드 토바고라는 나라가 있다. 트리니다드라 불리는 큰 섬 하나, 그리고 토바고라는 작은 섬 하나가 합쳐져 트리니다드 토바고로 불린다. 오랜 시간 영국의 식민지였던 트리니다드 토바고는 1962년 8월 31일 자치령이 되면서 독립국가로 탄생하게 됐다. 독립 직후에도 영국의 정치제도를 그대로 따랐지만, 1976년에 대통령을 선출하는 공화국으로 전환하며 완전히 다른 정치제도를 가진 나라가 됐다.

트리니다드 토바고 독립의 씨앗이 된 건 선거권이었다. 이전까지 줄곧 식민지에 제한적인 정치적 자유를 줬던 영국은 1945년 트리니다드 토바고에 21세 이상 성인이 투표할 수 있는 선거권을 부여했다. 트리니다드 토바고 사람들은 투표할 수 있는 권리를 얻으며 점차 독립에 대한 열망, 자주권에 대해 고민하게 됐고, 또 이 시기에 다양한 정당들이 생겨나며 국민들의 요구를 직접 대변했다.

트리니다드 토바고에서 독립의 결정적인 역할을 한 건 에릭 윌리엄스란 인물이었다. 국가의 아버지라고도 불리는 그는 1950년대부터 인민민족운동당을 중심으로 독립운동을 이끌었다. 특히 자메이카가 '영국이 열 개의 카리브 국가를 합쳐 만든 서인도 연방에서 탈출하겠다'라는 입장을 발표하자, 윌리엄스도 '열 중의 하나가 빠지면 남는 건 아무것도 없다One from ten leaves nought'라는 의미심장한 말을 던지며, 본격적인 트리니다드 토바고 독립의 시작을 알렸다.

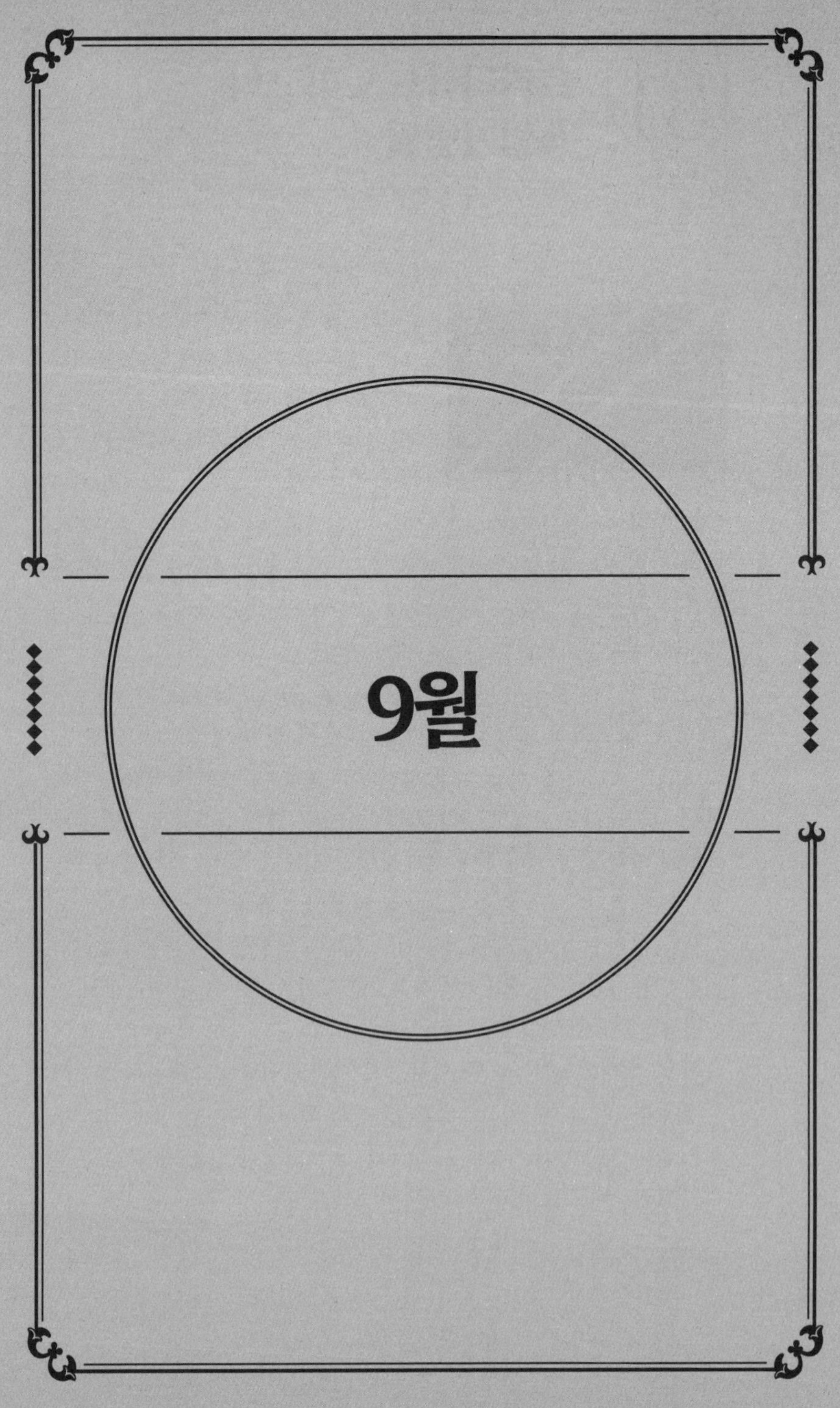

9월

1
September

쿠바에서 활동한 필리버스터, 나르시소 로페스

나르시소 로페스는 1800년대 중반 쿠바 해방을 위해 싸운 인물이다. 베네수엘라 출신인 그는 원래 스페인 군대에 속해 독립군을 진압했고, 이후엔 쿠바로 넘어가 그곳에서 새로운 군인경력을 쌓았다. 그리고 쿠바에서 반反스페인 감정이 강해지자 반란군 지도자가 되어 쿠바를 스페인에게서 독립시킬 계획을 세웠다.

1848년, 그의 독립계획은 실행 직전 스페인에 발각되며 실패로 돌아갔다. 이후 미국으로 망명을 가게 된 로페스는 그곳에서 포기하지 않고 쿠바의 자유를 위한 싸움을 이어나갔다. 그는 미국의 영토확장주의를 합리화하는 단어 '매니페스트 데스티니Manifest Destiny'를 만든 오설리번을 직접 찾아가 쿠바 독립을 위한 여론전을 펼쳐줄 것을 부탁하기도 했다. 그렇게 미국의 지원을 받은 로페스는 총 네 번이나 쿠바 원정을 떠났지만 모두 실패했고, 결국 스페인군에 체포되어 1851년 9월 1일 세상을 떠나게 되었다.

현재 쿠바에서 나르시소 로페스는 쿠바에서 활동한 대표적인 필리버스터Filibuster로 기억되고 있다. 당시엔 중미나 카리브 지역에서 반란을 주도했던 백인 모험가나 용병들을 필리버스터라 불렀는데, 의회에서 벌어지는 무제한 토론을 가리키는 지금과는 꽤 다른 의미를 가졌던 걸 알 수 있다. 한편 로페스는 쿠바 국기와 연관이 깊은 인물이기도 한데, 세 개의 파란색 줄, 두 개의 하얀색 줄, 그리고 빨간색 삼각형 안에 별이 들어간 모양을 한 쿠바 국기는 로페스가 직접 디자인한 것으로 알려져 있다.

2
September

브라질 박물관을 불태운 안타까운 대형 화재

2018년 9월 2일, 많은 유물들을 전시하던 브라질 국립박물관Museu Nacional do Rio de Janeiro에서 대형 화재가 났다. 수치로만 따지면 화재로 약 90퍼센트가 넘는 유물들이 손상을 입은 것으로 드러났다. 리우데자네이루에 위치한 브라질 국립박물관은 무려 1818년에 지어진 유서 깊은 곳이었다. 또 1938년에는 건물 전체가 브라질 국립문화유산으로 지정됐고, 브라질에서 가장 오래된 박물관으로 알려져 역사적 가치가 큰 장소이기도 했다.

소방당국은 조사 끝에 에어컨 전류 과부하가 화재의 원인이었음을 밝혀냈다. 2천만 점에 가까운 유물들이 전시된 있는 곳이었지만 화재에 대한 대비가 제대로 이뤄지지 않아 화를 키우는 결과를 초래한 것이었다. 박물관 측은 "여러 번 지자체나 정부당국에 박물관 유지보수를 위한 지원요청을 했지만 오히려 돌아오는 답변은 예산 삭감이었다"라고 말해 화재가 충분히 막을 수 있었던 인재였음을 밝혔다.

이 화재로 브라질과 중남미 지역의 가치 있는 유물들과 유럽에서 넘어온 문서나 보물들까지 모두 불에 타버렸다. 언론들은 '비록 늦은 저녁에 사고가 발생해 인명피해는 없었지만, 지난 200년의 브라질 역사가 한순간에 사라졌다'라고 말하며 돌이킬 수 없는 사고에 대한 안타까움을 드러냈다.

3 September

우루과이를 대표하는 작가, 에두아르도 갈레아노

에두아르도 갈레아노는 우루과이를 대표하는 작가 중 한 명이다. 그는 1940년 9월 3일 우루과이 수도 몬테비데오에서 태어났다. 일찍부터 작가와 저널리스트로 활동하며 마리오 베네데티, 후안 카를로스 오네티와 함께 20세기 중반 우루과이 문학을 대표하는 작가로 거듭났다.

에두아르도 갈레아노가 세계적으로 유명해진 건 아무래도 1971년 출판된《수탈된 대지 Open Veins of Latin America》라는 책 때문이었다. 이 책은 중남미가 지난 500년 동안의 유럽 식민지지배를 받는 동안 얼마나 많은 착취를 당했는지를 묘사한 책이다. 1970년대 당시 중남미 지역을 지배하던 독재자나 극우정부를 비판하며 금지도서로 지정됐지만, 반대로 식민지배나 제국주의를 비판하는 사람들 사이에서는 반드시 읽어야 할 도서 중 하나로 여겨졌다.

냉전시대 동안 화제였던 이 책의 인기는 시간이 지나며 조금씩 사라졌다. 하지만 2009년 베네수엘라의 우고 차베스 대통령 덕분에 에두아르도의 책은 다시 한 번 유명해졌다. 같은 해 열렸던 미주정상회의에서 차베스가 오바마 대통령을 만나 수탈된 이 책을 직접 그에게 선물했기 때문이다. 영국《가디언》은 '아마존 온라인서점 차트에서 54,295위를 차지하던 이 책은 급속도로 유명해지며 24시간만에 6위로 급등했다'는 내용의 기사를 쓰기도 했으며, 이후 중남미 역사에 관심 있는 사람들에게 추천되는 스테디셀러로 이름을 올렸다.

4 September

멕시코시티에 세워진 첫 지하철

멕시코의 수도 멕시코시티는 인구가 천만에 가까운 대도시다. 주변 멕시코주까지 합치면 거의 2천만 명에 가까울 정도로 많은 사람들이 살고 있는 곳이다. 그만큼 멕시코시티에는 열 개가 넘는 지하철노선이 있으며, 도시 곳곳을 연결해 악명 높은 교통난을 해소하고 있다.

멕시코시티 지하철의 역사는 1969년 9월 4일 처음 시작됐다. 지하철이 개통된 가장 큰 이유는 도시가 급격하게 발전하며 대량 인구가 유입됐기 때문이었다. 1950년대까지 3백만이었던 멕시코시티 인구는 1960년대 5백만 명에 도달하며 동시에 교통문제가 심각해졌다. 그래서 당시 멕시코 시장 알폰소 코로나 델 로살은 1964년 이를 해결하기 위해 도시지하철을 건설하기로 했다.

총 5년에 걸쳐 완성된 지하철 1호선은 멕시코시티의 중심 지역인 차풀테펙Chapultepec 역과 사라고사Zaragoza 역을 이었다. 1964년 9월 4일 개통된 이 노선은 모든 구간이 지하에 설치되 교통난을 해소하는데 기여하게 됐다. 지하철이 가져다주는 효율성을 확인한 멕시코시티는 지하철 시스템을 빠르게 확장되면서 현재 멕시코에는 총 200여 개에 가까운 지하철역이 있는 상황이다. 또 매일 약 5백만 명의 사람들이 지하철을 이용하고 있으며, 지하철 요금이 저렴해 사용자들의 부담이 덜한 편이다. 이렇게 매일 편리함을 제공하지만, 멕시코시티 지하철은 잦은 열차고장으로 도착시간이 지연되는 등 여러 크고 작은 문제에 직면해 있다.

5 September

브라질에서 제정된 아마존의 날

매년 9월 5일은 '아마존의 날Dia da Amazônia'이다. 브라질은 2007년부터 아마존 지역에 더 많은 관심을 갖고 열대우림을 보호하고자 이 날을 제정했다. 셀 수 없이 많은 생물이 살고 있는 아마존 보호를 위해 앞장서겠다는 브라질의 의지가 담긴 발표였다. 먼저 브라질이 9월 5일을 아마존의 날로 지정한 건 아마존주의 역사와 관련이 있다. 원래 그라오-파라주에 속해 있었던 아마존 지역은 1850년 9월 5일 새롭게 독립된 주로 탄생했다. 이후 아마존주는 고무산업이 붐을 일으키며 급속도로 발전했고, 주의 수도 마나우스Manaus는 큰 경제적 번영을 누렸다. '아마존의 날'은 바로 이 아마존주가 탄생한 날에 맞춰 제정된 것이었다.

아마존 지역에 대한 많은 사람의 관심에도 불구하고 아마존 열대우림은 2019년 대형산불이 일어나며 큰 위기를 맞았다. 브라질 국립우주연구소는 2020년부터 2021년 사이 서울 면적의 30배나 달하는 열대우림이 파괴됐다고 밝혔다. 자주 쓰는 '아마존은 지구의 허파'다 라는 말도 탄소배출량이 흡수량보다 많아지며 더 이상 사실이 아니라는 기사가 나왔다.

이런 상황에서 국제환경단체들은 '아마존의 날' 같은 기념일이 중요하다고 주장한다. 단순히 일회성 이벤트에 불과할 수 있지만, 이런 작은 노력들이 모여 변화를 가져올 수 있다고 믿고 있기 때문이다. 한편 이웃나라인 페루에서도 매년 2월 12일을 아마존의 날로 지정하면서, 자신들 영토에 속해 있는 아마존 지역 보호에 동참하고 있다.

6
September

시몬 볼리바르가 쓴 자메이카에서 온 편지

1815년 9월 6일, 시몬 볼리바르는 망명지였던 자메이카에서 자신의 생각을 담은 한 편지를 썼다. 자메이카 출신의 상인 헨리 쿨렌에게 보내는 편지에서 격변하는 중남미 지역 상황에 대한 자신의 생각을 담은 것이다. 이 편지는 이후 '자메이카에서 온 편지 Letter from Jamaica'로 이름 붙여졌고, 당시 시몬 볼리바르가 가지고 있던 독립에 대한 의지를 엿볼 수 있는 글로 남았다.

편지의 핵심은 왜 아메리카 대륙이 스페인에게서 독립해야 하는가였다. 이 편지는 크게 세 파트로 나뉘는데, 처음 글에서는 자신이 베네수엘라에서 이끌었던 독립운동이 왜 실패로 끝났는지를 이야기하고, 두 번째 부분에선 왜 아메리카 대륙에서 독립이 필요한지를 설명했다. 그리고 마지막 남미대륙을 비롯한 중미, 멕시코 지방이 독립을 이룬다면 이후 어떤 모습으로 발전할지를 예측했다.

시몬 볼리바르는 남미의 공동의 적 스페인을 물리치기 위해 연합 혹은 통일의 중요성을 여러 번 강조했다. 만약 남미가 분열된다면 스페인이 아닌 다른 강대국에게 침략당할 가능성이 높다고 판단했기 때문이었다. 그는 그리스 인보동맹 사례를 언급하며 연합의 중요성을 강조했고, 독립 이후에도 종교, 문화, 언어가 같은 남아메리카 대륙을 연합국 Confederation 으로 만들고자 하는 노력을 이어 나갔다.

7 September

포르투갈에게서 독립을 선언한 브라질

남미대륙 절반을 차지하고 있는 나라 브라질의 독립기념일은 9월 7일이다. 특히 2022년은 독립기념일 200주년을 맞아 더욱 의미 있는 해이기도 했다. 브라질의 독립은 나폴레옹이 포르투갈을 침략한 것이 결정적 계기가 됐다. 1808년 주앙 6세를 포함한 포르투갈 왕실은 나폴레옹의 침략을 피해 브라질로 이동했고, 1815년에는 브라질을 왕국으로 승격시켜 '포르투갈 브라질 알가브르 연합왕국'을 구성했다. 이로써 브라질은 더 이상 식민지가 아닌 포르투갈과 동등한 왕국으로 지위가 상승했다.

왕이 브라질에 머물게 되면서 브라질 사회에도 많은 변화가 일어났다. 포르투갈은 브라질에 신문과 책 인쇄를 허가했고, 의과대학, 군사학교, 은행을 설치하며 문화, 경제, 교육이 발전하는 데 기여했다. 이 외에도 예술아카데미 및 오페라하우스를 만들었는데, 이러한 모든 조치는 브라질의 독립에 대한 열망을 한 단계 진전시키는 계기가 됐다.

브라질에서 많은 변화가 일어나는 동안 유럽에서의 상황은 점차 안정을 되찾았다. 나폴레옹은 전쟁에서 패했고, 스페인과 포르투갈은 이전의 지위를 회복했다. 그러자 주앙 6세를 비롯한 포르투갈 왕실은 다시 본국으로 돌아가 '포르투갈 브라질 알가르브 연합왕국'을 해체했고, 브라질을 다시 식민지 지위로 내리는 결정을 내렸다. 하지만 브라질 사람들은 포르투갈의 결정에 강력히 반대했다. 잠시나마 자유를 누렸던 이들은 포르투갈의 결정에 동의할 수 없음을 분명히 했다. 주앙 6세 대신 브라질에 남았던 페드루 1세는 결국 1822년 9월 7일 브라질의 독립을 선언했고, 자신이 직접 황제 자리에 즉위하며 322년 동안 이어졌던 포르투갈의 브라질 통치를 끝냈다.

영국과의 외교관계를 단절한 과테말라

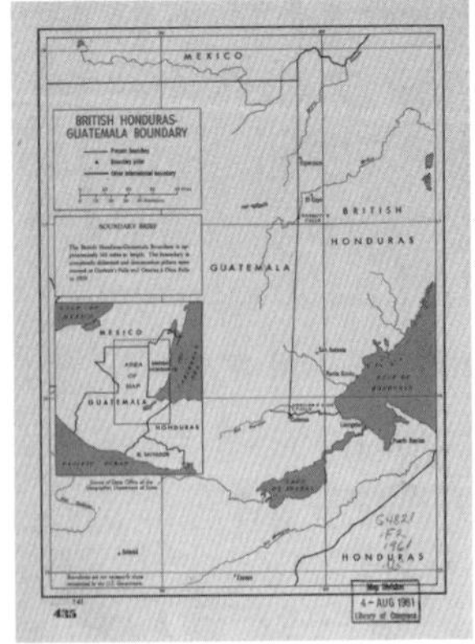

1981년 9월 8일, 과테말라는 영국과의 외교단절이라는 결정을 내려 양국의 갈등을 심화시켰다. 1980년대 벨리즈가 영국에게서 독립하려 하자, 국경을 맞대고 있는 과테말라가 벨리즈의 독립은 무효라고 주장해 다툼을 벌인 것이었다. 과테말라는 영국이 과테말라와 벨리즈 사이에 남아 있는 영토분쟁을 무시한 채 일방적으로 독립을 허락했다고 주장했고, 심지어 "역사적으로 벨리즈는 과테말라의 일부였으므로 자신들이 벨리즈를 차지해야 한다"고 말했다.

과테말라와 영국의 외교단절은 과테말라의 강경한 입장을 반영했다. 당시 과테말라 대통령이었던 로미오 루카스는 정부가 영국이 벨리즈에 부여한 일방적인 독립을 절대 인정하지 않을 것임을 분명히 했다. 이어 과테말라는 '런던과 벨리즈에 있는 과테말라 영사관의 폐쇄, 과테말라에 있는 영국 영사관의 폐쇄를 고려하는 것 외에도, 양국간 상업관계의 단절과 폐쇄를 고려하겠다'라고 밝혔다.

당시 상황은 양측의 물리적 충돌이 우려될 만큼 심각했다. 하지만 물밑에서 벌어진 평화협상 덕분에 가까스로 문제를 해결하는 데 성공했다. 1991년이 돼서야 과테말라는 벨리즈의 독립을 인정했지만 그렇다고 모든 갈등이 사라진 건 아니었다. 과테말라는 여전히 국제사법재판소에서 관련 재판을 진행하고 있으며, 벨리즈 영토 일부가 과테말라로 편입해야 한다고 주장하고 있다.

9
September

이스터섬을 합병한 칠레

1888년 9월 9일, 칠레는 이스터섬을 자신들의 영토로 합병했다. 참고로 칠레와 이스터섬의 거리는 약 3,700킬로미터나 떨어져 있다. 그럼에도 불구하고 칠레가 이스터섬을 차지한 건 칠레의 영토확장과 더불어 경제적 이익을 얻을 수 있을 거란 계산 때문이었다. 1870년대부터 칠레 정부는 해군을 보내 섬 지리를 파악하고 주민들을 만나 보도록 했다. 칠레 내에서는 이스터섬 합병 문제를 두고 "황무지나 다름없는 섬을 굳이 비용을 들여가면서까지 차지해야 하는가?"라는 비판도 있었지만, 발마세다 대통령은 폴리카르포 토로 장군에게 섬을 차지할 것을 명령했다.

당시 국제적 상황은 칠레가 섬을 차지하는 데 유리했던 시기였다. 미국은 남북전쟁이 끝나고 국내 문제에 초점을 맞추던 시기였고, 독일도 아직 제국주의를 실현하며 식민지 확장을 하던 때가 아니었다. 사실상 가장 큰 장애물은 영국과 프랑스였는데, 영리한 토로 장군이 두 나라와 협상을 벌여 섬을 칠레 영토로 인정받게 되었다.

유럽 국가들과 협상을 마친 칠레 정부의 마지막 과제는 원주민들과의 협상이었다. 이스터섬 라파누이의 부족장 아타무 테케나는 칠레-라파누이의 '우정'과 서로의 '안전'을 보장한다고 번역된 증서에 서명했다. 이렇게 이스터섬은 1888년부터 칠레 영토로 귀속되었지만, 사실 이 증서엔 칠레가 섬에 대한 완전한 주권을 가진다는 내용이 들어 있어 은밀하게 라파누이 원주민들을 속였다는 논란이 생기기도 했다.

10
September

콜럼버스의 유해는 어느 나라에 있는 걸까?

1877년 9월 10일 도미니카공화국에서 크리스토퍼 콜럼버스의 유해가 발견됐다. 이미 스페인으로 옮겨진 줄 알았던 그의 유해가 발견되자, 무엇이 진짜인지에 대한 논란이 벌어졌다. 유럽인 최초로 아메리카 대륙을 '발견'한 역사적인 인물이었던 만큼, 그의 유해가 어디있는지에 대한 여부는 많은 사람들의 관심거리가 됐다.

콜럼버스는 죽기 전 자신의 유골을 히스파니올라섬에 묻어달라고 이야기한 것으로 전해진다. 자신이 첫 항해 때 발견한 섬이었던 만큼 그에게 굉장히 의미가 있는 곳이기 때문이었다. 그가 세상을 떠난 뒤, 유족들은 콜럼버스의 유언을 잊지 않고 그의 유해를 도미니카공화국 산토 도밍고 대성당으로 옮겼다. 그렇게 콜럼버스는 영원히 히스파니올라섬에 머무나 싶었는데, 문제는 스페인 제국의 식민지배가 끝나면서 시작됐다. 1795년 프랑스군이 산토 도밍고를 정복한 후 그의 유해는 쿠바의 아바나로 옮겨졌고, 1898년 쿠바 독립전쟁이 끝난 후엔 스페인 세비야 대성당으로 옮겨졌다.

이렇게 스페인에 안치된 줄 알았던 콜럼버스의 유해는 산토 도밍고 수도원에서 보수공사를 하던 인부들에 의해 발견되며 세계를 놀라게 했다. 도미니카공화국은 1795년 프랑스군이 옮긴 콜럼버스의 유해는 가짜이며, 이번 수도원에서 발견된 것이 그의 진짜 유골이라고 주장했다. 이후 세비야와 산토 도밍고는 진짜 콜럼버스의 유해를 두고 다툼을 벌였다. 두 도시는 그의 유해가 있음을 상징하고자 서로 경쟁하듯 인상적인 기념물을 지었다. 현재 스페인에서 콜럼버스의 관은 4개의 거대한 스페인 왕들에 의해 운반되는 모습이며, 도미니카공화국에서 그의 유해는 거대한 등대 건축물 안에 보관되어 있는 걸 확인할 수 있다.

칠레에서 일어난 9월 11일 쿠데타

1973년 9월 11일, 칠레에선 당시 육군 참모총장이었던 피노체트가 아엔데 대통령을 몰아내기 위해 쿠데타를 벌였다. 칠레에서는 1924년 9월 11일 군부가 반보수주의 정권을 몰아내기 위한 쿠데타를 일으킨 적이 있었는데, 공교롭게도 피노체트는 같은 날 아엔데의 사회주의 정권을 전복시킨 것이었다.

사건은 매우 이른 아침에 시작됐다. 쿠데타 세력은 빠르게 칠레 전역을 차지했고, 마지막으로 남은 건 아엔데가 남아 있는 대통령궁뿐이었다. 피노체트 군대는 아엔데에게 투항할 것을 요구했지만 아엔데는 오히려 측근들과 끝까지 싸울 것을 약속했다. 또 그는 라디오를 통해 국민들에게 다음과 같은 연설을 했다.

"국민 여러분, 이번이 분명히 제가 여러분에게 말할 수 있는 마지막 기회가 될 것입니다. … 저는 물러나지 않을 것이며, 목숨을 걸고 국민을 위해 충성을 다할 것입니다."

아엔데가 저항을 결심하자 군부세력은 대통령궁을 공격하기로 했다. 그리고 땅에서는 육군이, 위에서는 공군 전투기가 대통령궁에 폭탄을 퍼부었다. 교전이 벌어진 끝에 결국 아엔데는 쿠바의 카스트로가 선물해준 권총으로 스스로 목숨을 끊었고, 모든 상황이 종료되며 사건은 피노체트의 승리로 마무리됐다.

현존하는 가장 오래된 스페인어 신문은 뭘까?

EL MERCURIO
EDICION DE SANTIAGO

TELEGRAMAS

Ultima hora

"QUO VADIS"

1827년 9월 12일, 칠레의 항구도시 발파라이소에서 《엘 메르꾸리오El Mercurio》라는 일간지가 발행됐다. 이 신문은 칠레의 정치인이자 저널리스트로 활동했던 페드로 펠릭스 비쿠냐가 설립한 것으로 알려져 있다. 많은 신문 중에서 엘 메르꾸리오가 특별한 이유는 현재까지 발행되고 있는 스페인어 일간지 중 가장 오래된 것으로 기록되어 있기 때문이다.

중남미 지역에서 처음 신문이 발행된 건 18세기 멕시코와 페루에서였다. 멕시코시티에서는 1722년《가세타 데 메히코》라는 이름으로, 페루에서는 1743년《가세타 데 리마》라는 이름으로 처음 신문이 발행됐다. 하지만 이 두 일간지는 얼마 안 가 역사 속으로 사라졌고 스페인에서도 1600년대부터 존재했던 신문들이 폐간되며 결국 '현존하는 가장 오래된 스페인어 신문' 타이틀은 1827년부터 꾸준히 발행된《엘 메르꾸리오》에게 돌아가게 되었다.

현재《엘 메르쿠리오》는 정치적으로 보수적인 성향을 띠는 신문이란 특징을 갖고 있다. 1973년 칠레 쿠데타 사건 때에도 아옌데 대통령을 비판하는 여론을 형성했으며, 미국 CIA의 지원을 받은 것으로도 알려져 있다. 이런 역사 때문에 2019년 칠레에서 불평등에 반대하는 대규모 시위가 벌어졌을 때 발파라이소에 있는 빌딩이 공격받아 불에 타는 피해를 보기도 했다.

13 September

멕시코 차풀테펙 전투와 어린 영웅들

멕시코는 매년 9월 13일을 어린 영웅들의 날Día de los Niños Héroes로 기념하고 있다. 1846년부터 1848년 사이에 벌어졌던 미국-멕시코 전쟁에서 조국을 위해 싸웠던 어린 병사들을 기념하기 위해 제정한 날이다. 1847년 9월 13일, 미국 군대는 몬테레이 전투와 부에나비스타 전투에서 승리를 거두며 어느덧 멕시코시티에 있는 차풀테펙까지 진격했다. 차풀테펙 언덕 위에 있는 성은 예전부터 멕시코 육군사관학교가 있던 곳으로, 멕시코 군사시설의 핵심지로 볼 수 있었다. 멕시코 군대는 필사적으로 이곳을 지키려 노력했고, 미국 군대도 차풀테펙의 중요성을 알고 총력전을 준비했다.

공격을 개시한 미국은 군사를 이끌고 본격적인 공격을 개시했다. 성 안에 있던 약 800여 명의 멕시코 군대는 여러 갈래로 나뉘어 들어오는 미국 군대를 당해낼 여력이 없었고, 멕시코 브라보 장군은 제대로 싸워보지도 못한 채 투항을 결심했다. 결국 전쟁은 미국의 승리로 끝이 났고 차풀테펙 성 위에는 미국 성조기가 휘날리게 됐다.

한편 브라보 장군이 투항을 명령할 때 이를 거절하고 끝까지 싸운 군인들이 있었다. 이들이 바로 '어린 영웅Niños Héroes' 이었는데, 만 14세에서 20세 사이의 여섯 명의 생도가 용감하게 미국 군인들과 백병전을 펼친 것이었다. 결국 여섯 명 모두 미국 군대에 의해 목숨을 잃었지만 이후 그들의 이야기는 외세침략에 대한 저항의 상징이 됐다. 멕시코 정부는 이 여섯 명을 '멕시코가 잊지 말아야 할 국가 영웅들'이라 밝혔고, 멕시코시티 차풀테펙 공원에 거대한 기념비를 세워 그들이 보여준 애국심을 기억하고 있다.

14 September 니카라과의 미국 출신 대통령과 산 하신토 전투

1856년 9월 14일, 니카라과에서는 역사적으로 중요한 의미를 갖는 한 전투가 벌어졌다. 산 하신토San Jacinto 농장에서 벌어진 전투에서 니카라과 군대는 미국인 윌리엄 워커William Walker를 물리쳤다. 여기서 윌리엄 워커는 미국 필리버스터 출신으로, 내전 중이던 민주당을 돕기 위해 용병계약을 맺은 인물이었다. 니카라과로 오게 된 윌리엄 워커는 처음엔 민주당을 도왔지만 이후엔 권력에 대한 야욕을 드러내며 결국 스스로 니카라과 대통령 자리에까지 올랐다.

임기 동안 그는 백인우월주의를 기반으로 차별정책을 펼쳤다. 또 니카라과 전체를 미국 주로 합병시키려 하면서 국민들의 엄청난 반발을 샀다. 결국 그에게 반기를 든 호세 바도 대령은 이끄는 산 하신토 농장에서 워커 군대를 마주했고, 수적 열세에도 불구하고 승리를 거두며 워커에게 치명적인 패배를 안겨줬다.

현재 니카라과에서는 산 하신토 전투가 벌어진 9월 14일을 공휴일로 지정하고 있다. 어려운 상황 속에서도 니카라과의 주권을 수호하기 위해 싸운 영웅들을 기념하기 위해 제정된 것이다. 또 산 하신토 전투는 온두라스와 과테말라에까지 위협을 가했던 윌리엄 워커에게 타격을 준 사건으로, 중미 전체 역사에서 중요한 전투로 기억되고 있다.

15
September

중미 나라들의 독립기념일이 같은 이유

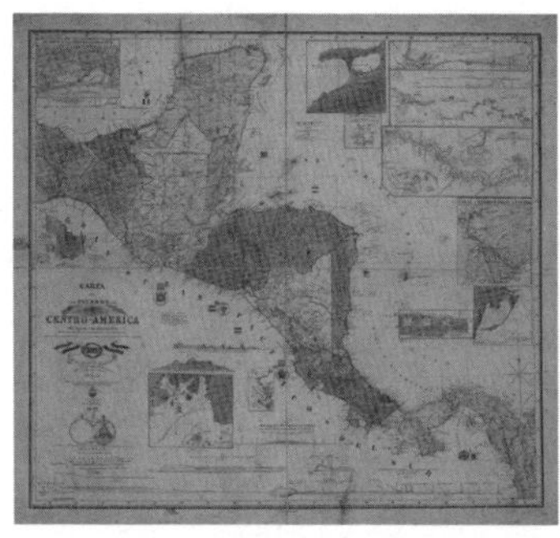

매년 9월 15일은 한 때 한 나라였던 과테말라, 온두라스, 니카라과, 엘살바도르, 코스타리카가의 독립기념일이다. 1812년 스페인의 자치성만 인정받으려 했던 중미연방공화국은 1821년에 이르자 계획을 바꿔 완전한 분리 독립으로 목표를 바꿨다. 이들은 같은 해 9월 15일 과테말라 시티에 모여 독립선언 문서를 작성하기 위한 토론을 벌였고, 가비노 가인사Gabino Gainza가 의장을 맡아 18개 항목으로 구성된 독립선언문을 발표했다.

한편 독립 이후 중미 지역은 상당히 혼란스러운 상황에 빠졌다. 내부적으론 각 지방 토호세력 사이의 갈등이 존재했고, 외부에선 유럽 국가들이 호시탐탐 중미 국가들을 노렸기 때문이다. 또 독립을 선언한 바로 다음 해인 1822년에는 멕시코가 중미 지역을 합병하면서 결국 멕시코의 한 부분이 되고 만다.

1823년 다시 멕시코에서 분리된 중미 지역은 이후 연합과 분리를 반복하다 지금의 다섯 개 국가로 나뉘었다. 하지만 사실상 같은 문화와 역사를 공유하고 있으므로 9월 15일 독립기념일엔 비슷한 축제를 진행하고 있다. 특히 9월 9일부터 자유를 상징하는 횃불이 과테말라에서 출발해 엘살바도르, 온두라스, 니카라과를 지나 코스타리카로 옮겨지는데, 이는 다섯 개 국가가 같은 뿌리에서 출발했으며 사실상 하나와 다름없음을 나타내고 있다.

16
September

거대한 축제가 벌어지는 멕시코의 독립기념일

중미 다섯 국가들의 독립기념일이 9월 15일이라면 매년 9월 16일은 멕시코의 독립기념일이다. 1810년 9월 16일 새벽 미겔 이달고 신부가 독립을 외친 것이 독립기념일로 제정됐다. 매년 독립기념일이 가까워질 때면 멕시코 거리 곳곳에서 여러 장식과 함께 한껏 고조된 분위기를 느낄 수 있다.

멕시코 독립일과 관련해 한 가지 흥미로운 사실이 있다면 바로 정확한 독립일 날짜가 9월 15일인지, 아니면 16일인지 헷갈리는 사람들이 많다는 점이다. 가장 큰 이유는 15일 저녁부터 각 도시에서 축제와 콘서트가 시작되기 때문이다. 또 15일 밤 11시 정각에는 멕시코 대통령이 소칼로 광장에 나와 종을 울리며 멕시코 만세 Viva Méixco를 외치므로 15일을 멕시코 독립기념일로 착각하는 경우가 많다.

멕시코 독립기념행사가 9월 15일부터 시작된 이유에 대해서는 한 가지 가설이 존재한다. 멕시코 역사상 가장 영향력 있는 대통령 중 포르피리오 디아즈 Porfirio Díaz 라는 인물이 있는데, 마침 그의 생일이 9월 15일이기에 자신의 생일과 독립기념일을 일치시켜 행사를 진행하도록 했다는 것이 몇몇 사람들의 주장이다. 디아즈는 1910년 '멕시코 독립 100주년'을 맞아 독립행사를 9월 15일에 시작했고, 이후 백 년이 지난 지금까지 매년 9월 15일 행사가 진행되고 있다.

17 September 멕시코시티에 세워진 거대한 인류학박물관

1964년 9월 17일 멕시코 수도 멕시코시티에서 거대한 규모의 박물관 하나가 세상에 모습을 드러냈다. 차풀테펙 공원에 위치해 있는 이 박물관은 바로 국립인류학박물관이다. 과거 멕시코 역사와 문화를 간직한 곳으로, 중남미 전체에서 가장 규모가 큰 박물관이다.

당시 멕시코 대통령이었던 아돌포 마테오스가 이 박물관을 짓기로 한 건 멕시코의 고고학과 역사를 상징하는 물품들을 한곳에 모아 놓기 위함이었다. 이전까지만 해도 역사적 가치가 있는 유물들은 멕시코 왕립 및 교황청 대학교 같은 곳에 소장됐고, 국립역사박물관이나 조폐국에 나눠져 전시되어 있었다. 마테오스는 멕시코의 자랑스러운 역사와 문화를 한 곳에서 볼 수 있는 장소가 필요하다고 판단했고, 이를 위해 인류학 박물관 프로젝트를 진행한 것이었다.

현재 이 인류학박물관은 하루에 다 둘러보기도 벅찰 만큼 많은 유물과 작품들이 전시되어 있다. 유물수로만 따지면 약 60만 개가 넘고, 가장 잘 알려진 마야와 아스텍뿐만 아니라 테오티우아칸과 올멕 시대의 유물들, 그리고 와하카와 멕시코만 지역의 작품들이 있다. 이렇게 인류학박물관은 콜럼버스 이전의 역사부터 시작되는 멕시코의 역사를 생생하게 담고 있으며, 그중 가장 많은 방문객들의 눈길을 끄는 대표작품으론 '아스텍 태양의 돌'과 '올멕의 거대한 머리'가 있다.

18
September

칠레에서 가장 큰 축제가 벌어지는 날

매년 9월 18일은 칠레의 독립기념일 Fiestas Patrias 로 사람들이 한데 모여 축제를 즐기는 의미 있는 날이다. 스페인어로 '18'을 뜻하는 단어가 '디에씨오초'인데 칠레 사람들은 이 독립기념일을 간단하게 '엘 디에씨오초'로 부른다.

칠레의 독립기념일이 9월 18일이 된 역사는 약 200년 전으로 거슬러 올라간다. 1810년 이날 칠레에서는 나폴레옹에 의해 폐위된 스페인 페르디난드 7세의 정치적 공백에 대응하기 위한 의회를 설립했다. 같은 해 아르헨티나 부에노스아이레스에서 벌어졌던 '5월 혁명'에서 영감을 받았던 것으로, 칠레에서도 크리오요들이 주도적으로 스페인으로부터 자치성을 인정받기 위해 움직인 것이었다. 이는 칠레 독립투쟁을 알리는 첫 시작점이 됐으며, 독립을 이룬 뒤에는 칠레의 공식 독립기념일로 지정됐다.

칠레에서는 매년 9월 18일을 기점으로 독립을 기념하는 다양한 행사가 열리고 있다. 9월 17일은 와소 Huaso 와 칠레의 날로 제정되어 칠레 카우보이 고유의 문화를 기념하며, 18일과 19일에는 꾸에까, 또나다 같은 칠레 음악을 들으며 전통의상을 입은 사람들이 춤을 추며 축제를 즐긴다. 또 이날 전국 곳곳에서 칠레 아티스트들의 공연이나 민속놀이를 즐기고, 엠빠나다, 안티쿠초, 테레모토 같이 축제에 빠질 수 없는 음식들이 준비되기도 한다.

19

September

미국이 아이티 군사작전을 결심한 이유

1994년 9월 19일, 미국은 아이티의 민주주의 유지를 위한 군사작전을 실시했다. 이른바 민주주의 유지 작전이라 불린 이 미션은 1991년 쿠데타로 대통령 자리에 오른 라울 세드라스를 몰아내고 아리스티드 정권을 다시 회복하는 것이었다. 당시 아이티는 뒤발리에 가족이 30년 가까이 나라를 다스린 뒤 아리스티드가 대통령이 된 상황이었다. 아리스티드는 개혁을 외치며 대통령에 당선됐지만, 엘리트 그룹과 군관계자들이 세드라스를 중심으로 쿠데타를 일으켜 결국 1991년 대통령 자리에서 쫓겨나게 된다.

이런 상황 속에서 클린턴 미국 대통령은 "미국은 아리스티드를 대통령직에 복귀시키기 위해 적극적인 노력을 기울일 것이다"라고 밝혔다. 또 미국은 세드라스와 평화적인 해결점을 찾기 위해 협상을 주도했다. 하지만 여러 상황이 복잡하게 얽히며 협상이 무산됐고, 결국 클린턴 대통령은 TV 연설을 통해 아이티에 대한 미국의 군사작전이 임박했음을 알렸다.

군사작전이 시작되기 바로 직전, 세드라스는 미국의 요청에 합의하며 사임을 결정했고 아리스티드는 다시 대통령직에 복귀하게 된다. 극적인 합의가 결정되자 미국 클린턴 대통령은 군사작전의 임무를 '전투작전'에서 '평화 유지 및 아이티 재건 작전'으로 변경했다. 그렇게 파병된 약 2만 명 규모의 미국 평화 유지군은 1995년까지 아이티에 머무르며 민주주의 재건을 돕게 된다.

브라질 남부에서 벌어진 라가무핀 전쟁

1835년 9월 20일, 브라질 남부 히우 그란지 지역에서는 라가머핀Regamuffin, 혹은 파라포스Farrapos라 불리는 전쟁이 일어났다. 1845년까지 총 10년 동안 이어진 이 전쟁은 히우 그란지 지역이 브라질에게서 독립을 선언해 일어난 전쟁이었다. 19세기 초 브라질 중앙정부의 세력이 약했다는 점, 그리고 각 주의 이해관계에 따라 분리운동이 벌어졌던 당시 상황을 반영한 사건이었다.

히우 그란지가 독립을 원했던 가장 큰 이유는 경제적인 문제가 컸다. 히우 그란지 주의 주요 생산품목은 포르투갈어로 '차르키'라 불리는 말린 쇠고기였는데, 해외 시장보다는 주로 브라질 국내 시장에 판매하는 경제구조였다. 하지만 브라질 리우데자네이루에 기반한 중앙정부는 관세혜택을 통해 해외산 고기를 더 싸게 수입했고, 결과적으로 히우 그란지주는 아르헨티나나 우루과이와의 가격경쟁에서 상당히 불리한 위치에 놓이게 되었다. 이런 상황이 계속되자 히우 그란지주는 브라질과의 전쟁을 선언해 분리를 시도했다. 벤토 곤살베스 다 실바와 안토니오 지 소우사 네투는 리더로 활동하며 히우 그란지 독립국을 세우기 위해 많은 노력을 기울였는데, 이들의 노력으로 세워진 히우 그란지 공화국República Rio-Grandense은 영국, 프랑스, 우루과이에게서 독립국으로 인정받았다.

브라질 정부와 히우 그란지 주가 맞붙은 라가머핀 전쟁은 1845년 브라질과 히우 그란지 양측이 평화조약을 맺으며 종료됐다. 히우 그란지 측은 브라질의 한 주로 다시 합병되는 것에 동의했는데, 이에 대한 조건으로 전쟁을 벌인 것에 대한 면죄부 및 전쟁비용을 모두 브라질 중앙정부가 담당하는 내용이 포함됐다.

21 September

스페인을 위해 싸웠던 페루의 한 원주민 이야기

1740년 9월 21일, 페루 쿠스코에 있는 친체로에서 마테오 푸마카우아Mateo Pumacahua가 태어났다. 그는 원주민 출신이지만 스페인 왕국을 위해 충성을 바친 인물이었다. 하지만 나중에는 마음을 바꿔 페루 독립을 위해 싸우다 결국 세상을 떠나게 되었다. 마테오 푸마 카우아는 투팍 아마루 2세의 반란이 일어났을 당시 스페인 왕실 군대를 이끈 수장이었다. 스페인은 자신들의 군대를 보내기보다 원주민들을 징집해 원주민 반란을 진압하곤 했는데, 푸마카우아는 그런 스페인의 명령을 가장 앞장서서 따른 인물이었다. 반란 토벌을 성공적으로 마친 그는 스페인의 큰 신임을 얻었으며, 스페인 왕에게서 귀족 칭호도 얻었다.

1810년부터 페루의 독립운동이 시작됐을 때도 푸마카우아는 스페인 편에 서서 독립군들을 진압했다. 하지만 그는 돌연 독립군을 위해 싸우기로 마음을 바꾸게 되는데, 가장 큰 이유는 그가 아무리 노력해도 넘지 못했던 현실적인 벽이 있었기 때문이다. 특히 투팍 아마루 2세 진압 때는 스페인 출신의 아구스틴 하우레구이 총독이 직접 전투에서 싸운 본인보다 더 많은 공을 가져간 것이 마음을 바꾼 결정적 계기가 됐다.

자신이 소유했던 아시엔다를 비롯한 모든 지위를 내려놓은 푸마카우아는 70세에 가까운 나이에도 페루 독립을 위해 직접 군대를 이끌었다. 수많은 전투경험이 있는 베테랑 푸마카우아이었지만 독립운동 초기 많은 지원이 없어 승리를 거두기 쉽지 않았다. 그는 여러 전투에서 스페인군과 싸웠지만 결국 패배했고, 1815년 3월 벌어진 우마치리Umachiri 전투에서 체포되어 생을 마감하게 된다.

22

September

아르헨티나-브라질 연합군을 전멸시킨 파라과이

1866년 9월 22일 벌어진 쿠루파이티 전투Battle of Curupayty는 파라과이에는 영광의 순간, 동맹국에는 끔찍한 순간으로 기억되고 있다. 삼국동맹 전쟁 중 호세 디아즈 장군이 이끌었던 파라과이는 쿠루파이티 요새를 지키기 위해 미리 참호를 파놓고 방어태세를 구축하고 있었다. 파라과이의 군사는 고작 5천 명이었던 반면 연합군은 약 2만 명의 병사들이 전투에 참여하며 연합군의 승리가 점쳐지는 상황이었다. 동맹국은 파라과이강에서 함대를 동원해 먼저 포격을 가한 뒤 육지에서 쿠루파이티 요새를 공격하는 계획을 세웠다. 하지만 안타깝게도 그들의 전략은 초반부터 어긋나기 시작했는데, 함선 대포의 정확도가 떨어지며 파라과이 군대에 큰 위협을 주지 못한 것이었다. 한편 동맹국의 전략은 육지에서도 똑같이 틀어졌다. 전투 직전 내린 비 때문에 기병대가 빠르게 움직이지 못했고 포병대 또한 느리게 진격할 수밖에 없었기 때문이었다. 결국 동맹국은 이미 유리한 위치에서 발포 준비를 하고 있던 파라과이 군대에 속수무책으로 당하고 말았으며, 만 명에 가까운 사상자를 내며 후퇴하게 된다.

흔히 삼국동맹 전쟁을 이야기할 때 패배한 파라과이의 몰락에 초점이 맞춰져 있다. 하지만 전쟁 초반엔 파라과이가 전쟁에서 유리한 위치에 있었고, 여기에 결정적인 역할을 했던 것이 바로 쿠루파이티 전투에서의 승리였다. 아르헨티나와 브라질은 쿠루파이티에서 예상치 못한 막대한 피해를 입었으며, 회복을 위해 한동안 전쟁속도를 늦출 수밖에 없게 되었다.

푸에르토리코 독립의 시작을 알린 라레스의 외침

1868년 9월 23일, 푸에르토리코에서 라레스의 외침Grito de Lares으로 불리는 독립운동이 일어났다. 푸에르토리코 서부에 있는 라레스Lares 지역에서 시작되어 이런 이름이 붙여졌는데 이 독립운동은 곧바로 많은 푸에르토리코 전 지역으로 빠르게 퍼져나가게 된다. 1868년 당시 스페인은 칠레-페루 연합과 전쟁을 벌이며 남미 지역에서의 패권을 재건하려 했다. 막상 전쟁이 시작되자 스페인은 금전적 지원이 필요했는데, 이를 쿠바나 푸에르토리코 같은 식민지에서 세금을 높여 채워나갔다. 푸에르토리코 사람들은 이런 스페인의 부당한 조치를 견디지 못했고, 결국 라레스에서 독립운동이 시작되는 계기로 작용했다.

푸에르토리코 독립운동은 약 500여 명의 사람들이 모여 시작됐다. 프란시스코 라미레즈가 이끄는 독립군은 스페인 출신의 대지주가 운영하는 농장을 습격했고, 곧바로 마을 교회를 점령한 뒤 그곳에 푸에르토리코 국기를 꽂았다. 이 국기에는 하얀색 십자가를 두고 위에는 파란색, 아래에는 빨간색, 왼쪽 상단엔 하얀 별이 그려져 있었는데, 이는 훗날 푸에르토리코 최초의 국기이자 독립의 시작을 알리는 상징이 됐다.

결과적으로 라레스의 외침으로 시작된 푸에르토리코의 저항은 실패로 끝났다. 하지만 이 운동이 남긴 유산은 생각보다 영향력이 컸다. 스페인 당국은 또 다른 반란을 미리 막기 위해 어느 정도의 정치적 자치권을 부여하는 데 동의했기 때문이다. 현재 라레스의 외침이 일어났던 9월 23일은 푸에르토리코의 공휴일로 지정되어 있으며, 라레스는 독립의 시작점이 된 역사적인 도시로 여겨지고 있다.

24
September

푸에르토리코에서 벌어진 산 후안 전투

산후안San Juan 은 푸에르토리코의 수도로 오랜 시간 스페인의 식민지배를 받은 도시다. 그런 푸에르토리코 역사에서 1625년 약 두 달간 예외적으로 네덜란드에게 지배받았던 역사가 있었다. 푸에르토리코가 네덜란드에 의해 점령당한 건 1625년 9월 24일 벌어졌던 산후안 전투 때문이었다. 당시 네덜란드는 스페인에서의 독립을 이루기 위해 80년 전쟁을 벌이던 중이었고, 스페인의 영향력을 약화시키고자 아메리카 식민지까지 공격했다. 특히 네덜란드는 스페인의 전략적 요충지이자 카리브 교역의 중심지 중 하나인 푸에르토리코를 노렸고, 이로 인해 양측의 피할 수 없는 전투가 벌어졌다.

당시 산후안은 엘 모로라는 단단한 요새로 보호되어 있었다. 하지만 더 뛰어난 화력을 갖고 있던 네덜란드는 요새를 공격함과 동시에 근처 해안에 상륙작전에 성공했다. 그들은 요새로 지원하던 모든 경로를 차단해 스페인을 압박했고, 안에 남아 있는 군사들에게 항복을 요구했다. 후안 데 아로는 끝까지 항전할 것을 다짐했으나 결국 공격을 막지 못하며 산후안을 네덜란드에 내주고 만다.

한편 네덜란드는 전투에서 승리했지만 산후안에 오래 머무를 여건이 되지 않았다. 그들이 정착하려면 본토의 더 많은 병력이 지원되어야 했는데, 당시 네덜란드 상황이 그러지 못했기 때문이었다. 게다가 네덜란드는 스페인 식민지로 둘러싸인 푸에르토리코보단 다른 아프리카나 동남아시아 같은 지역에서 식민지 건설이 훨씬 더 수월할 것이라 판단했다. 결국 같은 해 11월, 네덜란드가 산후안을 버리기로 결심하면서 푸에르토리코는 다시 스페인의 차지가 되었다.

콜럼버스의 두 번째 아메리카 대륙항해

1493년 9월 25일, 콜럼버스는 자신의 두 번째 신대륙항해를 위해 스페인 카디스항을 떠났다. 1492년 첫 항해를 시작한 뒤 일 년이 조금 지난 시점이었다.

첫 항해와 비교했을 때 가장 크게 달라진 점은 스페인 왕국의 지원이었다. 함대 규모면에서 첫 항해는 세 함선과 90여 명의 선원이 전부였지만, 두 번째 항해는 함선 17척, 선원 약 천 명이 동원됐다. 또 이번 항해에서 콜럼버스는 자신이 발견했던 히스파니올라섬을 스페인 사람들이 거주할 수 있는 정착지로 삼고, 향후 유럽과 중국, 일본을 잇는 새로운 교역지로 만들고자 했다.

두 번째 항해의 또 다른 중요한 목적은 바로 '종교'였다. 콜럼버스는 첫 항해 때 히스파니올라섬과 바하마 제도에서 타이노 부족을 만난 적이 있었다. 그는 이 원주민들이 다른 신앙을 가지고 있음을 깨닫고 이사벨 여왕에게 원주민을 개종시키겠다고 약속했으며, 이런 이유로 라몬 파네, 베르나르도 부일 등 총 다섯 명의 성직자들이 함께 배에 오르게 됐다.

함대의 규모가 커진 덕분에 콜럼버스는 꽤 안정적으로 아메리카 대륙에 머물 수 있었다. 그는 계획대로 히스파니올라섬에 자신의 동생 디에고를 정착시켜 본격적으로 신대륙의 핵심 지역으로 만드는 일을 시작했고, 나아가 쿠바와 자메이카, 푸에르토리코를 비롯한 여러 카리브 섬나라를 탐험했다.

멕시코에서 벌어진 43명의 학생 실종사건

2014년 9월 26일 밤 멕시코 게레로 이괄라Iguala에서 학생 43명이 실종되는 사건이 벌어졌다. 실종된 학생들은 아요티즈나파 농촌사범대학교 출신 학생들로, 학생 시위에 참여하기 위해 버스를 타고 멕시코시티로 가는 도중 경찰의 총격을 받게 된 것이다. 경찰 당국은 "왜 발포했는가?"라는 질문에 "버스가 납치됐다는 보고를 받아 그렇게 지시했다"고 답변했다. 과거 학생들이 여러 번 버스를 갈취한 적이 있기 때문에 이번에도 그들을 멈추게 하려 했다는 주장이었다.

하지만 문제는 경찰이 버스를 저지한 뒤 총을 쐈다는 점이었다. 그들은 그 자리에서 총 3명의 학생을 살해했다. 여기까지도 충분히 끔찍한 사건이었지만, 바로 다음 벌어진 사건은 멕시코 전역을 더욱 분노케 했다. 진술된 보고서에 따르면, 체포된 43인의 학생들은 인근 코쿨라 마을 경찰서로 이송된 것으로 기록됐다. 그리고 그곳에서 경찰관들에 의해 지역 마약밀매조직인 게레로스 우니도스의 일원에게 넘겨졌고, 인근 쓰레기 처리장에서 모조리 살해된 것으로 확인됐다.

2018년 새로 집권한 오브라도르 대통령은 교대생 43인 실종사건에 대한 철저한 조사를 시작할 것을 발표했다. 조사결과 이들은 카르텔이 아닌 군당국에 넘겨져 살해당한 것으로 나타나 경찰과 군대가 이번 사건에 연루된 것으로 밝혀졌다. 넷플릭스 다큐멘터리 〈43인의 실종자들〉로도 다뤄진 이번 사건은 여전히 수사가 진행 중이며, 멕시코의 신뢰할 수 없는 공권력 문제에 대해 국민들이 분노한 사건으로 남았다.

27 September 멕시코의 독립운동이 완성된 날

1810년 '돌로레스의 외침'으로 시작된 멕시코 독립운동은 곧장 멕시코 전역으로 뻗어나갔다. 역사적인 흐름을 살펴보면 1810년부터 1815년까지는 돌로레스와 모렐로스가 독립운동을 이끌던 시기였다. 이후부터는 과달루페 빅토리아와 비센테 게레로가 독립을 이끌었고, 두 독립 영웅들은 외딴 교외 지역에서 게릴라전을 펼치며 저항을 계속했다.

1816년부터 1821년까지 멕시코에서는 어느 한 쪽이 승기를 잡지 못하고 대치상황을 이어나갔다. 그러다 1821년 스페인 본토에서 자유주의자들이 권력을 잡으며 상황은 급변했다. 자유주의자들이 스페인 페르난도 7세의 권력을 제한하고 개혁을 실행하자, 멕시코에서 스페인 왕을 위해 싸우던 이투르비데 Iturbide 는 스페인 자유주의자들의 영향력에서 벗어날 수 있는 길은 멕시코를 독립시키는 것이라 판단하게 된다.

이투르비데는 교회, 멕시코 독립운동 지도자, 농장 대지주 크리오요를 설득해 사실상 불가능해보였던 독립을 위한 대합의를 이끌어냈다. 그는 멕시코 독립선언을 포함해 독립된 멕시코에서 가톨릭과 군주제를 유지할 것이라는 내용을 포함한 이괄라 계획 Plan de Iguala 을 발표했다. 이는 독립을 간절히 원했던 멕시코 독립운동가뿐만 아니라 독립 이후에도 자신들의 권력을 유지하길 원했던 교회와 크리오요 모두를 만족시키는 내용을 담은 것이었다. 결국 1821년 9월 27일 이투르비데는 멕시코시티에 입성하며 11년 넘게 이어진 멕시코 독립을 완성시켰고, 멕시코에서는 매년 이 날을 '독립완성의 날'로 기념하게 되었다.

전 세계가 주목한 에콰도르 새 헌법

2008년 9월 28일 에콰도르에서는 새 헌법 내용의 승인여부를 묻는 국민투표가 실시됐다. 그리고 투표에 참여한 국민 63퍼센트의 지지를 받아 승인됐다. 라파엘 코레아 대통령이 오랜 기간 준비했던 헌법이 통과됨으로써 에콰도르의 사회적 변화를 예고하게 된다.

우선 새롭게 발표된 헌법내용 중엔 독특한 점이 두 가지 있었는데, 바로 식량주권과 자연권을 보장했다는 사실이다. 먼저 식량주권은 국민 모두가 건강하고 충분한 식량 생산과 소비를 지속가능할 수 있게끔 국가가 보장한다는 내용으로, '자연재해를 겪은 국민들에게 식량공급을 조장한다' '식량과 관련한 바이오 기술을 도입하고 식량공급 절차를 공정하고 투명하게 한다'는 내용을 명시했다. 참고로 이와 같은 내용은 다른 나라 헌법에서 볼 수 없었던, 사실상 식량권리를 보장하는 최초의 헌법이었다.

에콰도르 헌법은 또 자연권을 보장했다는 측면에서 많은 주목을 받았다. 이 조항은 한 마디로 '자연과 생태계도 그들 스스로를 보호해야 할 권리가 있으며, 이를 국가가 법적으로 보호하겠다'라는 내용을 담은 것이었다. 이로써 에콰도르는 자연을 무분별하게 파괴하는 개발을 최대한 제한하고 생태계와 인간사회가 조화롭게 공존해야 한다는 헌법을 승인한 최초의 국가가 됐다.

다만 새 헌법의 내용이 모두 진보적인 것만은 아니었다. 몇몇 사람들은 새로 개정된 헌법에 대해 비판적인 시각을 드러냈다. 특히 가장 큰 우려는 대통령 재임이 언제든 가능하다는 내용이 포함된 점이었는데, 실제로 코레아 대통령은 3선에 성공하면서 스스로 헌법을 고쳐 독재자가 됐다는 비판을 받았다.

29 September 멕시코에 옥수수의 날이 생긴 이유

멕시코에서 매년 9월 29일은 국가가 정한 옥수수의 날Dia Nacional de Maiz이다. 2019년 처음 제정된 것으로 옥수수를 멕시코의 소중한 음식이자 문화유산으로 생각하자는 취지에서 만들어졌다. "굳이 왜 옥수수의 날을 만들었지?"라고 생각할 수도 있지만, 멕시코에서 옥수수는 상당히 중요한 음식 중 하나로 여겨졌다. 당장 멕시코 대표 음식인 타코는 옥수수로 만든 토르티야가 필요하고, 이밖에도 플라우타나 엔칠라다 모두 옥수수가 없다면 만들 수 없는 음식들이다. 멕시코 정부의 통계에 따르면 멕시코 사람들은 1인당 평균 연간 약 136.4킬로그램의 흰 옥수수를 소비하는데, 이는 다른 나라보다 압도적으로 높은 수치로 기록됐다.

역사적으로도 옥수수는 멕시코를 비롯한 중앙아메리카에서 굉장히 중요한 음식재료였다. 이 때문에 마야 사람들은 매해 옥수수 농사가 잘될 수 있도록 신테오틀Cintéotl으로 불리는 '옥수수의 신'에게 제사를 지내기도 했다. 또 옥수수가 문화의 중요한 일부가 되자, 마야 사람들은 인간이 옥수수 가루로 만들어졌다는 전설을 믿기도 했다.

한편 멕시코에서 생산되는 옥수수는 종류도 굉장히 다양한 편이다. 멕시코에는 총 64개의 옥수수 종류가 있는 것으로 알려져 있다. 또 많은 사람들이 옥수수 재배 관련업에 종사해 멕시코의 문화, 역사, 경제 모든 부분에서 중요한 부분을 차지하고 있는 걸 알 수 있다.

칠레 피노체트가 벌인 카를로스 프랫 암살사건

1974년 9월 30일 새벽, 아르헨티나 수도 부에노스아이레스에서 몇 발의 총성과 함께 자동차가 폭발하는 사건이 일어났다. 미리 설치해 둔 폭탄이 터진 이번 사고는 워낙 위력이 커 건너편 아파트 9층까지 파편이 튀었고, 수십 미터 떨어진 아파트 유리창이 깨질 정도였다. 그리고 이번 사고로 전 칠레 국방부장관이었던 카를로스 프랫Carlos Prats과 그의 아내가 목숨을 잃었다.

사건이 터진 당시 칠레에서는 군부 쿠데타에 성공한 피노체트가 자리를 잡아 가던 때였다. 피노체트는 자신과 정치적 뜻이 같지 않은 사람들을 하나씩 제거하는 일을 벌였다. 그리고 카를로스 프랫은 이 작전의 대상 중 한 명이었는데, 가장 큰 이유는 그가 아옌데 정권에서 주요직을 맡았기 때문이었다. 카를로스 프랫은 항상 피노체트에게 눈엣가시 같은 존재였고, 심지어 그가 아르헨티나로 망명을 가 있는 상황임에도 피노체트는 훗날 무슨 일을 벌일지 모른다며 그를 제거할 계획을 세웠다.

화를 피하고자 일부러 부에노스아이레스까지 떠났던 카를로스 프랫은 결국 죽음을 피하지 못했다. 칠레 사람과 모임을 하고 밤늦게 집에 도착한 카를로스 프랫은 차고문이 열리길 기다리는 도중 갑자기 총격과 함께 폭탄 테러를 당해 아내와 함께 세상을 떠났다. 사건 직후, 아르헨티나 당국은 테러 집단의 소행으로 짐작된다고 밝혔지만 사건의 배후는 밝혀내지 못했다. 이 사건은 2008년이 돼서야 비밀경찰이 활동한 칠레 정보국의 소행이었음이 밝혀졌고, 국장이었던 마누엘 콘트레라스는 70년형이라는 사실상 종신형에 처했다.

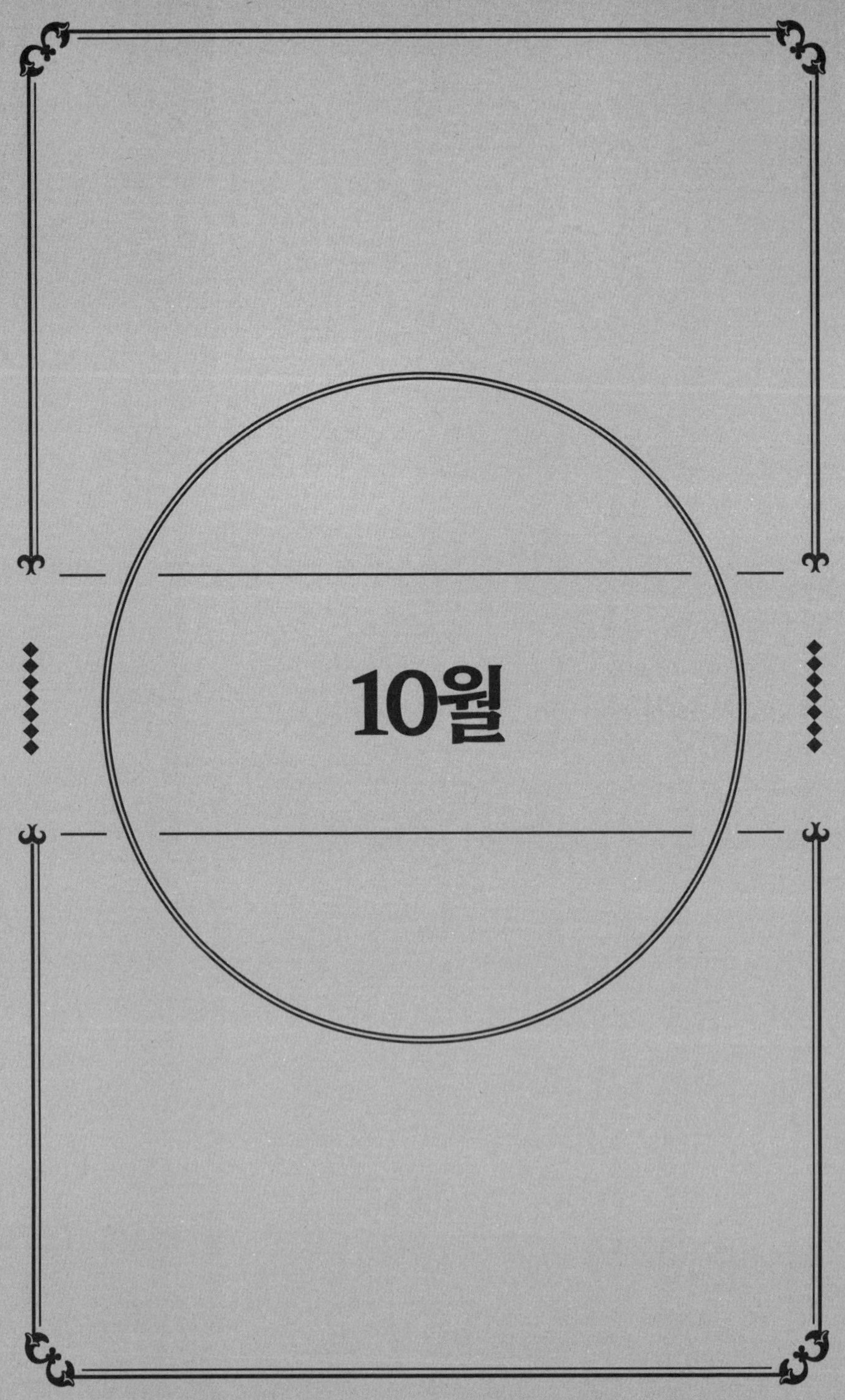

10월

1 October

베네수엘라에 생긴 카카오의 날

베네수엘라에서 매년 10월 첫째 날은 카카오의 날로 지정되어 있다. 역사적·경제적으로 중요성이 컸던 카카오를 위해 아예 기념일을 만든 것이다. 이날이 만들어진 가장 큰 이유는 세계적으로 유명한 베네수엘라 카카오를 홍보하고 수출을 더욱 활성화하기 위해서였다.

18세기까지 전 세계에서 가장 많은 카카오를 수출한 지역은 베네수엘라였다. 원래 카카오는 메소아메리카에서 더 많이 생산되던 상품이었다. 하지만 원주민들의 숫자가 줄어들며 생산성이 크게 줄어들 수밖에 없었고, 유럽인들은 베네수엘라를 다음 카카오 생산지로 삼게 됐다. 이후 베네수엘라에선 카카오붐이 일어나며 경제가 활성화됐는데, 독립 영웅 시몬 볼리바르의 가족들도 카카오 플랜테이션 농장을 경영해 많은 수익을 낸 것으로 알려져 있다.

독립 이후 베네수엘라 주요 수출생산품은 카카오에서 커피, 그리고 석유로 바뀌게 됐다. 세계 최대 카카오 수출국이란 타이틀도 지금은 나이지리아나 가나 같은 국가들이 차지하고 있다. 중남미 국가 중에서도 에콰도르 브라질, 페루, 도미니카공화국이 베네수엘라보다 더 많은 카카오를 생산하면서, 사실상 카카오 왕국이나 다름없던 베네수엘라의 이미지는 과거의 일이 됐다. 그럼에도 베네수엘라에서 생산되는 카카오는 여전히 전 세계적으로 높은 평가를 받고 있으며, 각각의 특징이 다른 카카오종이 가장 많이 생산되는 국가로 알려져 있다. 비록 전체적으로 수출량은 줄었지만, 베네수엘라 카카오는 좋은 품질과 다양성 때문에 여전히 높은 가치를 인정받고 있는 상황이다.

2 October

멕시코에서 10월 2일마다 추모행진이 벌어지는 이유

1968년 10월 2일, 멕시코시티 트레스 쿨트라스 광장에서 약 만 명의 학생들이 시위를 벌였다. 시위가 벌어진 건 40년 가까이 정권을 유지해 온 제도혁명당PRI을 비판하기 위해서였다. 특히 학생들은 정부의 억압과 폭력을 멈추고, 멕시코 올림픽 개최에 쓴 예산을 사회복지에 써달라며 정부를 압박했다. 이날 평화롭게 진행되던 시위는 갑자기 광장 주위 건물에서 총이 발사되며 아수라장이 됐다. 여기에 군인과 경찰의 진압이 시작되며 무방비상태였던 많은 학생들이 쓰러졌고, 약 200명에서 300명 정도가 목숨을 잃은 것으로 기록됐다.

사건발생 직후 왜 학생들을 상대로 발포했는지에 대한 조사가 시작됐다. 그러자 경찰 관계자들은 "시위대 중 무장한 사람들이 총격전을 시작해 대응사격을 했을 뿐이었다"라고 말했다. 학생들의 도발에 자신들을 보호하기 위해 정당한 대응을 했을 뿐이라 밝힌 것이다. 1990년대가 돼서야 사건의 진실을 파악하기 위해 조사단이 꾸려지긴 했지만, 누가 최초의 발포를 명령했고 어떤 사람들이 연루되어 있는지는 여전히 파악되지 않은 상황이다.

이른바 틀라텔롤코 학살로 기억된 이 사건은 멕시코에서 일어난 더러운 전쟁Dirty War으로 여겨지고 있다. 흔히 더러운 전쟁하면 칠레나 아르헨티나 군사정권에 초점이 맞춰지곤 하는데 멕시코에서도 이와 비슷한 일이 벌어졌던 것이다. 한편 1968년은 반정부 시위가 가장 강했던 시기였지만, 틀라텔롤코 사건을 기점으로 제도혁명당은 큰 어려움 없이 권력을 유지하게 된다.

3 October

중미의 독립 영웅 프란시스코 모라산

남미에선 시몬 볼리바르와 산 마르틴이 독립을 이끈 영웅으로 알려져 있다면, 중미 지역에서는 프란시스코 모라산Francisco Morazan이 영웅으로 기억된다. 1792년 10월 3일 온두라스 테구시갈파에서 태어난 그는 군대를 지휘하며 중미 지역의 독립을 이뤄냈고, 이후에는 중미 국가들을 통합한 중미연방공화국을 직접 통치했다.

독립 이후 중미지역의 정치상황은 다른 중남미 국가들과 큰 차이가 없었다. 많은 나라들이 진보와 보수로 분열했듯이 중미에서도 연방정부를 원했던 진보파와 중앙정부를 원했던 보수파로 나뉘어 서로 권력을 차지하려 했다. 일찍이 계몽주의 영향을 받은 프란시스코 모라산은 연방정부를 대표했고, 직접 군대를 지휘해 온두라스, 엘살바도르, 과테말라의 보수파를 상대로 승리를 거두며 1830년 공화국 초대 대통령 자리에 올랐다.

프란시스코 모라산은 대통령이 되자마자 여러 진보정책을 추진했다. 종교적인 측면에선 교회의 재산을 몰수했고, 경제적으론 자유주의 정책을 실시해 해외 자본을 적극적으로 끌어들였다. 또 그는 국제정세를 생각했을 때 하나의 중미를 꿈꿨는데, 통합된 중미만이 경쟁력을 갖고 번영의 길을 열어줄 것이라 믿었기 때문이었다. 하지만 이런 모라산의 주장은 받아들여지지 않으며 중미대륙은 여러 나라로 분열됐고, 한때 독립 영웅이었던 그는 1842년 코스타리카에서 쓸쓸한 죽음을 맞게 되었다.

4 October

칠레 '음악의 날'과 다양한 음악 장르들

칠레에서는 2015년부터 매년 10월 4일을 '칠레 음악의 날'로 기념하고 있다. 이 음악의 날이 만들어진 이유는 칠레의 다양한 전통음악들을 널리 알리기 위한 목적 때문이었다. 역사적으로 칠레엔 굉장히 많은 전통음악들이 존재해왔다. 잉카 문명과 가장 가까웠던 북쪽 지역에서는 안데스 음악이 있으며, 반대편 남쪽엔 마푸체족의 음악이 있다. 다만 마푸체족의 노래들은 춤을 추고 즐기기 위한 목적보다는 신을 숭배하는 종교적인 음악이란 특징이 있었다.

이밖에도 칠레하면 빠질 수 없는 전통음악으로 쿠에카Cueca가 있다. 9월 18일 독립기념축제가 열리는 날이면 많은 사람들이 전통의상을 입고 춤을 추는 모습을 볼 수 있다. 수탉과 암탉이 구애하는 모습을 흉내낸 이 춤은 스페인 안달루시아 지역과 페루의 자마쿠에카의 영향을 받은 것으로 알려져 있다. 19세기 중반에는 칠레 거리나 바에서 흔하게 볼 수 있는 '칠레 국민 춤'으로 발전했다.

20세기 중반으로 넘어가면서 칠레엔 새로운 장르의 음악이 등장했다. 기존 칠레에 있던 전통음악을 새롭게 해석한 이른바 누에바 칸시온Nueva Canción이 탄생한 것이었다. 이 노래들은 정치적 메시지가 강한 경우가 많아 사회운동에서 많이 불렸고, 곧 칠레뿐만이 아닌 중남미 전역으로 저항을 상징하는 음악 장르로 퍼져 나갔다.

5 October

브라질 북부에서 벌어진 카누도스 전쟁

카누도스 전쟁Canudos War은 브라질 북부 바이아주에서 일어났던 내전이다. 1896년 11월부터 1897년 10월 5일까지 벌어진 이 사건은 브라질 공화국 정부군과 카누도스 주민들 사이에서 벌어진 전쟁으로, 브라질 역사에서는 가장 많은 사상자가 났던 비극적인 내전으로 기억되고 있다.

우선 끔찍한 전쟁이 벌어진 배경엔 당시 브라질 북부 지역에서 발생했던 극심한 가뭄과 연관이 있다. 오랜 시간 지속된 가뭄은 가뜩이나 빈곤했던 바이아 지역상황을 악화시켰고, 많은 사람들이 굶어 죽거나 병들게 되는 결과를 가져왔다. 하지만 1889년 새로 들어선 공화국 정부는 이들을 도와주기보다 오히려 세금을 올리며 주민들을 더욱 고통스럽게 만들었다. 이때 외딴 마을 이곳저곳을 떠돌며 마을 사람들을 도와주던 안토니오 콘셀레이루Antônio Conselheiro가 구원자로 떠올랐고, 그가 세운 마을 카누도스Canudos에는 수많은 사람들이 몰려들게 되었다.

카누도스 마을의 규모가 점차 커지게 되자 주변 대농장 주주들은 불만을 품고 정부에 도움을 요청했다. 사람들이 카누도스로 이주하자 자신들이 운영하던 땅에서 일할 사람을 구할 수 없었기 때문이었다. 그들은 안토니오를 사람들을 속인 이단자로 규정했고, 군주제를 찬양하고 공화국을 비판하는 반란 주동자로 몰아세웠다. 이에 정부군은 군대를 보내 마을을 점령한 뒤 수천 명의 주민들의 땅과 재산을 모두 몰수했다. 결국 고통받는 사람들의 안식처나 다름없었던 카누도스는 브라질 정부군에 의해 끔찍한 최후를 맞았고, 이후 이 사건은 에우클리지스 다쿠냐의 소설 〈오지Os Sertoes〉에서 다뤄지며 더욱 널리 알려지게 됐다.

바베이도스에서 일어난 쿠바 항공기 테러 사건

1976년 10월 6일, 바베이도스에서 예상치 못한 비행기 사고가 발생했다. 승객 73명을 태우고 바베이도스를 떠난 쿠바 항공기가 갑자기 추락한 사건이었다. 이번 일로 모든 승객이 사망하고 카리브 지역의 민간 항공기도 테러로부터 안전하지 못하다는 인식을 심어주게 되었다. 끔찍한 사고가 발생한 직후 쿠바 당국은 배후를 밝히기 위한 조사에 착수했다. 그리고 이번 일은 쿠바를 떠나 망명생활을 하던 반反카스트로주의자들이 벌인 사건임을 밝혀냈다. 그들은 테러리스트들이 두 개의 폭탄을 가방에 미리 숨겨놨으며, 비행기가 이륙한 지 10분만에 폭탄을 터트려 비행기를 추락시켰다고 발표했다.

당시 쿠바에선 사회주의 체제에 반대했던 많은 사람들이 강제로 추방당한 상황이었다. 평생 고국땅을 밟지 못하게 된 그들은 미국, 푸에르토리코, 도미니카공화국 등 여러 곳에서 활동했고, 카스트로 정부를 겨냥한 테러 활동을 하는 무장단체CORU를 설립했다. 올란도 보쉬와 루이스 포사다 카릴레스에 의해 조직된 이 테러조직은 미국 CIA의 지원을 받았고, 이후 카리브를 비롯한 중미 국가에서 공격을 여러 번 시도했다.

'쿠바나 항공 455 격추사건'은 그들이 벌인 활동 중 가장 인명 피해를 낸 사건으로 기록됐다. 현재 바하마 정부는 희생된 무고한 사람들을 위해 기념비를 세워 매년 추모식을 열고 있고, 카리브 국가들은 UN에 10월 5일을 테러 반대의 날로 지정해줄 것을 요청하기도 했다.

7
October

노벨평화상을 수상한 콜롬비아 대통령

2016년 10월 7일, 노벨평화상 시상식에서 콜롬비아의 후안 마누엘 산토스 대통령이 수상을 누리는 영예를 안았다. 같은 해 러시아 시민운동가 스베틀라나 간누슈키나, 이란의 알리 아크바르 살레히 같은 사람들이 후보로 지명됐지만 노벨상위원회는 마누엘 산토스 대통령을 2016년 노벨평화상 수상자로 선정했다.

마누엘 산토스 대통령이 상을 받은 가장 큰 이유는 콜롬비아 무장혁명군FARC과 맺은 평화협정 덕분이었다. 20세기 중반부터 시작된 게릴라와 콜롬비아 정부의 갈등은 영원히 지속될 것만 같았지만, 마누엘 산토스 대통령의 끈질긴 노력으로 결국 긍정적인 결과를 얻을 수 있었다. 콜롬비아 정부와 FARC 측과의 평화협정체결은 상당히 오랜 시간이 걸렸다. 2011년 처음 만나 협상을 벌인 양측은 무려 60년간 대립한 만큼 입장차이를 좁히기 쉽게 좁히지 못했다. 평화협정을 맺게 된다면 정부는 FARC은 정말 다시 총을 들지 않을 것인지, 또 국민들이 그들의 과거를 용서하고 사회로 통합시켜 줄 것인지와 같은 많은 문제들을 해결해야만 했다.

쉽지 않은 문제였음에도 마누엘 산토스 대통령은 자신의 임기 내에 평화협정 문제를 매듭짓기 위해 많은 노력을 기울였다. 또 그는 이번 평화협정을 단순한 일회성 이벤트에 그치지 않고 지속가능한 방식으로 해결하려 했다. 무려 5년이 넘게 걸린 협상기간 끝에 양측은 2016년 6월 평화협정문에 서명하게 됐고, 콜롬비아는 평화의 시대를 향해 한 발짝 더 나아가게 된다.

8
October

페루에서 가장 존경 받는 인물, 그라우 제독

태평양전쟁 당시 많은 사람들이 칠레의 승리를 점쳤다. 하지만 다수의 예상을 뒤엎은 인물이 있었으니, 바로 페루의 미구엘 그라우Miguel Grau 제독이었다. 그는 게릴라 전략을 활용해 칠레의 해상보급로를 차단했고, 6개월 동안 칠레 해군의 진격을 지연시키면서 전쟁을 한동안 유리한 상황으로 이끌었다. 페루 입장에선 나라를 위기에서 구한 난세의 영웅이 나타난 것이었다.

1879년 5월에 벌어진 이키케 전투는 그라우 제독이 얼마나 뛰어난 인물인지 보여주는 사례였다. 이 전투에서 페루는 칠레의 코르벳함 에스메랄다를 격침하며 승리를 거뒀다. 전쟁 뒤 많은 칠레 병사들이 바다에서 표류하자, 그라우 제독은 그들을 바다에서 구출해줬다. 아무리 적이긴 했지만 그의 신사적인 행동은 적인 칠레 사람들에게까지 많은 존경과 찬사를 이끌어내기도 했다.

1879년 10월 8일 벼르고 벼르던 칠레 함대는 순찰을 진행 중이던 그라우 제독의 함대를 에워싸며 앙가모스 전투Battle of Angamos를 벌였다. 수세에 몰린 그라우 제독은 이날 전투에서 결국 적의 포탄에 맞아 사망했고, 그가 탔던 와스카르Huáscar 호도 함께 침몰했다. 앙가모스에서의 승리로 칠레군은 태평양 연안을 자유롭게 통제하게 됐고 이후 큰 어려움 없이 페루 상륙작전을 시작할 수 있었다.

비록 페루는 태평양전쟁에서 패배했지만 '바다의 신사'라 불리는 그라우 제독만은 잊지 않았다. 페루에선 앙가모스 전투가 일어난 10월 8일을 국가공휴일로 정해 그라우의 희생정신을 기렸고, 페루 의회는 그에게 대제독이란 칭호를 부여했다. 또 제일 존경하는 인물을 묻는 설문조사 때마다 많은 페루 사람들이 그라우 제독을 꼽으면서 백 년이 넘은 지금까지도 그를 페루의 진정한 영웅으로 기억하고 있다.

볼리비아 산골짜기에서 최후를 맞이한 체 게바라

1959년 쿠바에 사회주의 정권을 세운 체 게바라와 카스트로는 이후 소련과의 외교관계를 맺는 과정에서 서로 충돌했다. 그리고 체 게바라는 모든 관직에서 손을 떼겠다는 편지를 남긴 채 돌연 쿠바를 떠났다. 정부직을 맡는 정치인보다는 아프리카 해방을 위해 직접 싸우는 혁명가가 되겠다며 다시 총을 잡은 것이었다.

하지만 아프리카의 환경은 그가 활약했던 쿠바와는 너무 달랐다. 아프리카에서 별다른 성과를 거두지 못하자, 이번엔 군사정권이 장악했던 볼리비아로 눈을 돌렸다. 당시 볼리비아는 1964년 쿠데타를 일으킨 군인 출신 레네 바리엔토스가 나라를 다스리는 상황이었는데, 체 게바라는 독재정권에 의해 억압받는 볼리비아 농민들을 해방시키겠다는 신념 하나로 몇몇 동료들을 이끌고 볼리비아로 향했다.

하지만 체 게바라의 기대와는 달리 볼리비아에서 혁명을 기대하는 농민들의 수는 많지 않았다. 볼리비아는 이미 1952년 혁명으로 토지개혁을 이뤘기 때문에 쿠바와 달리 혁명에 동참하고자 하는 여론이 형성되지 않은 상황이었다. 또 미국의 군사지원을 받은 볼리비아는 체 게바라의 게릴라 부대보다 군사적으로 훨씬 더 유리한 입장에 놓여 있었다. 결국 볼리비아에서 고된 투쟁을 벌여나가던 체 게바라는 라 이게라 산골짜기에서 붙잡혔고, 1967년 10월 9일 39세의 나이로 죽음을 맞이했다.

10
October

쿠바와 스페인의 10년 전쟁과 쿠바 독립의 서막

1868년 10월 10일, 쿠바에서는 독립을 위한 첫 외침이 터져 나왔다. '야라의 외침' Grito de Yara 이라 불리는 이 사건은 독립운동의 시작점이 됐다. 카를로스 마누엘 데 세스페드는 이 모든 일을 계획한 인물로, 쿠바 독립을 위한 힘든 싸움을 이어 나간 영웅이었다. 1860년대 쿠바는 스페인에 대항하지 않는 게 이상할 정도로 상황이 좋지 않았다. 스페인은 쿠바에 경제적 압박을 가하는 동시에 자유를 억압했고 노예제도를 기반으로 한 불평등한 사회구조를 유지했다. 마침 당시 비슷한 환경에 있던 이웃 푸에르토리코에서 독립운동이 시작됐는데, 이에 영향을 받은 쿠바에서도 마누엘 데 세스페드가 이끄는 독립운동이 시작된 것이었다.

'야라의 외침'은 두 가지 중요한 의미가 있었다. 우선 쿠바의 독립운동은 백인, 흑인, 스페인, 쿠바 등 국적과 인종을 막론하고 '모든 인간은 평등하다'라는 철학에 기반을 뒀다. 이는 수백 년간 지속되어온 노예제도를 폐지하자고 외쳤고, 억압받았던 모든 사람들이 사회에서 공평하게 기회를 얻어야 한다고 주장했다.

두 번째는 독립을 위한 선언문이 '선포'에 그치지 않고 실질적인 싸움으로 확대됐다는 점이다. 사탕수수 농장주였던 마누엘 데 세스페드는 군인 출신이 아니었기 때문에 전쟁경험이 전혀 없었던 인물이었다. 하지만 그의 용감한 행동은 많은 쿠바 사람들의 마음을 움직였고, 결국 스페인과의 '10년 전쟁'을 이어 나갔다. 쿠바의 영웅으로 여겨지는 호세 마르티는 "이제 쿠바 독립전쟁은 꿈이 아니라 현실이다, 쿠바 사람들이 분노하며 일어났다"라며 고조된 뉘앙스로 당시 일을 기록했다.

11 October

자메이카에서 벌어진 모랜트 베이 저항사건

영국의 지배를 받은 자메이카는 1834년 일찍이 노예제도가 폐지된 나라였다. 자메이카에서 끊임없이 벌어졌던 저항과 인권문제를 우려했던 내부 목소리 때문에 수백 년 동안 유지했던 노예 제도를 폐지했던 것이다. 하지만 노예제도가 폐지됐다고 해서 자메이카 사람들이 곧바로 자유를 누린 건 아니었다. 그들은 여전히 경제적으로 궁핍했고 사회 내에 남아 있는 인종차별에 시달려야만 했다. 자유는 주어졌지만, 과거 노예 시절과 다를 바 없는 생활을 한 것이었다.

결국 1865년 10월 11일, 사회활동가였던 폴 보글Paul Bogle은 세인트 토마스에서 반란을 일으켰다. 그는 수백 명의 농민들과 함께 회의가 진행되고 있는 모랜트 베이 법원을 습격했고, 영국 정부를 대표하는 쿠스토스Custos를 살해한 뒤 인근 건물을 불태웠다. 그들은 빠르게 세인트 토마스 지역을 장악한 뒤 다른 지역으로 세력을 넓히기 위한 계획을 세웠다.

이른바 모랜트 베이 저항Morant Bay Rebellion이라 불리는 이 사건은 결과적으로 영국의 월등한 군사력에 부딪히며 실패로 끝났다. 하지만 장기적인 관점에서 봤을 때 자메이카 사회가 변화하는 데 많은 영향을 끼쳤다. 1962년 수립된 자메이카 정부는 폴 보글에게 '국민 영웅'이란 칭호를 수여했으며, 사람들은 그를 아이티 독립을 이끈 투생 루베르튀르와 비교하며 '19세기 자메이카 역사에서 가장 중요한 인물'로 기억하고 있다.

12
October

중남미 국가들은 '콜럼버스의 날'을 어떻게 기념할까?

1492년 10월 12일은 신대륙을 찾아 나섰던 콜럼버스가 처음 아메리카 대륙에 상륙한 날이다. 함선 총 3척을 지원받아 스페인을 떠난 지 68일만에 바하마섬에 도착한 것이다. 이때문에 중남미에서 매년 10월 12일은 역사적으로 가장 중요한 날 중 하나로 기념되고 있다. 한 가지 흥미로운 사실이 있다면 국가별로 콜럼버스가 아메리카 대륙을 처음 '발견'한 날을 부르는 명칭이 모두 다르다는 점이다. 미국에서는 10월 12일을 단순히 '콜럼버스의 날Columbus Day'로 부르지만, 중남미에서 이날은 어떤 관점에서 역사를 보는지에 따라 다양한 이름이 붙여져 있다.

20세기 초까지만 하더라도 중남미 국가들은 이날을 보통 'Día de la Raza'로 불렀다. 여기서 'Raza'는 스페인어로 인종, 민족, 혈통이란 의미를 가진 단어다. 이 이름을 처음 제안한 건 멕시코의 호세 바스콘셀로로, 유럽 백인과 원주민 문화가 만나 탄생한 중남미만의 메스티소 인종을 강조하기 위해 이 단어를 쓰게 됐다.

하지만 시간이 지나면서 인종이란 뉘앙스가 있는 'Raza'를 쓰는 나라들은 점점 줄어들었다. 대신 '문화'를 뜻하는 'Cultura'를 넣은 국가들이 많이 생겨났다. 멕시코의 경우 이날을 다문화 국가의 날로 이름을 바꿨고, 아르헨티나와 도미니카공화국에서는 각각 '문화 다양성 존중의 날'과 '두 문화의 만남의 날'로 부르고 있다.

13 October

기적적인 칠레 33인의 광부 구출사건

2010년 8월 칠레 코피아포 인근에 있는 산호세 광산에서 붕괴사고가 일어났다. 이때 미처 대피하지 못한 33명의 광부가 700미터 땅 아래에 매몰됐고, 광부들은 깊은 절망에 빠졌다. 칠흑같이 어두운 지하세계는 공포 그 자체였고, 붕괴로 만들어진 두꺼운 먼지들로 광부들은 거의 6시간 동안 앞을 볼 수 없을 정도였다. 그들은 구조요원들이 자신들을 찾아낼 수 없을 거란 생각에 빠졌고 죽음에 가까운 두려움을 느꼈다.

하지만 광부들을 절망에서 구출한 건 리더십과 단결력이었다. 특히 33인 중 한 명이었던 우르수아는 사람들을 안정시켰고, 자칫하면 분열될 수 있는 33명의 인부를 하나로 통합했다. 그는 뛰어난 판단력과 카리스마로 사람들이 희망을 품고 하루하루를 버틸 수 있도록 했으며 권위적인 방법보다는 민주적인 방법으로 사람들의 의견을 모았다.

한편 칠레 정부는 천문학적 돈이 들어가더라도 가능한 모든 방법을 동원해 구출작전을 실시할 것을 명령했다. 소방관, 지질학자, 광업 등 다양한 분야 전문가가 구출작전을 위해 의견을 모았고, '성공확률 10퍼센트 미만'의 예상을 뒤엎고 10월 13일 전원 구출에 성공했다. 무려 69일을 지하세계에서 생존한 칠레 광부들의 스토리는 훗날 영화로까지 만들어졌고, 많은 사람들에게 용기와 희망을 주기도 했다.

14 October

제3차 세계대전이 될 뻔 했던 쿠바 미사일 위기

쿠바 미사일 위기는 제3차 세계대전으로 번질 뻔한 아찔한 순간이었다. 1959년 피델 카스트로가 혁명에 성공한 쿠바는 정치이념을 같이한 소련과 가까운 관계를 맺기 시작했다. 항상 미국의 위협에 시달리던 쿠바는 언제 당할지 모르는 침략에 대비해 군사력을 강화하길 원했고, 마침 소련이 제안했던 미사일 도입이 최선의 방어이자 공격이라고 생각했다.

1962년 10월 14일, 미국은 정찰기를 통해 쿠바가 몰래 미사일 기지를 만들고 있다는 사실을 알아챘다. 미국 본토가 언제든 공격받을 수 있게 되자 케네디 대통령은 사태의 심각성을 깨닫고 이에 대한 조치를 취하려 했다. 당시 미국의 선택지에는 미사일 설치 눈감아주기, 전투기를 동원한 미사일 기지 격추, 상륙작전을 통한 대대적인 공격 등 여러 가지 방안이 있었다. 사건 초기, 케네디를 비롯한 참모진은 소련이 대응하지 못할 정도에 대대적인 공격을 추진했지만, 혹시 모를 세계대전으로의 확산이라는 경우의 수 때문에 딜레마에 빠질 수밖에 없었다.

미국이 깊은 고심에 빠진 찰나, 소련의 지도자 크루스체프Khrushchev가 먼저 화해의 손을 내밀었다. 미국이 터키에서 물러날 경우, 자신들도 쿠바에서 미사일을 철수시키겠다는 제안을 한 것이었다. 미국은 "서로가 가진 공격 무기를 하나씩 무르자"라는 소련의 제안을 받아들였고, 10월 28일 쿠바 미사일 사태는 평화적으로 마무리됐다. 자칫하면 핵전쟁으로 확산할 수 있는 위기상황에서, 쿠바 위기는 미국과 소련 두 나라가 외교적 대화로 풀 수 있다는 걸 보여준 사례다.

15
October

남미의 독립운동가이자 지식인, 안드레스 베요

안드레스 베요Andres Bello는 베네수엘라 출신으로 남미국가들이 독립을 이루는 데 큰 기여를 했다. 한 가지 흥미로운 점이 있다면, 안드레스 베요는 다른 독립 영웅들과는 달리 문인 출신으로서의 자신의 본분을 다했다는 것이다. '펜은 칼보다 진하다'는 말처럼, 전쟁 동안 글을 통해 독립에 대한 열기를 확산시킨 인물이었다.

안드레스 베요는 독립 영웅 시몬 볼리바르의 친구이자 스승일 만큼 당대의 지식인이나 다름없었다. 그의 지식은 정치, 철학, 법학, 문학을 모두 섭렵할 정도로 뛰어났으며, 많은 작품을 남기며 남미대륙에도 유럽과 견줄 정도로 뛰어난 지식인이 있다는 걸 증명했다. 독립전쟁이 시작됐을 때 그는 남미대륙에 필요한 자유와 정의에 대한 자신의 생각을 대중들에게 밝혔으며, 그의 글들은 사람들이 하나로 단결될 수 있도록 많은 도움을 줬다.

전쟁이 끝난 뒤, 안드레스 베요는 베네수엘라 대신 칠레로 건너가 새로운 삶을 살았다. 그곳에서 그는 칠레대학교에서 총장을 맡아 과학과 인문학 교육을 강조했고, 커리큘럼을 향상해 칠레 교육 시스템 전체를 개혁했다. 그뿐만 아니라 법적인 측면에서도 1855년 제정된 민법을 직접 작성하며 칠레의 법률개혁에 크게 기여했다. 1865년 10월 15일 세상을 떠나기 전까지 그는 교육과 법 이외에도 스페인어와 철학 분야에서 많은 작품을 남기며 칠레와 남미 전체에서 가장 존경받는 지식인으로 이름을 남기게 되었다.

16 October

브라질과 아르헨티나의 부에노스아이레스 컨센서스

2003년 10월 16일, 아르헨티나 키르치스너와 브라질 룰라 대통령은 두 나라의 협력을 약속하는 '부에노스아이레스 컨센서스Consenso de Bueno Aires'에 서명했다. 컨센서스 내용에는 경제무역을 포함해 정치·사회 분야에서 발전을 위해 공동으로 노력하자는 내용이 담겼다. 특히 1989년 미국의 워싱턴 컨센서스 내용과 정반대되는 이념을 포함해 많은 주목을 받았다.

컨센서스에서 두 대통령은 남미 경제시장의 경쟁력을 키울 것을 약속했다. 그러면서도 단순한 경제성장이 아닌 포용적인 발전을 외쳤는데, 여기엔 불평등 문제를 해결해 다수가 이득을 보는 정책을 만들겠다는 포부가 담겨 있었다. 또 모든 시민이 누릴 수 있는 교육정책, 근로자들의 노동권 보호를 약속하며 복지정책을 강화하는 내용도 함께 담았다.

브라질과 아르헨티나가 이 컨센서스를 발표하게 된 건 나름의 역사적 이유가 있었다. 1990년대 초, 두 나라는 미국이 워싱턴 컨센서스, 혹은 신자유주의 정책을 적극 받아들였다. 신자유주의 정책으로 당시 큰 경제위기를 초래했던 인플레이션 사태를 진정시키는 데 성공했지만, 시간이 흐르며 불평등, 실업, 불평등 문제가 발생해 또 다른 경제위기를 겪었다. 이런 상황에서 2000년대 초 대통령으로 취임한 키르치스너와 룰라 대통령은 '경제위기의 가장 큰 원인은 1990년대 적극적으로 받아들인 신자유주의 정책 때문이다'라고 강력히 주장했고, 부에노스아이레스 컨센서스를 통해 신자유주의 시대가 아닌 새로운 포용의 시대를 열 것을 약속했다.

17 October

콜롬비아에서 벌어진 '1000일 전쟁' 이야기

1899년 10월 17일, 콜롬비아에서는 이른바 '천일전쟁Guerra de los Mil Días'이 시작됐다. 콜롬비아의 위대한 작가 가브리엘 가르시아 마르케즈가 쓴《백 년의 고독》에도 배경이 된 이 전쟁은 콜롬비아에서 벌어진 최악의 내전으로 꼽힌다. 이 전쟁은 콜롬비아 자유당과 보수당이 충돌하며 벌어진 전쟁으로 1898년 선거를 기점으로 관계가 더욱 악화됐다. 선거에서 패배한 자유당이 부정부패를 외치며 재선거를 요구했지만 보수당이 지배하던 의회가 이를 기각하자 전쟁으로까지 번지게 된 것이었다.

콜롬비아 소코로Socorro에서 처음 시작된 이 전쟁은 사실 자유당 내부에서도 우려가 많았다. 자유당 내 평화주의자들은 자신들의 군사세력이 압도적이지 않은 것과 더불어 전쟁과정에서 나오게 될 많은 사상자를 걱정했다. 하지만 파올로 비야르가 이끄는 급진세력은 전쟁을 밀어붙였고, 3년 가까이 이어진 전쟁으로 십만 명이 넘는 사망자가 발생했다.

콜롬비아의 천일전쟁은 1902년 양측이 니어란디아 조약Treaty of Neerlandia을 맺으며 종료됐다. 결과로만 봤을 때 전쟁의 결과는 보수당의 승리였고, 조약에서도 보수당에 유리한 내용이 많이 담겼다. 이후 보수당은 30년 넘게 정권을 장악하며 지배정당이 됐지만, 사실 천일전쟁은 양측 모두를 포함한 콜롬비아 전체에 피해가 컸던 '승자 없는 비극적인 내전'이나 다름없는 사건이었다.

18
October

파라과이에서 벌어졌던 혁명 혹은 쿠데타 사건

삼국동맹 전쟁에서 패배한 파라과이는 이후 정치적으로 큰 공백이 생겼다. 그러나 그 빈자리에는 곧 보수와 진보 세력이 자리를 메웠고, 1887년 보수적인 콜로라도당과 진보적인 자유당이 창당되며 본격적인 정치 라이벌 구도를 형성했다. 두 정당이 처음 맞붙게 된 건 1890년 대통령 선거에서였다. 선거에서 승리한 콜로라도당 후보 곤잘레스는 파트리시오 에스코바르에 이어 다음 임기를 이어 나갈 예정이었다. 하지만 자유당은 선거가 부정부패라 주장하며 결과를 받아들이지 않았다. 또 자유당 출신 빅토르 솔러가 사전 협의에 따라 부통령직 자리를 맡아야 했지만 거절당하자, 자유당의 불만은 더욱 커질 수밖에 없었다.

1891년 10월 18일 저녁, 자유당 당원들은 결국 수도 아순시온에서 무장봉기를 일으켰다. 이들은 거리를 다니던 전차를 탈취한 뒤 곧바로 군사학교로 침입해 그곳을 지키던 군인들을 살해했다. 콜로라도 정권의 군사 핵심 장소를 공격해 무력화시킨 뒤, 자신들에게 유리한 상황을 만드는 계획을 실행에 옮긴 것이었다.

하지만 이 작전은 곧바로 출동한 경찰과 군병력에 의해 저지됐다. 약 150명의 자유당원들이 구금당했으며, 자유당이 일으킨 '혁명' 혹은 '쿠데타'는 실패로 끝났다. 콜로라도 세력은 자유당의 공격을 대대적으로 비판했고, 이후 10년 넘게 지배정당으로 자리 잡아 정권을 유지했다. 그러나 자유당 세력은 콜로라도당에 대한 비판을 포기하지 않았고, 결국 '1904년 혁명'에 성공하며 1940년까지 파라과이의 자유당 시대를 열게 된다.

19 October

칠레 수도 산티아고에 통행 금지령이 내려진 이유

2019년 10월 19일, 칠레 정부는 수도 산티아고를 비롯한 주변 지역에 통행 금지령을 내렸다. 전날부터 반정부 시위가 거세지며 시위대 중 몇몇 사람들이 상점과 역 주변에 피해를 줬기 때문이었다. 이 날 피녜라 대통령은 곧바로 국가비상사태를 선포했고, 군대를 배치하여 질서를 강화하도록 했다.

전 세계가 주목했던 '2019년 칠레 대규모 시위'의 불을 지핀 건 '지하철 요금인상'이었다. 칠레 정부와 산티아고 시청은 같은 해 10월 12일 "산티아고 지하철 적자를 막기 위해 지하철 요금 30페소**한화 50원**를 인상한다"는 계획안을 발표했다. 그러나 이는 수년간 경제적으로 힘든 생활을 이어 나가던 많은 칠레 국민들의 반발을 불러일으켰고, 참아왔던 불만이 한꺼번에 폭발하며 대규모 시위로 이어지게 됐다.

칠레는 오래전부터 중남미에서 경제적으로 가장 발전한 나라, 가장 민주적인 국가로 알려졌다. 하지만 임금에 비해 높은 주거와 생활 비용, 높은 실업률, 빈부격차 지수는 칠레가 사회적으로 많은 문제가 있음을 보여줬다. 이런 상황에서 발표된 '지하철 요금 인상'은 곪아왔던 사회적 문제를 수면 위로 끌어올렸으며 국가 차원에서 대대적인 사회개혁을 요구하게 했다. 시위가 걷잡을 수 없이 커지자 피녜라 대통령은 대국민 사과를 한 뒤 지하철 인상안 철회를 약속했다. 그리고 시위대와 협상을 시작하며 민심을 달래려 노력했다. 하지만 국민들의 분노는 가라앉지 않았고, 오히려 시위는 백만 명이 넘게 참여하며 칠레 역사상 가장 큰 규모로 커지게 되었다.

과테말라 혁명과 10년 동안의 평화

1931년부터 13년 동안 과테말라를 통치했던 호르헤 우비코는 독재자와 다름없었다. 그는 미국 기업과의 관계를 강화하는 한편, 원주민들에게는 땅을 빼앗는 등의 차별적인 정책을 펼쳤다. 또 스스로를 히틀러나 무솔리니와 비교할 만큼 자신이 가진 파시스트적인 성향을 공개적으로 드러내기도 했다.

시간이 흐르면서 과테말라에서는 우비코의 독재정권에 대한 불만이 극에 달했다. 결국 1944년 그는 7월 페데리코 바이데스를 비롯한 아리다, 피네사에게 대통령 자리를 넘겨주며 사임하게 됐다. 세 명이 나라를 통치하는 '군부 삼두정치 체제'는 곧 대통령선거를 시행할 것을 약속했지만 이를 어겼다. 이에 군부, 학생, 노동자 들은 같은 해 10월 20일 새벽 혁명을 일으켜 삼두정권의 항복을 받아냈다.

군사정권이 물러난 뒤 과테말라 국민들은 영웅 후안 호세 아레발로를 새로운 대통령으로 선출했다. 많은 기대를 받았던 만큼 아레발로는 여러 사회개혁 정책을 실시했으며, 또 급진적인 이념보다는 온건한 사회민주주의 시스템을 받아들여 과테말라의 변화를 가져왔다. 그의 정책 덕분에 과테말라는 1944년부터 1954년까지 10년 역사에서 가장 평화로웠던 시대를 맞이했고, 과테말라 사람들은 이를 '황금시대'로 부르며 기억하고 있다.

21 October

베네수엘라 사람들의 국민 간식 테케뇨

베네수엘라에서 매년 10월 21일은 '테케뇨의 날'이다. 여기서 테케뇨Tequeño는 손가락같이 생긴 길쭉한 튀김 안에 치즈를 넣어 먹는 치즈 스틱 같은 음식이다. 테케뇨는 안에 무슨 재료를 넣느냐에 따라 달라지기도 하며, 아레파Arepa와 함께 베네수엘라의 대표 음식으로 꼽힌다. 베네수엘라에서 테케뇨의 날을 지정한 건 테케뇨가 베네수엘라를 상징하는 음식이란 사실을 알리기 위해서였다. 매년 9월 11일이 '아레파의 날'이 된 것처럼, 2021년부터 테케뇨의 날을 만들어 베네수엘라 문화의 중요성을 알렸다.

테케뇨의 날이 10월 21일이 된 건 테케뇨란 이름과 관련이 있다. 로스 테케스는 베네수엘라 북부에 있는 미란다주의 수도로, 1777년 10월 21일 사람들이 이주해 새로 만들어진 도시였다. 테케스 주민들은 치즈롤Enrolladitos de Queso을 요리해 다양한 도시의 길거리에서 팔았고, 이후 사람들이 이 치즈롤을 먹기 위해 "테케뇨 사람들 어디 있어?Dónde están los tequeños?"라 찾던 것이 지금의 '테케뇨'가 돼버렸다

베네수엘라 사람들은 "테케뇨가 없으면 파티가 아니다"라 말할 만큼 테케뇨를 즐겨 먹는다. 테케뇨는 이웃 콜롬비아에서도 쉽게 찾아볼 수 있는데, 다만 콜롬비아에서는 테케뇨라는 이름 대신 '데디토 데 케소Dedito de queso'라 부르며 이는 해석하면 '치즈 손가락'을 의미한다. 참고로 중동지역에서도 테케뇨와 비슷한 음식을 쉽게 찾아볼 수 있고, 베네수엘라에선 밀가루 반죽 안에 햄, 시금치, 심지어 해산물을 넣어 테케뇨를 다양한 방식으로 즐겨 먹는다.

22 October 멕시코 여성의 권리를 위해 노력했던 에스터 차파

1904년 10월 22일, 멕시코 북부 타마울리파스 주에서 에스터 차파가 태어났다. 그녀는 미생물학, 임상분석을 연구하며 의사이자 교수로서 명성을 쌓아나간 인물이었다. 하지만 사람들이 그녀를 기억하는 더 큰 이유는 멕시코 여성들의 사회적 여건을 개선하는 데 모든 걸 바친 데 있다.

먼저 그녀가 활동하던 당시는 멕시코 혁명이 일어난 지 얼마 되지 않은 때였다. 몇몇 정치인들은 평소 여성문제에 대해 공감하긴 했지만, 여성의 투표권이나 권리향상 같은 법적제도 도입은 외면하면서 여성의 정치참여를 외면한 상황이었다.

이런 역사적 배경 속에서 에스터 차파는 멕시코 여성들의 인권을 위해 모든 힘을 쏟았다. 참고로 그녀는 멕시코 최고 명문인 우남대학교에서 실력을 인정받아 의학을 가르치는 교수로 임용됐고, 20년 동안 교수진들 사이에 있는 유일한 여성 교수이기도 했다. 이렇게 개인적인 성공을 이뤘음에도 그녀는 사회활동가로서 주로 매춘이나 교도소 내 여성 죄수들 문제를 논의했고, 이를 해결하기 위한 여러 개혁안을 제시했다.

차파는 1936년에는《여성을 위한 투표권》이란 책을 발간하여 여성과 정신병원 환자를 비교했다. 여성들의 투표가 허용되지 않음으로써 활동이 제한된 점을 갇혀 있는 환자에 비교한 것이었다. 또 그녀는 의회에 헌법 제34항을 수정해 멕시코 시민이란 개념에 멕시코 여성들도 포함되어 있다는 점을 명시해줄 것을 끊임없이 요청했다. 그녀의 요구는 여러 차례 거절당했지만, 결국 1953년 여성의 투표권이 인정되면서 그녀의 바람이던 헌법 34항도 남성과 여성이 동등하다는 내용으로 바뀌게 되었다.

23
October

콜롬비아의 21세기 마약왕 오토니엘

2021년 10월 23일, 이반 두케 대통령은 마약왕 '오토니엘'을 체포했다는 소식을 전했다. 무려 58억 원의 현상금이 걸렸던 오토니엘은 파나마 국경지대와 가까운 북서부 정글에서 붙잡혔다. 이로써 수년이 넘는 그의 은신생활은 막을 내렸고, 이후 미국으로 송환되어 재판을 받게 된다.

콜롬비아에서는 1993년 마약왕 파블로 에스코바르가 사망한 뒤 마약 관련 범죄가 줄어들지 않을까란 기대가 있었다. 가장 큰 영향력을 가진 수장을 제거했으니 아래 조직들의 영향력이 자연스럽게 줄어들 거란 예상이었다. 하지만 마약이 가져다주는 엄청난 수익은 마약사업을 감소시키기는커녕 오히려 증가시켰다. 에스코바르의 죽음 이후 콜롬비아엔 새로운 마약 밀매조직이 생겨났는데, 오토니엘의 걸프 클랜도 이 중 하나였다.

오토니엘은 미국 마약 단속국에 의해 현상금이 걸린 상황에서도 계속해서 활동을 이어 나갔다. 걸프 클랜은 3,000명에 가까운 조직원을 거느렸고, 미국, 멕시코, 독일, 호주 등에서 마약을 밀매하며 더욱 세력을 확대해 나갔다. 마약판매뿐만 아니라 납치와 살인을 저지르자 결국 콜롬비아 산토스 대통령은 걸프 클랜의 완전한 해체를 목표로 대대적인 '아가멤논 작전'을 실시했다.

2015년부터 시작된 이 작전은 이반 두케가 대통령이 된 이후에도 계속됐다. 2021년 10월, 500명이 넘는 콜롬비아 군·경찰이 투입된 작전에서 6년 넘게 추적해왔던 오토니엘을 생포하는 데 성공하며 걸프 클랜의 몰락을 알렸다. 하지만 몇몇 사람들은 또 다른 새로운 인물이 마약사업을 이을 것이라 예상했고, 실제로 걸프 클랜은 곤살리토, 치키토 말로, 시오파스 3인방이 주를 이뤄 활동을 이어 나가고 있다.

24
October

브라질에서 1930년 혁명이 일어난 이유

1930년 10월 24일, 브라질에서는 혁명이 일어나며 제1공화국 체제가 붕괴됐다. 이로써 1889년부터 40년 동안 이어졌던 공화국체제가 막을 내렸고, 군인 출신 제툴리우 바르가스의 시대가 됐다. 브라질에서는 상파울루와 미나스제라이스주가 다스렸던 제1공화국의 시기를 카페 콩 레이치 Café com Leite 라 부른다. 이는 포르투갈어로 커피와 우유를 뜻하는데, 두 지역의 경제산업이 커피생산과 목축업에 크게 의존하고 있어 붙여진 이름이었다. 두 지역의 대농장 지주들은 제1공화국 동안 브라질 정치를 지배하며 경제구조를 자신들에게 유리한 쪽으로 만들었고, 커피와 목축업 상품을 수출하며 큰 이익을 독차지했다.

하지만 제1공화국의 경제는 미국에서 발생한 경제대공황 여파로 큰 위기를 맞았다. 특히 이 시기 동안 국제 커피가격이 75퍼센트 넘게 하락하면서 브라질 경제는 침체기를 맞았다. 산업화를 통해 새롭게 나타난 노동자계층은 농업을 중요시했던 지배세력에 반감을 가졌고, 대농장 지주와 엘리트들을 중심으로 한 공화국은 큰 위기에 빠지게 되었다.

이런 상황에서 1930년 대통령선거는 브라질 역사에서 상당히 중요한 순간이었다. 선거에서는 상파울루 출신 줄리우 프레스치스 후보와 히우그란지두술 출신 제툴리우 바르가스 후보가 맞붙었는데, 결국 프레스치스가 승리하면서 공화국체제가 유지되는 듯 했다. 하지만, 바르가스측은 선거결과를 부정부패로 간주하며 결과에 승복하지 않았고, 1930년 10월 혁명을 일으키며 브라질의 새 시대를 열었다.

그레나다에서 매년 추수감사절을 보내는 이유

카리브 바다에는 그레나다Grenada라는 조그만 섬나라가 있다. 이 그레나다에는 한 가지 독특한 문화가 있는데, 바로 미국에서 지내는 추수감사절을 똑같이 기념한다는 점이다. 다만 그레나다에서는 매년 10월 25일을 추수감사절로 정하고 있어 매년 11월마다 추수감사절을 지내는 미국과는 다른 부분이 있다.

그레나다에서 추수감사절이 생겨난 이유는 과거 정치사와 관련이 있다. 1974년 영국에서 독립한 그레나다는 사회주의 혁명이 일어나며 정치적으로 불안한 시기를 겪었다. 이에 1983년 미국은 그레나다의 지원 요청을 근거로 1983년 10월 25일 군사개입을 했고, 약 7천 명이 넘는 군사력을 바탕으로 단 4일만에 침공작전을 끝냈다.

전쟁 이후 그레나다에 주둔하던 미국 군인들은 지역 주민들에게 추수감사절 문화와 그 의미에 대해 설명했다. 그러자 주민들은 그레나다에 평화를 가져다준 감사의 표시로 조촐하게나마 미군들을 위한 추수감사절을 준비했다. 그들은 추수감사절의 대표 음식인 칠면조와 감자 요리를 준비했고, 완벽하진 않지만 미군들이 그레나다에서 추수감사절을 기념할 수 있도록 했다.

이후 그레나다 정부는 미국의 지원이 시작된 10월 25일을 기념하고자 추수감사절이란 이름을 붙였다. 결국 그레나다의 추수감사절은 이름만 같을 뿐, 역사적 의미와 유래는 달랐던 것이었다. 현재 그레나다는 이 국가공휴일을 여전히 추수감사절로 부를 만큼 미국과 좋은 관계를 유지하고 있는데, 미국의 군사개입이 좋지 않게 끝난 여러 중남미 국가와는 조금 다른 역사적 사례라고 할 수 있다.

26
October

과테말라와 엘살바도르 사이에 벌어졌던 전쟁

19세기 중반 엘살바도르는 이웃 국가 과테말라와 한 차례 전쟁을 벌였다. 1863년 2월 시작돼 같은 해 10월 26일에 끝난 이 전쟁은 '1863년 전쟁' 혹은 '제1차 과테말라-엘살바도르 전쟁'이라 불린다.

전쟁이 시작된 가장 큰 원인은 당시 정치적 영향력이 상당했던 교회와 깊은 관련이 있었다. 1860년대 초 과테말라 대통령이었던 라파엘 카레라는 보수당 출신으로, 교회의 영향력을 확대하고 그들에게 특권을 주는 등 많은 지원을 아끼지 않았다. 반면 같은 기간 엘살바도르의 헤라르도 바리오스는 진보이념을 가진 대통령이었다. 그는 대통령에 당선된 뒤 카톨릭 교회의 권력과 영향력을 줄이기 위한 법안을 통과시켰다. 나아가 그는 이웃 과테말라 대통령 카레라를 향해 본격적인 비난을 퍼부었는데, 교회를 두둔하는 카레라를 향해 '야만인'이라는 말을 하며 공격했다. 이에 화가 난 카레라는 바리오스의 거만한 태도를 비난하며 엘살바도르 침공을 준비했고 다음 해인 1863년 2월 두 국가 사이에서 전쟁이 벌어졌다.

전쟁에서 바리오스의 엘살바도르 군대는 코아테페케Coatepeque 전투에서 과테말라군을 막아내며 승리를 거뒀다. 하지만 6월 과테말라가 2차 침공을 강행했을 땐 막아낼 병력이 충분하지 못했고, 엘살바도르 보수세력마저 카레라를 도우며 열세에 놓였다. 결국 10월 26일 엘살바도르의 수도 산살바도르는 포위된 지 약 한 달만에 함락됐으며, 바리오스가 니카라과로 망명을 떠남으로써 전쟁은 과테말라의 승리로 마무리됐다.

27 October 온두라스를 휩쓴 허리케인 미치

온두라스를 휩쓴 최악의 허리케인 중 하나는 바로 1998년 발생했던 허리케인 '미치Mitch'였다. 카리브해 서쪽에서 형성된 미치는 빠른 속도로 세력을 키우며 10월 27일에는 온두라스 북쪽 해안에 상륙했다. 상륙과 동시에 세력이 약화되긴 했지만, 여전히 강한 바람과 비를 뿌리며 온두라스 내륙 지역을 관통했다. 미치가 다른 허리케인보다 더 큰 피해를 준 건 느린 속도 때문이었다. 보통 해안가에 상륙한 뒤 세력이 약해지는 허리케인과는 달리, 미치는 천천히 이동하며 거센 강풍과 비로 마을을 초토화시켰다. 온두라스 정부는 북부 해안지역 주민들을 대피시키며 어느 정도 대비를 했지만, 5일 연속 600mm가 넘는 비를 뿌리는 강력한 허리케인의 위력을 당해낼 순 없었다.

미치가 온두라스를 빠져나간 이후의 피해는 처참했다. 온두라스 보건부는 당장 전체 인구 10퍼센트가 삶의 터전을 잃었고, 7천 명이 넘는 사람들이 목숨을 잃었다고 밝혔다. 또 피해복구에도 상당한 시간이 걸리며 70%가 넘는 사람들이 물 공급을 제대로 받지 못했고, 열악한 위생상태로 인해 말라리아나 콜레라 같은 각종 질병이 발생했다.

나라 전체가 위기에 빠진 상황에서 전 세계 각지에서 보낸 구호물품은 온두라스가 피해를 복구하는 데 큰 도움이 됐다. 온두라스 정부는 또 다른 허리케인 피해를 최소화하기 위한 인프라 건설에 신경 썼고, 재난 대비 시스템도 한층 더 강화했다. 그 결과 온두라스는 피해복구를 마치고 대비책을 마련했지만, 2020년 에타와 이오타 허리케인 사례와 같이 피해는 여전히 계속되는 상황이다.

담배를 발견한 최초의 유럽인은 누구일까?

1492년 10월 28일, 바하마 제도에 머물던 콜럼버스는 선원들과 함께 섬 이곳저곳을 탐험했다. 이 중 로드리고 데 헤레즈Rodrigo de Jerez라는 선원은 탐험 도중 나뭇잎으로 입에서 연기를 내뿜는 원주민을 우연히 발견하게 됐다. 그는 이것이 의료나 주술의식으로 쓰인다는 사실을 깨달았고, 원주민을 따라 잎담배를 피우면서 '담배를 처음 시도해 본 최초의 유럽인'으로 역사에 기록됐다.

1493년 스페인으로 돌아온 헤레즈는 곧바로 자신이 본 담배를 여러 사람들에게 소개했다. 그러나 사람들은 오히려 담배를 피우는 모습을 보고 헤레즈가 입에서 이상한 연기를 내뿜는다며 그를 종교재판에 넘겼다. 신고를 받은 스페인 당국은 재판을 진행했고, "오직 악마만이 사람에게 입으로 연기를 내뿜는 능력을 부여할 수 있다"고 말하며 그에게 7년형을 선고했다.

그렇게 감옥에 갇힌 헤레즈는 형을 모두 채운 뒤 1500년에 석방됐다. 한 가지 아이러니한 건 그가 세상에 나왔을 땐 이미 스페인에 담배를 피우는 관습이 널리 퍼져 있었다는 점이었다. 그가 감옥에 있는 동안 담배는 유행처럼 번져 귀족들이 즐기는 하나의 풍습이 됐고, 이는 곧 유럽 전역으로까지 퍼진 것이었다. 결국 최초로 담배를 유럽에 알린 헤레즈는 아무런 명예나 보상도 받지 못한 채 잊혔으며, 그가 언제 어떻게 세상을 떠났는지에 대한 아무런 역사적 기록도 남아 있지 않다.

29 October 억울하게 세상을 떠난 14명의 베네수엘라 어부들

1988년 10월 29일, 콜롬비아와 국경을 맞댄 베네수엘라 도시 엘 암파로에서 비극적인 일이 벌어졌다. 이른바 암파로 학살로 이름 붙여진 이 사건은, 베네수엘라 군대의 잘못된 군사작전으로 평범한 어부 16명 중 14명이 목숨을 잃은 사건이었다. 우선 사건의 발단은 콜롬비아 게릴라 조직과 관련이 있었다. 당시 베네수엘라 대통령이었던 루신치는 게릴라들이 국경을 넘어 베네수엘라까지 영향을 주지 못하게끔 조치를 취하길 원했다. 고민 끝에 그는 특별부대를 창설했고, 국경 지대에서의 마약밀매나 납치 같은 강력범죄를 막도록 지시했다.

엘 암파로 지역에서 작전을 수행하던 베네수엘라 특수부대는 국경 사이에 흐르는 아라우카강에서 일하는 어부들을 의심했다. 확실한 정보는 없었지만 어부들이 콜롬비아 게릴라 조직원 중 일부라 판단한 것이었다. 그렇게 그들은 16명의 어부를 향해 총을 쐈고, 물 속으로 몸을 던져 공격을 피한 월메르와 호세를 두 명을 제외한 어부 14명이 전부 목숨을 잃었다. 사건 이후 군부는 어부들이 콜롬비아 출신의 게릴라였고 자신들과 총격전이 있었다고 주장했다. 하지만 조사결과 이는 모두 거짓임이 드러났고, 피해자 부검에서도 진술과는 다른 결과가 나와 베네수엘라군의 일방적인 공격이었음이 밝혀졌다.

이에 피해자 유족들은 미주 인권재판소에 사건을 상정했고, 1995년 재판소는 베네수엘라 정부가 책임이 있음을 최종 판결문을 통해 밝혔다. 이로써 자칫 왜곡된 사건으로 남을 뻔한 암파로 학살사건은 진실이 밝혀졌으며, 국가와 군의 잘못으로 14명의 어부가 억울하게 목숨을 잃었음을 공식적으로 인정받게 되었다.

30 October 2022년 선거에서 승리한 브라질 룰라 대통령

2022년 10월 30일, 브라질에선 전 세계가 주목한 대통령선거가 열렸다. 이번 선거는 뇌물혐의로 감옥생활을 하다 풀려나 대선에 도전했던 룰라와 그를 감옥으로 보냈던 자이르 보우소나루의 대결로 많은 관심을 끌었다.

치열했던 선거는 초접전 양상으로 흘러갔다. 많은 전문가들은 룰라가 손쉬운 승리를 거둘 거라 예상했지만, 최종 득표율에서 보우소나루 49.1퍼센트, 룰라 50.9퍼센트를 기록하며 두 후보의 지지도가 사실상 큰 차이가 없었음이 드러났다.

이렇게 극적으로 당선된 룰라 대통령은 앞으로 헤쳐 나가야 할 많은 숙제를 떠안게 되었다. 당장 선거결과만 봐도 양극화된 브라질 정치는 그가 반드시 해결해야 할 과제로 남아 있으며, 의회에서는 보수세력이 훨씬 더 많은 자리를 차지하고 있어 원하는 정책이 제대로 시행될지 미지수다.

한편 룰라의 지지자들은 그의 복지정책에 많은 기대감을 나타냈다. 이전에 시행된 포미 제루나 볼사 파밀리아 정책들이 저소득층에게 많은 도움이 됐기에 이번에도 불평등을 완화할 수 있는 혁신적인 정책이 나오길 기대하고 있다. 이외에도 룰라는 아마존 보호강화 같은 친환경 정책을 공약으로 내세웠기 때문에, 환경보호를 중요시하는 국제 사회와도 적극적인 협력을 이룰 것으로 기대를 모으고 있다.

31 October

코스타리카 가면무도회의 날

매년 10월 31일은 핼러윈 데이다. 하지만 코스타리카에서 이 날은 '전통가면 무도회의 날'이기도 하다. 코스타리카의 오래된 가면문화를 홍보하기 위해 만들어진 이날은 1997년부터 시작됐으며, 전국에서 모두가 즐기는 하나의 국민축제로 발전했다. 코스타리카의 가면무도회 역사는 독립 초기부터 시작됐다. 1824년 8월 코스타리카의 옛 수도 카르타고에서는 'Virgen de los Ángeles'의 날을 기념하기 위한 축제가 벌어졌는데, 목공이었던 라파엘 발레린은 히간타Giganta라 불리는 거대한 가면을 만들어 축제에 참여했다. 다소 우스꽝스러운 모습의 가면은 무거운 종교의식에 있어 하나의 재미 요소가 됐고, 시간이 흐르며 다른 종교축제에서도 쓰이며 코스타리카 전국으로 퍼져나갔다.

코스타리카에서 가면을 쓰는 문화는 가톨릭 문화 이전에도 존재해온 것으로 알려져 있다. 과거 코스타리카에 거주하던 지역 원주민들은 주로 사슴, 박쥐, 개구리 같은 동물들의 특징을 살린 가면을 만들었다고 전해진다. 이들은 가면을 주로 종교의식 때 썼는데, 특히 영안 숭배를 지휘한 사람이 고인을 다른 세계로 인도할 수 있도록 사용하기도 했다.

현재 '코스타리카 전통가면 무도회의 날'에서 볼 수 있는 가면들은 코스타리카의 민속신화에서 영감을 얻은 캐릭터부터, 우리에게 흔한 만화나 영화 속 다양한 캐릭터를 포함하고 있다. 이날만 되면 각 도시에서 가면 전시회와 행진이 벌어지며, 특히 코스타리카 전통음악을 연주하는 시마로나스Cimarrona가 참여해 축제 분위기를 한층 더 고조시키는 것으로 알려져 있다.

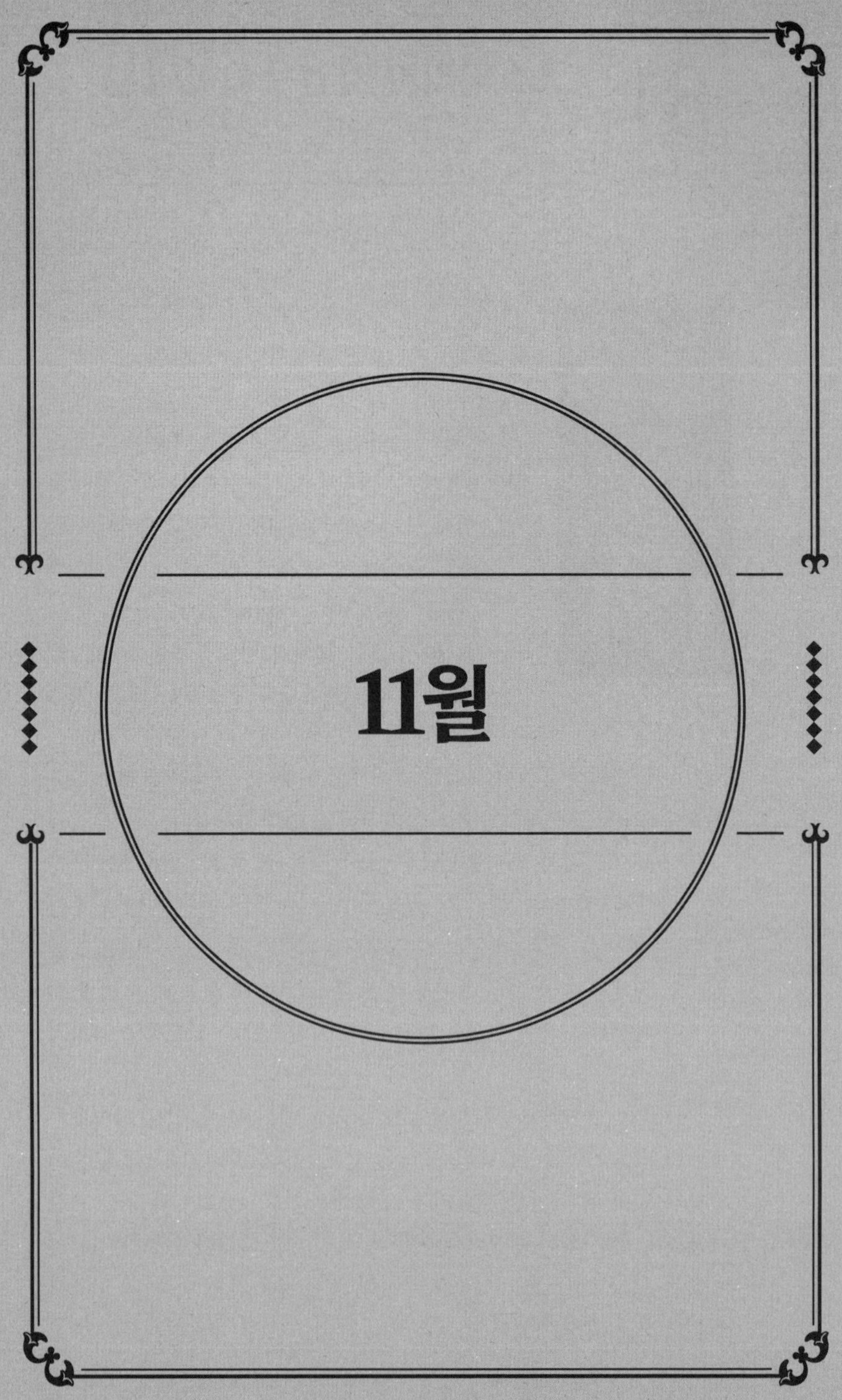

11월

영국의 식민지였던 안티구아 바르부다의 독립

1981년 11월 1일, 약 350년 넘게 영국의 지배를 받은 안티구아 바르부다가 독립을 이뤘다. 안티구아와 바르부다 두 개의 섬으로 이뤄진 이 나라는 인구가 총 9만 명 밖에 되지 않는 조그만 나라다. 이미 독립을 이룬 다른 중남미 국가들보다 늦은 것으로, 카리브 국가 중에선 세인트 키츠 네비스 다음으로 독립이 늦은 나라다.

안티구아 바르부다가 독립을 이루게 된 계기는 베르 버드Vere Bird의 역할이 컸다. 그는 1939년 처음 노동조합을 만들어 안티구아 바르부다 내 노동자들의 권리를 위해 일했고, 곧이어 안티구아 노동당ALP을 조직해 본격적인 정치활동을 했다. 또 영국과의 협상을 통해 1960년대부터 독립운동을 이어 나갔는데, 그의 노력 덕분에 안티구아 바르부다는 1981년 수도 세인트 존Saint John에 자신의 국기를 계양하며 독립선언을 하게 되었다.

독립과정에서 가장 뜨거웠던 논쟁은 두 개의 섬을 분리할 것인지, 아니면 하나의 연합된 국가가 될 것인지였다. 당시엔 각각의 섬에 자치권을 보장해주는 조건으로 하나의 국가가 되기로 합의했지만, 분리 문제는 계속해서 정치적 문제로 떠올랐다. 특히 바르부다섬이 독립을 원하고 있는 상황인데, 그 이유는 바르부다섬이 안티구아섬보다 월등한 경제력을 갖고 부의 분배를 원하지 않기 때문이다. 하지만 2020년 의회가 바부다 분리가능성에 대한 결의안을 보류하면서 당장 바르부다의 독립이 실현되기엔 쉽지 않아 보이는 상황이다.

2
November

멕시코 최대 명절, 망자의 날

멕시코에서 매년 11월 2일은 '망자의 날' 연휴의 마지막 날이다. 망자의 날은 10월 말부터 시작되는 멕시코 최대 명절 중 하나로, 유래는 약 3천 년 전으로 거슬러 올라간다. 과거 멕시코 중부 지역에 살았던 아즈텍인과 나후아인들은 우주에 대한 순환적 견해를 갖고 죽음을 삶의 일부로 이해했다. 그들은 사람이 죽으면 죽은 자의 땅인 '치쿠나믹틀란'으로 영혼이 여행하는 것으로 믿었고, 고인의 여정을 돕기 위해 무덤 앞에 음식이나 물을 놓는 의식을 진행했다. 이 전통은 이후 스페인에서 건너온 모든 성인의 날 사랑하는 사람의 무덤에 포도주와 영혼의 빵을 바치는 날 문화와 겹치며 지금의 '망자의 날'로 발전했다.

망자의 날이 가까워지면 멕시코 전역에서는 셈파수칠 Cempasuchil 이라 불리는 오렌지색 꽃이 공원, 거리, 상점, 묘지 곳곳에 놓인다. 망자의 날 당일에는 꽃잎이 입구부터 제단까지 뿌려져 영혼들의 길잡이 역할을 하기도 한다. 이외에도 다양한 색을 가진 피카도 Picado 라 불리는 장식이 하늘에 펄럭이고, 영정 사진이 놓인 재단 앞엔 음식부터 죽음의 빵, 설탕으로 만든 해골 같은 다양한 장식들이 놓여진다.

한편 다른 중남미 국가에서도 같은 날 비슷한 의식을 진행한다. 히스패닉권 국가에서는 매년 11월 1일을 '모든 성인의 날'로 기념하고 있으며, 아르헨티나에서는 11월 2일에 세상을 떠난 가족이나 친척, 친구들의 영혼을 기리고 있다.

3 November 파나마가 독립기념일을 두 번 기념하는 이유

운하로 유명한 파나마에선 독립기념일을 두 번 기념한다. 한 번은 1821년 11월 28일 스페인에서 독립한 날이고, 다른 하나는 1903년 11월 3일 콜롬비아에서 분리해 독립을 이룬 날이다. 지리적으로 중미에 속해 있는 파나마는 원래 콜롬비아에 속한 주였다. 시몬 볼리바르에 의해 독립을 이뤘기 때문에 이후 자연스럽게 콜롬비아의 일부가 된 것이었다. 하지만 역사적으로 콜롬비아와 교류가 적었던 파나마는 이질감을 느끼며 계속해서 독립을 요구했고, 19세기 말부터는 독립에 대한 열망이 더욱 거세지게 되었다.

이런 파나마의 독립을 가속화시킨 건 운하건설과 미국의 개입이었다. 당시 미국은 파나마 운하를 본거지로 삼아 중남미 지역에서 세력을 확장할 계획을 세웠고, 콜롬비아 정부에 자신들이 직접 운하를 건설하고 운영할 수 있는 허가권을 요구했다. 하지만 콜롬비아 의회는 주권침해를 이유로 이를 거절하며 파나마 운하 소유권은 콜롬비아에 있다는 점을 분명히 했다.

하지만 미국은 포기하지 않고 곧바로 전략을 바꿨다. 미국은 파나마가 독립을 원한다는 걸 알게 됐고, 독립을 도와 파나마를 콜롬비아의 영향에서 벗어나게 만드는 계획을 세웠다. 미국의 지원을 받은 파나마는 1903년 콜롬비아와 전쟁을 일으켜 결국 11월 3일 최종적으로 분리에 성공했고, 독립을 이룬 대가로 파나마 운하 운영권을 미국에 내주게 된다.

베네수엘라 독립의 시작을 알린 첫 전투

베네수엘라 독립과정에서 벌어진 사상 첫 전투는 1810년 11월 4일 아구아네그라 전투Batalla de Aguanegra였다. 당시 라라Lara주에서 군대를 이끌고 독립운동을 지휘한 마르케스 델 토로는 주요 거점지역인 페드레갈과 산 루이스를 공격할 계획을 세웠다. 이 과정에서 그는 마누엘 네그레테 대위를 선발로 내세워 길을 만들 것을 명령했다.

100여 명의 군대를 이끈 네그레테 대위는 먼저 주위에 있는 단타와 포조 베르데 마을을 손쉽게 점령했다. 이후 그는 아구아네그라에서 페르난도 미야레스가 이끄는 스페인 군대와 마주했다. 베네수엘라 독립군과 스페인 군대가 붙은 역사상 첫 전투에서 네그레테는 7명의 스페인군을 포로로 잡았고, 소총 등을 포함한 무기를 획득하며 승리를 거뒀다.

이 전투는 다음에 벌어진 주요 전투들과 비교했을 때 스페인군에게 치명적인 피해를 입힌 건 아니었다. 그럼에도 베네수엘라는 아구아네그라 전투를 스페인 군대를 물리친 '첫 승리'라는 점에서 큰 의미를 부여하고 있다. 한편 승리 이후 베네수엘라 제1공화국1810-1812은 다음 해인 1811년 7월 독립을 선언했고, 1823년까지 완전한 독립을 위한 긴 싸움을 이어 나가게 되었다.

5 November 쿠바의 카를로타 군사작전

냉전이 한창이던 1970년대, 미국은 전 세계에서 사회주의 세력이 확장되지 않도록 많은 노력을 기울였다. 특히 미국은 가까운 중남미 대륙에서 사회주의 정권의 확대를 막기 위해 보수적인 군부정권을 도왔다. 미국이 중남미 지역에 군사개입을 해 사회주의 확장을 막는 동안, 반대로 쿠바는 미국에 대항해 사회주의를 널리 퍼뜨리는 데 많은 노력을 기울였다. 대표적으로 1979년 니카라과에서 혁명이 일어났을 때 쿠바의 카스트로는 식량과 의료 지원을 통해 산디니스타 민족해방전선FSLN을 지지하기도 했다.

1975년 11월 5일, 쿠바는 전 세계 사회주의 확대를 목표로 아프리카 앙골라에까지 군사적인 지원을 감행했다. 미국이 '콘도르 작전'을 통해 사회주의를 억제했다면, 쿠바는 '카를로타 작전Operación Carlota'을 통해 앙골라 사회주의를 지원했다. '카를로타'라는 노예해방을 주장했던 한 쿠바 흑인여성으로, 그녀의 이름을 사용해 이번 군사개입이 앙골라의 해방을 위한 작전임을 암시했다.

이날 발표에서 쿠바는 앙골라에 총 2만 5천 명 규모의 군사지원을 약속했다. 같은 해 라울 아레게예스와 레오폴도 프리아스가 지휘하는 쿠바 군대가 앙골라에 처음 입성하게 됐고, 앙골라 내전이 끝난 1991년까지 총 30만 명의 쿠바 병력이 내전에 참여했다. 카스트로는 군병력뿐만 아니라 총 5만 명의 민간협력단을 앙골라에 보내기도 했는데, 이는 쿠바 역사상 최대 해외 군사작전으로 역사에 기록됐다.

6
November

우루과이의 첫 대통령은 누구였을까?

우루과이가 국가를 건설해가는 과정에서 가장 먼저 필요한 건 정부를 꾸리는 일이었다. 많은 독립 영웅이 대통령 후보로 거론됐지만, 역대 최초 대통령 자리는 프룩투오소 리베라Fructuoso Rivera가 맡게 됐다. 1830년 11월 6일 리베라는 대통령으로 공식 선출됐고 1834년까지 총 4년 동안 임기를 맡게 되었다.

리베라 정부의 집권 초기 우루과이는 그의 강력한 라이벌 라바예하Lavalleja와의 경쟁구도로 혼란에 휩싸였다. 라바예하는 과거 그와 초대 대통령직을 두고 대결했던 인물로, 패배 이후에도 여러 번 반란을 시도하며 리베라를 위협한 인물이었다. 하지만 리베라는 경험 많은 군인이자 정치인답게 위협을 이겨냈고, 자신의 정권을 유지하며 정치세력을 확대해 나갔다.

리베라는 자신의 대통령 임기가 끝난 뒤에도 우루과이 정치에 관여했다. 심지어 그는 새 대통령 마누엘 오리베와 충돌하며 내전을 벌였고, 승리를 거둔 뒤엔 스스로 우루과이 제3대 대통령 자리에 올랐다. 참고로 내전 동안 리베라의 지지자들은 빨간색 완장을, 오리베의 지지자들은 흰색을 완장을 찼는데, 이는 훗날 우루과이 대표 정당이 되는 콜로라도Colorado와 블랑코스Blacos 파벌이 만들어진 계기가 됐다.

그가 대통령직을 맡는 동안 한 가지 저지른 실수가 있다면 바로 살시푸에데스 학살을 저질러 차루아족을 공격한 것이었다. 1831년 우루과이 차루아족과 좋은 관계를 유지했던 리베라는 백인들의 세력을 확고히 하고자 원주민들을 기습공격했고, 이에 속수무책으로 당한 차루아족 사람들은 모두 말살당하며 역사 속으로 자취를 감추게 되었다.

7 November

볼리비아 독립에 불을 지핀 수이파차 전투

1810년 독립운동을 시작한 부에노스아이레스의 지배세력들은 이후 군대를 알토 페루Alto Peru, 아르헨티나 북부, 볼리비아 지역으로 보냈다. 스페인 왕정파들의 세력이 이 세 곳에 몰려 있었던 만큼 전쟁을 벌여 스페인의 힘을 무력화시키려는 계산이었다. 안토니오 곤잘레스 발카르세 장군이 이끄는 원정대는 볼리비아 코타가이타Cotagaita에서 스페인군과 대망의 첫 전투를 치렀다. 900여 명의 원정대와 1,300여 명의 스페인 군사가 맞붙은 전투에서 양측은 크게 충돌하기보단 소모전을 벌였고, 이 과정에서 원정대는 몇 명의 사상자를 낸 채 후퇴하게 된다.

1810년 11월 7일, 양측은 볼리비아 수이파차Suipacha라는 지역에서 다시 한 번 맞붙었다. 먼저 공격을 시작한 건 스페인으로 약 800여 명을 이끌고 수이파차강 인근에 있던 원정군을 공격했다. 하지만 곧 반격을 시작한 원정군은 스페인 군대를 압도했고, 150여 명의 스페인 병사를 포로로 잡으며 첫 승리를 거뒀다.

수이파차 전투가 의미 있었던 이유는 볼리비아 여러 도시에서 독립의 불을 지폈기 때문이었다. 원정대가 승리했다는 소식을 들은 코차밤바와 라파스 지역 사람들은 독립운동에 동참했고, 은의 도시로 유명한 포토시에서는 그곳을 지배하던 스페인 총독 프란시스코 데 파울라 산츠를 처형한 뒤 독립운동에 뛰어들었다. 이 승리는 독립군들에게 스페인을 몰아낼 수 있다는 자신감을 안겨준 전투로 남게 됐고, 일부 볼리비아 지역에서는 여전히 수이파차 전투에서 승리한 날을 기념하고 있다.

8
November

아스텍 황제와 에르난 코르테스가 만난 날

1519년 11월 8일, 스페인 정복자 에르난 코르테스는 지금의 멕시코시티인 테노치티틀란Tenochitlan에 도착했다. 그리고 그곳에서 그는 당시 아스텍 제국을 다스리던 몬테수마 2세Montezuma II를 만났다. 스페인과 아스텍 제국을 대표하는 두 지도자의 역사적인 만남이었지만, 훗날 아스텍의 몰락을 앞당기는 계기가 된 순간이기도 했다. 이 역사적인 만남에선 원주민 출신 말린체가 몬테수마 2세와 코르테스 간의 통역을 맡았는데, 당시 오갔던 말들은 입에서 입으로 전해지다 훗날《피렌체 코덱스Códice Florentino》라는 책에 정리됐다.

기록에 따르면, 몬테수마 2세는 코르테스에게 호의적인 감정을 가지고 있었다고 한다. 그는 코르테스가 자신들이 믿는 수호신 중 하나인 케찰코아틀이 환생한 것이라 믿었으며, 테노치티틀란을 자신의 집처럼 여겨 편히 지내라는 말을 건넸다. 환대를 받은 코르테스와 스페인 군대는 집까지 선물로 받아 편하게 지낼 수 있었고, 동시에 도시의 화려한 건축물들과 보물을 보며 감탄을 금치 못했다.

한편 코르테스는 몬테수마 2세가 자신들에게 베푸는 친절의 진짜 목적을 의심했다. 그는 방심한 틈을 타 아스텍 사람들이 자신들을 언제든지 공격할 수 있을 거라 판단하며 불안에 떨었다. 결국 코르테스는 의심을 거두지 못하고 반란을 일으켜 몬테수마 2세를 체포해 감옥에 가뒀고, 자신이 직접 나서 아스텍 제국 통치를 시작했다.

아르헨티나에서 탄생한 세계 첫 애니메이션

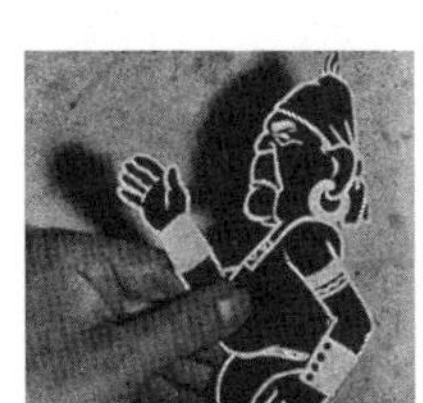

1917년 11월 9일, 아르헨티나의 수도 부에노스아이레스에서 한 애니메이션 영화가 상영됐다. 수이파차 극장에서 개봉된 이 애니메이션은 〈엘 아포스톨 El Apostol〉, 한국어로 번역하면 〈사도〉다. 비록 애니메이션 원본은 남아 있지 않지만, 전 세계 최초의 장편 애니메이션 영화로 기억되고 있다. 총 70분 분량의 애니메이션 〈사도〉를 제작한 건 이키리노 크리스티아니 Quirino Cristiani였다. 그는 겨우 네 살 때 가족들과 함께 이탈리아를 떠나 부에노스아이레스에 살게 된 이민자 출신이었으며, 그림을 잘 그리는 자신의 재능을 살려 신문사에서 정치를 풍자하는 만화를 출판했다.

만화가로 평범한 생활을 이어갔던 크리스티아니는 이후 페데리코 바예 Federico Valle를 만나 애니메이션을 제작할 기회를 얻었다. 같은 이탈리아 이민자 출신이었던 바예는 영화감독 출신으로 이미 많은 경험을 갖고 있던 인물이었다. 그는 만화를 그리는 재능이 있던 크리스티아니를 설득해 〈사도〉를 제작하기로 결정했고, 약 1년 동안의 제작과정을 거쳐 애니메이션을 완성했다.

애니메이션 〈사도〉의 주제는 정치풍자로 당시 아르헨티나 대통령이었던 이폴리토 이리고옌Hipólito Yrigoyen 시대를 주로 담았다. 특히 마지막 부분에 나오는 불타는 부에노스아이레스 장면은 많은 사람들에게 신선한 충격을 줬고, 이 애니메이션은 큰 성공을 거두며 사람들로부터 많은 호평을 받았다. 하지만 안타깝게도 〈사도〉는 1926년 바예의 스튜디오에서 발생한 화재로 타버리면서 지금은 홍보 전단지와 포스터만 남아 있는 상황이다.

10 November

브라질 제툴리우 바르가스와 에스타두 노부

브라질의 제툴리우 바르가스 대통령은 1930년 혁명을 이끌었던 주요 인물 중 한 명이다. 1934년 브라질의 새로운 대통령이 된 그는 새로운 헌법을 통과시켰고, 경제를 대공황 충격에서 회복시키기 위해 적극적인 국가 개입 정책을 펼쳤다. 이때 브라질의 철강, 광산, 석유, 화학 산업이 자리를 잡게 됐는데, 이 분야들은 훗날 브라질의 주요 산업으로 발전하는 토대를 이뤘다.

이런 바르가스가 임기 도중 셀프 쿠데타Self-Coup를 일으킨 건 공산주의 세력의 위협 때문이었다. 바르가스는 브라질 공산주의 조직이 지속적으로 정부를 위협한다고 발표했고, 국가위기상황을 선포한 뒤 1937년부터 1946년까지 대통령직을 이어 나갔다. 1937년 11월 10일 일어난 셀프 쿠데타는 포르투갈어로 '새로운 국가'라는 뜻의 '에스타두 노부Estado Novo'로 역사에 남았다.

한편 바르가스 주장했던 '공산주의자들의 반란시도'가 사실인지에 대한 여부는 논란이 계속되고 있다. 바르가스의 반대세력들은 "그가 사실을 왜곡한 뒤 장기집권을 이어 나가기 위한 가짜 명분을 만들었다"고 주장했기 때문이다. 어찌 됐든 에스타두 노부 기간 동안 바르가스는 국가 주도의 경제발전을 적극적으로 실행했으며, 동시에 브라질 빈곤층을 위한 여러 정책을 발표해 '가난한 자들의 아버지'라는 별명을 얻었다. 하지만 다른 한편으로는 의회를 해산시키고 법원의 권력을 크게 약화시키면서, 삼권분립을 기반으로 한 민주주의를 망가뜨린 독재자라는 비판을 받게 된다.

아르헨티나에서 첫 여성 투표가 시행된 날

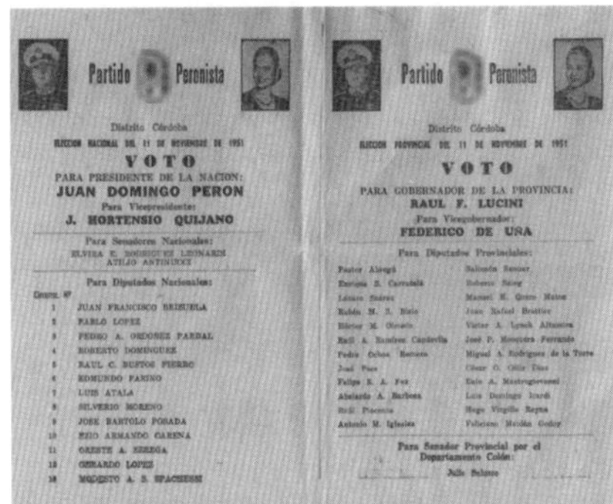
Partido Peronista
Distrito Córdoba
VOTO
PARA PRESIDENTE DE LA NACION:
JUAN DOMINGO PERON
Para Vicepresidente:
J. HORTENSIO QUIJANO
Para Senadores Nacionales:
Para Diputados Nacionales:

Partido Peronista
Distrito Córdoba
VOTO
PARA GOBERNADOR DE LA PROVINCIA:
RAUL F. LUCINI
Para Vicegobernador:
FEDERICO DE UÑA
Para Diputados Provinciales:
Para Senador Provincial por el Departamento Colón:

1951년 11월 11일, 아르헨티나에서는 새로운 대통령을 뽑기 위한 선거가 열렸다. 후안 페론과 리카르도 발빈Ricardo Balbin이 맞붙은 이번 선거는 과거 아르헨티나에서 실행됐던 선거와는 조금 다른 부분이 있었다. 바로 아르헨티나 역사상 처음으로 여성에게 투표권이 주어졌기 때문이었다.

아르헨티나에서 여성 참정권에 대한 논의가 본격적으로 시작된 건 에바 페론의 노력 덕분이었다. 당시 에바 페론은 영부인으로서 더 많은 여성들이 아르헨티나 사회·정치 분야에서 활약하길 원했다. 그녀는 페론당 내 당원들을 상대로 여성들의 권리를 향상시킬 필요성을 언급했고, 그들을 설득해 여성 참정권을 허용하는 법안을 통과시켰다.

법안이 통과되면서 아르헨티나에서는 3백만 명이 넘는 여성들이 투표권을 얻었다. 그리고 대부분의 여성들이 에바 페론에게 지지했기 때문에 자연스레 많은 표들이 후안 페론으로 향했다. 덕분에 후안 페론은 선거에서 총 63퍼센트의 득표율을 기록해 승리했으며, 여성들의 투표율만 보면 약 70퍼센트가 후안 페론을 선택한 것으로 드러났다.

한편 같은 날 벌어진 국회의원 선거에서도 페론당은 라이벌 급진시민연합당UCR을 누르고 많은 지역에서 승리를 차지했다. 이때 다수의 여성의원이 당선되며 여성들의 정치참여가 더욱 확대되는 결과를 가져왔다. 이런 이유로 당시 아르헨티나는 전 세계적으로 여성의 정치참여가 가장 활발하게 이루어지는 나라 중 하나로 평가받기도 했다.

12
November

멕시코의 이네스 데 라 크루즈 수녀 이야기

멕시코에서는 매년 11월 12일을 '국가 도서의 날'로 기념하고 있다. 1979년 멕시코 정부가 이날을 기념일로 택한 이유는 역사에서 빼놓을 수 없는 중요한 인물인 후아나 이네스 데 라 크루즈Juana Inés de la Cruz 수녀가 태어난 날이기 때문이다. 그녀는 여성의 교육이 엄격히 금지되었던 시대적 어려움을 극복하고 수많은 문학작품을 남긴 가장 훌륭한 작가로 기억되고 있다.

단지 여성이란 이유로 정식 대학교육을 받지 못했지만 학문에 대한 그녀의 열정은 당시 멕시코에서 따라올 자가 없는 수준이었다. 그녀는 수녀의 길을 택해 이후 다양한 문학작품을 남겼는데, 특히 〈소네트〉는 바로크 시대 스페인어로 쓰인 시 중 가장 아름다운 작품으로 평가받고 있다. 또 문학뿐만 아니라 과학과 철학 분야를 두루 공부하는 모습을 보였고, 여성들에게도 교육이 필요하다는 점을 강조하며 여성의 권리를 옹호하기도 했다.

후아나 이네스 수녀의 배움에 대한 열정은 그녀가 남긴 다음 문장으로 요약될 수 있다. '머리가 이렇게 빨리 자라는 동안, 나는 배움을 게을리했다. 지식이 없는 머리에 머리를 단장하는 것은 옳지 않다고 생각하기에 나는 벌로 머리를 자르기로 결심했다. 머리카락보다 지식이 더 아름다운 장식이기 때문이다.'

이처럼 여성에게 배움의 기회가 없었던 시대적 배경에도 불구하고 그녀는 책에 대한 열정과 지식에 대한 끊임없는 열망을 보였다. 결국 후아나 수녀는 중남미 문학 역사상 가장 위대한 인물로 남게 되었고, 훗날 옥타비오 파스, 카를로스 푸엔테 같은 멕시코의 유명한 작가들의 많은 존경을 받게 된다.

13
November

베네수엘라 역사상 유일하게 발생한 대통령 암살사건

1950년 11월 13일, 베네수엘라에서는 카를로스 델가도 찰바우드 대통령이 납치된 뒤 암살당한 충격적인 사건이 벌어졌다. 베네수엘라 역사 중 대통령이 임기를 끝내지 못하고 운명한 사건이 총 네 번 있었는데 모두 병으로 세상을 떠난 것으로 암살을 당한 건 찰바우드가 유일했다.

암살사건을 이해하기 위해선 우선 1940년대 베네수엘라의 정치상항을 이해할 필요가 있다. 당시 베네수엘라에서는 역사상 최초의 보통선거로 로물로 가예고스가 당선되며 새로운 시대를 열었다. 그는 각종 개혁을 예고하며 변화를 예고했고, 국민들은 이에 큰 기대감을 보였다.

그러나 그의 계획은 바로 다음 해인 1948년에 쿠데타가 일어나면서 베네수엘라의 트리에니오 아데코Trienio Adeco 3년 동안 이어진 짧은 평화의 시대는 허무하게 끝났다. 이때 쿠데타를 이끌었던 인물이 바로 카를라스 델가도 찰바우드로, 같은 군인 출신인 마르코스 히메네즈와 손을 잡고 가예고스를 몰아낸 뒤 직접 대통령 자리에 올랐다.

하지만 찰바우드의 시대도 그리 오래가지 못했다. 1950년 11월 13일, 평소 차바우드에게 반감을 가지고 있던 라파엘 우르비나Rafael Urbina란 인물이 차바우드 대통령을 수도 카라카스에서 그를 납치해 살해했기 때문이었다. 대통령 납치와 살해라는 초유의 사건 이후 공백이 생긴 대통령 자리는 그의 동료 마르코스 히메네즈가 맡게 됐고, 베네수엘라 정치는 '히메네즈 시대'라는 새로운 국면으로 접어들게 되었다.

14 November

볼리비아 원주민들의 영웅, 투팍 카타리

페루 쿠스코에서 투팍 아마루 2세가 스페인에 대항했다면 볼리비아에서 지역에서는 투팍 카타리가 원주민들의 저항을 이끌었다. 그는 볼리비아의 수도 라파스에서 대규모 반란을 일으킨 인물이었다. 비록 스페인 당국에 체포당하며 11월 14일 세상을 떠났지만 볼리비아 국민들에겐 아직도 영웅으로 기억되고 있다. 1750년 농부의 아들로 태어난 카타리의 본명은 훌리안 아파사였다. 아파사는 어렸을 적 코카를 재배하고 판매하는 일을 하며 생계를 이어 나갔다. 그러나 그는 페루 투팍 아마루 2세의 영향을 받아 볼리비아에서 원주민 반란군을 조직했고, 아마루처럼 '고귀한'이란 뜻을 가진 투팍이라는 명칭을 얻게 되었다.

반란을 일으킨 투팍 카타리의 주된 목표는 라파스를 점령하는 것이었다. 당시 라파스는 스페인 당국의 행정 역할을 하던 중심지로 원주민을 억압하는 모든 정책이 실행되던 곳이었다. 1781년 그는 군사를 동원해 라파스 주변을 에워쌌고 당시 총독이었던 아구스틴 데 하우레기를 압박했다. 이렇게 반년 넘게 이어진 원주민의 반란은 결국 강력한 스페인 군의 반격으로 실패했다. 특히 스페인은 회유정책을 통해 원주민들을 분열시켰는데, 투팍 카타리도 측근들의 배신으로 스페인군에 의해 체포됐다.

투팍 카타리는 처형당하기 직전 "나는 돌아올 것이며, 그때 나는 수백만이 될 것이다"라는 유명한 말을 남겼다. 비록 그는 곧 세상을 떠나겠지만 수많은 볼리비아 원주민들이 저항을 이어 나갈 것을 암시한 것이었다. 실제로 볼리비아에서는 그의 이름을 딴 원주민 저항운동이 활발히 일어났으며, 투팍 카라티는 그녀의 아내 바르톨리나 시사와 함께 볼리비아에서 가장 존경받는 인물로 역사에 남게 됐다.

역사 속으로 사라진 브라질 군주제

1889년 11월 15일, 브라질은 페드루 2세를 폐위 시키고 군주제 대신 공화제 국가로 탈바꿈했다. 브라질의 군주제가 몰락한 건 당시 브라질 경제와 정치 상황과 관련이 있었다. 먼저 경제적 관점에서 봤을 때, 대농장을 기반으로 한 브라질의 농업경제는 많은 노동력을 필요로 하는 구조였다. 이런 이유로 브라질은 서구권에서 노예제도를 가장 마지막까지 유지했는데, 1888년 페드루 2세는 국제적인 압박을 견디지 못하고 노예제도를 폐지하게 되었다. 이는 곧바로 많은 엘리트와 농장 대주주들의 반발을 일으켰고, 토호 세력들은 페드루 2세를 몰아내기 위해 군주제 폐지를 논하는 강력한 세력으로 자리매김했다.

한편 진보주의 정치인들은 브라질의 더딘 발전 원인을 군주제에서 찾았다. 이들은 카스트 제도나 다름없는 군주제가 브라질의 높은 불평등과 문맹률을 야기한다고 믿었으며, 유럽처럼 근대화를 이루기 위해선 브라질이 공화제를 기반으로 발전을 이뤄나가야 한다고 주장했다. 한 마디로 군주제는 과거를 대표하는 제도였기 때문에, 더 많은 자유를 제공하는 공화제를 받아들여 브라질 사회의 개혁을 일으켜야 한다는 생각이었다.

이 밖에도 교회나 군 내부에서도 페드루 2세 중심의 군주제를 비판하는 태도를 보였다. 결국 브라질에선 군인 출신 데오도로 다 폰세카를 중심으로 공화주의 군대가 결성됐고, 1889년 11월 15일 수도 리우데자네이루에서 쿠데타를 일으켜 페드루 2세를 몰아낸 뒤 군주제를 폐지하게 되었다.

16 November

올드 아바나는 어떻게 온 도시가 문화유산이 됐을까?

1982년 11월 16일, 유네스코는 쿠바의 수도 올드 아바나 지역을 유네스코 세계문화유산으로 지정했다. 이는 쿠바가 가진 역사와 문화적 가치를 인정한 첫 번째 사례였다. 또 중남미 지역만 놓고 봤을 때 한 나라의 수도 전체가 세계문화유산으로 등록된 건 1978년 에콰도르 키토 이후 두 번째다.

올드 아바나가 세계문화유산에 등록된 가장 큰 이유는 역사적 가치에서 찾을 수 있다. 1519년 스페인 탐험가 디에고 벨라스케즈에 의해 처음 세워진 아바나는 신대륙과 구대륙 사이를 횡단하는 보물을 실은 스페인 갤리온선의 기착지가 됐고, 17세기엔 카리브 지역 항구에서 가장 중요한 조선소 역할을 했다. 가장 중요한 도시였던 만큼 스페인은 이를 보호하기 위해 많은 군사를 배치했는데, 항구를 지키는 모로 Morro 와 라 푼타 La Punta 요새는 현재까지도 옛 모습을 그대로 간직하고 있다.

현재 올드 아바나는 쿠바를 여행하는 관광객들이 반드시 방문하는 도시로 꼽히고 있다. 특히 오비스포 거리나 샌프란시스코 플라자, 산크리스토발 성당은 아바나의 이전 모습을 그대로 보여주는 대표적인 관광명소다. 또 중심가 경계와 맞닿은 끝자락에는 쿠바의 현대 정치를 상징하는 카피톨리오가 위치해 있고, 도시 곳곳에는 올드카들이 있어 과거와 현대가 공존하는 아바나만의 독특한 분위기를 만들고 있다.

17 November

브라질과 볼리비아의 페트로폴리스 조약

페트로폴리스 조약하면 그리스의 한 도시가 생각날 수도 있지만 사실은 1903년 11월 17일 브라질과 볼리비아가 맺은 조약이다. 브라질의 도시 페트로폴리스에서 맺어진 조약은 1899년부터 4년 동안 이어진 볼리비아와 브라질의 아크레 전쟁 Acre War 을 끝냈다. 역사적으로 잘 알려지지 않았지만 두 나라는 아마존 중심부에 있던 아크레를 차지하기 위해 전쟁까지 벌인 것이었다.

밀림으로 덮인 아크레 지역은 원래 아마존 원주민만 사는 인적이 드문 곳이었다. 그러던 아크레에 이주자들이 몰려들게 된 건 전 세계적으로 고무 수요 붐이 일어나면서였다. 아마존 지역에 고무나무가 많았던 만큼 채취자들이 아크레 지역으로 몰려들었고, 브라질뿐만 아니라 볼리비아, 페루 사람들까지 이익을 챙기려했다.

원래 사람이 살고 있지 않아 경계선이 모호했던 아크레는 어느새 국경분쟁의 중심지로 자리 잡았다. 볼리비아와 브라질은 서로 아크레 영토가 자기 땅임을 주장했고, 결국 군대를 보내 무력충돌까지 했다. 브라질은 우수한 화력을 바탕으로 전쟁을 서서히 유리한 판도로 끌고 갔지만, 볼리비아는 정글에서 게릴라전을 펼치며 끝까지 아크레 지역을 포기하지 않았다.

브라질과 볼리비아는 미국의 외교관 찰스 플린트가 개입하며 해결점을 찾았다. 먼저 전쟁에서 승리한 브라질은 십오만 평방 킬로미터나 되는 아크레 땅을 차지했다. 대신 볼리비아는 보상금과 함께 고무를 좀 더 수월하게 수출할 수 있는 마데이라-마모레 철도건설을 브라질에게서 약속받으면서 전쟁을 마무리하는 데 동의했다.

18 November

가이아나 존스타운에서 벌어진 집단 자살사건

1978년 11월 18일, 베네수엘라와 수리남 사이에 있는 나라 가이아나에선 이해하기 힘든 끔찍한 사건이 벌어졌다. 베네수엘라 국경지대와 가까운 마을 존스타운에서 918명이 집단으로 목숨을 끊는 사건이 발생한 것이다. 세상을 떠난 사람들은 구주의 사도 인민사원 Peoples Temple of the Disciples of Christ 이라 불리는 사이비 종교를 믿는 사람들로 교주 짐 존스에 의해 강제 자살을 명령받아 벌어진 일이었다.

이 끔찍한 일의 근원이 된 인민사원교는 미국 인디애나주에서 처음 시작됐다. 짐 존스는 종교적 교리뿐만 아니라 자유, 평등, 사회주의를 외치며 유토피아적 공동체를 만들 것을 약속했다. 그들이 가이아나로 옮기게 된 것도 자본주의의 상징이나 다름없는 미국보다는 세상과 고립된 나라에서 더 큰 자유를 누리고자 했기 때문이었다.

당시 짐 존스를 따라 가이아나에 정착한 사람들은 천여 명 정도였다. 이들은 처음 정착해 모두가 행복한 유토피아를 꿈꿨지만 현실은 고된 노동과 감시 속에서 살아가야만 했다. 이에 미국 본토에 있던 가족들이 가이아나에 있는 신도들의 신변을 걱정하면서, 결국 레오 라이언 하원의원이 사건의 진상을 조사하기 위해 가이아나로 떠나게 됐다.

조사과정에서 라이언 하원의원은 신도들을 추궁했지만 이미 세뇌와 협박을 받은 그들은 진실 그대로를 말하지 않았다. 심지어 라이언 하원의원 일행은 조사를 마치고 가이아나를 떠나기 직전 습격을 받아 목숨을 잃었다. 한편 모든 것이 들통날 것이 두려웠던 짐 존스는 모든 신자들에게 독극물을 마시고 자살할 것을 명령했다. 이로 인해 900여 명에 달하는 사람들이 모두 순순히 자살을 택했는데, 현재 미국에선 이 사건을 사이비 종교로 인해 벌어진 최악의 사건으로 보고 있다.

19
November

중남미에서 제일 처음 철도가 개통된 나라는 어디일까?

1837년 11월 19일 중남미 지역에서 역사상 첫 번째 철도가 놓였다. 가장 먼저 철도가 개통된 나라는 바로 섬나라 쿠바였다. 철도구간은 수도 아바나와 베후칼이란 조그마한 도시 사이를 이었고, 스페인이 영국과 미국의 도움을 받아 약 2년에 걸쳐 완성했다. 총 7칸으로 구성된 중남미 최초의 기차는 승객 약 70명을 태우고 아바나를 출발했는데, 지금까지도 베후칼에는 기차역과 관련된 기록을 전시해 놓은 박물관이 있다.

흥미로운 사실은 스페인이 본국 영토보다 쿠바에 가장 먼저 철도를 건설했단 점이었다. 이는 당시 쿠바가 스페인에 얼마나 중요한 식민지였는지를 간접적으로 보여주는 부분이기도 하다. 스페인은 19세기 중반 쿠바 내륙지역에서 설탕 생산량이 급격히 늘어나자 수출량을 늘릴 기회를 얻었고, 이를 최대한 빠르고 효율적으로 운반하기 위해 철도를 건설하게 된 것이었다.

당시 문서를 살펴보면, 철도건설을 위해 많은 사람이 희생됐다는 걸 알 수 있다. 특히 두 도시 간 고도에 차이가 있어 작업이 쉽지 않았는데, 철도를 건설하는 동안 300명 이상의 사람이 목숨을 잃은 것으로 전해지고 있다. 그럼에도 불구하고 스페인은 아나바-베후칼 구간 철도공사를 계속 진행했고 첫 열차 개통 이후에는 귀네스 Güines, 카마구에이 Camaguey 와 같은 주요 지역을 철도로 확대 연결시키는 데 성공하게 되었다.

20
November

1910년 시작된 멕시코 혁명

멕시코 혁명은 1910년 11월 20일 시작됐다. 20세기 초 멕시코 사회를 뒤바꾼 가장 중요한 사건으로, 혁명이 시작된 계기는 30년 동안 이어졌던 포르피리오 디아즈의 독재로 볼 수 있다. 디아즈는 임기기간 동안 헌법을 두 번이나 바꿨고, 사실상 멕시코 정치계를 자신의 것으로 만들었다. 그의 횡포가 계속되자 프란시스코 마데로Francisco Madero가 나서 디아즈의 독재에 반대 목소리를 냈고, 1910년 대통령선거에 직접 출마해 디아즈 시대를 끝내고자 했다.

결과적으로 마데로는 선거에서 패배하며 미국으로 망명을 떠났다. 하지만 그는 미국에 머무는 동안에도 디아즈에 반대하는 목소리를 냈고, 민주주의 재수립과 대통령의 무제한 임기폐지 내용이 담긴 '산루이스포토시 계획'을 선포해 본격적으로 멕시코 혁명을 이끌었다. 멕시코 북부에서 시작된 혁명은 판초 비야, 사파타 같은 인물들이 참여하며 더욱 거세졌으며, 마데로는 1911년 11월 디아즈를 몰아내고 새 멕시코 대통령 자리에 오르게 된다.

마데로가 권력을 잡자 혁명지도자들은 그에게 소작농이 혜택을 볼 수 있는 토지개혁을 요구했다. 하지만 정작 크리오요 출신이었던 마데로는 이들의 요구에 공감하지 못하며 개혁을 외면했다. 토지개혁이 미진하게 끝날 분위기로 흘러가자 소작농들을 대표해 싸웠던 판초 비야와 사파타는 또 다른 반란을 일으켰고, 끝난 줄만 알았던 멕시코 혁명은 새로운 국면으로 접어들게 되었다.

21
November

콜롬비아의 사회문제와 2019년 대규모 시위

2019년은 중남미 국가에서 많은 시위가 일어난 해였다. 특히 칠레의 대규모 불평등 시위를 시작으로 베네수엘라, 에콰도르에서도 다양한 이유로 반정부 시위가 일어났다. 콜롬비아에서도 11월 21일 부정부패, 불평등, 각종 경제 정책에 반발하는 시위가 주요 도시 곳곳에서 발생하게 되었다. 수십만 명이 참여한 시위가 벌어졌던 직접적인 원인은 연금삭감 때문이었다. 당시 콜롬비아에서는 "이반 두케 정부가 개혁을 통해 연금을 줄이고 청년과 노동자 들에 불이익을 가져다줄 정책을 실시하려 한다"라는 루머가 돌았다. 그러자 노동조합이 이에 반대해 전국파업을 일으켰고, 많은 학생들을 비롯한 국민들이 참여하며 시위의 규모는 더욱 커지게 됐다.

단순히 연금삭감 이외에도, 콜롬비아가 겪던 고질적인 불평등, 치안, 폭력문제 모두 시위 확산의 원인이 됐다. 칠레의 '지하철 요금 50원'이 국민들의 불만을 표출시킨 방아쇠가 됐듯이, 콜롬비아의 연금 이슈도 각종 문제로 힘들어하던 국민들의 불만을 폭발시킨 것이었다.

2020년 2월까지 지속되던 시위는 코로나19 이후 잠시 멈췄다. 하지만 콜롬비아 국민들은 2021년 다시 한 번 대규모 시위를 일으키며 정부에게 각종 사회문제를 해결할 수 있는 정책을 요구했다. 그리고 이어진 2022년 선거에서 국민들은 '부정부패 감시 강화'를 슬로건으로 내세운 구스타보 페트로 대통령을 선택했고, 콜롬비아 역사상 최초의 좌파 대통령이 된 그에게 새로운 변화를 기대하게 된다.

소설《로빈슨 크루소 표류기》의 모티브가 된 칠레의 조그만 섬

긴 태평양 연안을 끼고 있는 칠레에는 크고 작은 다양한 섬들이 존재한다. 그중에는 다니엘 데포가 쓴《로빈슨 크루소 표류기》의 모티브가 된 후안 페르난데스 군도 Archipiélago Juan Fernández 도 있다. 군도를 이루고 있는 세 섬 중 하나는 현재 로빈슨 크루소섬으로 불리고 있다. 1574년 11월 22일, 스페인 탐험가 후안 페르난데스는 칠레 본토에서 600km나 떨어진 섬들을 처음 발견했다. 페루 카야오 항구에서 칠레 발파라이소를 향해하던 그는 예상치 못한 훔볼트 해류를 만나 꽤 오랜 시간 태평양을 표류하게 됐다. 그러던 중 우연히 사람들이 살고 있지 않은 세 섬을 발견했고, 이를 각각 산타 클라라, 마스 아푸에라, 마스 아 티에라로 이름 붙였다.

식민지시대 동안 이 섬들은 워낙 고립된 지역에 있어 사람이 정착하지 않았다. 대신 태평양 바다를 떠돌아다니는 해적들의 쉼터 역할을 했고, 나중엔 칠레 범죄자나 정치사범들이 거주하는 수용소가 되기도 했다.

이 섬이 전 세계적으로 유명해진 건 스코틀랜드 출신 알렉산더 셀커크 덕분이었다. 그가 4년 동안 이 무인도에서 표류했던 내용을《로빈슨 크루소 표류기》라는 소설로 탄생시켰기 때문이다. 1960년대에 이르러 칠레 정부는 이곳을 본격적으로 관광화하기 시작했고, 섬 이름도 알렉산더 셀커크, 로빈슨 크루소로 바꿨다. 섬 주변에는 산호초를 비롯한 멸종 위기 생물들이 서식하고 있는데, 유네스코는 1977년에 후안 페르난데스 군도를 보호구역으로 지정해 관리하고 있다.

멕시코 음악의 왕 알프레도 히메네즈

1973년 11월 23일, 멕시코 '국민의 아들' '왕'이라 불렸던 뮤지션 호세 알프레도 히메네즈가 세상을 떠났다. 그의 나이가 겨우 47세밖에 안 됐기 때문에 많은 사람들이 그의 죽음을 더욱 안타까워했다. 멕시코 전통음악 중 하나인 란체라를 더욱 유명하게 만들고 멕시코 현대 음악의 기초를 쌓으면서, 알프레도 히메네즈는 여전히 멕시코 국민들에게 많은 사랑을 받고 있다.

돌로레스 이달고라는 조그만 도시에서 태어난 알프레도 히메네즈는 가난한 환경에서 자랐다. 제대로 된 교육을 받지 못하며 음악적 이론은커녕 음표도 이해하지 못했지만 그는 틈틈이 노래를 작곡하며 음악적 천재성을 드러냈다. 그가 기회를 잡은 건 '라 시레나'라는 식당에서 일을 할 때였다. 마침 유명한 뮤지션 안드레스 우에스카가 그곳을 방문했는데, 서빙하던 알프레도 히메네즈는 용기를 내어 그에게 자신의 노래를 들어 달라고 부탁했다. 〈나Yo〉라는 노래를 들은 안드레스는 그의 실력에 반해 음악활동을 위한 모든 지원을 약속했고, 그렇게 멕시코 역사에 남을 '란체라의 왕'이 탄생하게 된다.

호세 알프레도 히메네즈는 일생 동안 천 곡 이상의 노래를 쓴 것으로 알려져 있다. 그의 음악은 멕시코뿐만 아니라 전 세계에서 사랑받았고, 노래와 관련된 모든 상을 휩쓸었다. 인기, 재력, 모든 걸 가졌음에도 삶의 공허함을 느낀 그는 〈삶은 아무 가치도 없어〉를 발표하기도 했다. 또 1973년 멕시코 한 방송에 출연해 자신을 사랑해준 사람들에게 고마움을 표하고자 〈감사〉를 불렀는데, 이 방송을 끝으로 그의 병세가 악화되며 결국 세상을 떠나게 되었다.

대통령이 8명이나 바뀐 볼리비아 쿠데타

많은 남미 나라들이 1960년대 정치적 혼란에 휩싸였던 것처럼 볼리비아 또한 비슷한 시기에 상당히 불안정한 상황을 맞이했다. 1969년부터 1971년 2년 사이엔 3명의 대통령이 쿠데타로 대통령 자리를 사임하게 되는 경우도 있었다. 틈만 나면 벌어지던 쿠데타는 우고 반세르가 이끄는 군부독재가 7년 동안 임기를 유지하면서 잠시 잠잠해지게 된다.

반세르 대통령은 임기를 맡는 동안 볼리비아의 인프라를 구축하고 경제적 안정기를 이끌었다. 하지만 어느 군부독재와 마찬가지로 인권 탄압 문제는 가장 큰 문제로 꼽혔다. 비슷한 시기의 칠레, 아르헨티나, 브라질에서처럼 반세르도 자신에게 반대하는 사람들에게 납치와 고문을 서슴지 않았다. 1978년 7월, 결국 반세르는 후안 페레다가 일으킨 쿠데타에 의해 쫓겨나게 됐고 볼리비아는 새로운 군부정권시대를 맞게 되었다.

하지만 페레다의 정권도 불과 넉 달도 가지 못해 또 다른 쿠데타로 끝이 났다. 쿠데타를 일으킨 인물은 바로 다비드 파디야David Padilla로 1978년 11월 24일 페레다를 몰아내고 새로운 대통령이 됐다. 다만 파디야가 다른 군부정권과 달랐던 건 "만약 민주주의 선거로 대통령이 당선된다면 자신은 바로 대통령직에서 사임하겠다"라는 조건을 내걸었다는 점이었다. 실제로 1979년 볼리비아에선 민주선거가 진행됐는데, 이후 자신은 약속대로 다음 당선인에게 대통령직을 물려주고 사임할 것을 밝혔다. 이 때문에 쿠데타로 대통령직을 맡은 대통령이었음에도 단기간 볼리비아 국민들에게 인기 있는 대통령으로 기억에 남게 됐다.

세계 여성폭력 추방의 날은 어떻게 시작되었을까?

1999년 유엔은 11월 25일을 '세계 여성폭력 추방의 날'로 공식 지정했다. 매년 이날을 통해 여성들이 겪고 있는 폭력행위를 인식하고 여성들의 인권을 개선해야 한다는 메시지를 주기 위한 목적이었다. 유엔이 11월 25일을 세계 여성폭력 추방의 날로 지정한 건 도미니카공화국의 미라발 자매이야기와 관련이 있다.

우선 미네르바, 마리아 테레사, 파트리아 미라발 세 자매는 도미니카공화국 여성에 대한 권리개선을 위해 노력했던 인물이었다. 그녀들이 유명한 또 다른 이유는 30년 넘게 이어진 트루히요 독재와 맞서 싸웠기 때문이었다. 당시 도미니카공화국에서는 여성들의 정치참여가 제한적이었는데, 미라발 자매는 이에 개의치 않고 누구보다 앞장서서 트루히요 타도를 외쳤다. 심지어 살해협박도 있었는데, 그녀들은 이를 두려워하지 않았고 오히려 "끝까지 정의를 위해 싸울 것이다"라고 말했다. 하지만 그녀들의 용기 있는 행동은 얼마 못 가 안타까운 비극을 맞았다. 1960년 11월 25일, 미라발 자매는 집으로 귀가하던 중 트루히요 부하들에 의해 살해당하는 사건이 일어난 것이었다.

그러나 세 자매의 죽음은 헛되지 않았다. 그녀들이 남긴 업적은 일 년 뒤인 1961년 트루히요 정권이 힘을 잃는 데 결정적인 영향을 끼쳤기 때문이다. 또 미라발 자매의 이야기는 훗날 도미니카공화국뿐만 아니라 전 세계에 알려졌고, 그녀들이 세상을 떠났던 매년 11월 25일은 전 세계에서 여성폭력에 맞서 싸우는 날로 제정됐다.

26
November

미국과 니카라과의 국제사법재판소

냉전시대 동안 미국은 중남미 정치상황에 개입하는 경우가 많았다. 특히 사회주의나 공산주의 이념을 한 정권이 들어섰을 때, 직간접적인 군사지원을 통해 이를 전복시키려 할 때가 많았다. 니카라과의 경우 1979년 산디니스타 게릴라 조직이 소모사 정권을 몰아내고 정권을 장악했다. 산디니스타는 사회주의 이념을 바탕으로 했기 때문에 곧바로 미국의 타깃이 됐다. 미국은 우파 콘트라 반군에게 무기를 제공해 니카라과를 공격했고, 무고한 시민들이 납치당하거나 고문을 당해도 이를 묵인하는 태도를 보였다.

이에 니카라과 정부는 미국의 이런 행위를 국제사법재판소 안건에 올렸다. 주된 사항은 미국이 니카라과의 주권을 침해하고 무력을 사용해 니카라과 내정을 간섭해 유엔이 제정한 국제법을 위반했다는 것이었다. 이는 상대적으로 약했던 니카라과가 초강대국 미국을 상대로 한 소송으로, 같은 비슷한 사건을 경험했지만 묵인한 코스타리카와 과테말라는 달리 미국의 개입을 적극 고발한 것이었다.

물론 미국은 이런 사실을 부정하며 재판진행 자체를 거부했다. 하지만 국제사법재판소는 1984년 11월 24일 미국의 부정에도 불구하고 재판을 진행할 것을 밝혔다. 결국 1986년 6월 발표된 최종판결문에서 사법재판소는 니카라과에 유리한 판결을 내리면서 미국에 니카라과가 입은 피해에 대해 보상해야 한다고 밝혔다.

최초로 남미 최남단 해협을 건넌 마젤란

1520년 11월 27일, 포르투갈의 항해자 페르난디드 마젤란은 유럽인 최초로 남미 최남단 땅과 티에라델푸에고섬 사이의 해협을 통과했다. 이로써 이 해협의 이름도 그의 이름을 딴 '마젤란 해협'으로 불리게 됐다. 이후 마젤란 해협은 파나마 운하가 개통되기 전까지 대서양과 태평양을 잇는 주요 항로 역할을 하게 된다.

마젤란이 이끈 함대는 지구를 한 바퀴 돌아 세계 일주에 성공한 것으로 알려져 있다. 아프리카와 인도를 여행하던 그는 문득 "아메리카 대륙에서 서쪽으로 항해한다면 아시아에 도착하지 않을까?"란 생각을 떠올렸다. 유럽으로 돌아온 마젤란은 자신의 계획을 실행시키기 위해 스페인의 카를로스 1세를 설득했고, 결국 그에게서 신항로 개척을 위한 총 다섯 대의 함대를 지원받게 되었다.

유럽을 떠난 마젤란이 이끄는 함대는 아르헨티나와 우루과이가 위치한 라 플라타 지역까지 문제없이 도착했다. 하지만 문제는 그 다음부터로, 미지의 항로를 찾기 위해 기약 없는 항해를 계속하면서 위기에 부딪혔다. 심지어 항해 도중 그의 리더십을 의심하는 사람들이 점점 더 많아지면서 결국 함선 다섯 척 중 세 척이 마젤란을 배신하기에 이르렀다.

냉정했던 마젤란은 곧장 반란을 진압하고 항해를 이어 나갔다. 그리고 얼마 후 그는 지금의 마젤란 해협을 발견해 그곳을 빠져나갈 수 있었다. 유럽인으로선 최초로 태평양을 건너는 데 성공한 마젤란은 불행하게도 필리핀 탐사 도중 원주민들에 의해 목숨을 잃게 됐지만, 그의 부하들이 가까스로 스페인에 도착하면서 최초로 세계일주에 성공하게 됐다.

멕시코 혁명 당시 맺어진 아얄라 계획

1911년 11월 28일, 멕시코 조그만 마을 아얄라에서 중요한 강령 하나가 선포됐다. 멕시코 혁명이 한창이던 당시 발표된 이 강령은 아얄라 강령Plan of Ayala라 불린다. 당시 혁명을 이끌었던 에밀리아노 사파타Emiliano Zapata가 농업개혁을 더욱 강력히 시행하기 위해 만든 내용이 담겨 있었다.

혁명 초기 프란시스코 마데로는 독재자 포르필리오 디아즈를 몰아내고 대통령 자리에까지 올랐다. 이후 마데로가 직면한 가장 큰 문제는 "과연 어느 정도의 사회 개혁을 실시할 것인가?"였다. 특히 농업 분야는 많은 사람들의 관심이 집중된 분야로, 에밀리아노 사파타나 판초 비야는 토지개혁을 강력하게 밀어붙여 사람들에게 땅을 분배해줄 것을 요구했다. 하지만 정작 대통령 자리에 오른 마데로는 토지개혁에 주저하는 태도를 보였다. 심지어 그는 사파타가 이끄는 군대를 강제로 해산하는 방식으로 문제를 해결하려 했다. 이에 사파타는 마데로에게 큰 실망감을 표했고, 독자적으로 혁명을 계속해 나갈 것을 선포했다.

1911년 아얄라에서 발표된 강령은 결국 멕시코의 토지개혁을 핵심 내용으로 했다. 사파타는 자체적으로 토지개혁안을 작성했는데, 대지주들이 소유하던 대농장 땅 삼분의 일은 원주민들 공공의 땅 에히도Ejido로 전환한다는 내용을 담았다. 이 법안을 발표한 뒤 사파타는 농민들을 진정으로 생각하는 혁명 지도자로 인식됐고, 1914년 프란시스코 비야Francisco Villa, 베누스티아노 카란사Venustiano Carranza와 손잡고 마데로의 뒤를 이어 대통령이 된 우에르타를 몰아내는 데 성공하게 된다.

29 November

미국에 도미니카공화국 합병을 계획했던 대통령

1869년 11월 29일, 도미니카공화국의 부엔아벤투라 바에즈Buenaventura Báez 대통령은 도미니카공화국을 미국에 편입시키겠다는 합병조약을 체결했다. 이미 스페인에 합병제안을 한 바 있던 그는, 이번엔 미국에 나라를 편입시키려 하며 세상을 놀라게 했다. 바에즈 대통령이 이런 파격적인 제안을 한 건 계속된 내부혼란과 외세침략에 대한 우려 때문이었다. 당시 도미니카공화국은 내부의 정치갈등과 더불어 이웃 아이티를 포함한 여러 유럽 국가의 침략에서 자유롭지 못하던 상황이었다. 깊은 고민에 빠져 있던 그는 결국 해결책으로 미국에 합병조약을 제안할 수밖에 없었다.

당시 합병은 미국의 주가 아닌 일종의 보호국이 됐음을 의미했다. 바에즈 대통령은 어정쩡하게 독립을 유지하며 전쟁에 불안해하느니 미국과 같은 강대국의 보호를 받으며 나라를 지키는 것이 훨씬 더 합리적이라는 판단을 내린 것이었다. 이 입장을 건네받은 미국의 그랜트 대통령은 환영의 뜻을 내비쳤다. 그는 이 제안을 미국의 세력을 카리브 지역에서 확장시킬 수 있는 좋은 기회로 여겼다. 미국은 10만 페소를 도미니카공화국에 제공하는 조건으로 합병조약을 체결했고, 히스파니올라섬에서 더 많은 영향력을 행사하는 기회를 얻었다.

하지만 미국 의회는 최종적으로 합병결정에 동의하지 않았다. 합병을 하게 된다면 카리브 지역을 호시탐탐 노리던 유럽 국가들과의 갈등이 생기는 걸 우려했기 때문이었다. 의회가 이 조약에 대한 최종 승인을 거절하면서, 도미니카공화국을 미국에 합병시키려던 바에즈 대통령의 시도는 결국 물거품이 되고 말았다.

30 November 아르헨티나 국민음료 마테와 마테차의 날

마테차는 아르헨티나, 우루과이, 파라과이, 남부지방의 브라질 사람들이 즐겨 마시는 음료다. 이 나라를 여행한다면 마테차를 마시는 사람들을 쉽게 찾아볼 수 있다. 심지어 스페인어 단어 중에는 '마테를 마시다'라는 뜻을 가진 'Matear' 동사 단어가 있을 정도다.

마테차의 시작은 파라과이 지역에 오랜 시간 거주해 온 과라니족 덕분에 시작됐다. 이들은 마테 나무에서 자라는 잎을 잘게 부순 후 물에 섞어 즐겨 마셨는데, 이후 스페인 정복자들이 과라니족의 마테차 전통을 받아들이면서 페루, 볼리비아, 칠레, 심지어 유럽 지역까지 퍼져나갔다.

2015년부터 아르헨티나 정부는 매년 11월 30일을 마테차의 날로 기념하고 있다. 마테차를 기념하는 날을 통해 그 전통을 기억하고 오랫동안 보존하기 위해서였다. 그만큼 마테차는 아르헨티나에서 그저 하나의 음료가 아닌 역사와 문화임을 보여주는 것이기도 했다.

마테차의 날이 11월 30일로 지정된 이유는 과라니족 출신 안드레스 과카라리 Andrés Guacurarí 와 관련이 있다. 그는 아르헨티나 북부에 위치한 미션 지방의 주지사직을 맡았는데, 마테차를 전국으로 상업화시키는 데 크게 기여한 인물로도 알려져 있다. 아르헨티나 정부는 이런 과카라리의 업적을 기리기 위해 마테차의 날을 그의 생일인 11월 30일로 기념해오고 있다.

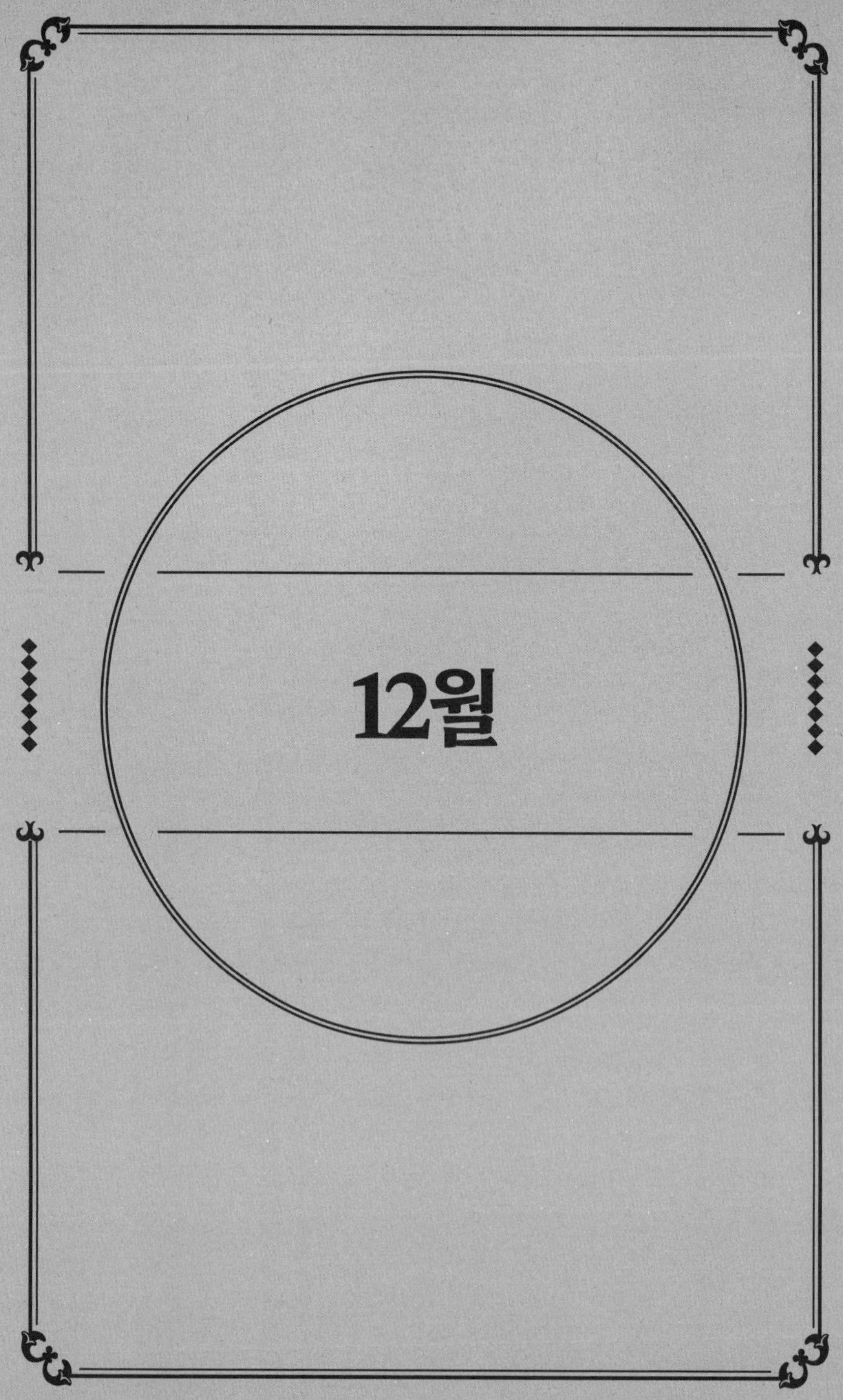

12월

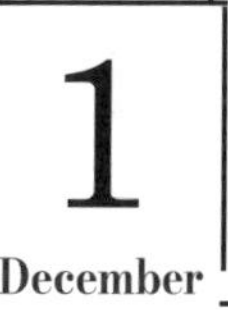

코스타리카에 군대가 존재하지 않는 이유

1948년 12월 1일, 코스타리카 호세 피게레스 페레르José Figueres Ferrer 대통령은 국가의 군대제도를 완전히 없애겠다고 발표했다. 그가 이런 파격적인 발표를 한 이유는 내전의 아픔 때문이었다. 1948년 벌어진 내전으로 약 2천여 명이 목숨을 잃는 역사상 최악의 사건으로 남게 되자, 다시는 이런 일이 벌어지지 않도록 군대 자체를 폐지하기로 한 것이었다. 군대를 없앤 페레르 대통령은 국가치안을 우려해 공공경찰들의 영향력을 확대했다. 공공경찰의 주요 임무는 국경과 주요 시설, 사회 내에서의 범죄예방 방지였다. 강력한 경찰조직이 군인의 임무까지 수행하면서 군대 대신 코스타리카의 치안을 보호하는 역할을 했다.

페레르 대통령은 군대폐지법 외에도 많은 혁신적인 법안을 통과시켰다. 여기엔 여성에게 투표권을 부여하고, 모든 국민들에게 공공교육을 포함한 사회보장제도를 보장하는 내용이 포함됐다. 군대를 유지하기 위해 국가의 예산을 쓰는 대신 공공 교육과 의료에 과감하게 투자함으로써 코스타리카 국민들의 복지를 향상하는 데 집중한 것이었다.

페레르 대통령의 리더십 덕분에 코스타리카는 평화주의를 대표하는 나라가 됐다. 또 그의 노력으로 자리 잡은 민주주의 체제는 현재 코스타리카를 중남미에서 가장 안정적인 민주주의 국가로 만들었다. 또 20세기 후반 다른 중미 국가들이 내전으로 고통받을 때 중재 역할을 하며 지역평화를 유지하는 데 큰 기여를 하기도 했다.

2 December

마약왕 파블로 에스코바르의 죽음

1993년 12월 2일, 콜롬비아 메데진 한 주택가에서 총격전이 벌어졌다. 그리고 얼마 뒤 전 세계를 놀라게 한 뉴스가 전해졌는데, 바로 마약왕 파블로 에스코바르Pablo Escobar의 사망소식이었다. 약 20년 가깝게 콜롬비아를 공포에 그의 전성시대는 그렇게 초라하게 마무리됐고, 전 세계 언론도 그의 죽음을 대서특필했다.

과거 전성기 시절 그가 많은 범죄를 저지르고도 오랫동안 활동할 수 있었던 건 바로 그의 재력 때문이었다. 마약왕이 된 파블로는 거절할 수 없는 액수의 돈으로 정치인들을 매수해 자신의 편으로 만들었고, 경찰들에게도 똑같이 많은 돈을 제공해 수사망을 교묘히 빠져나가곤 했다.

한 가지 흥미로운 사실은 파블로 에스코바르가 콜롬비아에서 마냥 나쁜 이미지만 갖고 있던 것은 아니었다는 점이다. 한 마디로 부정부패를 일상처럼 여기면서, 자신의 명성과 권력을 쌓아나갔던 것이었다. 그는 마치 로빈후드처럼 사람들에게 돈을 나눠주며 가난한 사람들에게 인기를 끌었고, 몇몇 사람들은 정부가 하지 못하는 복지를 파블로가 한다며 그를 의로운 영웅으로 부르기까지 했다.

파블로 에스코바르를 다룬 넷플릭스 드라마 〈나르코스〉에서는 '돈 아니면 총알Plata o Plomo'이란 대사가 나온다. 이는 자신을 따르면 금전적 보상을 주고, 반대로 복종하지 않는 이에겐 죽음을 선사하겠다는 그의 메시지를 함축적으로 담은 말이다. 이렇게 돈과 폭력으로 콜롬비아를 다스리면서 파블로 에스코바르는 엄청난 권력을 누렸지만, 결국 모든 것을 잃게 되며 초라한 최후를 맞고 말았다.

3 December

우루과이 칸돔베의 날

우루과이에서 매년 12월 3일은 칸돔베의 날 Día de Candombe이다. 이 날은 우루과이에 남아 있는 아프리카 문화를 존중하고 보존하기 위해 만들어졌다. 여기서 칸돔베는 해방된 아프리카 후손들 사이에서 시작된 음악과 춤을 뜻하는 단어로, 아프리카계 우루과이 사람들의 전통문화를 대표하기도 한다.

사실 우루과이는 백인이 주를 이루고 있는 나라다. 하지만 그렇다고 과거 우루과이에서 노예무역이 아예 없던 건 아니었다. 18세기 초부터는 많은 아프리카 흑인노예들이 라 플라타강 항구로 들어오게 됐는데, 가장 큰 이유는 아르헨티나 북부 지역과 볼리비아에 있는 광산에서 일을 할 노동력이 필요했기 때문이었다. 그들 중 몇몇 사람들은 우루과이 지역에 정착했고, 시간이 흐르면서 우루과이에서 아프리카 흑인 커뮤니티를 형성했다.

우루과이에서 노예제도가 폐지된 이후 많은 흑인이 사회로 진출해 정치나 예술 분야에서 활동했다. 하지만 1970년대에 이르러 군사정권이 흑인차별정책을 펼치자, 이에 저항하는 운동을 직접 이끌게 된다. 칸돔베의 날이 매년 12월 3일로 제정된 이유도 군부의 차별에 맞서 저항했던 날을 기념하기 위함으로 알려져 있다.

4
December

멕시코 혁명과 소치밀코 협정

1914년 12월 4일, 멕시코에서는 이른바 '소치밀코 조약Pacto de Xochimilco'이 발표됐다. 멕시코 혁명을 이끈 판초 비야와 에밀리아노 사파타가 발표한 이 조약은 "농민들을 위한 법이 시행될 때까지 끝까지 싸우겠다""는 의지가 담긴 것으로, 멕시코 혁명을 또다시 소용돌이 속으로 몰아넣었다.

소치밀코 조약은 1911년 11월 28일 발표된 아얄라 강령과 밀접한 관련이 있었다. 아얄라 강령은 에밀리아노 사파타가 선언한 것으로, 혁명으로 새 대통령이 된 프란시스코 마데로가 약속한 토지개혁법을 제대로 시행하지 않자 발표한 것이었다. 농민들을 진심으로 생각했던 사파타는 마데로 정권에 저항해 혁명을 이어 나갔고, 마데로에 이어 대통령이 자리에 올랐던 우에르타를 몰아내는 데 성공했다.

잠잠해지나 싶던 멕시코 혁명은 또 다른 분열이 일어나며 새로운 국면을 맞이했다. 이번에도 문제는 토지개혁으로, 혁명 리더 카란자와 사파타와의 사이가 멀어진 것이 원인이었다. 1914년 10월 카란자는 주요 혁명지도자를 아구아스칼리엔테스 회의Convención de Aguascalientes에 초대해 화합을 끌어내려 했지만, 사파타와 비야는 "회의 내용이 빈곤층과 소작농을 위한 내용을 제대로 담지 않았다"며 이에 반대했다.

결국 사파타와 비야는 서로 동맹을 맺고 소치밀코 조약을 발표했다. 이들은 조약을 통해 토지개혁이 완성될 때까지 싸움을 멈추지 않을 것을 약속했다. 이틀 뒤 이 둘은 멕시코시티 대통령궁까지 입성했고, 이때 찍힌 사파타와 비야의 사진은 멕시코 혁명의 상징적인 사진으로 남았다.

브라질 건축의 아버지, 오스카 니마이어

브라질 최고의 건축가로 꼽히는 니마이어는 리우데자네이루에서 유년 시절을 보냈다. 그는 어렸을 적부터 건축가로서의 천재적 기질을 보인 건 아니었지만, 항상 펜을 가지고 다니며 그림 그리기를 좋아했던 것으로 알려져 있다.

니마이어는 대학 졸업 후 브라질 근대 건축운동의 창시자 루시오 코스타 Lúcio Costa 밑에서 일하며 경험을 쌓아나갔다. 이때의 경험을 토대로 그는 새로운 스타일의 건축물을 창조해내는 데 흥미를 느끼기 시작했다. 유럽 전통건축 방식을 그대로 쫓아가기보다 브라질 고유의 스타일을 만들어내는 데 집중하는 연구를 한 것이다. 독창성을 추구했던 그의 노력 덕분에 브라질에는 니마이어의 철학에 영향을 받은 독특한 건축물들이 많이 생겨나게 된다.

니마이어가 맡았던 최고의 프로젝트는 단연 브라질리아 설계를 맡았을 때였다. 당시 브라질 대통령 주셀리노 쿠피스첵은 리우데자네이루가 아닌 완전히 새로운 도시를 만들어 브라질의 수도로 만들고자 했다. 대통령의 지시로 니마이어는 새의 모습을 한 브라질리아 도시 디자인을 구상했고, 의회, 대통령궁, 성당 같은 주요 건물들을 직접 설계하며 브라질리아를 독창적이고 미래적인 도시로 탄생시켰다.

이후 니마이어는 정치적 문제로 유럽으로 망명을 떠나게 됐다. 프랑스, 이탈리아, 포르투갈에서 활동한 그는 군부정권이 끝나자 곧바로 브라질로 돌아왔다. 그는 라틴아메리카 의회, 니테로이 박물관 등 브라질의 중요한 건물의 설계를 맡았으며, 자신의 고향 리우데자네이루에서 2012년 12월 5일 105세의 나이로 세상을 떠났다.

아르헨티나의 카우보이 가우초의 날

아르헨티나는 1993년부터 매년 12월 6일을 가우초의 날Día Nacional del Gaucho로 지정해 그들의 오래된 역사를 기념하고 있다. 가우초는 스페인어 사전에 목동으로 설명되어 있는데, 아르헨티나에서는 넓은 초원 팜파스에서 목축업에 종사하는 사람들을 의미하기도 한다. 미국의 카우보이와도 자주 비교되는 가우초는 아르헨티나를 대표하는 전통과 문화로 소개되고 있다.

아르헨티나에서 가우초 문화가 발전한 계기는 유럽에서 넘어온 이민자들이 팜파스에 거주하면서부터였다. 사람들이 거의 살지 않는 드넓은 초원을 돌아다니면서 그들은 사실상 법에 구속받지 않고 자유로운 생활을 했다. 또 아르헨티나 독립전쟁 당시 가우초는 혁명군을 도왔으며, 우수한 기동력을 바탕으로 스페인과 벌인 여러 전투에서 승리를 거두며 아르헨티나 독립에 기여했다.

하지만 시간이 흐른 뒤 가우초는 아르헨티나 정부에 의해 '통제되어야 할 사람들'로 낙인찍혔다. 아르헨티나는 그들이 방랑자보다는 법을 지키며 생활하길 원했고, 가우초 문화를 오래되고 야만적인 것으로 보았다. 그런 와중에 가우초들에게 동정심을 느낀 작가 호세 페르난데스는 〈가우초 마르틴 피에로〉라는 서사시를 출판하며 가우초를 옹호하는 태도를 보였다. 이 시는 훗날 아르헨티나 문학계를 대표하는 작품으로 남게 됐고, 훗날 가우초의 날이 12월 6일이 된 것도 〈가우초 마르틴 피에로〉가 출판된 날을 기념하기 위해 제정됐다.

과테말라의 악마를 불태우는 날

매년 12월 7일 오후 6시 정각이 되면 과테말라에서는 특별한 전통놀이가 시작된다. 바로 악마의 형태를 한 인형을 불태우는 행사다. 이날은 이른바 '악마를 태우는 날Dia de la Quema del Diablo'로 알려져 있으며 과테말라의 마을에서는 이웃주민들이 함께 모여 이날을 기념하고 있다.

악마를 불태우는 날의 기원은 스페인 식민지 시절부터 시작된 것으로 알려져 있다. 과테말라 지역은 스페인에 정복된 이후 가톨릭교를 받아들였고, 연말이 되면 성모 마리아를 경배하고 사탄을 쫓아내는 종교 행사를 진행했다. 그리고 이 기간 동안 악마 모양을 한 형상을 불태우는 전통도 함께 생겼는데, 그들의 형상을 한 인형을 태움으로써 집안의 각종 불운을 덜어낼 수 있다고 생각했다.

다만 과테말라의 환경단체는 매년 악마를 불태우는 날 행사 때 나오는 오염물질에 대해 우려감을 나타냈다. 사람들은 나뭇가지나 잎을 태우면서 동시에 플라스틱이나 스티로폼 같은 물건을 태우기도 하는데, 이때 암을 유발하는 독성물질이 인체에 해를 끼치는 점을 지적한 것이다. 이날 약 오십만 개의 불이 과테말라 전국에서 동시에 일어나는데, 이때 나오는 이산화탄소의 양은 차 백만 대가 내뿜는 이산화탄소의 양과 맞먹는다고 한다.

8 December

멕시코 최고의 화가 디에고 리베라의 생일

1800년 12월 8일, 멕시코에서는 20세기 최고의 화가로 꼽히는 디에고 리베라Diego Rivera가 태어났다. 어렸을 때부터 그림에 관심을 가진 그는 학교 미술수업을 들으며 그림실력을 키웠고, 스무 살 초반에 유럽으로 건너가 유명 화가들의 작품을 보며 예술가로서의 안목을 길렀다.

리베라가 멕시코에서 본격적으로 이름을 알린 건 벽화운동에 참여하면서였다. 유럽에서의 생활을 끝내고 고국으로 돌아온 그는 멕시코에서만 볼 수 있는 풍경에 매료됐고, 일상의 삶을 자신의 작품에 담고자 노력했다. 또 마침 멕시코의 정체성을 확립하고 민족주의를 강조하던 정부와 협력해 대형벽화를 그렸는데, 주로 토착 원주민이나 탄광에서 일하는 광부들, 농사일을 하는 농부들같이 주로 멕시코의 서민적인 모습을 담으며 작품성을 인정받았다. 이때 그는 시케이로스, 오로스코와 함께 20세기 초반 멕시코 벽화운동을 이끈 3대 벽화예술가로 꼽혔다.

한편 리베라는 대중들에게 프리다 칼로의 남편으로도 잘 알려져 있다. 물론 결혼생활은 이혼과 재혼을 반복하며 그리 순탄하지만은 않았다. 또 멕시코에서 활동하는 동안 디에고 리베라는 혁명의 영향을 많이 받았는데, 이 때문에 그의 몇몇 작품엔 정치적인 요소가 녹아 있는 걸 알 수 있다.

9 December

일본과의 전쟁을 선언했던 중남미 국가들

제2차 세계대전이 한창이던 1941년 12월 9일, 과테말라와 쿠바는 일본에 전쟁을 선포했다. 이 두 나라는 일본에게서 직접적인 위협을 받지 않았음에도 전쟁을 선언한 것이었다. 가장 큰 이유는 미국과 일본이 충돌했던 태평양전쟁 때문이었다. 1941년 12월 7일, 일본은 미국의 핵심 군기지가 모여 있는 진주만에 기습공격을 감행했다. 이 공격으로 무방비 상태에 있던 미국의 피해는 상상을 초월했고, 제2차 세계대전 내내 중립을 지켰던 미국의 태도를 바꾸는 사건이 됐다. 진주만 소식을 들은 프랭클린 루스벨트 대통령은 곧장 일본에 선전포고를 하면서 미국의 대대적인 반격을 예고했다.

진주만 사건이 발생할 당시 과테말라와 쿠바는 미국과 아주 긴밀한 관계를 맺고 있던 나라였다. 지금이야 미국과 쿠바가 서로 적대관계지만, 혁명이 일어나기 전 쿠바는 미국의 우방국가나 다름없었다. 과테말라도 유나이티드 푸르트 컴퍼니 United Frutis Company 같은 미국의 많은 다국적 기업을 적극적으로 받아들였고, 바나나와 커피를 대부분 미국에 수출하며 경제적으로 높은 의존도를 보였다. 이런 미국이 전쟁에 참전하자, 두 나라는 곧바로 일본에 전쟁을 선언하며 미국에 우호적인 태도를 보였다.

하지만 전쟁을 선언했다고 해서 과테말라와 쿠바가 직접 군대를 보내 싸운 건 아니었다. 두 나라는 파병보다는 전쟁에 필요한 1차 원료나 미 해군이 쓸 수 있는 항구를 제공해줬고, 이 밖에도 식량을 제공하는 등 간접적인 방법으로 미국이 추축국과 싸울 수 있도록 도움을 주었다.

10
December

가브리엘 가르시아 마르케스의 노벨문학상 수상

중남미 문학을 논할 때 절대 빠질 수 없는 소설가가 있다. 바로 콜롬비아 출신의 가브리엘 가르시아 마르케스다. 그가 쓴 작품《백 년의 고독》《콜레라 시대의 사랑》《아무도 대령에게 편지하지 않았다》는 한국어로도 번역되며 많은 사랑을 받았다.특히《백 년의 고독》은 다소 난해하지만 반드시 읽어봐야 할 최고의 중남미 문학으로 꼽힌다.

가브리엘 마르케스가 위대한 작가로 꼽히는 건 20세기 중반 마술적 사실주의 Magical Realism 이란 독특한 장르를 활용했기 때문이다. 마술적 사실주의는 상당히 복잡한 개념이지만 간단히 요약하면 '현실에선 설명하기 힘든 사건들이 마치 사실처럼 평범하게 묘사되는 문학적 기법'이다. 사실 이 기법은 마르케스 이전에도 쓰였지만,《백 년의 고독》에서 이러한 요소를 적절히 녹여내며 마술적 사실주의를 대표하는 작품으로 이름을 올렸다.

1982년 12월 10일 노벨문학상 위원회는 가브리엘 마르케스를 최종 수상자로 선정했다. 당시 노벨상 위원이었던 라르스 일렌스텐은 "상상력과 경험을 기반으로 한 풍부한 이야기를 만들어 가는 그의 스토리텔링 능력은 중남미 문학세계를 전 세계에 알리게 했다"며 수상 선정 이유를 밝혔다. 이어 수상 소감을 밝힌 마르케스는 '중남미의 고독'이라는 연설을 통해 "서구적 관점에서는 이해하기 힘든 일이 많이 일어났던 중남미의 역사가 어떻게 보면 중남미만의 독특한 문학 세계관을 탄생시킨 것 같다"라는 말을 남기며 자신이 생각하는 중남미 문학의 특징을 설명하기도 했다.

11 December

멕시코에서 벌어진 마약과의 전쟁

2006년 12월 11일 멕시코의 펠리페 칼데론 대통령은 '마약과의 전쟁'을 선포했다. 그리고 곧장 미초아칸 주로 6천여 명의 병력을 보내 그곳 카르텔 조직원들을 소탕했다. 이는 멕시코 정부가 대규모 카르텔을 상대로 진압작전을 펼친 첫 역사적 사건으로, 이후 멕시코 전역에서 대대적인 마약 카르텔 진압작전이 펼쳐지게 되었다.

마약전쟁 초기 칼데론 정부는 '어느 정도 성공적으로 소탕작전을 수행했다'라는 평가를 받았다. 조직의 우두머리를 체포해 조직의 힘을 약화시켰기 때문에, 남아 있는 조직원들도 얼마 버티지 못하고 진압될 것이라는 예상이 지배적이었다. 하지만 천문학적인 수익을 안겨주는 마약사업의 특성상 마약 카르텔 조직원들은 새로운 리더를 중심으로 저항하기 시작했다. 심지어 자신들을 스스로 보호하기 위해 무기를 대량 구매했고, 보복을 위해 군과 경찰뿐만 아니라 민간인들까지 무자비하게 살해하는 일을 저질렀다.

카르텔의 저항이 거세지면서 멕시코 치안은 굉장히 불안정해졌다. 카르텔과 정부의 대치상황이 길어지면서 제일 많은 피해를 본 건 일반 시민들이었고, 마약과의 전쟁 이후 관련 사망자수는 급격하게 늘어났다. 시간이 흐른 뒤 마약과의 전쟁은 결국 실패라는 평가를 받았으며, 멕시코에서 마약과 관련된 이슈는 여전히 해결되지 않은 문제로 남게 됐다.

12 December

엘살바도르에서 벌어졌던 엘 모소테 사건

1981년 12월 12일, 엘살바도르에서는 엘 모소테El Mozote 작전이 종료됐다. 산디니스타 민족해방전선게릴라군FSLN들이 모소테 마을 근처에서 활동한다는 소식이 들리자 정부가 군사를 보내 소탕작전을 펼친 사건이었다. 하지만 충격적이게도 엘 모소테 작전은 정부군이 게릴라가 아닌 무고한 시민들을 죽인 사건임이 드러났다. 12월 10일부터 이틀 동안 진행된 이 작전으로 모소테 마을 주민 천 여 명이 목숨을 잃었다. 마을 근처에서 게릴라가 활동했다는 정보만으로 주민 모두가 누명을 쓰고 희생당한 사건이 벌어진 것이었다.

이 끔찍한 사건은 생존자들의 증언을 통해 세상에 알려졌다. 당시 기적적으로 살아남은 생존자들은 사건에 대해 묵묵부답으로 일관하는 군당국에 진실을 요구했다. 그들은 세계의 언론과 인권위원회에 청원서를 전달했고, 모소테 마을 학살사건에 연루된 사람들을 처벌해줄 것을 강력하게 요청했다.

하지만 엘살바도르에서 이 학살에 대한 재판은 제대로 이뤄지지 않았다. 군당국은 엘 모소테 사건을 수십 년 동안 부인하며 책임을 회피했고, 누가, 언제 모소테 주민을 학살하라고 명령했는지 정확하게 밝히지 않았다. 오히려 그들은 일관적으로 '공산주의 게릴라들 소탕 작전을 펼친 것뿐이다'고 말하며 주민들의 학살을 부인했다. 결국 생존자들의 생생한 증언이 있었음에도, 사건과 관련된 진상파악과 처벌은 많은 시간이 흐른 지금까지도 제대로 이루어지지 않고 있다.

13
December

우루과이 앞바다에서 전쟁을 벌인 독일과 영국

1939년 9월, 유럽에서는 세계사에서 가장 잔혹했던 제2차 세계대전이 벌어졌다. 전쟁은 주로 유럽 지역에서 치열하게 펼쳐졌지만 남미대륙도 전쟁의 영향에서 완전히 벗어나진 못했다. 제2차 세계대전 초기 남미대륙에서 벌어졌던 대표적인 전쟁으로는 라 플라타강의 전투가 있다. 이는 남대서양 지역도 안전지대가 아님을 보여준 사건으로, 다만 당시 중립을 지키던 아르헨티나와 우루과이가 아닌 독일과 영국이 남대서양 패권을 두고 벌인 전투였다.

평화로운 남대서양 부근에서 먼저 긴장감을 조성한 건 독일군이었다. 당시 독일은 최신 전함 그라프 슈페 Graf Spee 호를 이끌고 남대서양 부근에 있는 연합국 상선들을 차례로 공격했는데, 그라프 슈페호의 속력이 워낙 빠르고 화력도 막강해 연합군은 제대로 된 대응을 할 수 없었다. 이에 독일 랑스도르프 함장은 그라프 슈페호를 이끌고 계속해서 공격을 이어 나갔고, 전쟁 발발 이후 두 달여 동안 영국 상선 아홉 척을 파괴했다.

이에 영국은 반격을 위해 엑세터, 아킬레스호 등을 이끌고 그라프 슈페호 추적에 나섰다. 남대서양이 워낙 넓었기에 추적이 쉽진 않았지만, 라 플라타강 부근을 오가는 영국 상선을 공격할 것이란 예측이 맞아 떨어지며 그라프 슈페호와 마주할 수 있게 되었다. 이틀 동안 벌어진 전투에서 영국군은 결국 독일군과의 전투에서 큰 승리를 거뒀고, 수세에 몰린 랑스도르프 함장은 배를 포기한 뒤 스스로 목숨을 끊었다.

14 December

베네수엘라가 만든 볼리바르 동맹

2004년 12월 14일, 베네수엘라의 차베스 대통령은 중남미 통합기구 ALBA Alianza Bolivariana para los Pueblos de Nuestra América'를 창설했다. '우리의 아메리카를 위한 볼리바르 동맹'이란 뜻을 가진 이 기구는 중남미 국가의 경제협력뿐만 아니라 사회와 정치 통합을 위해 만들어졌다. 차베스가 새로운 통합기구를 만든 이유는 미국을 견제하기 위해서였다. 21세기 사회주의의 아이콘인 차베스는 중남미 나라들이 고통받는 건 자신들의 땅을 약탈해온 미국 자본가들 때문이라 주장했다. 차베스는 단지 미국을 비난하는 데 그치지 않았고, 니카라과, 에콰도르, 볼리비아, 쿠바와 함께 통합기구 알바ALBA를 만들어 미국에 대항했다.

알바 통합기구는 회원국들의 무역을 통한 이윤이 아닌 '국민들의 삶 향상' '무상교육 실시' 등을 중요시했다. 이는 무역이 주를 이루는 자유무역협정FTA과 명백하게 대립을 이루는 내용이었다. 사익이 아닌 공익을 추구하는 알바의 목표는 당시 차베스 지지자들에게 큰 공감을 이끌어 내기도 했다.

하지만 알바가 추구하고자 했던 이상과 실제 현실의 차이는 너무나 컸다. 그들이 원했던 사회적 변화는 단기간에 이루어지지 않았으며, 오히려 베네수엘라에서는 폭동과 경제위기로 많은 사람들이 절망적인 상황에 처했다. 결국 차베스가 야심차게 만든 통합기구 알바는 그나마 가입했던 나라들마저 탈퇴하려는 움직임을 보였고, 긍정적인 효과를 가져오지 못하며 영향력이 크게 줄어들게 된다.

15 December

브라질의 환경 운동가, 치코 멘데즈

브라질의 아마존 삼림은 지구의 허파라 불릴 만큼 중요한 지역이다. 다만 최근에는 아마존 파괴로 인해 '아마존은 더 이상 지구의 허파가 아니다'라는 암울한 이야기까지 나오고 있다. 심지어 그곳에 살던 원주민들마저 삶의 터전을 잃게 되면서 아마존 문제는 이제 환경과 인권 문제로까지 번진 상황이다.

브라질에서는 아마존 지역보호를 위해 모든 걸 바쳤던 한 사람이 있다. 바로 치코 멘데스Chico Mendes라 불리는 브라질의 환경운동가다. 1944년 12월 15일 브라질 남부 사프리에서 태어난 그는 가난한 환경에서 자랐고, 어렸을 때부터 아버지를 도와 아마존 삼림에서 고무수액을 채취하는 일을 했다. 그런 멘데스가 본격적으로 환경운동가의 길을 걷게 된 건 브라질에서 벌목이 증가하면서였다. 대지주들은 고무가격이 하락하자 대신 축산업으로 눈을 돌렸고, 농장을 만들기 위해 삼림을 파괴하기 시작했다. 이에 평소 고무나무에서 수액을 채취해 경제활동을 한 사람들은 한순간에 생계를 위협받았는데, 이때 멘데스가 나서 고무채취 노동자연합을 만들고 그들의 권리를 위해 싸운 것이었다.

마침 브라질에선 축산업 확장과 아마존 삼림파괴 문제가 크게 주목받던 시기였다. 멘데스는 기회를 놓치지 않고 환경보호를 위한 목소리를 냈고, 국제지원을 받기 위해 세계은행에 '채취보호구역Extractive Reserves'을 지정해줄 것을 제안하는 등의 활동을 이어나갔다. 이렇게 환경보호를 위해 꾸준히 노력해오던 멘데스는 결국 앙심을 품은 축산업자들에 의해 목숨을 잃게 됐지만, 그의 노력은 브라질 사회에서 환경풀뿌리운동이 확대되는 계기를 마련했다는 평가를 받았다.

16 December 아르헨티나 산티아고 델 에스테로에서 벌어진 시위

1993년 12월 16일, 아르헨티나 북부에 위치한 산티아고 델 에스 테로에서 거센 시위가 벌어졌다. 정치인들이 벌인 부정부패, 그리고 급여를 제대로 받지 못한 공공기관 직원들이 참여하며 시작된 시위였다. 산티아가소Santiagazo라 불리는 이 사건은 지역 경제의 붕괴와 공공 부문에서의 급여삭감이 직접적인 원인이 됐다. 1989년 대통령에 당선된 카를로스 메넴 대통령은 신자유주의 정책을 도입해 2,600퍼센트에 달하던 인플레이션을 줄이고 경제를 회복시키려 했다. 추가적으로 그는 금융개혁, 무역자유화, 공공부문 개혁을 단행해 아르헨티나 경제체제를 통째로 바꿨다.

하지만 신자유주의 정책은 시간이 지나며 부작용을 일으켰다. 특히 급격하게 감소한 정부지출은 많은 사람들에게 타격을 입혔다. 산티아고 델 에스테로의 경우 공공 부문에 종사하는 사람들이 몇 달째 급여를 받지 못하거나, 최대 50퍼센트까지 급여를 삭감당할 수 있다는 일방적인 통보를 받았다.

어려운 상황이 계속되자 결국 이들은 시위를 일으켜 정부에 대항했다. 5천여 명의 시위자들은 도시 거리를 봉쇄하고 정부 청사와 의회, 사법부 건물까지 점령하며 페르난도 로보 주지사의 사임을 요구했다. 시위가 점점 거세지며 일반 상점이 불타고 피해가 심해지자, 카를로스 메넴 대통령은 결국 주지사를 사임시키는 결정을 내렸다. 아르헨티나 역사에서 산티아가소는 신자유주의 정책에 대항하는 첫 시위로 기록됐고, 이후 아르헨티나 전국에 반反신자유주의를 확산시키는 시발점이 됐다.

17 December

남미의 독립 영웅 시몬 볼리바르의 죽음

1830년 12월 17일, 남미대륙의 독립을 이끌었던 시몬 볼리바르가 세상을 떠났다. 지금이야 볼리바르를 해방자로 기억하며 존경하지만, 독립 이후 남미에서 그를 따르는 사람은 많이 남아 있지 않았다. 연방주의자들과의 다툼에서 볼리바르는 정치권력을 잃게 됐고, 결국 콜롬비아 산타마리아 근처 저택에서 쓸쓸히 죽음을 맞게 된다.

볼리바르가 지지도를 잃게 된 결정적 이유는 통일된 남미를 건설하려 했던 그의 꿈 때문이었다. 볼리바르는 남미대륙이 강대국으로 발전하기 위해선 하나의 중앙정부, 하나의 나라를 이뤄야 한다고 봤다. 콜롬비아, 에콰도르, 베네수엘라 같은 북부 지역을 포함해 페루와 볼리비아까지 포함한 강력한 국가가 탄생하길 기대했던 것이다.

하지만 그의 계획을 실행하기엔 현실적인 장벽이 있었다. 가장 먼저 남미대륙은 정글과 험한 산맥으로 지리적으로 분리되어 있어 사회적 통합이 쉽지 않은 지역이었다. 또 미국도 13개 주를 통합시키는 과정에서 많은 어려움을 겪었는데, 이보다 몇 배나 더 큰 남미대륙을 문제없이 통일시킨다는 건 사실상 불가능에 가까운 일이었다.

자치성을 원했던 각 지역의 지배세력은 볼리바르를 독재자로 여겼다. 그들은 그에게 서서히 등을 돌렸고, 모든 걸 잃은 볼리바르는 쓸쓸한 여생을 보내게 되었다. 하지만 그는 죽음 직전에도 "내 죽음이 그들을 하나로 묶을 수 있다면, 나는 흔쾌히 무덤 속으로 가겠다"라고 말하며 통일된 남미에 대한 진심을 표현했다.

18 December

페루의 일본대사관 인질극, 126일 동안의 대치

1996년 12월 18일 밤, 페루 리마에 위치한 일본대사관에서 14명의 테러리스트들이 인질극을 벌였다. 이들은 페루 혁명조직으로 알려진 투팍 아마루 게릴라 집단으로, 일본 천황 아키히토의 63번째 생일을 기념하기 위해 모인 고위 인사들을 상대로 납치극을 벌였다. 당시 페루 대통령이 일본계 대통령 알베르토 후지모리였으므로, 게릴라 조직은 이점을 노려 일본대사관을 공격한 것이었다. 대사관 담벼락에 폭탄을 터트리고 들어온 14명의 게릴라들은 곧바로 대사관 전체를 장악했다. 당시 약 800명의 사람들이 인질로 잡혔고, 게릴라들은 그중의 절반인 400명을 풀어주었다. 그후 사람들을 선별해 최종적으로 72명의 인질을 남겨두었는데, 이는 더 중요한 인질들을 효율적으로 관리하려는 전략이었다.

주요 인물들이 인질로 잡혀 있었던 이 사건은 무려 126일 동안 지속됐다. 특히 게릴라 측은 후지모리가 받아들이기 힘든 무리한 협상조건을 테이블에 들고와 승인을 요구했다. 특히 그 요구 중에는 게릴라 조직원 400여 명의 석방과 같은 중요 사안도 포함되어 있어 후지모리 정부를 더욱 곤란한 지경에 몰아넣었다.

다수의 목숨이 걸려 있는 협상을 피할 수 없었던 후지모리 대통령은 우선 테이블에 앉아 게릴라 조직과 협상안을 조율했다. 그러는 동시에 그는 대사관 침투작전 계획도 몰래 실행에 옮겼다. 결국 1997년 4월, 페루의 특수부대 140여 명이 현장에 투입되어 게릴라들을 제압하는 데 성공했고, 인질로 잡혀 있던 고위 인사들이 구출되며 페루 역사상 최악의 인질극은 큰 피해 없이 종료됐다.

19 December

아르헨티나판 '국가 부도의 날'

2001년 12월 19일, 경제위기로 국민들이 폭동을 일으키자 아르헨티나 정부는 이를 제압하기 위해 계엄령을 선포했다. 당시 아르헨티나 정부는 국민들의 폭동이 국가적 위기를 초래하는 위협으로 판단했고, 계엄령이라는 최후의 카드를 꺼내 사회질서를 유지할 것임을 밝혔다. 아르헨티나를 소용돌이로 빠뜨린 경제위기의 원인은 과한 재정적자였다. 아르헨티나 정부는 경제위기를 막기 위해 공공기업의 민영화까지 진행했지만 효과는 역부족이었다. 그러는 동안 1999년 GDP는 마이너스 성장을 기록하게 됐고, 여기에 외채는 더 이상 갚을 수 없는 지점까지 도달하면서 결국 아르헨티나는 국제통화기금 IMF에 구제신청을 하게 되었다.

이런 상황에서 국민들의 분노를 산 코랄리토Corralito 사건이 벌어졌다. 코랄리토는 스페인어로 펜스를 의미하는데, 말 그대로 정부는 모든 은행거래를 중지하고 돈을 뽑지 못하게 펜스를 친 상황을 묘사한 것이었다. 사람들은 자신들의 돈을 은행에서 더 이상 돈을 찾지 못하자 크게 분노했고, 이는 곧바로 대규모 폭동이 벌어지는 도화선으로 작용했다.

분노한 수만 명의 아르헨티나 국민들은 거리로 뛰쳐나와 "모두 다 떠나라! Que se vayan todos!"를 외치며 정부를 비난했다. 몇몇 과격주의자들은 상점의 유리창을 부수고 안에 있는 모든 물건을 약탈하기까지 했다. 12월 19일 계엄령이 선포됐음에도 국민들의 격렬한 시위는 이틀 동안 계속됐고, 이로 인해 약 22명의 사망자와 수백 명의 부상자가 발생하게 됐다.

파나마 침공을 결심한 미국의 부시 대통령

미국 조지 부시 대통령은 1989년 12월 20일 파나마에 군사작전을 지시했다. 그가 파나마에 군사를 보낸 이유는 당시 파나마의 독재자였던 마누엘 노리에가Manuel Noriega 대통령을 제거하기 위해서였다. 당시 노리에가는 대통령 중남미 각국의 마약 밀매자들과 친밀한 관계를 맺고 있었고, 마약으로 거둬들인 거액의 돈을 탈세한 혐의가 있었다.

한 가지 아이러니한 사실은 노리에가와 미국이 원래 서로의 든든한 지원자였단 점이다. 냉전시대가 한창이던 1970년대, 노리에가는 미국의 CIA와 손을 잡고 니카라과와 엘살바도르의 게릴라들을 제거했다. 한 마디로 노리에가는 중미에서 커져가는 좌파세력을 저지하는 데 큰 공을 세운 인물로, 이후 미국 정부와 상당히 친밀한 관계를 유지하게 된다.

미국의 든든한 지원을 등에 얻은 노리에가는 1983년 파나마 대통령에 당선됐다. 이후 그는 마약 밀거래에 관여하며 미국으로 어마한 액수의 마약을 판매했다. 또 니카라과와 쿠바 사회주의 세력에게 미국과 관련한 극비 정보를 몰래 제공하면서 은밀한 이중첩자 역할로 큰 금전적 이익을 보게 됐다. 노리에가가 자신들을 상대로 뒤통수를 치자, 부시 대통령은 약 2만 명의 병력을 파나마로 보내 노리에가 정권을 무너뜨리기로 했다. 파나마는 강력한 군사력을 지닌 미국의 힘을 견디지 못했고, 결국 노리에가는 1990년 미국에 투항한 뒤 재판에서 40년형을 선고받게 된다.

칠레에서 벌어진 산타마리아 학교학살 사건

1907년 12월 21일, 칠레 타라파카Tarapacá 지역에서 산타마리아 학교학살Santa María School massacre이 일어났다. 시위를 벌이던 칠레 초석 광부들이 정부군의 진압으로 희생당한 사건이었다. 이로 인해 2천여 명의 사람들이 억울하게 목숨을 잃었고, 오랜 시간 동안 제대로 된 진상조사가 이뤄지지 않아 잊힌 사건이 되고 말았다.

칠레는 구리의 최대 생산국가로 유명했지만 동시에 초석Nitre을 가장 많이 생산하는 국가이기도 했다. 19세기 말 칠레는 전 세계 초석시장을 독점해 초석수출을 통해 많은 수익을 얻었다. 이때 기업들은 최소한의 비용으로 최대한 많은 이익을 얻으려는 태도를 취했는데, 이로 인해 노동자들은 광산이란 고된 환경 속에서 일하면서도 낮은 임금만 받고 일을 했다. 이들은 시간이 지나도 근무환경이나 임금이 전혀 개선되지 않자 대규모 파업을 결정했고 산타마리아 학교에 모여 집회를 열며 페드로 몬트 대통령을 압박했다.

광부들의 파업소식을 들은 칠레 정부의 입장은 단호했다. 페드로 몬트 대통령은 로베르토 레나드 장군을 보내 상황을 정리하라 지시했고 필요한 경우 무력사용까지 허용했다. 시위대가 해산할 것을 거절하자 칠레 군대는 무자비한 발포를 시작했으며, 이로 인해 수많은 광부들을 포함한 그들의 가족들이 목숨을 잃었다. 희생자들은 정부의 외면 속에 철저히 잊혔지만 백 년이 지난 2007년 바첼레트 정부에 의해 국가 추모식이 열리면서 세상에 널리 알려지게 되었다.

새로운 운하사업을 발표한 니카라과

2014년 12월 22일, 니카라과는 카리브 바다와 태평양을 잇는 운하건설 프로젝트를 발표했다. 2020년까지 운하를 완공하고 파나마에 이은 물류 중심지로 자리잡을 야심 찬 계획을 전 세계에 알린 것이었다. 니카라과 정부가 운하사업을 추진한 이유는 운하가 가져다줄 엄청난 이익 때문이었다. 세계 역사를 봤을 때 운하는 지리적 요충지 역할을 하며 많은 경제적 이익을 가져왔다. 대표적으로 파나마가 대서양과 태평양을 이으며 많은 이익을 차지했고, 세계 무역에서 상당히 중요한 허브 지역이 되기도 했다.

지리적으로 니카라과는 운하를 건설하기에 충분한 조건을 가지고 있었다. 카리브해와 태평양 사이에 거리가 생각보다 길지 않았고 심지어 내륙 중간에는 니카라과 호수가 있어 운하를 건설이 수월했다. 또 니카라과 운하는 파나마 운하보다 미국과 가까워 미국 동부해안에서 출발하는 선박들의 이동시간을 줄일 좋은 대체 조건을 충족시켰다.

하지만 니카라과의 야심찬 운하 프로젝트는 난항을 겪었다. 가장 큰 이유는 이 사업을 담당하는 기업의 자금조달 문제 때문이었다. 사실 니카라과는 중국 HKND 기업의 전적인 지원으로 이 프로젝트를 시작할 수 있었는데, 기업상황이 급속도로 나빠지며 운하건설 자체가 중단될 위기에 놓였다. 심지어 새로운 운하건설로 국제적 영향력을 확대하려 한 중국 정부마저 등을 돌리면서 니카라과 정부의 운하 프로젝트는 완전히 중단되는 처지에 놓이게 됐다.

멕시코 와하카 지역에 있는 무의 밤

멕시코 와하카 주는 멕시코 문화와 전통이 잘 보존된 곳으로 매년 수많은 관광객들이 찾는 지역이다. 와하카에는 다른 멕시코 주에서 볼 수 없는 독특한 전통이 많은데, 그중 하나가 바로 매년 12월 23일 열리는 '무의 밤Night of the Radishes'이다. 무는 원래 스페인에서 멕시코로 넘어온 작물로, 기존 와하카 음식문화에 자연스레 더해지며 와하카 요리를 더욱 풍부하게 만들었다. 한 가지 흥미로운 사실이 있다면 많은 예술가들이 모여사는 와하카에서 이 무를 사용해 독특한 작품을 만들었단 점이었다. 특히 크리스마스 기간 동안엔 무로 만든 조각들을 전시해 사람들의 관심을 끌었으며, 이후엔 무 조각 작품전시회가 열리며 와하카를 대표하는 문화축제로 발전하게 됐다.

1897년부터 시작된 무의 밤은 어느덧 백 년이 넘는 전통을 가진 행사가 됐다. 매년 수백 명의 예술가가 대회에 참가하고 수천 명의 사람들이 무로 만든 예술작품을 위해 와하카를 방문하고 있다. 다만 한 번 잘린 무는 오랜 시간 지속되지 않기 때문에 대회는 길어봐야 하루를 넘기지 못한다. 작품들은 주로 멕시코 문화와 관련된 것들로, 과달루페 성모 같은 종교적인 작품이나 영화 코코에도 나왔던 상상의 동물 알레브리헤Alebrije가 있는 것이 특징이다.

24
December

1990년 수리남에서 일어난 쿠데타 사건

1990년 12월 24일 크리스마스 이브날 수리남에선 데시 바우테르서Dési Bouterse가 쿠데타를 일으키는 사건이 발생했다. 이로 인해 람세르 상카르Ramsewak Shankar 대통령은 쫓겨나고 바우테르서가 새롭게 정권을 차지하게 됐다. 수리남에선 이 사건을 전화 쿠데타Telephone Coup라 부르는데, 대통령에게 직접 전화를 걸어 사임할 것을 요구해 유혈사태 없이 쿠데타에 성공했기 때문이다.

사실 바우테르서는 이미 수리남 정치계에서 유명한 인물이었다. 그는 1980년 쿠데타를 일으켜 본인 수하에 있는 친아센Chin A Sen과 람닷 미시에르Ramdat Misier를 대통령 자리에 앉힌 뒤 자신이 원하는 대로 나라를 다스릴 정도로 엄청난 권력을 자랑했다. 1988년 벌어진 대통령선거에서 상카르에게 패배해 권력을 내줬지만, 2년 뒤 다시 쿠데타를 일으켜 다시 수리남 최고 권력자리에 올랐다.

바우테르서는 넷플릭스 드라마 〈수리남〉에도 몇 번 언급된 인물이다. 또 수리남에서 마약왕 행세를 했던 조봉행과도 실제로 친분이 있었던 것으로 알려져 있다. 특히 드라마에서 대통령이 직접 마약사업에 손을 대는 모습이 나오는데, 실제로 그는 마약 밀매 혐의로 네덜란드 법원에 의해 11년 형을 선고받기도 했다. 한편 막강한 권력을 가졌던 바우테르서는 2010년 대통령에 재당선되며 자신이 수리남의 실세임을 다시 한 번 증명했다. 그리고 2015년 재임에 성공하며 또 다른 5년 임기를 보장받았지만, 2019년 정치범을 살해한 혐의로 징역 20년형을 선고받으며 그의 시대는 막을 내리게 됐다.

25 December 크리스마스에 세워진 브라질 도시, 나탈

브라질 북동부에 있는 히우그란지두노르테에는 나탈Natal이란 도시가 있다. 포르투갈어로 나타우, 혹은 나탈은 '크리스마스' '출생의'라는 뜻이 있다. 1599년 12월 25일 포르투갈 사람들이 이곳에 마을을 건설하면서 나탈이란 이름이 지어졌다. 브라질 북동부 해안 가장자리에서도 툭 튀어나온 모서리에 있는 특성상 나탈은 아프리카와 유럽에서 가장 가까운 브라질 도시 중 하나였다. 이러한 이유로 식민지 시절부터 다른 대륙과의 무역이 활발히 이뤄졌고, 군사적으로도 굉장히 중요한 요충지로 여겨졌다.

한편 나탈은 포르투갈인들에 의해 도시가 세워졌지만 30년 뒤인 1633년부터는 네덜란드의 지배를 받았다. 나탈 주변에 있는 포르탈레사, 상루이스 같은 브라질 북부 지역에서 설탕산업이 크게 발달하자 네덜란드가 포르투갈을 몰아내고 브라질과의 무역을 독점했기 때문이다. 이때 나탈이란 도시 이름도 네덜란드식으로 바뀌게 되는데, 네덜란드 사람들은 나탈을 뉴암스테르담Nieuw Amsterdam이라 불렀다.

약 20년 동안 브라질 북부를 지배한 네덜란드는 이후 포르투갈과 벌인 전쟁에서 패배하며 점차 세력이 약화됐다. 1654년 뉴홀란드라 불리던 네덜란드령 브라질 식민지는 다시 포르투갈이 손에 들어가 완전히 역사 속으로 사라지게 됐고, 이후 나탈은 설탕과 함께 목화산업이 발전하며 브라질 북부 지역의 주요 도시로 성장하게 되었다.

26
December

바하마에서 열리는 최대 축제, 정카누

영국을 비롯한 영국 문화권에 속한 나라들은 크리스마스 다음 날을 박싱 데이Boxing Day로 기념하고 있다. 오랫동안 영국의 식민지배를 받은 카리브해 나라에서도 이 박싱 데이를 즐기고 있다. 영국 식민지였던 바하마 제도에서는 매년 12월 26일을 정카누Junkanoo라 불리는 행사를 개최해 자신들만의 독특한 방식으로 연말을 보내고 있다.

정카누의 유래는 바하마의 아프리카 흑인노예 역사와 깊은 관련이 있다. 영국은 크리스마스 기간 중 3일 동안 노예들이 쉴 수 있도록 휴식기간으로 지정했다. 이에 사람들이 춤을 추고 노래를 부르며 즐기기 시작한 것이 정카누 축제의 기원이 됐다. 참고로 정카누라는 단어의 유래는 바하마의 전설적인 인물 존 카노John Canoe에서 나온 것으로 알려져 있다. 그는 원래 아프리카 왕족 출신이었는데, 바하마에서 혹독한 노예생활을 하던 중 영국에 저항해 노예들의 자유를 추구했던 인물이었다.

바하마를 대표하는 정카누 페스티벌은 수천여 명의 사람들이 참여하는 대규모 축제다. 개성 넘치는 의상을 입고 리듬에 맞춰 춤을 추는 모습은 브라질의 리우 카니발, 콜롬비아의 바랑키야 축제와 같이 화려한 모습을 자랑한다. 몇몇 사람들은 일년 내내 퍼레이드 준비를 할 정도로 열정적인 모습을 보이는데, 매년 최고의 의상, 음악, 춤 분야로 나눠 참가자들에게 상을 주는 것으로 알려져 있다.

27 December

쿠바에서 열린 첫 공식 야구경기

중남미에서 가장 대중적인 스포츠를 꼽으라면 아마 축구가 아닐까 싶다. 다만 몇몇 나라에서는 야구가 축구보다 더 많은 인기를 끌고 있다. 대표적인 나라가 쿠바로 150년이 넘는 야구 역사가 있는 야구 강국이기도 하다. 섬나라 쿠바에 야구가 처음 소개된 건 1864년이었다. 미국으로 유학을 갔던 학생들이 야구경기 방식을 사람들에게 알리며 인기를 끌었고, 쿠바의 첫 공식 야구경기는 1874년 12월 27일 아바나 야구클럽Havana Baseball Club과 마탄사스Matanzas 팀의 대결로 기억되고 있다. 경기가 열렸던 팔마르 데 훈코 스타디움은 이후에도 쿠바 야구 역사에 남을 명경기가 많이 펼쳐진 장소로 남게 되었다.

첫 경기가 펼쳐진 이후 쿠바에서는 프로 야구리그가 진행되며 대중적인 스포츠로 발전했다. 하지만 1959년 혁명 이후 쿠바의 카스트로는 리그를 폐지하기로 했고, 결과적으로 쿠바에는 16개의 팀이 참여하는 아마추어 리그가 탄생하게 되었다. 한 가지 흥미로운 사실이 있다면 냉전시대에도 쿠바에서 야구는 적대국 미국의 스포츠란 이미지가 강함에도 큰 인기를 끌었다는 점인데, 심지어 피델 카스트로조차도 야구선수를 꿈꿨을 만큼 야구를 좋아한 것으로 알려져 있다.

쿠바에는 수많은 재능 있는 선수들이 있음에도 사회주의 국가의 특성상 많은 수입을 받지 못하는 경우가 많았다. 쿠바 리그는 현재 수준이 많이 하락했다는 평을 듣고 있는데, 선수들이 생계유지를 위해 미국으로 망명한 뒤 메이저리그에 진출하는 것이 주요 원인으로 꼽히고 있다.

28
December

39년이 걸린 빅토르 하라의 죽음과 관련된 판결

빅토르 하라Victor Jara는 1960년대와 70년대 칠레 음악계를 대표하는 가수다. 가장 잘 알려진 그의 노래로는 〈아만다, 너를 기억해 Te Recuerdo Amanda〉 〈승리하리라 Venceremos〉가 있다. 하라는 칠레 국민 모두가 공감할 만한 서민적인 노래를 부르면서 칠레 국민가수로 거듭났다. 그는 주로 민중운동을 지지하는 곡을 작사, 작곡했는데, 〈아만다, 너를 기억해라〉는 칠레 노동자들이 처한 고된 노동환경을 묘사한 노래였다. 또 하라는 단순히 음악 활동뿐만 아니라 사회운동에 앞장섰고, 공개적으로 살바도르 아옌데 대통령을 지지하기도 했다.

그러던 중 칠레에선 1973년 9월 11일 쿠데타가 벌어졌다. 그리고 쿠데타에 성공한 피노체트는 즉시 빅토르 하라를 체포할 것을 명령했다. 살바도르 아옌데 대통령 집권 당시 빅토르 하라가 군부를 비판하는 노래를 자주 불렀기 때문이었다. 그는 모진 고문을 당한 뒤 9월 16일 세상을 떠났고, 시신은 이름도 모르는 산티아고의 한 공동묘지에 묻히게 되었다.

1990년대 초 칠레엔 민주주의 정부가 들어섰지만 군부정권 당시 고문과 살인의 주범들은 아무런 죗값을 치르지 않았다. 빅토르 하라 사건의 경우도 무려 39년이 지난 뒤에야 제대로 된 조사가 시작됐다. 2012년 12월 28일, 미구엘 바스케스 판사는 바리엔토스 누네스를 포함한 7명의 전 군인 간부를 빅토르 하라 살인에 가담한 혐의로 기소했다. 결국 이들은 2018년 유죄판결을 받아 징역 15년을 선고받게 되었고, 약 40년만에 죗값을 치르게 됐다.

29 December 사임을 결정한 브라질 멜루 대통령

1992년 12월 29일, 브라질에서는 콜로르 지 멜루 대통령Collor de Mello이 사임하는 일이 발생했다. 1989년 선거에서 룰라와의 경쟁에서 승리한 멜루는 브라질 군사정권이 물러난 뒤 열린 직접 선거에서 당선된 첫 대통령이기도 했다. 그가 임기 2년만에 사임을 결정한 이유는 부패혐의로 탄핵절차가 시작됐기 때문이었다. 그가 당선됐을 1989년 당시 브라질 경제는 인플레이션 위기에 시달리고 있었다. 1988년부터 조금씩 치솟기 시작하던 물가는 1989년 하반기에만 평균 30퍼센트가 넘으며 높은 물가상승률을 기록했다. 1990년 우파 정당의 대통령후보로 나섰던 그는 경제회복을 우선과제로 삼아 지지를 호소했고, 나아가 부정부패 척결과 효율적인 정책실행을 약속했다.

1989년 선거에서 53퍼센트의 득표율을 기록한 멜루는 라이벌 룰라 후보를 근소한 차이로 따돌리고 당선됐다. 겨우 40세라는 나이에 대통령 자리에 오르면서 브라질 역사상 가장 젊은 대통령이라는 기록도 세웠다. 그는 가장 먼저 약속한 인플레이션 통제를 위해 멜루 계획Collor Plan을 발표했고, 1990년 4월엔 물가상승률을 10퍼센트 밑까지 끌어내리는 데 성공했다.

멜루 대통령은 경제에서 어느 정도 좋은 평가를 받았지만, 정치에서는 부패문제를 해결하지 못했다. 오히려 스스로 뇌물수수 혐의로 탄핵대상이 됐다. 브라질 하원에서 441대 38이라는 압도적인 수로 탄핵안에 동의하자 멜루는 12월 자진사임을 결정했고, 사임 이후에도 상원에서 탄핵안을 가결하며 탄핵당한 대통령이라는 불명예를 안게 되었다.

아르헨티나 의회가 낙태를 합법화한 이유

2020년 12월 30일, 아르헨티나 의회에서는 임신 14주 이내의 낙태를 허용하는 법안을 통과시켰다. 이로써 아르헨티나에서는 오랜 시간 벌어진 논쟁을 끝내고 낙태를 허용시킨 국가가 됐다.

사실 아르헨티나에서 낙태허용 법안은 2018년 근소한 차이로 하원을 통과한 적이 있었다. 이 법이 통과되어 상원의 결정만 남게 되자 낙태에 부정적인 입장을 보이는 사람들이 결집해 강한 반대의견을 표출했다. 가톨릭 문화가 뿌리 깊게 자리 잡은 아르헨티나 특성상 교회를 중심으로 낙태에 반대하는 목소리가 나왔던 것이다. 결국 상원에서는 반대 38명, 찬성 31명으로 법안이 부결됐고, 반대론자는 "아르헨티나가 여전히 가족의 가치를 대변하는 나라라 다행이다"고 밝히며 상원 결정에 찬성하는 입장을 밝혔다.

하지만 낙태 합법화를 지지하는 사회운동은 여기서 끝나지 않았다. 지지자들은 녹색 두건과 깃발을 흔들며 합법화를 지지했는데 사람들은 이를 '녹색물결'이라 불렀다. 이들은 "낙태는 단순히 낙태 하나만이 아닌 여성인권 문제다"라 주장하며 낙태 합법화를 위해 끝까지 싸울 것을 밝혔다. 낙태법은 2020년 다시 한 번 논의됐고, 결국 상원은 찬성 38, 반대 29로 법안을 통과시켰다. 진보성향의 알베르토 페르난데스 아르헨티나 대통령은 비록 자신도 독실한 가톨릭 신자지만 낙태문제는 공공보건 문제라 밝히며 의회의 결정을 지지했다. 이로써 아르헨티나는 중남미에서 가장 큰 낙태 합법화 국가가 됐으며, 칠레나 브라질 같은 국가에서 벌어져 온 낙태 합법화 논쟁에도 큰 영향을 끼치게 된다.

31 December

파나마에게 운하를 되돌려준 미국

1914년 완공된 파나마 운하는 80년 넘게 미국 정부에 의해 운영됐다. 일찍이 파나마 운하가 가져올 어마어마한 수익을 예상한 미국 정부는 콜롬비아에게서 파나마의 독립을 돕는 대가로 운하를 얻었다. 20세기 동안 미국은 파나마 운하를 통해 경제적 이익을 얻음과 동시에 군사와 전함을 배치해 중남미 대륙에서 자신들의 영향력을 넓히는 요충지로 삼았다.

하지만 20세기 중반에 들어서며 미국의 파나마 운하 운영에 대한 의문이 점차 높아졌다. 우선 명백한 주권을 가지고 있는 파나마 정부가 존재하는 상황에서 미국이 파나마 영토 안에 속한 운하를 소유할 수 있는 명분이 점점 줄어들었다. 아무리 미국이 조약을 통해 운하를 얻었더라도, 파나마 영토에서 운하를 운영한 건 명백한 주권 침해로 볼 수 있는 논란의 여지가 있었다.

미국과 파나마 간의 운하 운영권 문제는 1974년 토리호스-카터 조약Torrijos-Carter Treaty이 맺어지며 전환점을 맞았다. 이 조약에서 미국 카터 대통령은 파나마에게 운하에 대한 점진적인 반환과 함께 운하를 군사적인 목적으로 사용하지 않을 것을 약속했다. 이 조약을 통해 양국의 긴장감은 어느 정도 해소됐고, 평화적인 방법으로 협정을 이룬 외교적 사례로 평가받았다. 20세기 마지막 날 미국은 약속대로 파나마 운하를 파나마에 반환했다. 이 결정으로 파나마 정부가 운하를 직접 운영하게 됐으며, 파나마 국민들에게 독립심과 자긍심을 끌어올리는 계기가 됐다.